नए ज़माने की पत्रकारिता

कोशिश... ख़बरों की आपाधापी में पत्रकारिता के बदलते मानदंडों और पुरातन परिभाषाओं को एक सूत्र में पिरोने की

सौरभ शुक्ल

विज्डम विलेज पब्लिकेशनस प्राईवेट लिमिटेड

ज्ञान सिर्फ जानकारी है, विवेक ही रूपांतरण है

विज्डम विलेज पब्लिकेशनस की प्रस्तुति
विज्डम विलेज की पुस्तकों के माध्यम से हमारी कामना रहती है कि हम व्यवसाय, तन, मन व आत्मा के क्षेत्र में नित नए होने वाले जीवन के अनुभवों से अपने पाठकों को विकसित व समृद्ध करते रहें। ये पुस्तकें लगातार आपके सर्वांगीण विकास के लिए प्रयासरत हैं।

ISBN 9789380710228

विज्डम विलेज पब्लिकेशनस प्राईवेट लिमिटेड
ज्ञान सिर्फ जानकारी है, विवेक ही रूपांतरण है

द्वारा वर्ष 2012 में प्रकाशितः

डब्ल्यूवीपीडी विज्डम विलेज का एक अंग है
649, ओ4यू, उद्योग विहार, फेज 5,
गुड़गांव, हरियाणा - 122001
www.wvpd.in

अपने ऑर्डर की बुकिंग के लिए संपर्क करें:
ईमेल : wvpdindia@gmail.com
फोन : 91-9810800469

डब्ल्यूवीपीडी के लिए अनु आनंद द्वारा प्रकाशित,
आवरण सज्जा : सुनील माथुर,
पेज सेटिंग : ममता साहनी,
मुद्रण : जेके ऑफसेटएंड पैकेजिंग, सी-21, ओ.आई.ए. फेज-1, नई दिल्ली-20

Wisdom Village Publications Pvt Ltd

Knowledge is information. Wisdom is transformation.

Nidar Bano
Kiran Bedi
Hindi
ISBN 9789380710341(PB)
Price Rs.199.00
ISBN 9789380710358(HB)
Price Rs. 499

Kayede Ke Fayede
Kiran Bedi & Pavan Choudary
Hindi
ISBN 9789380710037(PB)
Price Rs.110.00

Nek Vyakti Kaise Jeetay?
Pavan Choudary
Hindi
ISBN 9789380710396 (PB)
Price Rs. 195.00

Aysa Pal Tane ki Andhi Urja ban jay
Pavan Choudary
Hindi
ISBN 9788190655538(PB)
Price Rs. 195.00

Rampur ka Pradhan
Kuldeep M. Sharma
Hindi
ISBN 9789380710082(PB)
Price Rs.195.00

Safalta Ki Triveni
Pavan Choudary
Hindi
ISBN 9788190655569(PB)
Price Rs.100.00

ORDER YOUR COPY. ON BULK ORDERS AVAIL SPECIAL DISCOUNT. CONTACT -+91 98108 00469, Website: www.wisdomvillagepublications.com, Email: wvpdindia@gmail.com

किताब से... अनमोल वचन

✍ *आपकी कही हुई हर बात हमेशा सच होनी चाहिए। अपनी बात में झूठ न मिलाइए। झूठ हमेशा पकड़ा जाएगा और झूठ बोलने वाले पर दर्शक और श्रोता फिर कभी विश्वास नहीं करेंगे।*

– अमीन सयानी

✍ *आज फ़ैक्ट्री लगाकर ख़बर की मैन्युफ़ैक्चरिंग भर हो रही है। न तो कोई उसके बारे में सोचता है न समझता है बस सनसनी फैलाई जाती है।*

– राजदीप सरदेसाई

✍ *मीडिया में एंट्री मुश्किल नहीं है लेकिन टिके तभी रह पाएंगे जब आप मेहनत करेंगे, घटनाओं से जुड़ेंगे और आम लोगों के बीच जाएंगे। बिना ज़मीन से जुड़े पत्रकारिता नहीं हो सकती।*

– पुण्य प्रसून बाजपेयी

✍ *आज हर राजनीतिक दल पत्रकारों का इस्तेमाल करना सीख गया है और कच्चे पत्रकार आसानी से उनके जाल में फंस जाते हैं। अपने मूल्यों के साथ समझौते की पत्रकारिता घातक है।*

– सुमित अवस्थी

✍ *सिनेमा पत्रकारिता फ़िल्मी सितारों के ग्लैमर में फंस कर रह गई है। सितारों की हां में हां मिलाने के बजाए फ़िल्म के क्राफ़्ट पर स्टोरी होनी चाहिए।*

– अजय ब्रम्हात्मज

✍ *दिल्ली से निकलने वाला अख़बार तुरंत मुंबई में नहीं पढ़ा जा सकता लेकिन वेबसाइट पर दिल्ली से छपी ख़बर दुनिया के किसी भी कोने में तुरंत देखी जा सकती है। यह है इंटरनेट पत्रकारिता जो भविष्य का माध्यम है।*

– सलमा ज़ैदी

✍ *लोग पीटूसी करते समय मौके और संदर्भ का ध्यान कम..तुकबंदी, पिटे हुए शायर की शायरी और गोलमोल बातें ज़्यादा बोलते हैं। अगर उसे मौके से जोड़ें तो उसमें न्यूज़ की तत्परता भी बनी रहेगी।*

– रवीश कुमार

✍ *क्राइम रिपोर्टर की पुलिसवालों से दोस्ती सिर्फ़ ख़बरों की हद तक होनी चाहिए। यह दोस्ती इतनी गहरी न हो कि पुलिस अफ़सर के ख़िलाफ ख़बर लिखते समय पल भर को भी हाथ थम जाएं।*

– शम्स ताहिर ख़ान

- *न्यूज़ एंकरिंग महज़ ग्लैमरस लगना नहीं है यह एक आग का दरिया है और उसमें डूब के जाना है।*

— अल्का सक्सेना

- *अब मेकअप लगाकर कैमरे के सामने खड़े हो जाने का दौर गया कि लोग आपके चेहरे की तारीफ़ करेंगे। आज आपके बॉस और दर्शक ख़बर के सारे पहलू आप से ही जानना चाहते हैं और यह बिना तमाम अख़बारों का घुट्टा लगाए आने से रहा।*

— समीर अब्बास

- *बड़े मीडिया हाउस जिन ख़बरों से बचते हैं ब्लॉग में उन्हें बिना किसी दबाव के छापा जा सकता है। यही खूबी इस माध्यम को निराला बनाती है।*

— अविनाश दास

- *टीवी में बोलने वाले के उच्चारण में ख़ामी रह गई तो ख़बर के मायने बदल जाएंगे। यहां अक्सर लोग जलील साहब को ज़लील कहा करते हैं।*

— सैय्यदैन ज़ैदी

- *स्पोर्ट्स जर्नलिस्ट तभी बनें जब आप खेल की दुनिया से सचमुच प्यार करते हों। इसके लिए मैदान के भीतर और बाहर की हर हलचल से बाख़बर रहें।*

— अफ़शां अंजुम

- *कुछ कहानियां ऐसी होती हैं जो समान्य तरीके से अंजाम तक नहीं पहुंच पाती हैं लेकिन समाज के लिए बेहद ज़रूरी होती हैं। ऐसे में उंगली टेढ़ी करनी पड़ती है और स्टिंग ऑपरेशन किया जाता है।*

— अनिरुद्ध बहल

- ***RTI*** *दबी–छिपी सच्चाई को समाने लाने का अचूक हथियार है। इसे पहचाने और इसके इस्तेमाल से पत्रकारिता में नए कीर्तिमान स्थापित करें।*

— अरुणा रॉय

- *रेडियो जॉकी वही हो सकता है जिससे लोग अपने रिश्ते बना सकें, वो जो उन्हें अपना लग सके। रेडियो जॉकींग का मकसद तभी पूरा होगा जब आपको सुनकर लोग कहें कि अरे यह तो मेरी जुबान बोल रहा है।*

— अर्चना जानी

- *रेडियो आज लोगों की खुशी को दोगुना करने और तन्हाई को ग़ायब करने का काम करता है। इसके लिए आज यह संगीत की पटरी पर मनोरंजन के इंजन के साथ दौड़ती सूचनाओं की गाड़ी बन गया है।*

— समीर कंवर

माता-पिता और हर क़दम पर सही शिक्षा देकर
मार्गदर्शन करने वाले गुरु को समर्पित

डिस्क्लेमर

इस किताब में सभी बातों का ज़िक्र आदर्श परिस्थितियों को ध्यान में रख कर किया गया है। इन बातों का किसी विशेष मीडिया संस्थान से कोई संबंध नहीं है। हर जगह कामकाज का तरीका, ख़बर पेश करने का ढंग, उसकी रूप रेखा और अंदाज़–ए–बयां अलग–अलग हो सकते हैं।

आभार सहित

नए ज़माने की पत्रकारिता से परिचित कराने और इस किताब के लिए अपना बहुमूल्य समय और सहयोग देने के लिए आप सभी का धन्यवाद।

- अमीन सयानी
- राजदीप सरदेसाई
- पुण्य प्रसून बाजपेयी
- सुमित अवस्थी
- अजय ब्रम्हात्मज
- सलमा ज़ैदी
- रवीश कुमार
- शम्स ताहिर ख़ान
- अल्का सक्सेना
- समीर अब्बास
- अविनाश दास
- सैय्यदैन ज़ैदी
- अफ़शां अंजुम
- अनिरुद्ध बहल
- अरुणा रॉय
- अर्चना जानी
- समीर कंवर

सौरभ शुक्ल

अनुक्रम

पत्रकारिता के सूत्र

टीवी पत्रकारिता

अख़बार की पत्रकारिता

रेडियो की दुनिया

वेब का कमाल

ओवरनाइट स्टार नहीं बनाता है जर्नलिज़्म

टीवी के ग्लैमर को देखकर आज नए पत्रकार बस एक दिन में ही सीधे एंकर बन जाना चाहते हैं। जो नई पीढ़ी इस पेशे में करियर बनाना चाहती है उसे एक बात साफ़ समझ लेनी चाहिए कि यहां रातों रात कुछ नहीं होता है। आपको कम से कम 4–5 साल या तो रिपोर्टिंग या फिर डेस्क में बैठ कर चीज़ों को समझना चाहिए।

आज का दौर पुराने ज़माने से काफ़ी अलग है। जब मैंने 17 साल पहले ज़र्नलिज़्म में क़दम रखा था तब हम लोगों के पास ख़बर को सोचने, समझने के लिए वक़्त होता था लेकिन आज तो ख़बर बस कैसे भी जल्दी पहुंचानी होती है। चैनलों की बढ़ती तादाद से ख़बर को सबसे पहले चलाने का कंपिटिशन ज़ोर शोर से हो रहा है। यही नहीं ख़बर को सोचने समझने के लिए अब समय भी नहीं रहता है। बस उसे लेकर सनसनी फैलाई जा रही है। ऐसे में लगता है कि ख़बर की फ़ैक्ट्री लगाकर उसकी मैन्युफैक्चरिंग भर हो रही है।

हालांकि इस बात से इंकार नहीं किया जा सकता है कि जो भी नया पत्रकार होता है उसे पत्रकारिता के इस तौर तरीक़े को समझने में दिक्कत होती है, लेकिन आज का ज़माना यही है। उसे इसी में रहकर इस तरीक़े को बेहतर करना है। ताकि इस पेशे का जो मक़सद है कि ख़बर को सही ढंग आम लोगों तक पहुंचाए जा सके, वो पूरा हो।

राजदीप सरदेसाई
एडिटर इन चीफ़
आईबीएन 18 नेटवर्क

पत्रकारिता के सूत्र

नए ज़माने की पत्रकारिता

इस नए ज़माने की पत्रकारिता में ख़बर नहीं उसे पेश करने का अंदाज़ बिकता है। पत्रकार का काम अब महज़ ख़बर को बताना नहीं बल्कि उसे बेचना भी हो गया है। और जो इस कला का माहिर खिलाड़ी है वही सबसे आगे है। इस कला में उसका हथियार लेखनी के बजाए आज कम्प्यूटर बन गया है।

पत्रकारिता का उदय समाज में हो रही उन घटनाओं की जानकारी देने के मक़सद से हुआ था जो अमूमन आम आदमी की पहुंच से दूर रहती थीं। ताकि उन्हें वो सारी बातें पता चलें जिनसे वो या तो अनभिज्ञ रहते थे या फिर उन्हें जानबूझ कर अंजान रखा जाता था। देश ने आज़ादी की लड़ाई के दौरान इसका अच्छा उदाहरण देखा। फिर आज़ादी के बाद जिस तरह देश में पिछले 6 दशकों में तरक्की हुई है, भारत में पत्रकारिता ने पिछले एक दशक में वैसी ही बुलंदी हासिल कर ली है।

इस बुलंदी को हासिल कराने में सीढ़ी का काम किया पूंजीपतियों ने। उन्होंने प्रेस के महत्व को समझा और इसमें निवेश किया। वो इसे एक तरह का कारोबार समझ कर इसमें पैसा लगाते रहे हैं। अब ज़ाहिर है कि जब कोई बिज़नेसमैन कहीं पैसा लगाता है तो हमेशा 2 से 4, 4 से 8 और 8 से 12 बनाने की जुगत में ही रहता है सो इन्होंने भी अपना बनिया धर्म पकड़े रखा।

इसका नतीजा ये हुआ कि ख़बर आज ख़बर कम प्रोडक्ट यानि उत्पाद ज़्यादा बन गई है। और ये मीडिया संस्थान उस प्रोडक्ट को बनाने की मशीनें। ये मशीनें धड़ाधड़ ख़बर की एक प्रोडक्ट की तरह सप्लाई करती जा रही हैं। यहां कच्चे माल के रूप में समाज की घटनाओं का इस्तेमाल होता है और फिर उन्हें फैक्ट्री (मीडिया हाउस) में भेजकर मशीन पर चढ़ाकर उनसे प्रोडक्ट तैयार किया जाता है।

तैयार होने के बाद प्रोडक्ट या कहें ख़बर को बाज़ार में नीलाम कर दिया जाता है। बाज़ार में इनकी टक्कर दूसरी फ़ैक्ट्रियों यानि दूसरे चैनलों एवं अख़बारों से निकले प्रोडक्ट्स के साथ होती है। और इनके ख़रीदार होते हैं आम दर्शक, पाठक और श्रोता।

मतलब साफ़ है। देश को सुधारने और ख़ामियां उजागर करने वाले जज़्बे का पेशा अब ख़बर बेचने के कारोबार में तब्दील हो गया है। इसका एक सीधा सा उदाहरण न्यूज़ चैनल में कामकाज के ताज़ा तरीके से देना चाहूंगा।

आज अगर टीवी न्यूज़ चैनल के रिपोर्टर को कोई कहानी सूझती है तो वो उसे सबसे पहले एसाइन्मेंट को बताता है। एसाइन्मेंट डेस्क उसकी वैल्यू को समझते हुए

रिपोर्टर को कवरेज के लिए भेजती है। यहां कहानी की वैल्यू का मतलब ये है कि वो कहानी चैनल के दर्शकों को कितनी पसंद आएगी, क्योंकि उसी हिसाब से कहानी का मूल्यांकन होता है।

रिपोर्टर स्टोरी पूरी करता है उसके बाद वो प्रोड्यूसर के पास जाती है। प्रोड्यूसर कहानी की औकात को देखकर उसे अपने रनडाउन में जगह देता है। अगर कहानी बड़ी है तो वो हेडलाइन भी बनाई जाती है। अगर वो अच्छा पैसा देने वाली है यानि हिट होने वाली है तो उसका जमकर प्रमोशन भी किया जाता है। कुछ इस तरह से वो ख़बर टीवी स्क्रीन पर चलती है।

स्टोरी का काम तो अब ख़त्म हो जाता है। यहां से टीआरपी यानि टेलीविजन रेटिंग प्वाइंट का असल खेल शुरू होता है। माना जाता है कि जितनी ज़्यादा टीआरपी आई है उतने दर्शकों ने चैनल देखा है। अगर उस कहानी के चलने के बाद चैनल की टीआरपी बढ़ी है तो ज़ाहिर है चैनल को महंगे विज्ञापन मिलेंगे। चैनल में ज़्यादा पैसा आएगा। और पैसा आने से सब खुश रहेंगे।

यहां ख़बर का कारोबार कुछ इस तरह से होता है। सबसे पहले रिपोर्टर ने अपनी कहानी एसाइन्मेंट को बेची.....एसाइन्मेंट ने प्रोड्यूसर को बेची...प्रोड्यूसर ने दर्शकों को बेची और इसके बाद आई अच्छी टीआरपी के दम पर मार्केटिंग डिपार्टमेंट वालों को विज्ञापनों के ज़्यादा दाम मिलने लगे।

साफ़ है कि ख़बर अब बेचने–खरीदने का धंधा बन चुकी है। फिर चाहे वो चैनल के अंदर हो या बाहर।

अब चैनलों के बीच रोज़ाना सबसे पहले, सबसे ज़्यादा प्रोडक्ट (ख़बर) बेचने की जंग छिड़ी रहती है। इस पूरी कसरत में हिट वही है जो फ़िट है। यानि जो सबसे ज़्यादा ख़बरें बेच पाता और बेचने के साथ–साथ ऐसे प्रोडक्ट बनाता है जो टीआरपी के बाज़ार में उसे अच्छे नंबर भी दिला पाता है।

हालांकि ऐसा नहीं है कि इस पूरी कसरत में ख़बर के पुराने मूल्यों को दरकिनार ही किया जाता है या पत्रकारिता के पेशे में समाज को सुधारने का जो जज़्बा था वो ख़त्म हो गया है। अभी भी इस पेशे के ज़रिए मज़लूमों को इंसाफ़ दिलाने और सच को उजागर करने का काम किया जाता है — रुचिका गिरहोत्रा, जेसिका लाल, प्रियदर्शिनी मट्टू, महाराष्ट्र के मुख्यमंत्री अशोक चव्हाण का अपने रिश्तेदारों को ग़लत तरीके से मुंबई की आदर्श सोसायटी में फ्लैट दिलवाने जैसे कई मामले इसकी तस्दीक़ करते हैं। लेकिन ये सब होता है उसी शर्त पर। सभी मामलों में ज़ोर इसी बात पर दिया जाता है कि प्रोडक्ट वही बनाया जाए जो बिके। सिर्फ़ बिके ही नहीं बल्कि उसके अच्छे दाम भी मिलें। आज अगर आपकी कहानी ऐसी नहीं है कि वो ज़्यादा से ज़्यादा लोगों को उसे देखने पर व

देखकर उसके बारे में सोचने पर मजबूर न कर सके या उनकी जानकारी की भूख को शान्त न कर सके तो उसका असल में कोई वजूद है ही नहीं।

इस सब के पीछे की वजह जानने के लिए जब मैंने देश के तमाम न्यूज़ चैनल व अख़बार चलाने वालों से बात की तो सबने यही कहा कि आज की पत्रकारिता महंगी हो गई है और इस पेशे में बने रहने के लिए पैसा सबसे ज़रूरी चीज़ बन गया है।

अगर आपके पास पैसा नहीं है तो आप ज़्यादा रिपोर्टर नहीं रख सकते व अच्छी तकनीक नहीं ख़रीद सकते। इन सब ज़रूरतों के लिए पत्रकारिता के पेशे में ऐसे लोग की एंट्री हुई जिनके पास पैसा तो है लेकिन वो पत्रकारिता के जज़्बे के लिए नहीं बल्कि पैसा कमाने के उद्देश्य से ही आए हैं। इस बीच अगर समाज का भला करने वाली स्टोरियां चलती हैं तो चले लेकिन वो इस तरह से बनाई जाएं कि टीआरपी हासिल करने में कामयाब रहें, क्योंकि तभी उनसे पैसा आएगा। यानि पैसा ही सबसे ऊपर है।

इस बाज़ारवाद की झलक आज ख़बरों में भी साफ़ नज़र आती है। वो चैनल जो कभी डीडी वन और डीडी मेट्रो के ज़माने में आधे घंटे के स्लॉट के जिए जद्दोज़हद करता था, आज पूरे 24 घंटे का चैनल बन जाने के बाद पत्रकारिता के नाम पर केवल भूत प्रेत, नाग नागिन और साड़ों की लड़ाई दिखा रहा है। वजह साफ़ है — टीआरपी और मक़सद भी साफ़ है — पैसा कमाना। लेकिन इसकी आड़ में पत्रकारिता की ज़रूर बलि दी जा रही है। चैनल न चाह कर भी ऐसा कर रहे हैं। इसके पीछे तर्क ये दिया जाता है कि अगर हम 'फलानी' ख़बर नहीं चलाएंगे तो दूसरा चैनल चला देगा। वो टीआरपी मार ले जाएगा और हम हाथ पर हाथ धरे बैठे रह जाएंगे।

ख़बरों के साथ ऐसा सलूक केवल टीवी चैनलों में ही नहीं होता है, अख़बारों व पत्रिकाओं में भी ये आम है। कोई ज़माना हुआ करता था जब 4–6 पन्ने का ही अख़बार होता था और वो ख़बरों से लबालब रहता था। लेकिन आज 40 और कभी कभी 80 पन्नों का हो जाने का बाद भी अख़बार की 60 परसेंट जगह में विज्ञापन होते हैं और जो ख़बरों के लिए 40 परसेंट जगह बच जाती है उसमें से भी 60 परसेंट से ज़्यादा ख़बरें किसी कंपनी को फ़ायदा पहुंचाने के मक़सद से लिखी गई होती हैं। इसकी वजह बताई जाती है कि वो कंपनियां अख़बार या मैगज़ीन चलाने वाली कंपनी को विज्ञापन देती हैं।

तस्वीर बिल्कुल साफ़ है कि अगर आपको पत्रकारिता करनी है तो ख़बर को बेचने की कला आनी चाहिए। आज की तारीख़ में यही इस पेशे की प्राथमिकता है। और उसके लिए ज़रूरी हो गया है कि आप जिस भी ख़बर पर काम करें उसे उसकी मार्केट वैल्यु के हिसाब से भी परखें। मार्केट वैल्यु से मतलब है कि ख़बर कैसे ज़्यादा से ज़्यादा लोगों को अपनी तरफ़ आकर्षित करने में क़ामयाब हो पाएगी।

इस मामले में आपको ख़बर के ट्रीटमेंट पर ध्यान देना होगा। यानि उसे कैसे लिखा

जाए, उसके विज़ुअल कैसे हों, कैसे ग्राफिक्स हों, किस तरह का साउंड इफ़ेक्ट हो और कैसा वाइस ओवर हो ताकि ज़्यादा से ज़्यादा लोगों को वो चैनल पर रोककर रख सके। और ज़्यादा से ज़्यादा लोगों को ख़बर बताने का मक़सद पूरा हो जाए।

आज तकरीबन सभी चैनलों, अख़बारों के लिए ख़बर का स्रोत एक ही है और ऐसे में कुछ एक्सक्लूसिव ख़बरों को छोड़ दें तो ज़्यादातर ख़बरें एक साथ सभी के पास मौजूद रहती हैं। आज सब कुछ इस बात पर ही निर्भर करता है कि आप किसी ख़बर को किस तरह से और टीवी में तो ख़ास तौर पर कितनी जल्दी पेश करते हैं। ख़बर को पेश करने के दौरान अगर आप दर्शक को, पाठक को अपनी तरफ़ आकर्षित ही न कर पाए तो आपकी मेहनत को कोई नहीं देखेगा फिर चाहे वो कितनी ही अच्छी कहानी क्यों न हो।

यानि नए ज़माने की पत्रकारिता में आप का काम ये हो गया है कि स्टोरी ऐसी बनाइए जो लोगों को न सिर्फ़ पसंद आए बल्कि उन्हें स्क्रीन पर चिपकाए भी रखे। अब केवल ख़बर देने भर से पत्रकार का काम ख़त्म नहीं होता है। लोगों को ख़बर 'दिखाना' भी अब उसकी ज़िम्मेदारी का अहम हिस्सा बन गया है।

इसके लिए तरह–तरह के हथकंडे अपनाए जाते हैं। अख़बारों में ऐसे शब्दों का प्रयोग होता है कि लोग पढ़कर ऊबे नहीं। टीवी की भाषा शैली में बदलाव किए जा रहे हैं। ऐसे विज़ुअल्स और स्पेशल इफ़ेक्ट्स पर भी ज़ोर दिया जाने लगा है जिससे लोगों का ध्यान आकर्षित किया जा सके। क्योंकि आज टीवी पर बहुतेरे चैनल हैं और दर्शक के पास रिमोट है। साथ ही वो कभी भी चैनल बदलने के लिए आज़ाद भी है। ऐसे में आपकी स्टोरी भले ही कितनी बड़ी हो अगर वो लोगों को आकर्षित करने में सक्षम नहीं है तो साफ़ है कि आपका प्रोडक्ट बेकार है।

फिर भी ये ज़रूर है कि बाज़ारवाद के इस क़दर हावी होने के बाद भी इस पेशे की ताक़त ख़त्म नहीं हुई है। आज भी यही अकेला ऐसा पेशा है जो समाज को भ्रष्टाचार और उस जैसी तमाम बुराईयों से आज़ाद कराने की ताक़त रखता है। आज भी यहां कुछ ऐसे लोग मौजूद हैं जो असल पत्रकारिता का समर्थन करते हैं। यहां आज भी एक ख़बर पर मुख्यमंत्री तक की कुर्सी चली जाती है।

अगर आप लोगों की सेवा करने व समाज की कुरीतियों को उखाड़ फेकने के मक़सद से इस पेशे में आए हैं तो आप इस मिशन को पूरा कर सकते हैं। बस ध्यान ये रखना है कि जो भी दिखाएं वो ऐसा हो कि दर्शक देखते रह जाएं और आपके चैनल के अलावा या आपके अख़बार के अलावा दूसरी तरफ़ का रूख़ कतई न करें। तभी आप नए ज़माने की पत्रकारिता में सफल कहे जाएंगे।

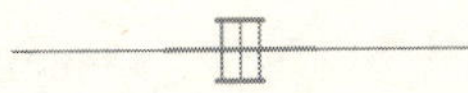

कम्युनिकेशन का असर

मीडिया या जिसे आम भाषा में हम प्रेस कहते हैं, एक ऐसा माध्यम है जो एक जगह के संदेश को दूसरी जगह या कहें किसी संदेश को एक साथ कई लोगों तक पहुंचाने का काम करता है। मीडिया में संदेश का मतलब ख़बर है और इसे पहुंचाने के लिए टीवी, अख़बार, वेबसाइट्स, रेडियो या फ़िल्मों जैसे माध्यम का इस्तेमाल होता है।

कम्युनिकेशन के लिए 3 चीज़ें सबसे ज़रूरी होती हैं। पहला मैसेज यानि संदेश, दूसरा सेंडर यानि संदेश भेजने वाला और तीसरा रिसीवर यानि संदेश पाने वाला। पत्रकारिता की भाषा में बात करें तो संदेश ख़बर हो जाती है और सेंडर या उसे भेजने वाला पत्रकार और रिसीवर या कहें संदेश पाने वाला पाठक, दर्शक और श्रोता।

आज क़रीब घर–घर में टेलीविज़न है। तक़रीबन हर हाथ में मोबाइल फ़ोन है और उसमें **FM** यानि रेडियो लगा हुआ है। अख़बार हर जगह और दर्जनों भाषाओं में आते हैं। मैगज़ीन की उपलब्धता पहले की तुलना में अब कहीं ज़्यादा हो गई है और वेबसाइट्स का तो पूछना ही क्या।

इन सब चीज़ों से एक बात बिल्कुल साफ़ है कि अब कोई भी बात कम्युनिकेट करने के लिए यानि एक जगह से दूसरे जगह तक पहुंचाने के लिए कई ऐसे ज़रिए हैं कि फट से बात करोड़ों लोगों तक पहुंचाई जा सकती है।

अगर कम्युनिकेशन यानि किसी बात को एक से दूसरी जगह पहुंचाने की क्रांति की बात करें तो इसे तीन भागों में बांटा गया है।

कम्युनिकेशन का पहला दौर

पुरातन काल में इंसान पत्थर पर लिखा करते थे। लेकिन अब पत्थरों को उठाकर एक जगह से दूसरी जगह पर पहुंचाना उतना आसान तो होता नहीं है। इसका ख़ामियाज़ा उस दौर के लोगों को कुछ इस तरह चुकाना पड़ा कि उस काल के लोगों की सोच, सभ्यता वहीं तक सीमित रह गई। और उस दौर में अलग–अलग जगहों पर जी रहे बाक़ी लोगों को एक–दूसरे की सभ्यता से परिचित होने में अरसा लग गया।

वो अलग बात है कि आज हम अलग–अलग जगहों पर जाने में सक्षम हैं और पुरानी सभ्यताओं की खोज करने में जुटे हैं तो हमें उस दौर की सारी बातों का पता चल रहा है। लेकिन इन सब चीज़ों का पता चलने में लंबा समय लगा। और अभी भी दावे के साथ ये नहीं कहा जा सकता है कि हम पूरी तरह से प्राचीन सभ्यता से परिचित हैं।

यानि विचारों की अभिव्यक्ति तो उस ज़माने में भी हो गई थी लेकिन उसका प्रसार बिल्कुल भी नहीं हो पाया। जिसने जो भी पत्थरों पर लिखा था या आकृतियां बनाई थीं उनका आदान–प्रदान महज़ एक समूह के बीच में ही हो पाया, उस दौर के दूसरे समूहों में रहने वाले लोगों के बीच उनकी इस संस्कृति की झलक बिल्कुल भी नहीं पहुंची। वजह थी पत्थरों को एक जगह से दूसरी जगह ले जाने में असमर्थता।

कम्युनिकेशन का दूसरा दौर

वक़्त बदला, सोच बदली, लोग बदले और धीरे–धीरे हम ज़माने में आगे बढ़ आए। यह कम्युनिकेशन का दूसरा दौर था। अब तक हालांकि तकनीकी रूप से हम अधूरे ही थे या कहें उस ओर बिल्कुल भी क़दम नहीं बढ़ाए थे। लेकिन मिट्टी, पत्तों और मोम पर चित्रों के सहारे ज़रूर अपनी भावनाएं व्यक्त करने लगे थे।

फिर धीरे–धीरे कुछ ऐसी भाषाओं और अक्षरों की भी खोज हो गई जिसके ज़रिए भावनाएं लिखी जा सकती थीं। मिट्टी, पत्तों और मोम को एक जगह से दूसरी जगह तक ले जाने की सहूलियत भी थी। लिहाज़ा कोई बात दूर बैठे लोगों तक पहुंचाई भी जा सकती थी।

इसका फ़ायदा ये हुआ कि एक समूह की सोच, बोली, भाषा दूसरे समूहों के लोगों तक पहुंचने लगी। जिससे उनका दयरा तो बढ़ा ही, साथ ही एक विचार में शामिल होने वाले समूह का आकार भी बढ़ गया।

कम्युनिकेशन का तीसरा या आज का दौर

15वीं शताब्दी में गुटेनबर्ग नाम के मसीहा ने प्रिंटिंग प्रेस का आविष्कार किया, जो सूचना के क्षेत्र के लिए बड़ी क्रांति है।

कम्युनिकेशन का तीसरा दौर 15वीं शताब्दी से आज तक चला आ रहा है। यहां अब तक कई क्रांतियां हो चुकी है जिसके ज़रिए आप अपनी बात को कहीं भी, कई माध्यमों और भाषा में पहुंचा सकते हैं। अब किसी भी बात को किसी तक पहुंचाने के लिए इंतजार करने की ज़रूरत नहीं है।

अख़बार, मैगज़ीन, रेडियो, टीवी, टेलीफ़ोन, कम्प्यूटर ये कुछ ऐसे अस्त्र हैं जिनके ज़रिए कुछ भी कभी भी और कहीं से भी कम्युनिकेट किया जा सकता है।

इस दौर में न तो पत्थरों पर लिखा जाता है और न ही मोम, पत्तों या मिट्टी पर। आज के ज़माने में कम्प्यूटर पर कुछ भी लिखकर कहीं भी आसानी से भेजा जा सकता है और दूर दूसरे देश में बैठा व्यक्ति आसानी से उसे समझ लेगा। अगर वो आपकी भाषा पढ़ने में समर्थ नहीं है तो भी ये कोई बड़ा मसला नहीं रह गया है। आज ऐसे कई सॉफ्टवेयर मौजूद हैं जो उसे उन्हीं की भाषा में ट्रांसलेट करके सूचना देने का काम करते हैं।

आज सूचना, इलेक्ट्रॉनिक सिग्नल्स या कहें तरंगों में बदल गई है। इसका फ़ायदा ये हुआ कि किसी भी बात को ब्रम्हाण्ड के किसी भी कोने तक उतनी ही आसानी और जल्दी से पहुंचाया जा सकता है जितनी जल्दी हमारे ज़हन में कोई विचार आता है। यानि बस भिगोया, धोया और हो गया।

अगर आज से 50 साल पहले की ही बात करें तो तब अख़बार और रेडियो ही सूचना के एकमात्र साधन हुआ करते थे और वो भी उतनी मात्रा में मौजूद नहीं थे। तब कहीं किसी देश में या खुद अपने ही देश में किसी घटना का पता चलने में कई–कई दिन लग जाते थे। और उस पर भी ज़्यादातर लोगों को सीधे सूचना नहीं मिलती थी क्योंकि सबके पास तो अखबार और रेडियो होता नहीं था। ऐसे में सूचना किसी ने सुनी और दूसरे को बताई, दूसरे से वो बात तीसरे को पता चली, इसी तरह का क्रम चलता जाता था।

ये वो दौर था जब फ़ोन भी पूरे शहर में इतने होते थे कि आप उंगलियों पर गिन लें। और अगर दूसरे शहर में रहने वाले किसी रिश्तेदार से बात करनी हो तो एक लंबी प्रक्रिया से गुज़रना पड़ता था। पहले ट्रंकॉल की बुकिंग कराइए, फिर फ़ोन लग गया तो चिल्ला–चिल्ला कर बात करिए और उसके बाद अगर कहीं बीच मे लाइन कट कई तो अगली बुकिंग का नंबर आने से पहले बातचीत की कोई सूरत ही नहीं है। कुछ ऐसा था शुरुआती ज़माना।

टीवी का ज़माना

फिर टीवी का ज़माना आया और इसमें आने वाले कार्यक्रमों के ज़रिए लोगों ने अपने आप को धन्य महसूस किया। इसका असर ऐसा था कि जब रामायण, महाभारत, चित्रहार, रंगोली जैसे कार्यक्रम या रविवार को आने वाली फ़ीचर फ़िल्म का वक़्त होता था तो मोहल्ले के जिस घर में या चौराहे में टीवी होता था वहां अच्छी ख़ासी भीड़ इकट्ठा हो जाती थी। टीवी ने रामायण, महाभारत जैसे सीरियलों के ज़रिए एक ज़माने से दूसरे ज़माने के ज़्यादा से ज़्यादा लोगों को एक साथ परिचित कराया। इस तरह से कोई भी बात आसानी से एक बड़े समूह तक पहुंचने लगी।

अब आज का ज़माना है कि हम कहीं भी बैठे हों हर चीज़ को 'लाइव' देख–सुन सकते हैं। आज तक़रीबन हर घर में टीवी है, एक से ज़्यादा मोबाइल फ़ोन हैं। सूचना पाने के वो सारे औज़ार मौजूद हैं जिनके ज़रिए वो पूरी दुनिया से जुड़े रह सकते हैं।

मेरे ज़हन में 20 जनवरी 2009 का वो दिन आज भी ताज़ा है जब अमेरिका में पहले अश्वेत राष्ट्रपति बराक हुसैन ओबामा ने पद की शपथ ली थी और पूरी दुनिया ये शपथ ग्रहण समारोह लाइव देख रही थी। उसके बाद ये शपथ ग्रहण हर अख़बार की सुर्ख़ी बना। देखते ही देखते ओबामा के इस शपथ ग्रहण और बुश के कार्यकाल ख़त्म होने की चर्चा हर नुक्कड़, चौराहे और चाय की दुकान पर होने लगी थी।

उसके बाद चंद घंटों में ही दुनिया भर से लोगों ने उस पर अपने–अपने विचार

रखने भी शुरू कर दिए। ये मामला टू वे कम्युनिकेशन का एक बेहतरीन उदाहरण था। यानि जो घटना घट रही है उसकी प्रतिक्रिया भी उसी रफ़्तार से मिल रही हो।क्योंकि यहां अमेरिका में एक घटना हुई कि ओबामा ने शपथ ली और उसके बाद इसका प्रसारण पूरी दुनिया के लोगों ने देखा। यानि शपथ ग्रहण लोगों में कम्युनिकेट हुई और उसके बाद लोगों ने उस पर अपनी–अपनी राय बनाई। और उसे टीवी, रेडियो, अख़बार और इंटरनेट के ज़रिए पूरी दुनिया में कम्युनिकेट किया गया। ज़ाहिर है ओबामा तक भी उनकी ये राय पहुंची होगी। कुल मिलाकर महज़ चंद घंटों में कम्युनिकेशन का ये खेल पूरी दुनिया में ऐसा चला ऐसा मानो ओबामा और पूरी दुनिया आमने सामने बैठकर बातें कर रहे हों।

ये कम्युनिकेशन के क्षेत्र में हो रही क्रांति का ही असर है कि आप कहीं भी बैठे हों, किसी भी सूचना से महरूम नहीं होंगे।

फ़ायदे

कम्युनिकेशन की इस क्रांति का सबसे ज़्यादा फ़ायदा पत्रकारिता को हुआ है। आज हम दूर दराज़ के किसी छोटे से गांव में भी बैठ कर अपने आपको ग्लोबल महसूस कर सकते हैं। क्योंकि तरंगों की कोई सीमा नही हैं, ये हर जगह मौजूद रह सकती हैं। साथ ही हम वैज्ञानिकों की कुछ ऐसी नियामतों मसलन मोबाइल फ़ोन, कम्प्यूटर वगैरह के माध्यम से किसी भी जगह की सूचना कहीं पर भी रहकर पा सकते हैं।

नुकसान

कम्युनिकेशन की क्रांति के अगर इतने फायदे हैं तो नुकसान भी कम नहीं हैं। ये तो सच है कि कोई भी बात अब कहीं दबी नहीं रह सकती। ऐसे में कहीं जल्दबाज़ी में अगर किसी से कोई चूक हो गई है तो वही ग़लत जानकारी सभी लोगों तक उतनी ही तेज़ी से पहुंच जाएगी। नतीजा लोग गुमराह हो जाएंगे और उसके परिणाम बड़े भयानक हो सकते हैं।

सावधानियां

कम्युनिकेशन के कारोबार में हमेशा सभी बातों को पूरी तरह जांच पड़ताल करके ही प्रसारित या प्रकाशित करना चाहिए क्योंकि जिस तरह एक बार कमान से निकलने के बाद तीर वापस नहीं आता है ठीक उसी तरह मुंह से निकली बात और कलम से निकले अक्षर भी अपना असर छोड़कर ही रहते हैं। और अगर निशाना ग़लत जगह लग गया तो ज़ाहिर है वो नकुसानदेह ही साबित होगा। ऐसे में इस धंधे में काम कर रहे लोगों के लिए ज़रूरी हो जाता है कि एक–एक शब्द को बोलने और लिखने से पहले ये सुनिष्चित कर लें कि वो सौ फ़ीसदी सही हो।

एडिटोरियल *vs* मार्केटिंग

ये बिल्कुल किसी निरंतर चलने वाले ऐसे मुक़ाबले की तरह होता है जहां छिटपुट बहस अक्सर देखने को मिलती रहती है।

बात हो रही है किसी भी न्यूज़ ऑर्गनाइजेशन के दो हेड – मार्केटिंग हेड और एडिटोरियल हेड की।

आज की पूरी पत्रकारिता इन्हीं दो प्रमुखों के बीच की लड़ाई बनकर रह गई है। मुद्दा हमेशा एक ही होता है – ख़बर को पेश करने का ढंग। मार्केटिंग हेड उसे अपने ग्राहकों यानि कि विज्ञापन देने वालों के नज़रिए से पेश कराने की कोशिश करता है और एडिटर साहब उसे जनहित से जोड़कर दिखाने की दलील देते रहते हैं।

दरअसल ये लड़ाई तब से और भी गहरी होती जा रही है जब से देश में उद्योगों ने पैर पसारने शुरू क़िए। इससे पहले तक ख़बर सिर्फ़ ख़बर हुआ करती थी लेकिन अब उसमें विज्ञापन का तड़का लगता जा रहा है और तो और कई बार विज्ञापन के लिए ख़बर के साइडलाइन होने का नज़ारा भी दिखता है।

उद्योगों के साथ–साथ मीडिया ने भी उतनी ही तेज़ी से पैर पसारे हैं। अब क्योंकि मीडिया आज कम्युनिकेशन का बेहतरीन ज़रिया बनता जा रहा है, ऐसे में उद्योगपतियों को अपने प्रोडक्ट्स के प्रचार के लिए इससे अच्छा विकल्प चिराग़ लेकर ढूढ़ने पर भी नहीं मिल सकता।

बाज़ार की इस नब्ज़ को भांपते हुए अब उद्योगपतियों ने बाक़ायदा ऐसे लोगों को नौकरी पर रखा है जिनका मीडिया में दख़ल है और ये लोग उनके उत्पादों की नुमाइश जमकर करवाते हैं।

पहले माना जाता था कि किसी भी ख़बर में ब्रांड का नाम नहीं बताएंगे। अगर ख़बर किसी साबुन से जुड़ी है तो ये नहीं कहना है कि लक्स का साबुन खराब है या पियर्स का अच्छा है। यहां साबुन को सिर्फ़ साबुन ही कहा जाएगा। ताकि लोगों को ये न लगे कि ख़बर उस प्रोडक्ट का पक्ष ले रही है लेकिन आज तो लक्स या पियर्स के आधार पर ही ख़बरें बनने लगी हैं। कोई भी इस बात की पड़ताल करने की ज़हमत नहीं उठाता कि वाकई ये प्रोडक्ट फ़ायदेमंद हैं भी या नहीं।

ये हर जगह है। चाहे बात अख़बार की हो, टीवी की हो, रेडियो की या फिर वेबसाइट सभी जगह माहौल एक सा है। अगर अकेले भारत की बात करें तो यहां रोज़ाना करोड़ों की तादात में अख़बार छपते हैं। हर घर में टीवी है। हाथों में मोबाइल फ़ोन पर FM रेडियो है। और कम्प्यूटरों पर इंटरनेट है। ये सब कम्युनिकेशन के वो हथियार हैं

जिनसे लोग सबसे ज़्यादा और सीधे तौर पर जुड़े होते हैं। और कम्युनिकेशन के ये सारे माध्यम ख़बरों से भी जुड़े होते हैं।

लोग ख़बरों से अपने आप को सबसे पहले जोड़ लेते हैं और इसी वजह से कॉरपोरेट जगत ने अपने प्रचार के लिए मीडिया का इस्तेमाल बड़े पैमाने पर करना शुरू कर दिया है।

मीडिया की परेशानी ये है कि जिस तेजी से लोगों के बीच ये फैलता जा रहा है उसी तेज़ी से इसके खर्चे भी बढ़ते जा रहे हैं। अब इस सबके लिए पैसा तो विज्ञापन देने वाला ही देता है। तो इस पूरे सर्कस में अगर मौत किसी की होती है तो वो है ख़बर।

आज ख़बर को पेश करने का ढंग बदल गया है। गुज़रे ज़माने में हम किसी भी कंपनी में हुए घोटाले, चोरी, मालिक की ज़्यादती जैसी चीज़ों को ख़बर मानते थे। लेकिन आज उसकी जगह पर बजाए किसी चीज़ की कमियां उजागर कर लोगों को उससे आगाह करने के हम हर नए प्रोडक्ट के लांच को ही धूम धड़ाके से दिखाना, छापना अपना धर्म मानते हैं। वजह यहां भी वही है – ये ख़बरें पैसा मिलने का ज़रिया बनती हैं।

पहले ख़बर को बैलेंस करने पर जोर दिया जाता था – कि भाई फलानी सिगरेट पीने से नशा दो गुना हो जाता है लेकिन साथ ही ये भी बताते थे कि ये स्वास्थ्य के लिए हानिकारक है। लेकिन अब सिगरेट के धुंए के छल्लों का बख़ान करने के चक्कर में उस चेतावनी को कमतर करते जा रहे हैं।

किसी कंपनी के म्युचुअल फंड में निवेश से फ़ायदे की बातें ही ख़बर बनती हैं; ये बताना आज प्राथमिकता में नहीं रह गया है कि म्युचुअल फंड में निवेश जोख़िम भरा भी है। हालांकि पत्रकारिता के नियम बनाने वालों ने कहा है कि विज्ञापन का हिस्सा किसी भी हालत में 40 फीसदी से ज़्यादा नहीं होना चाहिए लेकिन कोई सुनता कहां है।

एक नज़र डालते हैं ख़बर के अलग–अलग माध्यमों में विज्ञापनों के बढ़ते दबाव पर ..

अख़बार में स्पेस की जंग

अगर अख़बार की बात करें तो यहां आलम कुछ यूं होता है – दिन भर की भाग दौड़ के बाद रिपोर्टर ख़बर लाता है, डेस्क वाले उसे उतनी ही मेहनत से लिखते हैं। शाम को डमी आती है तो यहां विज्ञापन का स्पेस पहले से ही तय कर दिया जाता है कि भाई आज तो पहले पन्ने पर 65 परसेंट विज्ञापन है, दूसरे और तीसरे पर 40 परसेंट... और इसी तरह आख़िरी पन्ने तक पहुंचते हैं तो पता चलता है कि विज्ञापन ख़बर पर भारी पड़ता जाता है।

बात साफ़ है – अख़बार में जगह ख़बर के नहीं विज्ञापन के हिसाब से तय की जाती है।

ये तो हुई आम दिनों की बात, त्योहारों के दौरान तो अख़बार बधाई संदेशों की ही भेट चढ़ जाता है। और तो और अगर चुनावी सीजन की बात करें तो यहां चापलूसों की चापलूसी यानि अपने नेता के समर्थन में लोगों के संदेश और तस्वीरें ही छाई रहती हैं।

अख़बारों में अब एक नया चलन शुरू हुआ है कि विज्ञापन पर आधारित अलग से सप्लीमेंट भी बनने लगे हैं। ये वो पन्ने होते हैं जिन्हें कई–कई बार तो कॉरपोरेट घराने पूरा का पूरा ख़रीद लेते हैं। इससे अख़बार को फ़ायदा ये होता है कि उसे अच्छा पैसा मिलता है और आगे भी बिज़नेस के रास्ते बनते हैं लेकिन नुकसान ये होता है कि कई बार उस उद्योगपति से जुड़ी वो बुरी ख़बरें जो आम जनता के लिए जानना तो सबसे ज़रूरी है लेकिन इस माया के मोह में दबा दी जाती हैं।

चैनल में टाइम का पंगा

अख़बारों के बाद बात करते हैं टीवी चैनल की। यहां मामला स्पेस के बजाए समय में बंटा रहता है। अगर आधे घंटे के न्यूज़ बुलेटिन की बात करें तो उसमें 7–7 मिनट के तीन सेगमेंट होते हैं और बाक़ी समय में विज्ञापन चलते हैं। यानि 21 मिनट ख़बर के और बाक़ी 9 मिनट विज्ञापन के होते हैं।

इस दौरान आप ख़बर तो गिरा सकते हैं लेकिन विज्ञापन के वक़्त के साथ छेड़छाड़ की तो मार्केटिंग हेड का पारा हाई रहता है।

तय समय के अलावा भी चैनल में अलग–अलग तरीकों से विज्ञापन दिखाए जाते रहते हैं। मसलन बुलेटिन की हेडलाइन के प्रायोजक होते हैं, चैनल में ख़बर के साथ चलने वाले ग्राफिक्स की प्लेट पर अलग विज्ञापन होते हैं, टेक्स्ट हेडलाइन की प्लेट भी किसी ना किसी प्रोडक्ट का प्रचार करते हुए ख़बर दिखाती है। और तो और कई बार तो पूरा का पूरा प्रोग्राम ही स्पॉन्सर्ड होता है। जैसे 2009 में हुए आम चुनावों के दौरान ज़्यादातर चैनलों पर कई सारे प्रोग्राम हीरो होंडा ने स्पॉन्सर किए थे। ठीक वैसे ही वर्ल्ड कप के दौरान क्रिकेट के शो भी एयरटेल, वोडाफोन, रिलायंस मोबाइल जैसे अलग से स्पॉन्सर होते हैं।

वैसे इतने विज्ञापन लाना भी मेहनत का काम होता है। किसी भी बड़ी कवरेज के लिए चैनल में पहले से पूरी प्लानिंग होती है। मसलन अगर हम बजट की बात करें तो ये एक तय तारीख़ पर आता है। इसके लिए किसी भी चैनल पर गेस्ट, एनालिस्ट भी आम तौर पर पहले से ही तय हो जाते हैं। उसके बाद काम शुरू होता है मार्केटिंग वालों का। ये लोग अपने इस 'प्रोडक्ट' के दौरान विज्ञापन के समय को ऊंचे से ऊंचे दाम पर विज्ञापन देने वालों को बेचते हैं।

बजट के दिन सुबह से लेकर शाम तक घोषणाओं व उन पर प्रतिक्रियाओं और एनालिसिस का दौर चलता रहता है। इस दिन आम आदमी दिन भर चैनल से चिपका रहना पसंद करता है क्योंकि बजट से ही उसको पूरे साल के खर्चे का एक आउटलुक मिलता है। ऐसे में इस कार्यक्रम के दौरान दिखाए जाने विज्ञापनों की कीमत भी आम दिनों से ज़्यादा रहती है और उसी के साथ–साथ इन्हें दिखाने का दबाव भी उतना ही रहता है।

कुल मिलाकर एडिटोरियल पर ख़बर का दबाव होता है तो मार्केटिंग वालों पर विज्ञापन दिखाए जाने का दबाव। एडिटर कहता रहता है ये ख़बर चलाओ वो ख़बर

चलाओ और साथ में मार्केटिंग वाले भी कहते रहते हैं कि सर ब्रेक ले लो, सर ये ऐड वाली प्लेट चलाओ, हम टार्गेट से काफी पीछे रह गए हैं, सर पिछले घंटे में भी आपने 5 मिनट के ब्रेक किल कराए थे अब तो ले लो... वगैरह।

रेडियो में वक़्त की लड़ाई

रेडियो में यूं तो इस तरह की ज़्यादा बातें नहीं रहती हैं लेकिन विज्ञापन का प्रभाव वहां पर भी दिन पर दिन बढ़ता ही जा रहा है। ख़ासतौर से FM रेडियो में स्पॉन्सर प्रोग्राम्स का चलन चल पड़ा है। और डाबर च्यवनप्राश, कोकाकोला चौका, ग्लूकॉन डी छक्का जैसी बातें तो हम क्रिकेट कमेंट्री के दौरान अक्सर ही सुनते रहते हैं।

टीवी आ जाने से रेडियो की चमक पिछले कुछ सालों में फ़ीकी पड़ी थी। लेकिन जब से FM ने दस्तक दी है रेडियो भी रफ्तार पकड़ने लगा है। और आज इसमें गानों, कार्यक्रमों के साथ साथ हर तरह के विज्ञापन सुनाए जाते हैं।

FM रेडियो की ख़ास बात ये है कि इसकी पहुंच लोकल लेवल पर ज़्यादा है। देश के तकरीबन हर बड़े शहर में बड़े रेडियो चैनलों के रेडियो स्टेशन हैं और वहां से इन्हें लोकल लेवल पर अच्छे ख़ासे विज्ञापन मिल जाते हैं।

ये कई बार लोगों के लिए फ़ायदेमंद भी होते हैं। क्योंकि इसके ज़रिए लोगों को उनके शहर में ही बिकने वाले सामानों और उन पर छूट की जानकारी मिल जाती है।

फिर भी ऐसा नहीं है कि संचार का ये माध्यम मार्केटिंग डिपार्टमेंट के दबाव से मुक्त रहता है। दबाव यहां भी रहता है और एक घंटे में ज़्यादा से ज़्यादा गाने और उसी के मुकाबले विज्ञापन चलाते रहने की जद्दोज़हद चलती रहती है।

वेबसाइट पर हिट का फंडा

वेबसाइट पर मामला सबसे अलग होता है। यहां न तो समय की जंग है और न ही स्पेस की। और विज्ञापन की जितनी चाहे उतनी भरमार की जा सकती है साथ ही ख़बर को भी जितना चाहे स्पेस दिया जा सकता है। यहां मसला हिट का होता है। जिसे जितने ज़्यादा हिट मिलें असल में वही 'हिट' होता है।

वेबसाइट पर विज्ञापन हिट्स के आधार पर मिलते हैं। हिट्स यानि वो संख्या जिसके आधार पर ये पता चलता है कि इस वेबसाइट को कितनी बार देखा गया है। जिस वेबसाइट को सबसे ज़्यादा हिट्स मिलते हैं उसे उतने ही विज्ञापन मिलते हैं।

अब ज़ाहिर है कि एडिटोरियल और मार्केटिंग दोनों के धुरंधरों को जब ज़्यादा हथियार सौंप दिए गए हैं तो उत्पात भी ज़्यादा ही मचेगा। जी हां यहां भी उत्पात मचता है और उसका ख़ामियाज़ा आम पढ़ने वालों को ही भुगतना पड़ता है। लेकिन वेबसाइट्स

में अच्छी बात ये है कि ख़बर और विज्ञापन दोनों देखने का कंट्रोल पाठक के पास होता है।

उदाहरण के तौर पर टाइम्स ऑफ इंडिया की वेबसाइट की बात करते हैं – दफ़्तरों में आमतौर पर लोग इसे ही सबसे ज़्यादा खोलकर देखते रहते हैं और इसमें विज्ञापन भी खूब आते हैं। वेबसाइट खोलते ही कुछ 4–5 ऐसे पेज खुल जाते हैं जिनका ख़बर से कोई ताल्लुक नहीं होता है। आम तौर पर ये शादी.कॉम या किसी कार वगैरह के विज्ञापन होते हैं।

आम पाठक इनकी ज़रूरत न होने पर इन्हें क्लोज़ कर देता है और जिन्हें इनमें रुचि होती है वो इन्हें क्लिक करके देखते हैं। विज्ञापनों का दूसरा तरीका ये होता है कि किसी ख़बर के इर्द गिर्द तरह तरह के लिंक, पिक्चर और मूविंग आइकॉन्स लगा दिए जाते हैं। ये सब भी किसी न किसी चीज़ के विज्ञापन ही होते हैं। आप इन्हें क्लिक करेंगे तो विज्ञापन देने वाली कंपनी की साइट पर पहुंच जाएंगे या फिर जिस प्रोडक्ट का ये विज्ञापन है उसके फीचर्स बताए जाते हैं।

कुछ वेबसाइट्स ने अब एक नया तरीका निकाला है कि जैसे ही आप कोई वेबसाइट खोलते हैं सबसे पहले पूरी साइट पर आपको ख़बर के बजाए विज्ञापन ही नज़र आता है वो भी पूरे पेज पर। कई बार तो ये मूविंग भी होता है और 15–20 सेकेंड तक चलता है उसके बाद आपको होमपेज दिखाई देता है। हालांकि यहां पर इसे स्किप करने का भी विकल्प मौजूद रहता है अगर आप न देखना चाहें तो बस एक क्लिक के बाद सीधे ख़बर पर पहुंच सकते हैं।

विज्ञापन के भी मौसम होते हैं

जैसे आम आदमी जाड़ा, गर्मी व बरसात में अपना जीवन बिताता है उसी हिसाब से विज्ञापनों के भी मौसम होते हैं।

चुनाव के टाइम पर नेता

अगर चुनावों की बात करें तो इस दौरान अख़बारों में नेताओं की प्रशंसा में कॉलम भरे जाते हैं। कई बार तो पूरे पन्ने पर पार्टियों के चुनाव निशान और दिग्गज नेता के अलावा कुछ नहीं रहता है। ख़बर के नाम पर भी उन्हीं पार्टियों की रैलियों और उम्मीदवारों के वादों का ज़िक्र रहता है।

इसके पीछे वजह ये रहती है कि सभी पार्टियां अपनी छाप आम आदमी के दिल–ओ–दिमाग़ पर छोड़ना चाहती हैं क्योंकि उन्हीं के वोट से वो सरकार में आने वाले होते हैं। और इसके लिए वो कोई भी क़ीमत चुकाने को तैयार रहते हैं।

अब जब मुंह मांगे दाम मिल रहे हों तो कोई मार्केटिंग हेड और अख़बार या चैनल का मालिक ये मौक़ा कैसे छोड़ देगा। ख़बर को ही सब कुछ मानने वाले चाहे कितना भी चिल्लाते रहें, उन्हें साइडलाइन किया जाता रहता है।

बजट के टाइम पर कंपनियों के

बजट के दौरान हर कंपनी जानती है दर्शक के पास पहुंचने का इससे बेहतर मौक़ा नहीं मिलेगा।

अगर सरकार ने मोबाइल सस्ते कर दिए हैं तो माना जाता है कि उसकी सेल बढ़ेगी और ऐसे में कोई भी मोबाइल कंपनी विज्ञापन न दिखाकर प्रतिद्वंद्वी कंपनी को इसका फ़ायदा नहीं लेने देना चाहती।

वहीं अगर रिजर्व बैंक ने ब्याज़ दरें घटा दी गई हैं या फिर होम लोन लेना आसान कर दिया गया है तो हर बिल्डर सोचता है कि अब लोग घर खरीदेंगे और विज्ञापन के ज़रिए अपनी प्रशंशा के पुल बांधने लगता हैं।

एडिटर कहता है कि फलानी रियल एस्टेट कंपनी चोर है इसकी ख़बर नहीं चलनी चाहिए लेकिन मार्केटिंग वाला कहता है कि सरजी 1 करोड़ का विज्ञापन दिया था शर्माजी ने पिछले बजट में इस बार विज्ञापन का बजट दोगुना करने की बात कर रहे थे, ऐसे में संस्थान के मालिक को भी ख़बर की जगह पैसा ही दिखता है। नतीजा ख़बर आउट...विज्ञापन इन।

त्योहारों पर कारों, गहनों, नए कपड़ों के

आम तौर पर सबसे ज़्यादा ख़रीदारी त्योहारों में ही होती है चाहे वो दीवाली हो, ईद हो या फिर क्रिसमस। और ये कंपनियों के लिए नए प्रोडक्ट लेकर आने का भी मौक़ा होता है।

ऐसे बाज़ार में जितनी तरह के प्रोडक्ट उतनी तरह की मीडिया में स्टोरीज़ – कि दीवाली धमाका में फ़लानी कंपनी ने फ़लाना बेहतरीन प्रोडक्ट लांच किया है। अगर ये ख़बर चलाई जाती है तो बाक़ी ख़बरों की बलि चढ़ती है क्योंकि समय और स्पेस तो बढ़ाया जा नहीं सकता... वो तो उतना ही है। और नहीं चलाने का तो सवाल ही नहीं उठता, इससे पैसा जो आ रहा है।

ये तो थे कुछ सीज़नल विज्ञापन, इसके अलावा और भी कई सदाबहार विज्ञापन होते हैं जो हमेशा चलते रहते हैं। इनमें कॉन्डोम से लेकर चायपत्ती, सारी रोज़मर्रा की ज़रूरत की चीज़ें रहती हैं। इन्हें हर कंपनी बेहतरीन से बेहतरीन बताकर पेश करने की जद्दोज़हद में लगी रहती है।

वैसे मार्केटिंग डिपार्टमेंट को चाहे जितनी भी गालियां दे दी जाएं लेकिन आज की पत्रकारिता में उनकी वही जगह है जो शरीर में ख़ून की होती है। बिना विज्ञापन के किसी भी अख़बार, चैनल, वेबसाइट या रेडियो का टिके रह पाना मुश्किल लगता है। कम से कम बिना विज्ञापन के ये आज की जैसी बुलंदी पर तो बिल्कुल भी नहीं होते। लेकिन फिर भी जिस तरह विज्ञापन के दबाव में ख़बर मरती है उससे कहीं न कहीं तकलीफ़ भी होती है।

तकनीकी ज्ञान कितना ज़रूरी?

ये नए ज़माने की पत्रकारिता है। यहां अब वो पहले वाली बात नहीं रही कि बस आपके पास ख़बर की समझ हो और लिखने का तरीका आता हो और आप बन गए पत्रकार। अब तकनीक का ज्ञान होना बेहद ज़रूरी हो गया है। इसके बिना काम बिल्कुल भी नहीं चलेगा।

पुराने ज़माने के पत्रकारों में से आज तरक्की केवल उन्हीं को हासिल है जिन्होंने वक़्त के साथ खुद को बदला है। क्योंकि आज की पत्रकारिता में पहले के मुक़ाबले काफ़ी फ़र्क है। यहां कलम की ताक़त का कोई इस्तेमाल नहीं होता। यहां की–बोर्ड पर उंगलियां जितनी रफ़्तार से चलती हैं, महत्व उतना ही दिया जाता है। साथ ही उस रफ़्तार में जितने सही और कारगर शब्द निकलते हैं, आप की क्रेडिबिलिटी उतनी पक्की होती है।

पहले ख़बरें सूत्रों से पता चलती थी। आज इसका स्रोत इंटरनेट, वायर सर्विसेज, फ़ेसबुक, ट्विटर जैसी चीजें बन गई हैं। ऐसा नहीं है कि सूत्रों का महत्व ख़त्म हो गया है। बल्कि मीडिया का दायरा बढ़ने से उनकी अहमियत भी पहले के मुक़ाबले बढ़ती ही जा रही है लेकिन सबसे अहम बात ये है कि आज ज़्यादातर ख़बरें चाहे वो प्रिंट, इलेक्ट्रॉनिक, वेब, रेडियो या फिर क्यों न मोबाइल के लिए लिखी जा रही हों, इंटरनेट सब में शामिल हो गया है।

ऐसे में इंटरनेट की समझ और ख़बर के लिए इस माध्यम का इस्तेमाल नौकरी के लिए इंटरव्यू देने तक में काम आता है। लेकिन अगर आप इन चीजों से अनभिज्ञ हैं और केवल ख़बरों की समझ के बूते पर काम करना चाहते हैं तो अब इस क्षेत्र में चुनौती बेहद कड़ी है।

आज ख़बर के लिए पहले की तरह ख़ाक नहीं छाननी पड़ती है। अगर दुनिया में कहीं भी कुछ भी हुआ है तो सबसे पहले पीटीआई, यूएनआई जैसी समाचार एजेंसियों से ख़बर मीडिया हाउस को मिल जाती है या फिर एक प्रेस रिलीज़ के तौर पर ई–मेल के ज़रिए पत्रकारों के इनबॉक्स में आ जाती है।

चाहे आप किसी भी बीट के लिए काम कर रहे हो, इंटरनेट के बिना आपका काम नहीं चलने वाला। अगर आपकी रुचि डिफ़ेंस बीट में है तो भी आपको एजेंसियों के अलावा सेना से जुड़ी और रक्षा मंत्रालय की वेबसाइटों पर कड़ी नज़र बनाए रखनी पड़ेगी। क्योंकि ख़बरों का एक बड़ा स्रोत यही होती हैं। यहीं से आपको कई प्रमाणित संपर्क सूत्र मिल जाएंगे जिनसे बात कर आप अपनी ख़बर बना सकते हैं।

जैसे मान लीजिए कि सेना की किसी बटालियन का कोई ऐतिहासिक दिन है और आपको उस पर शो बनाना है तो आप रेजिमेंट की वेबसाइट पर जाएंगे वहां से उसके इतिहास, वर्तमान और आने वाले कुछ दिनों की योजनाओं का पता चल जाएगा और साथ ही साथ वहां से उसका पता और कुछ फ़ोन नंबर मिल जाएंगे।

उन नंबरों पर फ़ोन करके या दी गई ई–मेल आईडी पर मेल करके आप जो कुछ और जानना चाहते हैं वो भी पता चल जाएगा। इससे सही और पक्की जानकारी पाने का कोई बेहतर स्रोत नहीं है क्योंकि यहां आपको जानकारी सीधे रेजिमेंट की वेबसाइट दे रही है।

जब मुझे अपने चैनल के लिए बराक ओबामा की शपथ ग्रहण के लिए ख़बर लिखनी थी तो इंटरनेट पर तो उसका बहुत सामान मौजूद था लेकन मैंने ओरिजनल सोर्स यानि व्हाइट हाउस की खुद की वेबसाइट का ही रुख़ किया। यहां उन सारी बातों का सिलसिलेवार ढंग से विवरण दिया गया था जिस हिसाब से शपथ ग्रहण समारोह होना था।

अख़बार

यहां आधे से ज़्यादा ख़बरों का ज़रिया इंटरनेट ही होता है। केवल स्थानीय ख़बरों और रिपोर्टर की स्पेशल ख़बर को छोड़ दें तो बाक़ी जितने भी बड़े नेशनल या इंटरनेशनल मामले सुर्ख़ियों में होते हैं वो किसी ना किसी एजेंसी की कॉपियां ही होती हैं।

चाहे स्पोर्ट्स, एंटरटेनमेंट, बिज़नेस या नेशनल, इंटरनेशनल इवेंट की ख़बरें हों, सब में धड़ल्ले से इंटरनेट का इस्तेमाल झलकता है। केवल संपादकीय और विज्ञापन वाले पन्ने ही पूरी तरह से अख़बार के लोगों के ही लिखे होते हैं। वहां किसी एजेंसी की कॉपी नहीं चिपकाई जाती है। ये अलग बात है कि एडिटोरियल कमेंट जिस ख़बर पर होते हैं उनका ज़रिया भले ही इंटरनेट या वायर सर्विसेज हों।

टीवी की पत्रकारिता

अगर चैनलों की बात करें तो यहां पर इंटरनेट और कम्प्यूटर के बिना काम ही नहीं चलता। ख़बर अमूमन ढूढ़ी इंटरनेट पर जाती है, फिर उसे लिखा भी कम्प्यूटर पर ही जाता है, उसके विजुअल मशीन के ज़रिए कम्प्यूटर में ट्रांसफर किए जाते हैं। फिर उसकी बाकायदा काट – छांट भी एडिटिंग वाले कम्प्यूटर पर होती है।

उसके बाद उस पर वाइसओवर, ग्राफिक्स जैसी चीजें लगाई जाती हैं। फिर वो तरह–तरह के कम्प्यूटरों और मशीनों के ज़रिए प्रोडक्शन कंट्रोल रूम यानि PCR में पहुंचती हैं। उसके बाद वहां से चीज़ें कैमरे, कम्प्यूटर के जरिए सैटेलाइट से होते हुए डिश

एंटेना या केबल के ज़रिए आपकी टीवी स्क्रीन तक आती हैं। यानि टीवी जर्नलिज़्म में बिना कम्प्यूटर के कोई भी काम मुमकिन नहीं है।

इंटरनेट जर्नलिज़्म

यहां तो नाम में ही इंटरनेट घुसा है। बिना इसके पत्रकारिता के इस रूप की कल्पना तक करना असंभव है। अब आपको बताता हूं यहां काम होता कैसे है।

ख़बर आने का ज़रिया यहां भी बाक़ी जगहों के जैसा ही है। यानि वायर सर्विस, खुद के रिपोर्टर, और वेब पर दूसरी साइट्स। ख़बर मिल गई, संस्थान के मुताबिक भाषा में ट्रांसलेट किया। आमतौर पर ख़बर अंग्रेज़ी में ही आती है और उसे हिंदी, तमिल, बांग्ला या जिस भाषा की साइट है उसमें अनूदित किया जाता है।

अगर आप अंग्रेज़ी साइट के लिए काम कर रहे हैं तो आसानी हो जाती है। बस कॉपी पेस्ट कीजिए। अगर ज़रूरी हुआ तो हेडलाइन दूसरी लिख दी और भाषा को थोड़ा बहुत सुधार दिया जाता है।

इसके बाद हर साइट का ख़बर बनाने का अपना सिस्टम होता है। एक पेज होता है जिसमें कई जगहों पर ख़बर के अलग–अलग हिस्से मसलन हेडलाइन, ख़बर से जुड़े पुराने लिंक्स और ख़बर से जुड़ी तस्वीर वगैरह लगाकर और एक 'कैची' इंट्रो लिखकर पब्लिश कर दिया जाता है। कैची या रोचक इंट्रो इसलिए ज़रूरी होता है ताकि ख़बर को होम पेज पर पढ़ते ही पाठक अंदर आने को उत्सुक हो।

इसके बाद आपकी बनाई ख़बर को दूर किसी कोने में बैठा आदमी कम्प्यूटर पर इंटरनेट के ज़रिए पढ़ लेता है। उसे बस करना इतना होता है कि आपकी साइट का पता यानि URL टाइप करना होता है और वेबसाइट खुल जाती है। साइट खुलते ही उसे वो ख़बर नज़र आ जाएगी और उसे क्लिक करते ही जो पन्ना बड़ी मेहनत से तैयार किया गया है, पढ़ने वाले के सामने होता है।

ऐसे में यहां आप जितना ज़्यादा तकनीक से वाकिफ़ रहेंगे इस क्षेत्र में आपका दायरा बढ़ता जाएगा और मौकों की कभी कमी नहीं होगी। लेकिन आप जितना इनसे भागेंगे, परेशानी होती रहेगी।

पत्रकारिता : अनुवाद के मायने

जब पत्रकारिता की शुरुआत हुई थी तब का आलम ये था कि जो ख़बर जहां की होती थी वहीं उसी भाषा में छप जाती थी। लेकिन अब जब ज़माना ग्लोबल हो गया है। ऐसे में माहौल भी उसी तर्ज़ पर बदला और खूब बदला।

अगर केवल भारतीय पत्राकारिता की बात करें तो यहां कई भाषाओं में पत्र–पत्रिकाएं निकलते हैं, कई भाषाओं में टीवी, रेडियो, वेब में भी काम होता है। लेकिन सबके लिए ख़बर के स्रोत की भाषा ज़्यादातर अंग्रेज़ी ही हो गई है।

इसकी वजह ये है कि न्यूज़ एजेंसियों में काम ज़्यादातर अंग्रेज़ी में ही होता है, हालांकि हिंदी की भी वायर सर्विसेज़ हैं लेकिन अंग्रेज़ी माध्यम की व्यापकता के मुक़ाबले कम हैं। साथ ही कम्प्यूटर का पत्रकारिता में अब ज़्यादा इस्तेमाल होने लगा है और ये अभी भी अंग्रेज़ी के अलावा बाक़ी भाषाओं को पूरी तरह आत्मसात नहीं कर पाया है। इस वजह से भी बाक़ी भाषाओं को उस मुक़ाबले में विकास कर पाना मुश्किल हो रहा है।

कम्प्यूटर की तकनीक हमें ख़बर तो तुरंत दे देती है लेकिन वो ज़्यादातर अंग्रेज़ी में ही होती है। और यही वजह है कि ट्रांसलेशन की ज़रूरत पड़ी। जिस भाषा में आप काम कर रहे हैं, अंग्रेज़ी का उस भाषा में अनुवाद करने की। चूंकि मेरा पाला केवल अंग्रेज़ी का हिंदी अनुवाद से ही पड़ा है इसलिए केवल उसी के बारे में बात करने का हक़ बनता है।

बात शुरू करते हैं अनुवाद के तरीके से। अब तक अनुवाद से पाला स्कूलों में अंग्रेज़ी के वाक्यों को हिंदी में ट्रांसलेट कर देने से पड़ा होगा। लेकिन यहां मामला थोड़ा अलग है। यहां ख़बर के मामले में भी काम वैसा ही है लेकिन उस तरीके से बचना है। किसी भी ख़बर को ट्रांसलेट करने से पहले उसे एक बार ऊपर से नीचे तक पढ़ लिया जाए। उसके बाद उसका सार समझकर ख़बर को अपने हिसाब से और सही एंगल से लिखना चाहिए। यानि ख़बर में जो बात सबसे नई है वो सबसे पहले आए।

अनुवाद तो उस पुराने तरीके से भी हो जाएगा लेकिन जब अक्षरशः ट्रांसलेशन करने बैठते हैं और एक के बाद एक लाइन पढ़ते हुए उसको हिंदी में बदलते हैं तो कई बार अर्थ का अनर्थ हो जाता है। और साथ ही वाक्य विन्यास भी लम्बा चौड़ा हो जाएगा। यही नहीं अगर आप खुद भी उसे दोबारा पढ़ेंगे तो लगेगा कि कहानी में कहने की ज़रूरत कुछ और थी और इन वाक्यों से मतलब कुछ अलग निकल रहा है। तो अनुवाद करने के लिए सबसे पहले तो इस बात का ध्यान रखा जाना चाहिए।

दूसरी बात ये कि ख़बर के मामले में आज ज़माना जल्दी यानि सबसे पहले का है। तो आपको भी सबसे तेज़ होना पड़ेगा। देश–दुनिया से जुड़ी कोई भी ख़बर किसी भी वायर में आई है तो उसका तुरंत शुद्ध ट्रांसलेशन करके चैनल या वेब पर पहुंचाने के लिए बहुत मारा–मारी रहती है। ऐसे में जो जितनी जल्दी ट्रांसलेट कर लेगा उसके संस्थान में ख़बर उतनी जल्दी चल जाएगी।

ट्रांसलेशन जल्दी हो इसके लिए आपका शब्द–अर्थ ज्ञान अच्छा होना चाहिए यानि

ज़्यादा से ज़्यादा शब्दों का अर्थ आपकी ज़ुबान पर होना चाहिए। मेरे एक गुरु ने इसके लिए एक बहुत अच्छा तरीका बताया था जिसके अमल से वाकई दिमाग़ में शब्दों और उनके अर्थों का भंडार जमा हो सकता है। उन्होंने कहा कि आप रोज़ जब टाइम्स ऑफ़ इंडिया या द हिंदू अख़बार पढ़ते हैं तो एक नियम बना लें कि रोज़ कम से कम वो 5 शब्द ज़रूर नोट करें जिनका मतलब आपको नहीं पता और उनका अर्थ डिक्शनरी से देख कर एक लिस्ट बनाते जाएं। साथ ही रोज़ का रोज़ रटते भी जाएं। इस तरह से आपको महीने में 150 शब्द याद हो जाएंगे और साल में 1800। और इतने शब्दों से आपका अनुवाद का काम तो आराम से चल ही जाएगा। जैसे जैसे आप इसका अभ्यास बढ़ाते जाएंगे एक दिन पूरी डिक्शनरी आपकी ज़ुबान पर होगी।

दोस्तों आज हालांकि जितने हम हाइटेक होते जा रहे हैं वैसे में हमारे पास शब्दों के अनुवाद के लिए डिक्शनरी के भी बहुत विकल्प मौजूद हैं। आज इंटरनेट पर हजारों ऐसी साइट्स हैं जिनसे आप शब्दों के अर्थ देख सकते हैं और तो और अब तो डिक्शनरी मोबाइल पर भी मौजूद होती है।

कई सारे सॉफ्टवेयर भी हैं जो अंग्रेज़ी से हिंदी का अनुवाद कर देते हैं। ये सुविधा दूसरी भाषाओं में भी मौजूद है। लेकिन यहां दिक्कत ये है कि ये अनुवाद ख़बर के लायक नहीं होता है। ये बिल्कुल लिट्रल ट्रांसलेशन यानि अक्षरशः अनुवाद ही होता है।

इंटरनेट के पिटारे में भी अनुवाद का समाधान मौजूद है। 'गूगल ट्रांसलेट' नाम के इंटरनेट पेज में अंग्रेज़ी की लाइनें टाइप करने के बाद उसे कई भाषाओं में ट्रांसलेट करने की सुविधा है। चाहे आप हिंदी, स्पैनिश, फ्रेंच या दुनिया की किसी भी भाषा में अनुवाद करना चाहें, हो जाएगा। लेकिन इसमें भी दिक्कत वही है जो सॉफ्टवेयर्स में होती है यानि अक्षरशः अनुवाद। अगर कोई अंग्रेज़ी का वाक्य है "He is going" तो इसका हिंदी अनुवाद होगा 'वह है जा रहा'।

इन सहूलियतों के बारे में यहां एक बात ज़रूर कहूंगा कि जितने शब्दों के अर्थ आपको याद रहेंगे उतना ही अच्छा रहेगा और आपका अनुवाद भी उतना ही शुद्ध, जल्दी और लयबद्ध होगा। तो यहां गूगल ट्रांसलेट जैसी तकनीक से बचना ही ज़्यादा फ़ायदेमंद होगा जो आपका समय बचाने के बजाए जल्दबाज़ी में ख़बरों के दंगल में आपको फंसाने का काम कर रही हो।

ये तो रही बात अनुवाद की – उसकी ज़रूरत और तरीके की। ये कोई मुश्किल काम नहीं है लेकिन इसकी ज़रूरत और उपयोगिता को देखते हुए आपको इसकी प्रैक्टिस होनी चाहिए। क्योंकि ये किसी भी मीडिया संस्थान में नौकरी पाने या मिली हुई नौकरी बचाए रखने के लिए बहुत ज़रूरी है।

कई लोग ऐसे हैं जिनकी नौकरी केवल ग़लत ट्रांसलेशन की वजह से चली गई है। और तो और नौकरी पाने के लिए अब तो ये एक बाधा भी है। कम से कम हिंदी चैनल या अख़बार की नौकरी के लिए होने वाले रिटेन टेस्ट में अनुवाद भी एक हिस्सा होता है। जिसे पार करने के बाद ही नौकरी मिलती है। साथ ही अगर आप पत्रकारिता पढ़ना चाहते हैं तो वहां भी अनुवाद एडमिशन टेस्ट का एक हिस्सा रहता है। यानि बिना अनुवाद के कम से कम हिंदी भाषा में तो काम नहीं चलेगा।

5W & 1H

5W & 1H इसे हिंदी में 6 ककार के नाम से भी जाना जाता है। यह हैं WHO, WHAT, WHERE, WHEN, WHY, HOW यानी कौन, क्या, कहां, कब, क्यों, और कैसे। पूरी पत्रकारिता इन्हीं 6 सवालों के जवाब के इर्द गिर्द ही घूमती है।

एक संतुलित ख़बर वही होती है जिसमें इन 6 सवालों के जवाब मौजूद होते हैं कि क्या, कब कहां, क्यों, कैसे हुआ और किसने किया।

मसलन अगर हम 26/11 हमलों की बात करें तो यहां पर कौन यानि हमलावर, क्या यानि आतंकवादी हमला, कहां यानि मुंबई का होटल ताज, वीटी स्टेशन और ट्राइडेंट होटल, कब यानि 26 नवंबर 2008, क्यों यानि कथित जिहाद के मकसद को पूरा करने के लिए और कैसे यानि ए के 47 की गोलियों और ग्रेनेडों से। बिना इन सभी सवालों के जवाब के मुंबई हमलों की ख़बर का मक़सद पूरा नहीं होता है।

अगर हम ख़बर लिखने के दौरान इनमे से किसी भी चीज़ को नज़र अंदाज़ करेंगे तो ख़बर तो फिर भी लिखी जा सकती है लेकिन वो अधूरी होगी। हम ये तो बताने में कामयाब हो जाएंगे कि आतंकवादी हमला हुआ है। लेकिन बाक़ी जानकारियां नहीं बता पाएंगे।

अब अगर यह नहीं बता सकते कि आतंकवादी हमला किसने किया और कैसे हुआ, कितने लोग मारे गए, हमलावरों का क्या हुआ वगैरह, तो वो ख़बर किसी के काम की नहीं रहेगी। और दर्शकों के ज़हन में कई अनसुलझे सवाल चक्कर काटते रहेंगे।

ये तो हुई बात एक ख़बर के मूल तत्वों की। सवाल और भी कई तरह के हो सकते हैं और उनके जवाबों के आधार पर स्टोरी को नया आयाम भी दिया जा सकता है। लेकिन जब तक आप इन मूल कारणों का पता नहीं लगा लेते, किसी भी मामले की तह तक जाने का रास्ता नहीं पा सकेंगे। और बिना पूरी जानकारी के आधी अधूरी ख़बर किसी मतलब की नहीं होती है।

इसीलिए कहा गया है कि आधा सच, झूठ से भी ज़्यादा खतरनाक होता है। और पत्रकारिता के पेशे में जहां लोग आपके अक्षरों पर आंख बंद करके भरोसा करते हैं, एक झूठ से न जाने कितनी ग़लतफ़हमियां पैदा हो जाएंगी।

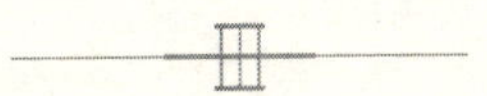

पत्रकारिता के नियम क़ानून

जिस तरह सड़क पर गाड़ी चलाने के नियम होते हैं कि हमेशा बाएं चलें, आगे वाले को दाएं से ओवरटेक करें, रेड लाइट पर रुक जाएं, बिना गेटमैन वाली रेलवे क्रॉसिंग पर रुक कर दोनों तरफ़ देखकर तब क्रॉस करें और भीड़–भाड़ वाले इलाक़े में गाड़ी की रफ़्तार धीमी रखें वगैरह, बिल्कुल उतने ही आसान पत्रकारिता के नियम होते हैं।

आज की भागमभाग और सबसे पहले ख़बर देने के दबाव में होने वाली पत्रकारिता में इन नियम क़ानूनों की चर्चा ज़रा कम होती है। लेकिन ये वो अनमोल वचन हैं जिनके पालन से पत्रकार की प्रोफेशनल लाइफ बड़ी आसान रहती है।

वैसे तो प्रेस काउंसिल ऑफ इंडिया समय–समय पर पत्रकारों को क्या करना चाहिए और क्या नहीं करना चाहिए, बताती रहती है। और उस पर कई पन्नों की रिपोर्टें भी अक्सर जारी की जाती हैं। साथ ही हर संस्थान के काम करने के क़ायदे क़ानून होते हैं वो अलग। लेकिन इसका पालन आज के ज़माने में कितना होता है इसके बारे में कुछ भी कहना ज़रा मुश्किल है।

पत्रकार की कही बात इतिहास के लिए सबसे पहला ड्राफ़्ट होता है। ऐसे में आप आज जो भी कहेंगे बस वो पत्थर की लकीर बन जाएगी और बाक़ी बातें उसके बाद ही शुरू होंगी। इसलिए किसी भी ख़बर के दौरान हमेशा सतर्क रहें और जो भी प्रकाशित या प्रसारित करें उसे सही और पूरी ज़िम्मेदारी के साथ करें।

एक उदारहण लेते हैं कारगिल के युद्ध का। मामले की सबसे पहली रिपोर्टिंग हुई 26 मई 1999 को कि भारत ने कश्मीर में बढ़ती आतंकवादी घटनाओं से तंग आकर आतंकवादियों पर हवाई हमले किए उसके बाद जवाब में पाकिस्तान की तरफ से गोलाबारी हुई और इसमें भारत के दो जेट तबाह हो गए। तो इतिहास के पन्नों में कारगिल युद्ध का ज़िक्र उसी तारीख़ से शुरू होता है जब मामले की पहली रिपोर्टिंग हुई थी। बाक़ी सारे तथ्य इतिहास में उसके बाद से ही शुरू होते हैं।

तथ्यों को परखें

किसी ख़बर के सभी तथ्यों की ठीक से पड़ताल करें। ख़बर के तथ्य को कम से कम 2–3 सूत्रों से क्रॉस चेक ज़रूर करें तभी उसे प्रमाणिक मानें। क्योंकि कई बार हम किसी एक की बात को सही मान लेते हैं और बाद में पता चलता है कि वो हमारा इस्तेमाल कर रहा है या झूठ बोल रहा है और उसके चक्कर में ख़बर ग़लत चलती है।

बिना तथ्यों की पड़ताल के और एक भरोसे पर ही ख़बर चलाने पर ग़लती की गुंजाइश ज़्यादा रहती है। इसलिए बिना तथ्यों की पूरी जांच किए उसे चलाने या छापने से हमेशा बचें।

अधूरी ख़बर न चलाएं

बिना मामले की तह तक पहुंचे आधी–अधूरी स्टोरी नहीं चलानी चाहिए। आमतौर पर देखा जाता है कि चैनलों में कुछ भी चलता रहता है। किसी के बारे में ज़रा सा अच्छा बुरा पता चला नहीं कि हमारे पत्रकार बंधु उसे लेकर उछलने लगते हैं और घंटे भर बाद पता चलता है ख़बर एकदम उल्टी है।

इस बात से इंकार नहीं किया जा सकता है कि आज इस गलाकाट प्रतिस्पर्धा के दबाव में कोई भी चैनल या अख़बार ख़बर को छोड़ने का रिस्क नहीं ले सकता लेकिन जब तक उसकी पुष्टि न हो जाए तब तक 'ग़लत' नतीजे पर झटपट नहीं पहुंचना चाहिए।

देखने को ये भी मिलता है कि किसी हादसे में मरने वालों की संख्या को लोग सनसनी फैलाने के मक़सद से बढ़ा–चढ़ाकर बताने लगते हैं। ऐसे हादसों के दौरान बिल्कुल सावधानी से ख़बर चलानी चाहिए। जब तक मरने वालों की संख्या की पुष्टि न हो जाए, मनगढ़ंत आंकड़े नहीं चलाने चाहिए।

हादसे को देखकर हुए नुकसान का पहली नज़र में अनुमान ज़रूर लगाया जा सकता है लेकिन बिना मौके पर पहुंचे या किसी सूत्र से उसकी तस्दीक हुए ऐसे आंकड़े चलाने से बचें। ये लोगों को गुमराह करने का काम करते हैं।

स्टोरी हमेशा संतुलित हो

कभी भी एक पक्षीय ख़बर नहीं करनी चाहिए। स्टोरी से जुड़े सभी पक्षों की बात सुननी चाहिए और सबको बराबर की जगह देनी चाहिए। अगर बात राजनीति की हो तो दोनों, पक्ष और विपक्ष और आज के ज़माने में तीसरे और चौथे धड़े की भी बातें लोगों के सामने लानी चाहिए। अगर क्राइम की ख़बर की बात करें तो यहां भी दोषी, भुक्तभोगी और पुलिस तीनों के बयान ख़बर में आने ही चाहिए।

कुल मिलाकर सार ये है कि अगर कोई आदमी कह रहा है कि मेरा नाम राजीव है तो हमें अपनी स्टोरी करते वक़्त इस बात की पुष्टि ज़रूर करनी चाहिए कि कहीं कोई ऐसा तो नहीं है जो यह कह रहा हो कि उस शख़्स का नाम राजीव नहीं है।

क्योंकि अगर हम एक आदमी का ही पक्ष लेते रहेंगे तो दूसरे पक्ष की बात कभी सामने नहीं आ पाएगी। और ख़बर के साथ कभी भी न्याय नहीं हो पाएगा। आख़िर लोकतंत्र में सभी को अपनी बात कहने का हक़ है तो हम उसे रोकने वाले कौन होते हैं। यानि ख़बर के किसी भी पहलू को नज़रअंदाज़ कतई नहीं किया जाना चाहिए।

निजता का रखें ख़्याल

किसी संवेदनशील मामले में उससे जुड़े व्यक्ति की ख़बर देते समय उस व्यक्ति का असली नाम छुपाएं जब तक कि उसके खिलाफ़ FIR न दर्ज हो गई हो। क्योंकि अगर मामला ग़लत निकला तो उसकी छवि ख़राब हो सकती है। ख़बर में नाम और चेहरा छुपाकर भी हम समाज की बुराई को उजागर कर सकते हैं।

किसी भी महिला या बच्चों से जुड़े संवेदनशील मामलों की रिपोर्टिंग के दौरान ख़बर को सनसनीख़ेज बनाने के बजाए उसे पत्रकारिता की मर्यादा का ध्यान रखते हुए पेश करें। उसका चेहरा दिखाने के बजाए तस्वीर ब्लर या धुंधला करके चलाएं। इससे आपकी ख़बर भी चल जाएगी और उसकी छवि को ज़्यादा नुकसान भी नहीं पहुंचेगा।

किसी के अपराध पर उसकी छीछालेदर करने के बजाए क़ानून को अपना काम करने दें और अगर वहां कोई चूक हो रही है तो उस चूक पर सवाल उठाने से बिल्कुल न चूकें।

पूर्वाग्रह से बचें

किसी भी ख़बर के दौरान अपने विचारों को उसमे हावी नहीं होने देना चाहिए। ख़बर को उसके तथ्यों के आधार पर ही साबित करने की कोशिश करें न कि फ़ालतू के अपने लॉजिक डालकर।

अगर आपके पास कोई पुख़्ता ख़बर होगी तो ज़ाहिर है आपके पास उन नामों की कतई कमी नहीं होगी जो इस ख़बर की पुष्टि कर सकें। ऐसे में ख़बर उन्हीं के मुंह से कहलवाएं। अब यहां ये कनफ्यूज़न नहीं होना चाहिए कि पहले हमें ख़बर क्या लिखनी है वो तय कर लें और फिर ऐसा एक आदमी ढूढ़ें और उससे अपनी बात कहलवा दें।

जनाब, लोगों को ख़बर जैसी है वैसी ही बताएं उसे क्रिएट करने की कोशिश न करें क्योंकि बोले हुए शब्दों और मुंह में डाले गए शब्दों में फ़र्क ज़ाहिर रहता है। और आप समाज में वो जमात हैं जिन पर लोगों का सबसे ज़्यादा भरोसा रहता है। उस भरोसे के साथ खिलवाड़ न करें।

निजी हित न साधें

हमेशा याद रखें कि आपने इस पेशे को दूसरों की तकलीफ़ों, अच्छी, बुरी बातें बताने, उन्हें बहस का एक मंच देने के लिए चुना है और उसका इस्तेमाल अपने किसी ख़ास फ़ायदे के लिए कतई न करें। पैसों या किसी और चीज़ के लालच में आम जनता के हित से जुड़ी ख़बर का गला मत घोंटिए।

आज हर उद्योगपति, नेता या अपराधी चाहता है कि उसे मीडिया का सपोर्ट मिलता रहे और उसके लिए वो कोई भी क़ीमत देने को तैयार हो जाता है। ऐसे में कच्चा पत्रकार उनकी फेकी गई बोटियों के चक्कर में अक्सर फंस जाता है। उसके बाद वो पेशे से गद्दारी

तो करता ही है साथ ही समाज को भी धोखा देने लगता है। पत्रकारों को इन चीज़ों से सावधान रहने के साथ–साथ बचने की भी ज़रूरत है।

जानने की चाह

एक पत्रकार को खुरपेंची टाइप का होना चाहिए। उसके अंदर हर चीज़ को जानने की ललक रहनी चाहिए। ये ऐसा क्यों है, वैसा होता तो कैसा होता टाइप का होना चाहिए।

इसका ये मतलब कतई नहीं है कि हर चीज़ को शक की निगाह से ही देखने लगें। लेकिन किसी भी चीज़ को नज़रअंदाज़ भी न करें। जब आप सतर्क रहते हैं और हर चीज़ के बारे में जानने को उत्सुक रहते हैं तभी आपको अपने आसपास हो रहे घटनाक्रम की पूरी जानकारी होती है। और आप ख़बर को पकड़ पाते हैं।

अगर आपका एटिट्यूड 'दुनिया जाए भाड़ में, हमसे क्या' वाला रहेगा तो ख़बर के अगल–बगल होते हुए भी आप उससे बेख़बर रहेंगे।

कहने का मक़सद केवल इतना है कि अगर आपके भीतर हमेशा चीज़ों को जानने की ललक रहेगी तो आप ज़्यादा से ज़्यादा चीज़ों पर अपनी नज़र बनाए रखने में कामयाब रहेंगे।

अब ख़बर का कोई भरोसा तो होता नहीं कि कब कहां से निकल आए। ऐसे में आपको उस पर झपटने से चूकना नहीं चाहिए। लेकिन आप सफल तभी होंगे जब चौकन्ने रहेंगे।

हमेशा पूरी और सही जानकारी रखें

एक पत्रकार को हमेशा वेल इन्फॉर्मड रहना चाहिए। यानि जिस ख़बर पर वो काम कर रहा है उससे जुड़ी सारी जानकारी उसके पास रहनी चाहिए। जानकारी के अभाव में या तो वो कई ज़रूरी तथ्यों को ग़ैरज़रूरी समझ कर छोड़ देगा या फिर ग़लत जानकारी देता रहेगा। ये दोनों ही समाज के लिए घातक हैं।

अगर आप किसी का इंटरव्यू लेने जा रहे हैं और आपको विषय का ही पता नहीं तो क्या ख़ाक इंटरव्यू अच्छा होगा।

अब एडिटर ने कहा कि भई रिज़र्व बैंक की प्रेस कॉन्फ्रेंस है चले जाना। आप वहां गए लेकिन अगर बिना पूरी जानकारी के जाएंगे तो आपको मामला ही पता नहीं रहेगा। और जब मुद्दे से ही बेख़बर हैं तो रिपोर्टिंग क्या करेंगे?

इसका समाधान ये है कि हमेशा हर चीज़ की पुख़्ता जानकारी रखें ताकि कभी मुश्किल न आए और फिर भी अगर आपको कुछ नहीं पता है तो या तो एडिटर से उस ख़बर पर किसी और को भेजने को कहें या फिर थोड़ा टाइम निकालकर किसी जानकार आदमी से इस पर चर्चा कर लें, इंटरनेट पर मामले के बारे में खोजबीन कर लें। बिना चीज़ों को पढ़े, समझे रिपोर्टिंग करना आपके करियर के साथ–साथ संस्थान के लिए भी घातक है।

संवेदनशील मुद्दों पर ख़ास ध्यान रखें

संवेदनशील मुद्दों जैसे दंगों की रिपोर्टिंग के दौरान इस बात का ख़ास ध्यान रखना चाहिए कि ऐसी कोई भी बात न कही जाए जिससे किसी भी समुदाय की भावना को ठेस पहुंचे। नहीं तो रिपोर्टिंग के दौरान आपकी कही बात आग में घी की तरह दंगों को उकसाने का ही काम करेगी और शांत होने के बजाए दंगे और भी ज़्यादा भड़क जाएंगे।

पेशे की ज़िम्मेदारियों के साथ–साथ आप असल ज़िंदगी में एक समुदाय विशेष का भी प्रतिनिधित्व कर रहे होते हैं। ऐसे में अपनी भावनावों को ज़ाहिर करने के बजाए केवल वही बताएं जो उस वक़्त हो रहा हो।

आप का काम है कि घटना की जानकारी लोगों तक पहुंचाएं न कि वहीं पर खड़े खड़े ये फ़ैसला करने लगें कि दोषी कौन है और उसे कितनी सज़ा दी जानी चाहिए। माना कि मीडिया के पास भी एक आम आदमी की तरह विचार रखने का अधिकार है लेकिन किसी संवेदनशील घटना की रिपोर्टिंग के दौरान उन विचारों को परोसना इस पावर का ग़लत इस्तेमाल होगा।

पत्रकार की कोई जाति नहीं, कोई धर्म नहीं

पत्रकार किसी भी जाति धर्म या फिर समुदाय से ऊपर होता है। हालांकि आज मीडिया में अलग–अलग संस्थान किसी ख़ास वर्ग की तरफ़दारी करते दिखते हैं लेकिन जो इन सारी चीज़ों से ऊपर उठकर केवल समाज की बुराइयों को उजागर करने में लगा रहता है वही सच्चा पत्रकार होता है।

आपका काम है हर तबके से जुड़ी बातें लोगों तक पहुंचाना। अगर आप पंडित हैं और आपकी जाति, आपकी विचारधारा पर हावी है तो आप किसी दलित की व्यथा कैसे लोगों तक पहुंचा पाएंगे?

ठीक उसी तरह अगर आप मुसलमान हैं और अपने धर्म को पेशे और दूसरे धर्मों से बड़ा मानते हैं तो मुसलमानों की बुराइयों को कभी भी उजागर नहीं कर पाएंगे। आपको हमेशा हिंदुओं में ही खोट नज़र आता रहेगा और अपने पेशे के साथ अन्याय करते रहेंगे।

चुनाव की कवरेज

चुनावों की कवरेज में देखने को मिलता है कि ख़बर के दौरान अक्सर कई बड़े पत्रकार किसी ख़ास पार्टी की विचारधारा से प्रभावित दिखाई देते हैं। या फिर कहें कि एक पार्टी का पक्ष लेते हुए दूसरी पर पिल पड़ते हैं। एक पत्रकार को इन सब चीज़ों से भी बचना चाहिए।

आपने इस पेशे को सभी की बातें लोगों के सामने लाने के लिए चुना है अगर

आपको किसी पार्टी के साथ चिपककर रहना पसंद है तो आप बिना झिझक उस पार्टी की सदस्यता लेकर उनकी विचारधारा का प्रचार करें और इस पेशे पर कृपया रहम करें।

टीम वर्क

आजकल जिस तेजी से पत्रकारिता का विकास हुआ है ख़ास कर टीवी पत्रकारिता में, कवरेज एक आदमी के बस की बात नहीं रह गई है।

किसी भी ख़बर के पीछे – रिपोर्टर, एंकर, कैमरामैन, डेस्क, प्रोड्यूसर, वीडियो एडिटर, साउंड टेक्नीशियन, और यहां तक कि जगह तक ले जाने वाला ड्राइवर सभी अपनी अपनी भूमिकाएं निभाते हैं। ऐसे में एक ख़बर पर एक साथ पूरी टीम काम कर रही होती है।

जब हम एक टीम में काम कर रहे होते हैं तो लाज़मी है कि सभी के बीच दोस्ती का माहौल रहे। हालांकि काम तो तब भी होगा जब हम ड्राइवर को छोटा समझकर उससे बात न करें और ब्रेकर पर अगर वो ब्रेक लगाने से चूक गया तो हड़का दिया। इस पर भी वो आपको कवरेज की जगह तक तो पहुंचाएगा लेकिन कभी भी आपकी मुसीबत में उस तरह से मदद नहीं करेगा जैसा आपके दोस्त बनकर पेश आने पर करेगा।

कुल मिलाकर टीम वर्क का मतलब होता है सभी मिलजुल कर काम करें और अच्छे काम की हमेशा तारीफ़ करें। गलतियों पर चिल्लाने के बजाए उसे तुरंत सुधारें। इससे कवरेज बेहद सफल रहेगी और आपको काम करने में मज़ा भी आएगा।

ग़लती सबसे होती है

ऐसा नहीं है कि पत्रकार भगवान है और उससे कभी ग़लती नहीं होती है लेकिन अच्छा, सच्चा पत्रकार वही है जो अपनी ग़लती का एहसास होने पर माफ़ी मांगने में वक़्त बिल्कुल भी न लगाए।

आज भी इंडियन एक्सप्रेस जैसे कुछ ऐसे अख़बार हैं जो पिछले दिन की ग़लत ख़बर पर सुधार छापते हैं। लेकिन बाक़ी कई लोग जब तक उनकी ग़लत ख़बर पर अदालत में मामला दर्ज नहीं कर दिया जाता तब तक न तो अपनी ग़लती मानते हैं न ही उस ग़लती पर सफ़ाई देते हैं। ये लोग अपने आप को भगवान से भी बड़ा समझते हैं। दिन भर ग़लत, बिना सींघ पूंछ की ख़बरें चलाते रहते हैं लेकिन फिर भी उसमें उन्हें कोई बुराई नहीं नज़र आती। बड़े ढीठ हो गए हैं ये लोग।

ये थे पत्रकारिता के कुछ वो नियम जो बिल्कुल सड़क पर चलने के नियमों की तरह आसान हैं। लेकिन इनके इतने आसान होने के बाद भी कुछ पत्रकारों को बाएं के बजाए दाएं चलना पसंद है और विडंबना ये है कि उसे वो सही भी मानते हैं।

ख़बर का ज़रिया

ख़बर का कारोबार करने वाले संस्थानों में ख़बर जुटाने के कई साधन होते हैं। कुछ इनके खुद के लोग होते हैं तो कुछ ऐसी समाचार एजेंसियां होती हैं जो चैनलों या अख़बारों को एक तय शुल्क पर ख़बरें पहुंचाती रहती हैं। इन्हीं न्यूज़ एजेंसियों के ज़रिए चौबीसों घंटे दुनिया के हर कोने से ख़बरों की बौछार होती रहती है। इन बौछारों से जो ख़बरे सबसे ज़्यादा महत्व की होती है उन्हें समाचार संस्थान अपने बुलेटिन, अख़बार के पन्नों में अहमियत के हिसाब से जगह देते हैं।

अपना नेटवर्क

हर संस्थान का अपना खुद का नेटवर्क होता है जो 24 घंटे ख़बर जुगाड़ने और उसे सबसे पहले पहुंचाने में लगा रहता है। इनमें रिपोर्टर्स से लेकर एडिटर सभी होते हैं।

हर चैनल या अख़बार का एक हेड ऑफ़िस होता है और उससे जुड़े कई ब्यूरो होते हैं। इन जगहों पर अलग–अलग मामलों को जानने, समझने और लोगों को बता सकने वाले रिपोर्टरों की लंबी फौज होती है।

कभी भी, कहीं भी, कुछ भी होता है तो ये लोग वहां सबसे पहले पहुंचते हैं और उसके बाद वो ख़बर इन्हीं के ज़रिए आम लोगों तक पहुंचाई जाती है।

यही नहीं इन रिपोर्टरों के सूत्र भी उनके इलाके में चप्पे–चप्पे पर मौजूद होते हैं। अगर रिपोर्टर क्राइम कवर करता है तो उस दायरे में उसके सूत्र मौजूद होंगे। मसलन पुलिस के दफ़्तरों जैसी जगहें जहां से जुर्म का प्रमाणित सुराग सबसे पहले मिलने की संभावना रहती है। वहीं अगर पत्रकार राजनीतिक गलियारों की ख़बर रखता है तो हर राजनीतिक दलों में कुछ ऐसे सम्पर्क सूत्र ज़रूर होते हैं जो पल–पल की ख़बर उन्हें सबसे पहले दे देते हैं।

अख़बार

ख़बर की दुकान चलाने वाले सभी संस्थानों के लिए अख़बार हर लिहाज़ से सबसे महत्वपूर्ण माध्यम होता है। यह पूरे देश में बीते हुए कल में क्या–क्या, कहां–कहां हुआ है उसकी एक ऐसी तस्वीर दिखाता है जिसपर काफी हद तक 'आज' का दिन निर्भर करता है।

और तो और अक्सर अख़बार से ही किसी भी मामले पर उसकी गंभीरता को देखते हुए टीवी पर स्टोरीज़ चलाई जाती हैं। साथ ही किसी भी बड़े मामले पर कोई महत्वपूर्ण एंगल अगर दूसरों ने मिस कर दिया है तो उसका भी आइडिया यहीं से मिलता है। यही नहीं किसी घटना से जुड़ी फ़ॉलोअप स्टोरीज़ के लिए तो अख़बार वरदान साबित होता है। कुल मिलाकर अख़बार आज भी कम से कम टीवी चैनलों के लिए तो ख़बर का सबसे बड़ा स्रोत है ही।

प्रतिद्वंद्वियों पर नज़र

आज गला काट प्रतिस्पर्धा के दौर में हमसे कोई ख़बर छूट न रही हो ये पता करने का सबसे आसान उपाय है दूसरे और ख़ास कर प्रतियोगी संस्थानों की मॉनिटरिंग करते रहना। इससे हमें ये पता चलता रहेगा कि वहां क्या–क्या ख़बरें चल रही हैं और आसानी से ये जाना जा सकता है कि हमसे क्या छूट रहा है।

समाचार चैनलों की मॉनिटरिंग डेस्क देसी चैनलों के साथ–साथ विदेशी चैनलों पर भी नज़र बनाए रखती है। इसका फ़ायदा ये होता है कि हमें दूसरे देशों में हो रही हलचल की पल–पल की ख़बर मिलती रहती है। उसके बाद चैनल अपनी ज़रूरत के मुताबिक ख़बरों का चयन करके अपने बुलेटिनों में जोड़ते रहते हैं।

देसी चैनलों में आज तक, एनडीटीवी, स्टार न्यूज़, डीडी न्यूज़, IBN 7, CNN-IBN, टाइम्स नाउ, सहारा समय, न्यूज़ 24 जैसे कुछ प्रमुख राष्ट्रीय समाचार चैनल हैं जिन पर अक्सर प्रमाणिक ख़बरें चलती रहती हैं।

वहीं अगर विदेशी ख़बरों के मामले में प्रमाणिक चैनलों की बात करें तो ज़हन में सबसे पहले BBC और CNN का नाम आता है उसके बाद बाक़ी जैसे अल ज़ज़ीरा, जियो टीवी, वगैरह भी हैं जो देश विशेष की ख़बरों के मामले में बेहतरीन सोर्स का काम करते हैं।

ये तो हुई बात टीवी चैनलों के लिए मॉनिटरिंग के महत्व की। अख़बारों के लिहाज़ से भी मॉनिटरिंग कम महत्वपूर्ण नहीं है, अख़बारों को वैसे तो हर बड़ी ख़बर एजेंसियों से मिल जाती है लेकिन फिर भी टीवी चैनल देखने से उन्हें किसी भी मामले की एक जीती जागती तस्वीर मिल जाती है और मुद्दे की असलियत को समझकर उस पर ख़बर बनाने में आसानी होती है।

इंटरव्यू

ख़बर के सबसे महत्वपूर्ण स्रोतों में से एक है इंटरव्यू। इसके ज़रिए रिपोर्टर ख़बर से सम्बंधित शख़्स के पास जाते हैं और उससे मुद्दे से जुड़ी बातचीत की जाती है। इस बातचीत से निकलने वाली सूचना को ही ख़बर बनाया जाता है। ये स्रोत सबसे महत्वपूर्ण इसलिए होता है क्योंकि यहां आपके पास किसी शख़्श से सीधे बातचीत के ज़रिए ख़बर पाने का मौक़ा होता है।

समाचार एजेंसियां

देश भर में 40 से ज़्यादा एजेंसियां हैं जो समाचार भेजने का काम करती हैं। एक्सप्रेस न्यूज़ सर्विस, प्रेस ट्रस्ट ऑफ इंडिया, यूनाइटेड न्यूज़ ऑफ इंडिया, इंडो एशियन न्यूज़ सर्विस इनमें प्रमुख हैं। इनके हेडक्वार्टर दिल्ली और मुंबई में तो मौजूद हैं ही, साथ ही इनके संवाददाता देश के हर कोने के अलावा विदेशों में भी हर पल मुस्तैद रहते हैं और सबसे पहले ख़बर देते हैं।

ये तो हुई बात कुछ ऐसी एजेंसियों की जो लिखकर स्टोरी भेजने का काम करती हैं। उसी तरह कई ऐसी न्यूज़ एजेंसियां भी हैं जो ख़बर को वीडियो के साथ भेजती हैं। इसके ज़रिए चैनल को देश विदेश हर जगह अपने रिपोर्टर तैनात किए बिना भी ख़बर फुटेज के साथ मिल जाती है।

ये एंजेंसियां नेशनल और इंटरनेशनल दोनों तरह की होती हैं। नेशनल टीवी न्यूज़ एजेंसियों का काम होता है देश से जुड़े मसलों की कवरेज करना जैसे एएनआई वगैरह। वहीं इंटरनेशल टीवी न्यूज़ एजेंसियों का काम होता है दुनियाभर के मामलों पर नज़र बनाए रखना। रॉयटर्स, एपी, आईएएनएस वीडियो उपलब्ध कराने वाली कुछ ऐसी न्यूज़ एजेंसियां हैं।

ये तो थी बात कुछ प्राइवेट न्यूज़ एजेंसियों और वायर सर्विसेज़ की। अब बात करते हैं कुछ ऐसी समाचार एजेंसियों की जो सरकारी होती हैं। जैसे PIB यानि प्रेस इन्फॉर्मेशन ब्यूरो। यहां किसी भी सरकारी घोषणा की जानकारी सबसे पहले पहुंचती है और बाक़ी समाचार चैनल या अख़बार अक्सर यहां की ख़बरें छापते या प्रसारित करते हैं।

इसी तरह सरकार के हर विभाग में पब्लिक रिलेशन डिपार्टमेंट भी होते हैं जिनकी मदद से उस विभाग की विशेष ख़बरें मिला करती हैं।

वायर सर्विसेज़

न्यूज़ वायर सर्विस किसी भी चैनल के लिए ख़बर का बिल्कुल वैसा ही स्रोत है जैसे जीने के लिए ऑक्सीजन। इसका मुख्य इस्तेमाल चैनल की टिकर डेस्क करती है। वायर्स, न्यूज़ एजेंसी की ही तरह की ख़बर देने वाली सर्विस होती है।

ये सर्विस नेशनल और इंटरनेशनल दोनों तरह की होती है। नेशनल वायर सर्विस देश से जुड़े मामलों पर बारीक़ी से नज़र रखती है और जैसे ही किसी समाचार स्रोत पर कोई बड़ी घटना नज़र आती है उसका झट से अपडेट करती है। ठीक उसी तरह इंटरनेशनल वायर सर्विसेज़ दुनिया के किसी कोने में हो रही हर बड़ी हलचल पर पैनी नज़र रखने का काम करती है। और उससे जुड़ी हर छोटी बड़ी सूचना चैनलों तक पहुंचाने की ज़िम्मेदारी बख़ूबी निभाती रहती हैं।

न्यूज़ वायर 18, रॉयटर्स और ब्लूमबर्ग का वायर सर्विसेज में दबदबा है। ये हर ख़बर सबसे पहले पहुंचाने की जद्दोज़हद में लगी रहती हैं।

रिसर्च ऑर्गनाइजेशंस

कई रिसर्च या शोध संस्थान भी अक्सर कई तरह की ख़बरें पत्रकारों को मुहैया करा देते हैं। इन संस्थानों का मूल स्रोत आम आदमी होते हैं और ये लोग किसी मामले पर आम आदमियों के बीच किए गए सर्वे के आधार पर नतीजे पेश करते हैं। अगर सामने आए नतीजों में आम धारणा से उलट बात सामने निकलकर आती है तो वो ख़बर बन जाती है।

स्पेशल मैगज़ीन और जरनल

ख़बरों का एक और स्रोत विषय विशेष पर आधारित मैगज़ीन या पत्रिकाएं और जरनल भी होते हैं। इनमें ज़्यादातर नए शोध या किसी शोध पर हुआ डेवलपमेंट प्रकाशित किया जाता है। किसी भी चैनल के लिए अपने दर्शकों को हर क्षेत्र की ख़बरें बतानी होती हैं। ऐसे में इन मैगज़ीन्स और जरनल में छपने वाली चीज़ें भीं प्रकाशित या प्रसारित की जाती हैं।

प्रेस कॉन्फ्रेंस

अगर कोई खुद कोई सूचना बताना चाहता है तो इसके लिए वो प्रेस कॉन्फ्रेंस का सहारा लेता है। प्रेस कॉन्फ्रेंस में ख़बर देने वाला अपनी बातें सामने रखता है और पत्रकार उस पर आधारित सवाल–जवाब के ज़रिए ख़बर बनाते हैं। इस तरह से प्रेस कॉन्फ्रेंस एक तरह की ऐसी दो तरफ़ा बातचीत होती है जिसमें एक पक्ष बात बताने वाला होता है और दूसरा उस पर सवाल पूछने वाला होता है।

लेकिन कुछ प्रेस कॉन्फ्रेंस ऐसी भी होती हैं जहां सवाल पूछे जाने की मनाही होती है ये केवल एक स्टेटमेंट देने के लिए होती है।

ऐसा अक्सर प्रधानमंत्री और राष्ट्रपति की प्रेस कॉन्फ्रेंस में होता है या फिर दो देशों के राष्ट्राध्यक्षों के बीच हुए किसी समझौते की जानकारी देने के दौरान देखने को मिलता है।

टेलीविज़न के पेशे में इस तरह की प्रेस कॉन्फ्रेंस विज़ुअल अपॉरच्युनिटी के तौर पर होती हैं। ऐसे मौकों में आप उन लोगों के फुटेज आराम से जुगाड़ सकते हैं जिनसे अमूमन मिलना मिलाना कम ही हो पाता है। साथ ही अख़बार वालों को अच्छी तस्वीरों के मौके मिलते हैं।

प्रेस कॉन्फ्रेंस का मकसद

ज़्यादातर प्रेस कॉन्फ्रेंस सरकारी नीतियों की घोषणाओं, राजनीतिक पार्टियों के बड़े फैसलों, कंपनियों के नए प्रोजेक्ट के लॉन्च या फिर किसी बड़े मामले पर सफ़ाई के दौरान ही होती है।

मसलन अगर किसी ने किसी के ऊपर कोई आरोप लगाया है कि भाई फ़लाने ने 10 हज़ार करोड़ रु का घपला किया है तो जिसके ऊपर आरोप लगाया जाता है वो सफ़ाई देने के लिए एक प्रेस कॉन्फ्रेंस बुलाता है और वहां अपना पक्ष रखता है कि नहीं मैं तो पाक साफ़ हूं, वगैरह।

प्रेस कॉन्फ्रेंस के लिए टीवी चैनलों में ओबी वैन यानि आउटडोर ब्रॉडकास्टिंग वैन मौक़े पर लगा दी जाती है। साथ ही कैमरा सेटअप भी वहां मौजूद रहता है जिससे इस प्रेस कॉन्फ्रेंस में जो भी बातें बताई जा रही हों उसका सीधा आउटपुट चैनल में जाता रहे।

चैनल में बैठे लोग ज़रूरत के मुताबिक इसे लाइव चला देते हैं यानि प्रेस कॉन्फ्रेंस का सीधा प्रसारण कर दिया जाता है। अगर प्रधानमंत्री और राष्ट्रपति कोई प्रेस कॉन्फ्रेंस

करते हैं तो दूरदर्शन ही इसकी ज़िम्मेदारी निभाता है और सारे चैनल वहीं से आने वाली फ़ीड के सहारे होते हैं। ऐसा इन महामहीम की सिक्योरिटी के मद्देनज़र किया जाता है। प्रेस कॉन्फ्रेंस लाइव दिखाने के बाद महत्वपूर्ण मसले की बाइट चैनल में चलाई जाती है।

इस मामले में अगर रेडियो की बात करें तो इसमें वो लोग जो समाचार प्रसारित करते हैं, प्रेस कॉन्फ्रेंस की रिकॉर्डिंग करके कॉन्फ्रेंस में कही गई बातों का इस्तेमाल बाइट के तौर पर करते हैं।

अगर अख़बार की बात करें तो उनके प्रतिनिधि भी हर कॉन्फ्रेंस में प्रमुखता से मौजूद रहते हैं। अख़बार के फोटो पत्रकार फोटो खींचते हैं और रिपोर्टर बातों के आधार पर नोट्स लेते रहते हैं और सवाल जवाब करते हैं। बाद में इन्हीं नोट्स के ज़रिए वो अपनी स्टोरी बनाते हैं जो मुद्दे के वज़न के हिसाब से अगले दिन के अख़बार में सुर्ख़ियां बनती हैं।

प्रेस कॉन्फ्रेंस ख़बर का सबसे उत्तम स्रोत माना गया है। यहां कही बात एकदम पत्थर की लकीर की तरह सही होती है। क्योंकि एक तो यह बात इतने सारे लोगों के सामने बताई जाती है और दूसरे इसका रिकॉर्डेड फुटेज भी हमेशा सबूत के तौर पर मौजूद रहता है। तो ऐसे मौक़ों पर कही गई बात से कोई कम ही पल्ला झाड़ सकता है।

प्रेस रिलीज़

इसे मीडिया रिलीज़, न्यूज़ रिलीज़ या फिर प्रेस स्टेटमेंट के नाम से भी जाना जाता है। ये एक ऐसा लिखित दस्तावेज़ होता है जिसमें आम लोगों से सरोकार रखने वाली बात होने का दावा किया जाता है।

कई बार लोग इसका इस्तेमाल किसी मुद्दे पर अपना पक्ष रखने के लिए भी करते हैं। प्रेस रिलीज़ अक्सर फैक्स, ई–मेल, कुरियर के ज़रिए आती है तो कई बार लोग खुद ही चैनलों के दफ़्तरों तक इसे पहुंचाते हैं।

आज कल ऐसी पब्लिक रिलेशन कंपनियां भी हैं जो पूरा इवेंट ऑर्गनाइज करने के बाद इसकी प्रेस रिलीज़ भी चैनलों तक भिजवाती हैं। कई बार प्रेस कॉन्फ्रेंस के बाद रिपोर्टरों को भी मामले से जुड़ी एक प्रेस रिलीज़ दी जाती है। प्रेस कॉन्फ्रेंस की ही तरह प्रेस रिलीज़ भी ख़बर का ऑथेंटिक स्रोत होती है। समाचार संस्थान इसमें लिखी बातों में से ख़बर का हिस्सा छांटकर न्यूज़ के तौर पर इस्तेमाल में लाते हैं।

वीडियो रिलीज़

इसका इस्तेमाल केवल टीवी चैनलों में ही होता है। वीडियो रिलीज़ पीआर एजेंसी, विज्ञापन एजेंसी, सरकारी विज्ञापन एजेंसियां, मार्केटिंग कंपनियों के ज़रिए तैयार किया गया एक ऐसा वीडियो सेगमेंट होता है जो टीवी चैनलों को कोई ख़ास सूचना बताने के मक़सद से दिया जाता है।

वीडियो रिलीज़ भी प्रेस रिलीज़ की ही तरह का मसाला होता है। यहां फ़र्क केवल इतना होता है कि प्रेस रिलीज़ एक कागज़ का टुकड़ा होती है और वीडियो रिलीज़ फुटेज और ऑडियो से भरी एक टेप या फिर सीडी या डीवीडी होती है।

इसका सीधा उदाहरण हमें ख़बरिया चैनलों में दिखाए जाने वाले सोनी, स्टार, ज़ी और सहारा 1, इमैजिन और 9X जैसे चैनलों के शोज़ में देखने को मिल सकता है। इन चैनलों के प्रोग्राम का जो हिस्सा ख़बरिया चैनलों में दिखाया जाता है उसका सीधा मक़सद होता है उस शो का प्रमोशन और समाचार चैनल जो वैसे तो हमेशा टाइम के लिए रोते रहते हैं उनके लिए भी स्लॉट भरने के लिए एक अच्छा ख़ासा मनोरंजक और टीआरपी वाला कार्यक्रम बन जाता है।

पब्लिक रिलेशन संस्थाएं

इन्हें पीआर फर्म्स के नाम से भी जाना जाता है। इनका काम होता है किसी संस्था या व्यक्ति विशेष से जुड़ी ख़बर को चैनलों, अख़बारों आदि तक पहुंचाना।

ख़बर के स्रोत के तौर पर यह एक अच्छा ज़रिया होता है लेकिन कई बार इनमें किसी के बारे में तारीफ़ें ही तारीफ़ें होती है ख़बर नहीं।

ऐसे में एक पत्रकार का धर्म ये होता है कि वो इसे केवल एक सूचना के तौर पर ही देखे और उस सूचना का आम आदमी पर क्या असर पड़ेगा इसकी छानबीन करने के बाद ही उसे चलाए।

प्रोडक्शन हाउस

न्यूज़ चैनलों को ख़बर देने में अहम भूमिका प्रोडक्शन हाउसेज भी निभाते हैं। प्रोडक्शन हाउस करेंट अफ़ेयर्स से जुड़े मसलों पर कुछ कार्यक्रम बनाते हैं और उन्हें न्यूज़ चैनलों को बेच देते हैं और चैनल उसे केवल ऑन एयर करता है।

ऐसे प्रोग्राम्स चैनल और प्रोडक्शन हाउस दोनों की आम सहमति से बनते हैं और इसका कंटेंट भी दोनों आपस में मिल बैठकर तय करते हैं।

इंटरनेट

इंटरनेट एक ऐसा माध्यम है जो दुनिया के किसी भी कोने से ख़बर को दूसरे कोने तक पहुंचाने में अहम भूमिका निभाता है। और इसकी सबसे अच्छी बात ये है कि इस काम को ये पलक झपकते अंजाम देता है।

आज की 24X7 पत्रकारिता बिना इंटरनेट के अधूरी है। ये कहना बिल्कुल सही होगा कि अगर इंटरनेट नहीं होता तो पत्रकारिता इतना ऊंचा मुक़ाम कभी हासिल नहीं

कर पाती। और टीवी पत्रकारिता की तो शायद कल्पना भी मुमकिन न हो पाती।

आज अगर किसी दूर दराज़ जगह पर हमारा संवाददाता है और उसे कोई ख़बर वहां से भेजनी है तो इसके लिए उसे किसी को दफ़्तर तक दौड़ाने या खुद आने की ज़रूरत नहीं होगी। वो मोबाइल जैसी चीज़ से भी एक ई–मेल के ज़रिए जानकारी भेज सकता है। और ये काम भी इंटरनेट के ज़रिए ही होगा।

आज तो आलम ये है कि बिना इंटरनेट ख़बर के मायने ही नहीं है। क्या प्रेस रिलीज़ और क्या ख़बर की तस्वीर। सभी ईमेल के ज़रिए ही भेजी जाने लगी हैं। और तो और न्यूज़ एजेंसियां भी ख़बरें भेजने के लिए इंटरनेट का ही इस्तेमाल करती हैं।

यानि ब्रेकिंग न्यूज़ इंटरनेट से ही मिलती है।

वेबसाइट्स

ख़बरों के स्रोत के मामले में वेबसाइट का कोई सानी नहीं होता है। किसी भी न्यूज़ ऑर्गनाइजेशन में चाहे वो न्यूज़ चैनल हो या फिर अख़बार या किसी भी तीसरे माध्यम में काम हो रहा हो, वेबसाइट के बिना आज की तारीख़ में ख़बर से जुड़ा शायद ही कोई काम पूरा होता हो।

इसके पीछे वजह भी साफ़ है। वेबसाइट पर ख़बर को प्रकाशित करना आसान और तेज़ होता है। यहां एक सेट फ़ॉर्मैट होता है जिसमें बस हमेशा कुछ ज़रूरी जगहों पर टेक्स्ट भरने होते हैं, उसके बाद पब्लिश का बटन दबाना होता है और ख़बर पल भर में पूरी दुनिया की पहुंच में आ जाती है।

तो इंटरनेट की इसी तेज़ी की वजह से समाचार संस्थानों के लिए ये सुविधा ख़बर का एक अच्छा ज़रिया साबित होता जा रहा है। आज की तारीख़ में चाहे राज्य या केंद्र सरकार हों, सरकारी एजेंसियां हों, पुलिस हो, राजनीतिक दल हों, बड़ी कंपनियां हों या निजी संस्थान हों सभी की अपनी–अपनी वेबसाइट्स हैं। और इन सभी से जुड़ी किसी भी बड़ी बात के सबसे पहले प्रकाशित होने की संभावना यहीं होती है।

ये तो हुई बात देश के मसलों की, अगर हम विदेश की घटनाक्रम के बात करें तो कई सारी वेबसाइट्स ऐसी हैं जैसे WWW.CNN.COM, WWW.BBC.CO.UK जिनपर दुनिया, ख़ास कर अमेरिका और यूरोप से जुड़े मामलों की ख़बरें अक्सर जल्दी आती हैं।

ऐसे में किसी भी चैनल के लिए वेबसाइट ख़बर का अच्छा, आसान और ज़रूरी ज़रिया बनती जा रही है। बस ज़रूरत इन्हें लगातार मॉनिटर करने की होती है।

सिटिज़न जर्नलिस्ट

आजकल पत्रकारिता में सबसे नया चलन सिटिज़न जर्नलिज़्म का है। यहां कोई भी आम नागरिक जो अपने आस–पास हो रही कोई भी अच्छी, बुरी ऐसी बात दुनिया को बताना चाहता है जिससे हर आम–और–ख़ास का सरोकार होता है, पत्रकारिता की इस विधा के ज़रिए वो इस बात को बता सकता है।

आज देश विदेश के तमाम न्यूज़ चैनल अक्सर यही कहते पाए जाते हैं कि अगर आपके इलाक़े में कोई ऐसी घटना हो रही हो जिसे आप पूरी दुनिया को बताना चाहते हों तो उसकी तस्वीर या वीडियो हमें भेजें। उसे आपके नाम के साथ चैनल पर चलाया जाएगा वगैरह। तो ये थी एक ऐसी तस्वीर जिसके ज़रिए ये बताने की कोशिश की गई है कि किस तरह सिटिज़न जर्नलिज़्म, समाचार चैनलों में अपना मुकाम बना चुका है।

सही मायने में आम आदमी ख़बर का बड़ा ज़रिया होते हैं। क्योंकि ये ऐसे लोग होते हैं जो समाज में हर जगह मौजूद होते हैं और कहीं से भी कभी भी किसी भी तरह की घटना को होते हुए सबसे पहले देखते हैं। ऐसे में जिन संस्थानों के पास सिटिज़न जर्नलिस्ट का नेटवर्क होता है उन्हें कई ख़बरें बाक़ी चैनलों से पहले मिलने की सम्भावना रहती है।

भाषा कैसी हो ?

भाषा के बारे में मेरी दादी अक्सर कहा करती थीं, ''कोस कोस में पानी बदले 3 कोस में बानी (वाणी या भाषा)''। ऐसा ही कुछ हमेशा से अपनी हिंदी भाषा के साथ रहा है। कम से कम ख़बर के बारे में ये सवाल हमेशा से उठता आया है कि ख़बर की भाषा कैसी होनी चाहिए और इसका आज तक कोई भी सार्थक जवाब नहीं मिला है।

उसके पीछे वजह यह है कि भारत जैसे विविधता से भरे देश में हर दस किलोमीटर के दायरे में जिस तरह पानी का स्वाद बदलता है वैसे ही भाषा में भी कुछ ना कुछ बदलाव आसानी से देखने को मिलता रहता है। साथ ही हर आदमी का जब नज़रिया अलग–अलग होता है तो ज़ाहिर है पसंद भी अलग–अलग होगी और ऐसे में किसी एक मत पर पहुंचना नामुमकिन के बेहद करीब लगता है

आम तौर पर ख़बर की भाषा के लिए कहा जाता है कि उसमें खड़ी बोली का इस्तेमाल प्राथमिकता है। साथ ही उसमें उन शब्दों का प्रयोग किया जाए जो हम आम बोलचाल के दौरान इस्तेमाल करते हैं। मतलब ये वो भाषा हो जो हम दोस्त पार्क में बैठे गप्पे हांकने के दौरान प्रयोग में लाते हैं, वो भाषा हो जिसमें हम घर में बतियाते हैं, वो भाषा हो जिसमें हम फ़ोन पर अपने जान पहचान वालों से बात करते हों। यानि भाषा वो हो जो सभी को आसानी से समझ में आए।

ख़बर की भाषा एकदम सरल होनी चाहिए उसमें ऐसे शब्दों का कतई इस्तेमाल न हो जिनका मतलब जानने के लिए लोगों को डिक्शनरी की ज़रूरत पड़े। आजकल जिस तरह आम बोलचाल में अंग्रेज़ी के शब्दों का इस्तेमाल कुछ ज़्यादा ही हो रहा है तो हम अगर ख़बर में भी कुछ अंग्रेज़ी के शब्दों को हूबहू लिखें या बोलें तो ग़लत नहीं होगा।

क्योंकि अंग्रेज़ी के कुछ शब्दों का हिंदी मतलब इतना संस्कृतनिष्ठ होता है कि न तो उसे आज की पीढ़ी आसानी से पढ़ सकती है न ही उसे उसका मतलब उतनी आसानी से समझ में आएगा। ऐसे में बेहतर यही होगा कि उसे उसी तरह लिखा जाए जो समझ में आए।

ये महज़ भाषा को सरल बनाने के लिए किया जाना चाहिए। इसका ये मतलब कतई नहीं है कि बोलचाल वाली भाषा की आड़ में लेखन के दौरान उन शब्दों को प्रयोग

में लाए जिनमें अंग्रेज़ी या दूसरे शब्दों की भरमार हो। हम यारों दोस्तों के बीच न जाने क्या क्या बोलते हैं लेकिन उन शब्दों का इस्तेमाल ख़बर लिखने के दौरान तो कतई नहीं कर सकते हैं।

हिंदी लिखने के दौरान ऐसे शब्दों का चुनाव करें जो हर जगह बोले जाते हैं न कि किसी प्रदेश के किसी ख़ास हिस्से में। जैसे अगर हम मुंबइया हिंदी के कुछ वो शब्द ख़बर में इस्तेमाल करेंगे जो दिल्ली के लोगों ने कभी भी सुने नहीं होंगे तो उन्हें ख़बर समझ नहीं आएगी और ख़बर बताने का हमारा मक़सद अधूरा ही रह जाएगा। तो बजाए स्थानीय शब्दों के हिंदी के सर्वमान्य और बोलचाल वाले शब्दों से ही ख़बर की भाषा बेहतरीन और ज़्यादा से ज़्यादा लोगों को समझ में आने वाली हो सकती है।

आज की हिंदी में उर्दू, फ़ारसी और अंग्रेज़ी का प्रभाव जिस तरह बढ़ रहा है, वैसे में अगर हम संस्कृतनिष्ठ हिंदी में ख़बर लिखेंगे तो वो आज के युवा को समझ में कतई नहीं आएगी। चूंकि हमारा मक़सद ख़बर को ज़्यादा से ज़्यादा लोगों तक पहुंचाना होता है। ऐसे में अगर हम उसके पहुंचाने के माध्यम यानि भाषा में ही कमी रखेंगे तो ये मक़सद कैसे पूरा होगा?

स्क्रिप्ट राइटिंग

अज्ञेय ने कहा है कि "शब्द ब्रम्ह का रूप है"। इसे नष्ट न करें और कम से कम शब्दों में ज़्यादा से ज़्यादा बात कहने की कला सीखें।

स्क्रिप्ट राइटिंग में यह बात हू ब हू लागू होती है। फिर चाहे बात प्रिंट की हो, रेडियो या फिर टीवी की, स्क्रिप्ट वो चीज़ होती है जिस पर पूरी ख़बर टिकी होती है। ख़बर के सारे तत्वों को एक सूत्र में पिरोने से ही स्क्रिप्ट बनती है।

जब एक बार आपको ख़बर के हर पहलू की जानकारी हो जाए फिर उसे स्क्रिप्ट में ढालने का काम शुरू हो जाता है। आप चाहे पत्रकारिता की जिस भी माध्यम के लिए लिख रहे हों एक बात का ख़्याल हमेशा रखा जाना चाहिए, ख़बर पहली लाइन में आए और उसके बाद बैकग्राउंडर। फिर आख़िर में ख़बर के प्रभाव पर चर्चा कर सकते हैं।

टीवी की स्क्रिप्ट

यहां स्क्रिप्ट कई तरह से लिखी जाती है। मसलन एक तो पूरा पैकेज होता है जिसमें ख़बर से जुड़ा हर पहलू बारीक़ी से बताया जाता है। कई बार वक़्त की तंगी की वजह से रनडाउन में पैकेज की जगह केवल एंकर रीड होती है। यहां ख़बर को एंकर केवल पढ़ देता है। इसमें बहुत ज़्यादा तकनीक इस्तेमाल नहीं होती है। केवल कुछ ग्राफिक्स और बहुत ज़रूरी हुआ तो कुछ विजुअल चला दिए जाते हैं बस। साथ ही कई बार बाइट के सहारे बात को सिद्ध करना आसान और प्रमाणिक होता है तो ऐसे में कुछ शब्दों का एंकर इंट्रो और उसके सहारे बाइट लगा कर भी ख़बर चलाई जाती है।

पैकेज

पैकेज, जैसा कि नाम से ही साफ़ है, ख़बर के अलग–अलग पहलुओं को एक सूत्र में बांधना। पैकेज में ख़बर से जुड़ी सारी बातों को मसलन, घटना, घटना का असर किन पर पड़ रहा है, घटना से जुड़े लोगों की बातें, आख़िर इस समस्या का समाधान क्या है वगैरह एक साथ लिखते हैं।

यहां लोगों की कही बातों को हूबहू चलाते हैं, उसे बाइट कहा जाता है। और जो भी ख़बर लिखी जाती है उसे विजुअल के पीछे एक आवाज़ के सहारे चलाते हैं, इसे वीओ यानि वाइस ओवर कहते हैं।

ख़बर में रिपोर्टर घटनास्थल पर खड़े होकर उसका विवरण भी देता है। इसे टीवी की भाषा में पीटीसी यानि पीस टु कैमरा कहा जाता है।

टीवी में सबसे ज़रूरी होता है टाइम। यहां ख़बरों को कम से कम शब्दों में समेटने की चुनौती रहती है। एक पैकेज के लिए निर्धारित समय 90–120 सेकेन्ड का होता है। क्योंकि माना जाता है कि अगर पैकेज इससे ज़्यादा लंबा होता है तो वो बोझिल हो जाता है और दर्शक उस बोरिंग पैकेज को देखने के बजाए दूसरा चैनल देखना पसंद करते हैं। ऐसे में अगर आप सही मायने में अपने काम को लोगों तक पहुंचाना चाहते हैं तो समय का विशेष ख़्याल रखते हुए उन तक ज़्यादा से ज़्यादा चीज़ें, कम शब्दों और वक़्त पर पहुंचाने की कोशिश करें।

एंकर इंट्रो

किसी भी पैकेज को लिखने के दौरान सबसे पहली चीज़ होती है एंकर इंट्रो या एंकर लिंक। यह कुछ 15–20 सेकेंड्स के बीच का ही होना चाहिए। इसे कुछ इस तरह से लिखा जाना चाहिए कि एक तो ये ख़बर की ओपनिंग हो और दूसरा टीज़र के अंदाज़ में हो यानि वो सारी बातें यहां होनी चाहिए जो किसी भी घटना के बारे में कौतूहल पैदा कर रही हों ताकि दर्शक टीवी से बंधा रहे और आपकी रिपोर्ट देखे। तभी ख़बर के लिए की गई आपकी मेहनत सफल होगी।

वीओ–1

एंकर लिंक के बाद बात आती है वीओ यानि वाइस ओवर की। वीओ1 से यहां तात्पर्य है पहला वीओ। पहले वीओ में साफ़–साफ़ ख़बर का ज़िक्र रहता है, कि ख़बर का सबसे ताज़ा पहलू क्या है। अच्छी या बुरी वो घटना क्या है जो आप लोगों को बताना चाहते हैं। इसकी समय सीमा 20–25 सेकेन्ड के बीच होनी चाहिए।

बाइट–1

यहां ख़बर से जुड़े शख़्स की कैमरा पर कही बात यानि बाइट चलाते हैं। कई बार ऐसा होता है कि हमें ज़रूरी बाइट नहीं मिल पाती है या जिसकी बाइट हमें चलानी है वो शहर से बाहर है और वो कैमरे पर बात कहना तो चाहता है लेकिन उतना वक़्त नहीं है कि हम उसके पास जा सकें या वो हमारे पास आ सके तो ऐसे में हम उसकी आवाज़ फ़ोन के ज़रिए रिकॉर्ड कर उसे भी चला सकते हैं। इसे फ़ोनर बाइट कहते हैं।

बाइट चलाते वक़्त इस बात का ध्यान रखना चाहिए कि अगर हम हिंदी चैनल के लिए काम कर रहे हैं और बाइट देने वाला बंदा अंग्रेज़ी या किसी और क्षेत्रीय भाषा में बोल रहा है तो उसकी कही बातों का सार हिंदी में ट्रांसलेट कर बाइट के साथ ग्राफिक्स के सहारे ज़रूर चलाएं। ताकि हमारे हिंदी भाषी दर्शकों को वो बात समझ में आ सके। ये भी स्क्रिप्ट का ही हिस्सा है। पैकेज में बाइट की समयसीमा कतई 15 सेकेंड से ऊपर न हो।

वीओ–2

दूसरे वीओ में हम घटना से जुड़े बैकग्राउंडर या कम महत्व वाले मुद्दों को जगह दे सकते हैं। मसलन अगर हमारा पैकेज किसी शहर में हुए बम विस्फोट पर है तो दूसरे वीओ में हम पिछले दिनों हुए बड़े हादसों का ज़िक्र कर सकते हैं। या अगर हम किसी क्राइम की ख़बर कर रहे हैं तो पहले वीओ में हादसे का ज़िक्र कर बाइट में पुलिस का बयान ले सकते हैं और दूसरे वीओ में उस इलाके में हुए पुराने बड़े हादसों को बता सकते हैं या फिर हादसे को अंजाम देने वाले शख़्स के बारे में भी बताया जा सकता है कि वो कितना पढ़ा लिखा है, क्या मजबूरियां रही होंगी जो उसने ऐसा किया होगा वग़ैरह। यहां भी समय सीमा करीब 15–20 सेकेंड की ही होनी चाहिए।

बाइट–2

दूसरी बाइट के तौर पर हम ख़बर के दूसरे पक्ष से जुड़े लोगों का विचार शामिल करेंगे। ताकि ख़बर संतुलित लगे। समयसीमा करीब 15–20 सेकेंड। अगर उसी क्राइम की ख़बर की बात करें तो बाइट कुछ ऐसे लोगों की हो जो क़ातिल के बारे में बात करें। ये ज़रूरी नहीं है कि बात उसके पक्ष की ही हो।

वीओ–3

तीसरा वीओ सबसे महत्वपूर्ण होता है। यहां ख़बर से जुड़े हर पहलू को समेटते हुए उससे समाज पर होने वाले असर के बारे में बताया जाना चाहिए कि इस मामले में अब आगे क्या होगा या फिर सरकार या ज़िम्मेदार लोग घटना के बाद किस तरह के क़दम उठा रहे हैं वग़ैरह।

पीटीसी

पीटीसी यानि पीस टु कैमरा रिपोर्टर की सीधे घटनास्थल से दी हुई कमेंट्री होती है। इसमें पूरी ख़बर का सारांश या कहानी से जुड़ा एडिटोरियल कमेंट होता है। अमूमन अच्छी पीटीसी वही कही जाती है जिसमें रिपोर्टर 20–25 सेकेन्ड में सारी बात दर्शकों को एक अलग अंदाज़ में बता दे। कई रिपोर्टर इसके लिए शेरो शायरी का सहारा लेते हैं, कई कविताओं की चंद लाइनों के साथ शुरुआत करते हैं। बस मक़सद सबका एक ही होता है कि लोगों के ज़हन में ख़बर की छाप छूट जाए।

एंकर रीड

कई बार चैनलों में वक़्त की पाबंदी या ख़बर के कम महत्वपूर्ण होने की वजह से सभी का पैकेज नहीं चलाया जाता है। उसे केवल एंकर रीड के तौर पर ले लिया जाता है। ऐसे में ख़बर को करीब 35–40 सेकेंड में लिख लेते हैं। उसके बाद अगर ज़रूरी हुआ

तो विज़ुअल के सहारे या फिर ग्राफिक्स के सहारे चलाया जाता है। इससे फ़ायदा ये होता है कि बुलेटिन में ज़्यादा से ज़्यादा ख़बरों के शामिल होने की गुंजाइश बन जाती है और दर्शकों को भी उतने ही समय में कई ख़बरें पता चल जाती हैं।

रीड बाइट

रीड बाइट का फंडा भी एंकर रीड के जैसा ही होता है बस इसमें रीड के आख़िर में ज़रूरी शख़्स के कमेंट यानि बाइट चला दी जाती है।

मोटी बातें

किसी भी पैकेज को लिखते समय कुछ ज़रूरी बातों का हमेशा ध्यान रखें...

- टीवी में ख़बर जिस बारे में हो उसे 3–4 शब्दों का एक नाम दिया जाता है जिसे चैनल में स्लग कहते हैं। ये नाम जितना ख़बर के अनुरूप और कम शब्दों में होगा प्रोड्यूसर को ख़बर समझने में आसानी होगी। क्योंकि अगर जल्दबाज़ी में नाम समझ में नही आता है तो ख़बर छोड़ दी जाती है।
- आपकी स्टोरी की स्क्रिप्ट में 'मनी शॉट' का ज़िक्र ज़रूर हो। मनी शॉट ख़बर से जुड़ा पहला आकर्षक विज़ुअल या ग्राफ़िक होता है। यही स्टोरी को बेचने वाला शॉट होता है। जिस तरह first impression is the last impression होता है, उसी तरह अगर आप पहले विज़ुअल से दर्शकों के ज़हन में छाप छोड़ने में कामयाब हो जाते हैं तभी वो आपकी पूरी स्टोरी देखने के लिए रुका रहता है।
- अगर किसी ज़रूरी बात को कहने के लिए उस हिसाब से विज़ुअल्स नहीं हैं तो उसे ग्राफिक्स के माध्यम से बयान करें। ग़लत विज़ुअल के सहारे काम नहीं चलाना चाहिए।
- बाइट के साथ बोलने वाले का नाम और पद लिखना न भूलें। क्योंकि चैनल पर कौन बोल रहा है और वो क्या करता है ये पता ज़रूर चलना चाहिए।
- ताज़े विज़ुअल के साथ वहां जगह का नाम यानि तस्वीरें कहां की हैं ये ज़रूर लिखें। अगर पुराने विज़ुअल के माध्यम से ख़बर चला रहे हैं तो वहां पर फाइल फुटेज या पुरानी तस्वीरें लिखना न भूलें।
- अगर पैकेज लंबा हो रहा है और ज़रूरी बातें छूट रही हों तो सबसे पहले पीटीसी गिराएं और ख़बर के वाइसओवर के साथ रिपोर्टर का साइन ऑफ लिखें मसलन फलानी जगह से फलाने वगैरह।

- पैकेज के साथ कुछ टॉपिक्स भी लिखे जाने चाहिए कि ख़बर किस बारे में है ताकि ख़बर के साथ अगर कोई शख़्स बिना आवाज़ यानि म्यूट करके टीवी देख रहा हो तो उसे पैकेज में बताए जा रहे मामले को समझने में किसी तरह की दिक्कत न हो।

अख़बार की स्क्रिप्ट

अगर टीवी में समय की लिमिट होती है तो अख़बार में शब्दों की सीमा निर्धारित होती है। पन्ने में जितनी जगह होती है उसी के आधार पर ख़बर 2 या 3 या 5 या उससे ज़्यादा कॉलम में जाती है। और अगर आप ख़बर के साथ तस्वीर लगाना चाहते हैं तो शब्दों को और कम करना पड़ता है। वैसे तो अख़बार में हर ख़बर के साथ फ़ोटो का होना ज़रुरी नहीं है लेकिन कई बार फ़ोटो वो बात कह जाती है जो हज़ारों शब्द नहीं कह पाते हैं। ऐसे में इसका महत्व शब्दों से बढ़कर हो जाता है।

उल्टा पिरामिड

अख़बार में ख़बर का स्टाइल उल्टा पिरामिड वाला होता है। जैसे पिरामिड का आधार चौड़ा होता है और ऊपर जाते–जाते ये पतला होता जाता है उसका ठीक उल्टा ख़बर लिखते वक़्त होता है।

ख़बर लिखने के दौरान हम सबसे ज़रूरी बात सबसे ऊपर इंट्रो में लिखते हैं और उसके बाद महत्व के क्रम से ज़रूरी सूचना को उसमें आगे के पैराग्राफ़्स में जोड़ते जाते हैं।

हेडिंग

अख़बार में ख़बर का सबसे ज़रूरी हिस्सा हेडिंग ही होती है। इसे बेहद रोचक होना चाहिए क्योंकि इसी के आधार पर पाठक आगे की ख़बर पढ़ता है। अगर हेडिंग रोचक नहीं हुई और पाठक में उसे पढ़ने के बाद ख़बर तक आने की दिलचस्पी नहीं जागी तो नतीजा ये होता है कि पन्ना पलट दिया जाता है और आपकी मेहनत वहीं मर जाती है।

सब हेडिंग

अब कई बार सारी की सारी बात हम एक हेडिंग में नहीं रख पाते हैं तो इसके लिए सब हेडिंग का इस्तेमाल किया जाता है। जैसे अगर किसी विमान हादसे की बात कर रहे हैं तो हेडिंग में हादसे की जानकारी दे सकते हैं और सब हेडिंग में नुकसान यानि कितने मरे और कितने घायल हुए हैं ये जानकारी दी जा सकती है।

प्वाइंटर्स

चूंकि अब किसी के पास इतना टाइम नहीं होता है कि अख़बार के एक–एक अक्षर को पढ़े। इस बात को भांपते हुए प्वाइंटर्स का चनल शुरू किया गया है। आज कल ख़बर से जुड़ी महत्वपूर्ण बातें प्वाइंट्र्स में बताई जाने लगी हैं। मसलन विमान दुर्घटना की वजह क्या थी, अब सरकार क्या कर रही है जैसी बाक़ी चीज़ों को प्वाइंट्र्स में दिया जा सकता है।

फिर सवाल ये उठता है कि सारी अहम बातें तो प्वाइंटर्स में आ गई हैं अब बाक़ी स्टोरी में क्या रहेगा? तो जनाब स्टोरी में इन्हीं सारी चीज़ों को पिरोते हुए विस्तार से लिखना होता है।

मैगज़ीन की स्क्रिप्ट

मैगज़ीन और अख़बार की स्क्रिप्ट में बहुत ज़्यादा अंतर नहीं होता है। फ़र्क सिर्फ़ इतना होता है कि अख़बार के मुक़ाबले यहां शब्दों और क्रिएटिविटी की ज़्यादा आज़ादी रहती है। बाक़ी यहां भी हेडिंग, सब हेडिंग और प्वाइंटर्स का इस्तेमाल किया जाता है। मैगज़ीन में ज़्यादातर ख़बरों के साथ पिक्चर का इस्तेमाल किया जाता है।

लेकिन लिखने के अलावा मैगज़ीन को बाक़ी माध्यमों से इसकी विधा अलग बनाती है। इसमें ख़बरों की ख़ासियत ये होती है कि यहां अगर मैगज़ीन 15 दिन में एक बार निकलने वाली है तो उसमें उस दौरान की सबसे महत्वपूर्ण ख़बर को सबसे नए एंगल से लिखने की चुनौती होती है। क्योंकि ख़बर को तो लोग कई बार कई ज़रिए से जान चुके होते हैं। ऐसे में मैगज़ीन के लिए चुनौती ये होती है कि कैसे वो उस ख़बर में नयापन पैदा करे और नया एंगल निकाले।

मैंगज़ीन साप्ताहिक, पाक्षिक या मासिक होती है। ऐसे में इसमें काम करने वालों के पास 24X7 वाले पत्रकारों के मुक़ाबले ज़्यादा समय रहता है। रिपोर्टर को ख़बर से जुड़े नए–नए तथ्य ढूढ़ने की आज़ादी रहती है। और इस सब को ही बेहतरीन शब्दों में ढालकर लिख दिया जाता है।

रेडियो की स्क्रिप्ट

रेडियो की स्क्रिप्ट कुछ–कुछ टीवी की तरह ही होती है यहां भी चीज़ें बोलने या कहें पढ़ने के लिए लिखी जाती हैं। बस फ़र्क इतना होता है कि यहां हम लोकेशन बैंड,

ग्राफिक्स और विज़ुअल्स का इस्तेमाल नहीं करते हैं तो ऐसे में स्क्रिप्ट में लिखे हुए शब्द ही ख़बर को बताने या अपनी बात कहने का एक मात्र ज़रिया होते हैं।

रेडियो की स्क्रिप्ट में सारी बातों को बोल कर ही बताना होता है कि हम कहां की, किसकी, कब की बात क्यों कर रहे हैं... ऐसे में सारी बातों को कम से कम शब्दों में बयां कर पाना अपने आप में चुनौती होती है। यहां आवाज़ के आलावा दूसरा कोई साथी नहीं होता है जैसे अख़बार और मैगज़ीन में हेडिंग, पिक्चर्स और सब हेडिंग, टीवी में विज़ुअल ग्राफिक्स होते हैं। यहां तो बस आप बोलने वाले हैं और उसे सुनने वाले श्रोता हैं। इसलिए यहां चूक की ज़रा भी गुंजाइश नहीं होती है। क्योंकि आपकी बात अगर एक बार में समझ में नहीं आई तो उसे दोबारा सुनने का भी विकल्प रेडियो में नहीं होता है।

वेबसाइट की स्क्रिप्ट

वेबसाइटस की स्क्रिप्ट लिखना बाक़ी माध्यमों की तुलना में आसान होता है। ख़बर के सभी तत्वों को यहां भी लिखना होता है बस फ़र्क इतना होता है कि शब्दों की आज़ादी न होते हुए भी ज़्यादा से ज़्यादा चीज़ें बताई जा सकती हैं।

यहां 'हाइपरलिंक' के सहारे किसी भी चीज़ के बारे में बिना लिखे ज़्यादा से ज़्यादा जानकारी दे दी जाती है। हाइपरलिंक का मतलब होता है ख़बर पर उससे जुड़ा किसी दूसरे वेब पेज का लिंक जोड़ देना। जैसे अगर हम ओसामा बिन लादेन के बारे में बात कर रहे हैं तो हमें उसकी सारी कारगुज़ारियों के बारे में बताने की ज़रूरत नहीं। हम 'ओसामा' शब्द के ऊपर उससे जुड़ी पहले कभी लिखी गई दूसरी किसी ख़बर का लिंक लगा देते हैं। लिंक लगते ही वो शब्द अमूमन नीले रंग का दिखने लगता है। जब भी हम माउस का करसर उस शब्द पर ले जाएंगे और क्लिक करेंगे तो सीधे ओसामा के बैकग्राउंडर वाले पेज पर पहुंच जाएंगे।

इससे आसानी ये होती है कि हमें हर बार हर ख़बर के साथ बैकग्राउंडर लिखने की ज़रूरत नहीं पड़ती है। उसे पहले लिखी गई ख़बरों से जोड़ा जा सकता है। और जो पाठक ओसामा के बारे में बैकग्राउंडर जानते हैं वो उसे पढ़ने से बच भी जाएंगे।

कहानी कहने की अदा

आज पत्रकारिता जिस तरह से नित नए मानदंड गढ़ती जा रही है उसी तरह इस पेशे में क्रिएटिविटी की ज़रूरत भी परवान चढ़ती जा रही है।

अब वो ज़माना गया कि जब कुछ भी लिख दिया जाए वो पढ़ा ही जाता था क्योंकि तब लोगों के पास विकल्पों की कमी हुआ करती थी। लेकिन आज लोगों के पास विकल्पों की कोई कमी नहीं है बल्कि कहें तो भरमार है। ऐसे में ज़रूरी हो जाता है कि ख़बर के नाम पर हम जो भी उन्हें परोसें उसमें कतई कोई कमी न रह जाए।

किसी भी ख़बर को बताने के दो ही तरीके होते हैं एक अच्छा और एक बुरा। बुरा वो जिसमें लोगों की दिलचस्पी न हो और अच्छा वो जिसे लोग पढ़ना, देखना और सुनना चाहें। अच्छी ख़बर वही होती है जो दर्शक का ध्यान अपनी ओर खींच ले और जब तक पूरी ख़बर ख़त्म न हो जाए उसके ज़हन में कोई और ख़्याल ही न आए।

ख़बर को पेश करने के लिए स्टोरी टेलिंग या कहें कहानी कहने की अदा, कम्युनिकेशन के लिहाज़ से सबसे ऊंची विधा मानी जाती है। हम सबने बचपन में नानी–दादी से किस्से सुने हैं और तभी जाना कि राजा और रानी क्या होते हैं। उन्ही कहानियों के ज़रिए ही उस ज़माने में क्या–क्या, कैसे हुआ करता था ये भी पता चला।

कहने का मक़सद सिर्फ़ इतना है कि कहानी कहना एक ऐसी कला है कि इस लहज़े में कही गई कोई भी बात सीधे इंसान के दिमाग़ में जा बसती है और किसी भी चीज़ को जानने का मक़सद पूरा हो जाता है।

ऐसे में जिनका मक़सद ख़बर जानना है, उन्हें अगर कहानी की शैली में ख़बर बताई जाएगी तो वो ज़्यादा आसानी से और देर तक टिकने के लिए समझ में आएगी। और दर्शक, श्रोता और पाठक का मक़सद पूरा होगा।

कहानी कहना एक कला है। इसके ज़रिए आप जो भी कहना चाहते हैं, चाहे वो सुनने वाले के लिए हो या देखने वाले के लिए या फिर पढ़ने वाले के लिए, बेहद रोचक तरीके से पेश किया जाना चाहिए। ताकि वो आपकी रचना को बीच में छोड़ के न भागे। और आपके लिखे–पढ़े की छाप लोगों के ज़हन में लंबे समय तक रहे।

एक बेहतरीन कहानी कहने वाले पत्रकार के भीतर चीज़ों को जैसा देखा है हूबहू वैसा ही बताने की क्षमता होनी ही चाहिए।

अच्छी कहानी के तत्व

1. किसी भी बेहतरीन कहानी के लिए सबसे ज़रूरी है कि उसकी थीम बिल्कुल साफ़ और समझ में आने लायक हो।
2. कहानी की पहली लाइन ही कुछ इस तरह की हो कि दर्शक, श्रोता या पाठक एकदम उससे चिपक जाएं।
3. अगर आप कहानी टीवी के लिए लिख रहे हों तो ध्यान रखें कि उसमें उसी के हिसाब से विज़ुअल्स, ग्राफिक्स, वाइस ओवर और म्युज़िक का इस्तेमाल हो। रेडियो के लिए लिख रहे हों तो ध्यान रहे कि सारी बातें आपकी स्क्रिप्ट में मौजूद हों। अगर आप अख़बार या वेब के लिए लिख रहे हों तो वहां कहानी के साथ उचित तस्वीर का ख़्याल ज़रूर रखें।
4. ख़बर से जुड़े जितने भी तत्व हों सभी को उनकी ज़रूरत के हिसाब से पिरोना भी एक कला है। यहां एक भी ग़ैरज़रूरी शब्द पूरी कहानी की लय तो बिगाड़ेगा ही, दर्शक/श्रोता या पाठक रूठ जाएगा वो अलग।
5. ख़बर में सबसे ज़रूरी बात होती है उसका एक प्रमाणिक सूत्र से आना। कहानी को रोचक बनाने के चक्कर में आपको उसकी प्रमाणिकता से खिलवाड़ करने की इजाज़त कतई नहीं है।
6. कहानी कहने का आपका अलग अंदाज़ होना चाहिए किसी को कॉपी करने का नहीं। बेशक आप किसी न किसी से प्रभावित होंगे लेकिन इसका ये मतलब कतई नहीं है कि आप उसकी शैली की नकल करें। ऐसा करने से आपकी खुद की पहचान कहीं न कहीं ग़ायब हो जाएगी।

कहानी दर्शक के हिसाब से हो

कहानी लिखते समय इस बात का ख़ास ख़्याल रखा जाना चाहिए कि हम जिसके लिए लिख रहे हैं उसे हमारी बात समझ में आनी चाहिए। हमारी कहानी को 12–14 साल का बच्चा भी देख रहा है, एक मेनेजमेंट ग्रेजुएट देख रहा है और एक 65 साल के रिटायर्ड बुजुर्ग भी। ऐसे में यहां भाषा वैसी ही होनी चाहिए जो सभी को समझ में आए।

कुल मिलाकर कहानी की शैली और शब्दों का चयन दर्शक को ध्यान में रखकर होना चाहिए। और कोशिश ऐसी होनी चाहिए कि हमारी कहानी ज़्यादा से ज़्यादा लोगों की समझ में आए तभी उसका लिखा जाना सार्थक है।

कहानी लिखने से पहले की तैयारी

कुछ ज़रूरी तैयारियों में सबसे अहम है कि आप लिखने बैठने से पहले अपने दिमाग़ में स्टोरी को प्राथमिकता के हिसाब तीन हिस्से में बांट लें। ये तीन हिस्से कहानी के वर्तमान, भूत और भविष्य का बख़ान करने वाले होने चाहिए। उसके बाद उन तीनों हिस्सों के प्वाइंटर्स बना लें।

लिखने की शुरुआत सबसे ज़रूरी हिस्से से होनी चाहिए उसके बाद बाक़ी बातें आएं। लिखते वक़्त ये ध्यान रहे कि आप किसी चीज़ का आख़ों देखा हाल बता रहे हैं और आपका लिखा हुआ ऐसा हो कि पढ़ने वाले की आंखें आपके शब्दो में हों और दिमाग़ घटना की कल्पना कर रहा हो।

अगर आप रेडियो के लिए लिख रहे हों तो सुनने वाले के कान आपकी लिखी स्क्रिप्ट को सुनें और दिमाग घटना की जगह पर पहुंच जाए।

टीवी में ध्यान रहे कि आपकी स्क्रिप्ट के साथ हूबहू वही विजुअल चल रहे हों जिनका ज़िक्र आप शब्दों के सहारे कर रहे हों। इसके लिए सबसे अच्छा तरीक़ा ये होता है कि आप विजुअल्स देखकर अपनी कहानी उसी के हिसाब से लिखना शुरू करें।

वहीं अख़बार, वेब या मैग़ज़ीन में आपके शब्द ही सब कुछ हैं आपको बस इन्हीं से खेलना है। हालांकि आपके पास उन शब्दों को सिद्ध करने के लिए तस्वीरों और ग्राफिक्स का सहारा रहेगा लेकिन अधिकतर बातें आपके शब्द ही कहेंगे।

अच्छा कैसे लिखें

सबको समझ में आने वाली भाषा का प्रयोग किया जाए। वो भाषा प्रयोग में लाई जाए जो हम बोलचाल में इस्तेमाल करते हैं। ऐसे में "करत करत अभ्यास ते जड़मति होए सुजान" या **practice makes a man perfect** ही अच्छी कहानी लिखने का एक मूलमंत्र है। साथ ही अच्छे लिखे हुए को पढ़ने से भी आप इस विधा में पारंगत होने की दिशा में क़दम बढ़ा सकते हैं।

1. ख़बर में ग़ैरज़रूरी शब्दों का इस्तेमाल बिल्कुल भी न करें।
2. जिन अंग्रेज़ी शब्दों की हिंदी बेहद मुश्किल होती है उन्हें अंग्रेज़ी में ही लिखना मुनासिब होगा। क्योंकि ऐसा लिखने का क्या फ़ायदा जो किसी को समझ में ही न आए।

3. कहानी में एक ही शब्द के बार–बार प्रयोग से भी बचना चाहिए। साथ ही जहां कम शब्दों से बात बनती हो फ़ालतू शब्दों को नहीं घुसेड़ना चाहिए।

कहानी लिखने के ये नियम हर जगह लागू होते हैं। चाहे वो प्रिंट हो, टीवी हो या फिर रेडियो। भाषा हर जगह शुद्ध सरल और लयबद्ध ही होनी चाहिए।

"Out of the BOX"

आउट ऑफ द बॉक्स का मतलब होता है एक सेट फॉरमेट, सोच, या लीक से हटकर। यानि सबसे अलग।

इस लाइन का इस्तेमाल कम से कम पत्रकारिता में तो हर समय होता है क्योंकि आप अनगिनत क्रिएटिव लोगों के बीच काम कर रहे होते हैं और यहां इस भीड़ में अलग तभी दिख सकते हैं जब भीड़ से अलग सोचेंगे और करेंगे। लोग उसे देखेंगे, पढ़ेंगे और सुनेंगे।

कहां करें इस्तेमाल?

यह बात हर जगह लागू होती है चाहे आप टीवी, प्रिंट, वेब, रेडियो या फिर मैगज़ीन के लिए काम कर रहे हों।

अगर किसी भी स्टोरी पर आप काम कर रहे हैं तो ये तय है कि उस वक़्त उसी स्टोरी पर न जाने कितने लोग काम कर रहे होंगे। बशर्ते वो आप की एक्सक्लूसिव ख़बर न हो। ऐसे में कैसे आपकी स्टोरी लोगों को आकर्षित करे, टीवी पर उसे देखने के लिए लोग क्यों रुकें? रेडियो पर सुनने, प्रिंट में पढ़ने के लिए लोग क्यों रुकें? और वेब पर आपकी स्टोरी लोग शेयर क्यों करें? मैग़जीन सिर्फ़ आपकी लिखी स्टोरी के लिए क्यों खरीदी जाए?

इन सब सवालों का एक ही जवाब है। वो स्टोरी लीक से हटकर हो यानि ऑउट ऑफ़ द बॉक्स हो। और अगर स्टोरी एक्सक्लूसिव है तब तो ये आउट ऑफ द बॉक्स वाली शर्त और भी ज़रूरी है। उस स्टोरी में भी एकदम नई सोच और नया एंगल दिखता हो। क्योंकि अगर हम करप्शन पर स्टोरी कर रहे हैं तो रोज़ उसी विषय पर 532 स्टोरीज होती हैं। कोई हमारी ख़बर ही क्यों पढ़ेगा, क्यों देखेगा? लेकिन अगर वहीं हम उसे किसी केस स्टडी के साथ लिखें, शब्दों को इस ढ़ंग से पिरोएं कि पढ़ने वाले को सारी बातें साफ़–साफ़ समझ में आ जाएं, विजुअल्स का ऐसा इस्तेमाल हो रोचक हो और वैसा किसी ने कभी भी न देखा हो तो फिर दर्शक, पाठक और श्रोता अपने आप को उससे जुड़ा महसूस करेगा न कि बोर होगा।

कोई फॉर्मूला?

वैसे तो आउट ऑफ द बॉक्स के इस्तेमाल का कोई सेट फॉर्मूला नहीं होता है लेकिन आंख, कान और दिमाग़ खुला रखकर इसे आसानी से सीखा जा सकता है।

अपने आस–पास की चीज़ों को देखकर नए ढंग से रिएक्ट करें, ज़्यादा से ज़्यादा पढ़ें, सुनें और देखें। अगर आप ये सब करेंगे तो आराम से ऐसी सोच विकसित की जा सकती है।

लेकिन इसका ये मतलब कतई नहीं है कि हम नया करने की आड़ में अर्थ का अनर्थ कर दें। नया करने के दबाव में ख़बर से छेड़छाड़ बिल्कुल भी नहीं होनी चाहिए। न ही क्रिएटिविटी की आड़ में कुछ ऐसा करना चाहिए जिससे किसी की भावनाओं को ठेस पहुंचे। जैसा कि डेनमार्क के अख़बार Jyllands & Posten ने अपने कार्टून के ज़रिए दुनियाभर के मुसलमानों की भावनाओं को चोट पहुंचाई थी और एमएफ हुसैन ने "कुछ" तस्वीरों के ज़रिए हिंदुओं का दिल दुखाया था।

नई सोच और नए प्रयोग का हमेशा स्वागत होता है और प्रोत्साहन मिलता है बशर्ते वो किसी अच्छे मक़सद से हो और किसी को दुख न पहुंचाए।

पॉलिटिकल जर्नलिज़म

राजनीति बीट, पत्रकारिता की सबसे पुरानी और प्रमुख बीट है। प्रमुख इसलिए क्योंकि राजनीति पत्रकारिता पूरे समाज से सीधे जुड़ी हुई पत्रकारिता है। और इस क्षेत्र को कवर करने वाले पत्रकार की ज़िम्मेदारी होती है कि वो हर ज़रूरी सूचना लोगों तक पहुंचाए।

अब क्योंकि सरकार ही सारी नीतियां बनाती है इसलिए इस बीट के रिपोर्टर का काम होता है कि जनता के लिए बन रही नीतियों के बारे में उन्हें बताए। साथ ही जानकार लोगों से जनता के लिए बनने वाली नीतियों के अच्छे और बुरे परिणामों के बारे में बात भी करे। क्योंकि एक पत्रकार का धर्म है कि लोगों को किसी ख़बर के हर पहलू से वाक़िफ़ कराए।

पॉलिटिकल जर्नलिज़म में सबसे ख़ास ध्यान देने वाली बात ये है कि पत्रकार को राजनीतिक दल, सरकारी काम–काज के तौर तरीकों, बड़े राजनेता, इन सभी के बारे में पुख़्ता जानकारी रहे। नहीं तो वो बस सतही सूचना देने का ही काम करेगा जो काम एक प्रेस रिलीज़ करती है। अगर वो हर चीज के अच्छे और बुरे प्रभाव से वाक़िफ़ है तो वो उस पर विशेषज्ञों से बातचीत करके ख़बर को एक एंगल दे सकता है जो आम जनता के लिए काम की बात हो सकती है।

आप चाहे किसी भी राजनीतिक दल को कवर करते हों सबसे ज़रूरी बात ये है कि उस पार्टी की विचारधारा, बड़े नेता, पार्टी की मौजूदा राजनीतिक व्यवस्था में औकात जैसी बातों के बारे में पूरी तरह से अवगत रहें। ये भी ज़रूरी है कि आपका नेटवर्क पार्टी के भीतर हो ताकि पार्टी के अंदर हो रही उठापटक की जानकारी आपको प्रेस कॉन्फ्रेंस और प्रेस रिलीज़ से पहले ही मिल जाए।

एक दौर था आज़ादी का जब पत्रकार का किसी राजनीतिक दल से लेना देने नहीं होता था। उसके बाद आज़ादी के बाद के कुछ साल ऐसे रहे कि पत्रकार सरकारी नीतियों का बख़ान करने लगे। और आज का माहौल कुछ इस तरह का बनता जा रहा है कि राजनेता अपनी बात को पत्रकारों के मुंह से कहलवाने लगे हैं। यानि नेता पत्रकार का इस्तेमाल करना सीख गए हैं।

हालांकि हमारे पास संसद घूस कांड जैसे कुछ उदाहरण भी हैं जो इस बात को सिरे से ख़ारिज भी करते हैं लेकिन मौजूदा व्यवस्था में इस तरह के उदाहरण कम ही देखने को मिलते हैं। ऐसे में ज़रूरी है कि पत्रकारिता बिना किसी के प्रभाव में आए की जाए। अगर आप राजनीतिक दलों की भाषा बोलने लगेंगे तो इससे केवल दो लोगों का ही फ़ायदा होगा। एक आपका और दूसरे उन चंद राजनीतिक दलों का जिनके आप भोंपू बन गए हैं। लेकिन आप दोनों के इस फ़ायदे में पिसेगी जनता। और आपने जनता को सूचना पहुंचाने की जो ज़िम्मेदारी अपने कंधे पर ली है वो कतई पूरी नहीं कर पाएंगे।

इन ख़ास तरह की सूचनाएं पहुंचाने के अलावा पॉलिटिकल जर्नलिस्ट को वक़्त–वक़्त पर होने वाले चुनावों, उनके विश्लेषण और नतीजों की भी ख़बर देनी होती है। देश में चुनावों के साथ–साथ पार्टी के भीतर भी अध्यक्ष या महासचिव जैसे पदों के लिए चुनाव होते हैं। ये सूचनाएं भी आम लोगों के काम की होती है। क्योंकि किसी भी पार्टी की विचारधारा उसके अध्यक्ष और बड़े नेताओं से तय होती है। आम लोगों को वोट देने के लिए पार्टी चुनने के काम में एक पत्रकार उसकी विचारधारा बताकर मदद कर सकता है।

राजनीति बीट से जुड़े पत्रकार को ये हमेशा ज़हन में रखना चाहिए कि आज की तारीख़ में सबसे ज़्यादा भ्रष्टाचार इसी क्षेत्र में हैं। इस फ़ील्ड से जुड़े पत्रकार का काम है कि वो इसे उजागर करे, लोगों के सामने लाए न कि खुद भ्रष्टाचार को बढ़ावा देने में योगदान करके उसका हिस्सा बन जाए।

पॉलिटिकल रिपोर्टिंग : मूल्यों से समझौता कतई न करें

राज करने की नीति यानि राजनीति से जुड़ी अच्छी, बुरी, मोटी, महीन, हर बात आम आदमी तक पहुंचाना ही राजनीतिक पत्रकारिता है। पत्रकारिता की इस विधा की उपज बस इसी मक़सद से हुई है कि नेताओं और सरकारी नीतियों की हर ख़बर लोगों तक पहुंचती रहे।

पॉलिटिकल रिपोर्टिंग या डेस्क पर काम करने वाले पत्रकार के लिए ज़रूरी है कि उसे राजनीतिक दलों की विचारधारा, उनके इतिहास और बड़े नेताओं की पूरी जानकारी हो। अगर आप किसी का इंटरव्यू करने जा रहे हैं तो उस शख़्स के बारे में अपना होमवर्क पूरा रखें। तभी आप आज की चुनौतीपूर्ण पत्रकारिता में टिक पाएंगे।

जब हमने पत्रकारिता शुरू की थी तब टीवी का शुरुआती दौर था लेकिन आज मामला अलग हो गया है। आज हर राजनीतिक दल पत्रकारों का इस्तेमाल करना सीख गया है और कच्चे पत्रकार आसानी से उनके जाल में फंस भी जाते हैं।

एक छोटा सा उदाहरण लेते हैं एक्सक्लूसिव ख़बरों का। आज से 15 साल पहले की ख़बरें वाकई पत्रकार की मेहनत से तैयार की हुई होती थीं लेकिन आज एक तो वो ख़बर हर चैनल की एक्सक्लूसिव हो जाती है। दूसरे या तो वो किसी का महज महिमामंडन करती है या विरोधी दल की साजिश होती है।

ख़बरों पर आज बाजारवाद भी हावी हो रहा है। ऐसे में ख़बर अब ख़बर होने के साथ साथ एक प्रोडक्ट भी बन चुकी है।

तो नई पीढ़ी के पत्रकारों से यही अपेक्षा है कि आपने इस पेशे को अपने मन से चुना है तो पत्रकारिता के मूल्यों के साथ कोई समझौता न होने दें। ज़ाहिर हैं चुनौतियां कई हैं लेकिन आख़िर कुंदन तप के ही सोना बनता है। बिना चुनौतियों के पत्रकारिता का क्या मज़ा।

सुमित अवस्थी
पॉलिटिकल एडिटर
आजतक

इंटरनेशनल जर्नलिज़्म

दो देशों के बीच केवल दो तरह के रिश्ते होते हैं। एक तो दोस्ती का और दूसरा दुश्मनी का। इन दोनों रिश्तों के बीच होने वाले सभी तरह के क्रिया कलाप इंटरनेशनल जर्नलिज़्म या कहें अंतरराष्ट्रीय पत्रकारिता के दायरे में आते हैं। वो सारे मामले जो देश के बाहर होते हैं या फिर देश के अंदर होने वाले सभी ऐसे मामले जो दूसरे देशों से भी संबंध रखते हैं, सभी में विदेश मामलों के पत्रकार को रिपोर्टिंग करनी होती है।

अगर दो देशों में दोस्ती है तो इनमें आपस में व्यापार होगा। एक देश के लोग अपना सामान दूसरे देश में बेचने जा सकेंगे और उसी तरह दूसरे देश के लोग उस देश में आकर अपना सामान बेच सकेंगे। व्यापार के अलावा ज़रूरत पड़ने पर दोनों एक दूसरे की आर्थिक और सैन्य मदद भी करेंगे।

वहीं अगर इनके बीच दुश्मनी है तो संबंध कटु रहेंगे। इनकी सीमाओं पर अक्सर गोलाबारी होती रहेगी। दोनों एक दूसरे की सेना को नीचा दिखाने के मौक़े ढूंढ़ते रहेंगे। आए दिन ख़बरें आती रहेंगी कि इस देश ने उस देश के इतने सैनिक मार गिराए, वगैरह।

उदाहरण के तौर पर इज़्रायल और फ़िलिस्तीन, दक्षिण कोरिया और उत्तर कोरिया को देखा जा सकता है। यहां से आए दिन किसी न किसी बात को लेकर उत्पात मचता रहता है। इनकी सीमा पर अस्थिरता का आलम ये हो गया है कि विकसित देश तक अब इन दोनों को दुनिया के लिए ख़तरा मानने लगे हैं।

क्योंकि जब दो देशों के बीच दुश्मनी ख़त्म होने की कोई सूरत नज़र नहीं आती है तो ऐसे में वो एक दूसरे को ख़त्म करने के लिए किसी भी हद तक जा सकते हैं। और वही 'हद' विकसित देशों के लिए चिंता का विषय बनी रहती है। एक दूसरे को तबाह करने के चक्कर में ये ऐसे भी हथियारों का इस्तेमाल कर सकते हैं जिनसे पूरी दुनिया तक तबाह हो सकती है।

ऐसे में इनकी दुश्मनी ख़त्म हो और मानवता सुरक्षित रहे इसके लिए विकसित देश इन देशों की दुश्मनी को ख़त्म कराने के लिए समय–समय पर इनके नेताओं से मिलकर समझौते कराने की कोशिशों में लगे रहते हैं।

भारत और पाकिस्तान के संबंध तो जग ज़ाहिर हैं। 1947 से लेकर आज तक दोनों देशों के बीच 3 बार आधिकारिक तौर पर युद्ध भी हो चुका है और आतंकवादी धमाके तो जब तब होते ही रहते हैं। लेकिन आपस में दोनों के संबंध मज़बूत रहें, दोनों देशों के बीच किसी तरह की कलह न पैदा हो इसके लिए अक्सर बातचीत के सहारे मसलों को हल करने की कोशिश भी चलती रहती है।

यह कोशिश दोनों देशों के विदेश मंत्रालय के ज़रिए होती रहती है। विदेश मंत्रालय के सचिव अक्सर एक दूसरे से मुलाक़ात कर मुद्दों के लिए एजेंडे तय करते हैं। बाद में दोनों राष्ट्रों के प्रमुख उस बातचीत पर हां या न की मुहर लगाते हैं।

बातों और मुलाक़ातों के इस खेल में सबसे ज़्यादा नफ़ा या नुकसान आम जनता का होता है। अब जब जनता पूरे मामलों से सीधे तौर पर जुड़ी है तो उसे हर मामले की मालुमात भी होनी ही चाहिए। और इनके इसी काम को अंजाम देती है विदेश मामलों की पत्रकारिता।

इस बीट से जुड़े पत्रकार का काम होता है दोनों देशों के बीच तरह–तरह के रिश्तों की हर बड़ी छोटी ख़बर लोगों तक पहुंचाना। जब कभी भी दो देशों के बीच नेता मुलाक़ात कर रहे हों तब उस बातचीत का एजेंडा क्या है ? उस एजेंडे में आम जनता के फ़ायदे के लिए क्या–क्या बातें हैं ? इस सब पर विदेश मामलों से जुड़ा पत्रकार नज़र बनाए रखता है। यही नहीं वो हर पल की ख़बर से लोगों को वाक़िफ़ भी कराता है।

जैसे पिछले दिनों भारत में बराक़ ओबामा आए थे। यह मामला भारत और अमेरिका के रिश्तों पर केंद्रित था। अमेरिका भारत में व्यापार के मौक़े तलाशने के मक़सद से आया था। और भारत को भी उससे तकनीक सहयोग आपेक्षित था। ऐसे में दोनों देशों के बीच कई तरह के समझौतों पर दस्तख़त हुए। जब फ्रांस के राष्ट्रपति निकोलस सार्कोज़ी भारत आए थे तो उन्होंने देश की सिलिकॉन नगरी बंगलुरू से अपनी यात्रा की शुरुआत की थी। एजेंडा उनका भी व्यापार का प्रसार था और दोनों देशों में परमाणु मसले पर समझौते भी हुए।

वहीं भारत के प्रधानमंत्री मनमोहन सिंह भी दूसरे देशों के दौरे पर होते हैं।

ऐसे में दो देशों के बीच कभी आर्थिक मामलों पर तो कभी राजनीतिक और समाजिक मसलों पर बातचीत होती है। यह बातचीत क्या है और उसका क्या असर देखने को मिलता है ? यह सारी बातें इंटरनेशनल जर्नलिज़्म के दायरे में कवर की जाती हैं।

एक विदेश मामलों के पत्रकार के तौर पर आपको दुनिया भर में होने वाले प्रमुख घटनाक्रमों पर नज़र बनाए रखनी चाहिए। किसी भी देश में होने वाली घटना से उसका आर्थिक, राजनीतिक और समाजिक सरोकार क्या होगा? इसका आंकलन करने की क्षमता भी विदेश मामलों के पत्रकार में ज़रूर होनी चाहिए।

ये तो था विदेशी मामलों की ख़बरों का एक बड़ा स्रोत। दूसरे बड़े स्रोत के तौर पर आपको अपने देश में मौजूद सभी देशों के दूतावासों में संपर्क सूत्र बनाने चाहिए। अक्सर बड़ी ख़बरों के स्रोत यहीं मिल जाते हैं। कौन सा देश कब किस देश के साथ किस तरह की बातचीत करने जा रहा है या फिर किसने किस पर हमला बोल दिया है? ये सारी जानकारी उन देशों के राजदूतों के पास होती है। ऐसे में उनके कार्यालय से ज़्यादा भरोसेमंद सूत्र दूसरा कोई नहीं हो सकता है।

साथ ही दुनियाभर की ख़बरें आज इंटरनेट पर कई वेबसाइटों और समाचार एजेंसियों में मौजूद है। आप बस ख़बर के महत्व को समझें।

दो देशों के बीच की गतिविधियों की रिपोर्टिंग में ख़ास ध्यान देने वाली बात ये होती है कि आपको उनके राष्ट्राध्यक्षों, पदों और उन पदों पर आसीन लोगों के बारे में पूरी जानकारी होनी चाहिए। साथ ही ये भी पता होना चाहिए कि किस पद पर बैठा शख़्स किस तरह के फ़ैसलों के लिए उत्तरदायी है। ताकि कभी भी जब कोई घटना घटे आप झट से मामले की औकात को देखते हुए उस पर बेहतरीन रिपोर्टिंग कर सकें।

बिज़नेस जर्नलिज़म

हर उस मामले की रिपोर्टिंग जिसमें पैसे का लेन–देन होता है बिज़नेस रिपोर्टिंग है। ये पत्रकारिता की वो विधा है जिसमें समाज की आर्थिक घटनाओं की रिपोर्टिंग और एनालिसिस होती है। साथ ही दुनिया की अर्थव्यवस्था से जुड़ी हर नई नीति की जानकारी देना और उसका विश्लेषण भी इसी क्षेत्र के दायरे में आता है। और इस पूरे तामझाम में जितनी भी कंपनियां काम करती हैं उन सब की हर हरकत से दर्शक/पाठक/श्रोता को अवगत कराना भी बिज़नेस जर्नलिस्ट का ही काम होता है।

बिज़नेस जर्नलिज़म के दायरे में मुख्यतः शेयर बाज़ार, कमोडिटी बाज़ार, बैंकिंग, इंश्योरेंस, म्युचुअल फंड से जुड़े मामले, योजना आयोग, SEBI और RBI में होने वाली हर हलचल की कवरेज होती हैं। बिज़नेस जर्नलिस्ट का काम इन सभी के दायरे में आने वाली हर बात पर पैनी नज़र बनाए रखना है। फिर चाहे वो शेयर बाज़ार के चढ़ते गिरते भाव हों या फिर कमोडिटी बाज़ार की हलचल। या फिर आर्थिक जगत से जुड़ा कोई भी नया सरकारी ऐलान हो।

बिज़नेस जर्नलिज़म के लिए वित्त मंत्रालय, वाणिज्य मंत्रालय ख़बर के सबसे बड़े स्रोत हैं। क्योंकि देश से जुड़ी हर आर्थिक नीति के सूत्रधार यहीं होते हैं। इस क्षेत्र में काम करने वाले पत्रकार की ज़िम्मेदारी होती है कि वो हर आम और ख़ास के निवेश (वो पैसा जो उसने फ़िक्स्ड डिपॉज़िट में लगाया है या फिर सीधे या किसी स्कीम के ज़रिए शेयर बाजार में लगाया है) और खर्च से जुड़ी बड़ी से लेकर बारीक़ जानकारी उन तक पहुंचाए।

शेयर बाज़ार

बिज़नेस जर्नलिस्ट का सबसे महत्वपूर्ण काम शेयर बाज़ार में लिस्टेड सभी कंपनियों से जुड़ी हर ख़बर लोगों तक पहुंचाना होता है। कंपनी क्या करती है, कंपनी ने पिछले दिनों में क्या किया और आगे क्या करने जा रही है? इन सब बातों से हर छोटे और बड़े निवेशक का सरोकार होता है।

कंपनी की आगे की योजनाओं पर उसका भविष्य निर्भर करता है, ऐसे में अगर आगे की योजनाएं कंपनी की ग्रोथ की ओर इशारा करती हैं तो हर उस निवेशक का यहां फ़ायदा होगा जिसने उस कंपनी के शेयर में निवेश किया है।

वहीं अगर कंपनी से जुड़ी कोई ऐसी ख़बर है जिससे उसकी वित्तीय हालत पर बुरा असर पड़े तो वो भी निवेशक के लिए काम की बात है। उसे जानकर वो उस कंपनी का शेयर तुरंत बेचकर नुकसान से बच सकता है।

भारतीय बाज़ार चूंकि विदेशी बाज़ारों के संकेतों के आधार पर ही चलते हैं। ऐसे में दर्शकों को ये बताना भी ज़रूरी होता है कि विदेशी बाज़ारों में क्या अच्छा, बुरा चल रहा है।

मूलतः भारतीय बाज़ार अमेरिकी, एशियाई और यूरोप के बाज़ारों से ही संकेत लेते हैं। ऐसे में वहां के देशों की अर्थव्यवस्था के लिहाज़ से लिए गए हर छोटे–बड़े फ़ैसले का असर हमारे यानि भारतीय बाज़ारों पर भी पड़ता है। तो उन बाज़ारों से जुड़ी ख़बरों को भी बताना पत्रकारिता के इसी क्षेत्र का हिस्सा है।

कंपनियों के काम काज के लिहाज़ से शेयर बाज़ार में इन्हें अलग–अलग सेक्टरों में बांट दिया गया है। मसलन रियल्टी सेक्टर, बैंक सेक्टर, ऑटो सेक्टर, FMCG सेक्टर, हेल्थकेयर सेक्टर, कंज़्यूमर ड्यूरेबल सेक्टर, शुगर सेक्टर, टेलीकॉम सेक्टर, कंज़्यूमर गुड्स सेक्टर वगैरह। और इसी हिसाब से अलग–अलग सेक्टर के लिए अलग–अलग रिपोर्टर भी तैनात कर दिए जाते हैं।

कंपनियों के नतीजे

शेयर बाज़ार में लिस्टेड हर कंपनी अपने काम काज का लेखा–जोखा हर तिमाही पेश करती है। इसमें उस दौरान हुई बिक्री और मुनाफ़े का ज़िक्र होता है। साथ ही कंपनी आने वाले 3 महीनों या वित्तवर्ष में कारोबार कैसा रह सकता है इसका एक अनुमान भी पेश करती है। वो ये भी बताती है कि इस तिमाही में कारोबार के लिए क्या चुनौतियां थी और आने वाले दिनों में चुनौतियां और बढ़ेंगी या हालात बेहतर होंगे।

इसी आधार पर कंपनी में निवेश करने वाला ये समझ लेता है कि कंपनी की वित्तीय हालत क्या है। और उसके बाद यह फ़ैसला लेना उसके लिए आसान होता है कि वो उस कंपनी में आगे भी निवेश करे या नहीं।

सरकारी आंकड़े और अनुमान

सरकार की तरफ़ से अक्सर महंगाई, इंडस्ट्रियल प्रोडक्शन, टैक्स कलेक्शन के आंकड़े और इनके अनुमान भी जारी किए जाते हैं। ये आंकड़े देश की अर्थव्यवस्था की एक तस्वीर

पेश करते हैं। साथ ही सरकार भविष्य के लिए इन्हीं आंकड़ों का अनुमान भी जारी करती है। इस अनुमान से आने वाले समय में देश की आर्थिक हालत कैसी रहेगी उसकी एक झलक नज़र आने लगती है। ऐसे में इन सारी बातों की जानकारी हर निवेशक के साथ–साथ आम आदमी के भी काम की होती है।

आर्थिक नीतियों का विश्लेषण

देश में बनने वाली आर्थिक नीतियों, और आर्थिक मामलों से जुड़ी विदेश नीतियों और उनसे जुड़े सभी नियम क़ानूनों की जानकारी बिज़नेस पत्रकार को होनी चाहिए। अगर इन नियम क़ानूनों में कोई फेरबदल होता है या किसी नए क़ानून का ऐलान होता है तो वो सारी कवरेज बिज़नेस पत्रकारिता के दायरे में आती है।

मसलन अगर सरकार इनकम पर टैक्स लगाने या लगे हुए टैक्स को बढ़ाने या घटाने का ऐलान करती है तो इस ऐलान के बाद उन करोड़ों नौकरी पेशा लोगों के टैक्स पर असर पड़ेगा जिनकी कमाई उस दायरे में आती है। ऐसे में यह ख़बर उन सभी लोगों के लिए होगी।

वहीं अगर सरकार ने पेट्रोल के भाव नियंत्रित करने का अधिकार बाज़ार को देने का ऐलान किया या कहें पेट्रोल डीरेगुलेट किया है तो इस सूचना से वो सारे लोग प्रभावित होंगे जो प्रेट्रोल का इस्तेमाल करते हैं। चूंकि यहां पैसे का लेन–देन होता है इसलिए यह ख़बर बिज़नेस पत्रकारिता के दायरे में भी आती है।

सरकार की नीतियों के विश्लेषण के दौरान निवेशक के काम की बातों पर भी चर्चा ज़रूरी है। किसी भी नई नीति या फिर पुरानी नीति में फेरबदल से किस शेयर पर अच्छा या बुरा प्रभाव पड़ेगा इसका ज़िक्र भी ख़बर के साथ–साथ किया जाना चाहिए।

कमोडिटी बाज़ार

शेयर बाज़ार की ही तरह कमोडिटी बाज़ार की ख़बरें भी निवेशकों के काम की ही होती हैं। यहां भी भाव पर नज़र बनाए रखने का काम किया जाता है। साथ ही वो भाव कब ऊपर, कब नीचे जाएंगे, उसकी वजह बताते हुए विश्लेषण करना होता है।

भारत का कमोडिटी बाज़ार भी शेयर बाज़ार की तरह विदेशी बाज़ारों के संकेतों के आधार पर चलता है। ऐसे में भारत के मल्टी कमोडिटी एक्सचेंज और नेशनल कमोडिटी एक्सचेंज के भाव काफी कुछ लंदन मेटल एक्सचेंज यानि LME और न्यूयॉर्क मर्कैंटाइल

एक्सचेंज यानि NYMEX से मिले संकेतों के आधार पर ही ऊपर–नीचे होते हैं।

कमोडिटी बाज़ार की हर हलचल से निवेशकों या दर्शकों को अवगत कराना बिज़नेस पत्रकार का कर्तव्य है।

इंश्योरेंस

आज इंश्योरेंस तकरीबन हर आदमी की ज़रूरत बन गया है। फिर चाहे वो कोई व्यवसाय कर रहा हो या नौकरीपेशा हो। अगर आप कोई कार या मोटरसाइकिल भी खरीद रहे हैं तो भी इश्योरेंस लेना अनिवार्य हो गया है।

इसके फ़ायदे ये होते हैं कि ख़ुदा न करे लेकिन जब कभी भी कोई दुर्घटना होती है और उसमें व्यक्ति की मौत हो जाती है तो उसके निवेश के हिसाब से रकम उसके परिवार वालों को मिल जाती है। वहीं अगर कोई बीमार हैं और उसने हेल्थ इंश्योरेंस पहले से ले रखा है तो अस्पताल के भारी भरकम बिल से निपटने से छुट्टी मिल जाती है। यानि इंश्योरेंस के ज़रिए वो भविष्य के अनापेक्षित ख़र्चों से काफ़ी हद तक बच सकते हैं।

एक बिज़नेस जर्नलिस्ट के तौर पर ये आपकी ज़िम्मेदारी है कि बाज़ार में मौजूद इंश्योरेंस प्लान के बारे में अपने दर्शकों या पाठकों को बताएं साथ ही अगर इंश्योरेंस से जुड़ी उनकी कोई वाजिब समस्या है तो उसे भी ख़बर बनाएं। और उसका विश्लेषण भी करें कि ये समस्या कैसे दूर होगी। ताकि अगर बाक़ी दर्शकों या पाठकों की भी यही समस्या है तो उन्हें भी हल मिल जाएगा।

म्युचुअल फ़ंड

शेयर बाज़ार में पैसा लगाने से अच्छा मुनाफ़ा तो मुमकिन है लेकिन जोख़िम भी उतना ही ज़्यादा है। इसी जोख़िम को कम करने के उद्देश्य से फाइनेंशियल कंपनियों ने म्युचुअल फंड ईजाद किया।

म्युचुअल फंड में पहले से तय रकम का निवेश किया जाता है। और यह निवेश बाक़ायदा निवेश के जानकारों की टीम के ज़रिए होता है। तो ऐसे में निवेश सीधे शेयर बाज़ार में निवेश की तुलना में ज़्यादा सुरक्षित रहता है।

एक पत्रकार के तौर पर बिज़नेस जर्नलिस्ट का काम ये है कि वो म्युचुअल फ़ंड से जुड़ी सभी नई सूचनाएं लोगों को बताए और अगर इस क्षेत्र में किसी तरह की अनियमितता हो रही हो तो उसे भी उजागर करे।

SEBI

सिक्योरिटीज़ एंड एक्सचेंज बोर्ड ऑफ इंडिया यानि SEBI की स्थापना 12 अप्रैल 1998 को हुई थी। इसका काम बाज़ार की हर गतिविधि पर नज़र बनाए रखना है। साथ ही निवेशकों के हितों की रक्षा करना भी इसकी ज़िम्मेदारी होती है।

शेयर बाज़ार के काम काज में किसी नए नियम को बनाना या पुराने नियमों में फ़ेरबदल करना SEBI के दायरे में ही आता है।

योजना आयोग

योजना आयोग, जैसा कि नाम से ही साफ़ है कि इस आयोग का काम देश के लिए योजनाएं बनाना है। देश के प्रधानमंत्री इसके मुखिया होते हैं। यहां सरकार की पंचवर्षीय योजना को बनाने और लागू करने का काम किया जाता है।

देश की कृषि, शिक्षा, रोज़गार, पर्यावरण, स्वास्थ्य, उद्योग, इंफ्रास्ट्रक्चर, ग्रामीण विकास और विज्ञान और तकनीक जैसे मसलों पर नीतिगत फैसले योजना आयोग की सलाह पर ही लिए जाते हैं।

योजना आयोग की टीम का मुख्य काम देश के हर आर्थिक पहलू पर नज़र बनाए रखना और उसका मूल्यांकन करते रहना है। और ज़रूरत पड़ने पर उन्हें और बेहतर बनाने की योजनाएं बनाना है।

सरकारी घोषणाएं

बिज़नेस पत्रकार के लिए साल में कुछ दिन अहम होते हैं। और तक़रीबन हर साल ये दिन नियत समय पर आते हैं।

आम बजट

आम बजट में मुख्यतः सरकारी आय और व्यय का लेखा–जोखा होता है। देश की संसद में आम बजट वित्तमंत्री फ़रवरी के आख़िर में पेश करते हैं। इनमें आम आदमी से जुड़े फ़ैसलों का ऐलान होता है।

आम बजट में सरकार की आमदनी और खर्च के साथ–साथ सरकार की आर्थिक नीतियों का बखान भी किया जाता है। यही नहीं अलग–अलग क्षेत्रों पर लगने वाले टैक्सों

या टैक्सों पर रियायतों का ऐलान भी बजट में ही होता है।

आम बजट बिज़नेस पत्रकार के लिए बड़ा महत्वपूर्ण दिन होता है। क्योंकि इसी दिन सारे उपभोक्ताओं या कहें देश की सारी जनता के लिए कई काम की बातों का ऐलान किया जाता है। और उन सारी सूचनाओं और उनका विश्लेषण कर उनके सही मायने लोगों को बताना आर्थिक मामलों के पत्रकार का कर्तव्य है।

रेल बजट

रेल बजट पेश करना देश के रेलमंत्री की ज़िम्मेदारी होती है। अमूमन ये फ़रवरी महीने की 26 तारीख़ को पेश होता है। रेल बजट रेल मंत्रालय में मंत्रालय से जुड़े सचिवों के दिशा निर्देश में तैयार होता है।

इसमें गुज़रे साल रेल विभाग के कामकाज का लेखा–जोखा और आने वाले सालों में किए जाने वाले कामों की रूपरेखा होती है। संसद में पेश होने वाले बजट में मुख्य रूप से नई रेलगाड़ियों, किराए में बढ़ोतरी या कटौती जैसे ऐलान किए जाते हैं।

साथ ही इस बजट में रेल मंत्री अपने कुल खर्च, घाटे या मुनाफे और आगे की योजनाओं में लगने वाले पैसों की चर्चा करते हैं।

रेल बजट भी आम बजट जितना ही महत्वपूर्ण होता है। क्योंकि भारत जैसे देश में हर शख़्स रेलगाड़ी का इस्तेमाल करता है। और रेल बजट में उनके लिए कई ज़रूरी ऐलान होते हैं। रेल बजट में हुए ऐलानों का असर उनकी जेब पर भी पड़ता है। ऐसे में उन्हें बजट से जुड़ी सारी जानकारी देना बिज़नेस पत्रकारिता का हिस्सा हैं।

रिज़र्व बैंक की क्रेडिट पॉलिसी

रिज़र्व बैंक आम बैंकों के लिए नियम बनाने का काम करता है। साथ ही उसके लेन–देन पर अपनी पैनी नज़र भी बनाए रखता है। सिस्टम में नकदी की कमी होने पर नकदी मुहैया कराना भी रिज़र्व बैंक के दायरे में आता है। इन सभी चीज़ों का आंकलन क्रेडिट पॉलिसी के तहत किया जाता है। इस दौरान रिज़र्व बैंक कोई भी नीतिगत फैसले ले सकता है।

क्रेडिट पॉलिसी के वक़्त रिज़र्व बैंक यह देखता है कि बाज़ार में कितना पैसा है। बैंकों के पास कितनी नकदी है और वो उस हिसाब से कितना कर्ज़ दे रहे हैं। यही नहीं दिए गए कर्ज़ की वसूली किस हिसाब से हो रही है इस पर भी रिज़र्व बैंक की नज़र रहती

है। क्योंकि अगर कर्ज़ देने के बाद उसकी वसूली नहीं होती है तो बैंक दीवालिया हो सकते हैं। जैसा 2008 में अमेरिका में हुआ है। और उसका असर ये रहा कि पूरी दुनिया मंदी की चपेट में आ गई है।

ऐसे में नुकसान आम आदमी का ही हुआ है। एक आर्थिक मामलों के पत्रकार के तौर पर रिज़र्व बैंक के क़दमों और उनसे आम आदमी की ज़िंदगी पर पड़ने वाले असर की सही जानकारी हमेशा ज़रूरी होती है।

बिज़नेस पत्रकार का काम होता है कि ऊपर बताई गई इन सारी बातें, चाहे वो शेयर बाज़ार में पैसा लगाने वाले निवेशक, साबुन, टूथपेस्ट खरीदने वाले उपभोक्ता या फिर रिलायंस इंडस्ट्रीज जैसी कंपनी चलाने वाले मुकेश अंबानी के काम की हों, सभी को समाचार माध्यम के ज़रिए उन तक पहुंचाए।

क्राइम रिपोर्टिंग

क्राइम रिपोर्टिंग बाक़ी रिपोर्टिंग से ज़रा हटकर होती है। यहां बाक़ी मामलों से अलग अपराध और अपराधियों की हलचल पर नज़र रखनी होती है। ऐसे में भले ही आप रिपोर्टिंग करें या डेस्क पर रहें आपको ज़्यादा सावधान रहने की ज़रूरत है। साथ ही क़ानून का मूल ज्ञान तो बेहद ज़रूरी है।

आज की तारीख़ में किसी भी चैनल या अख़बार में क्राइम की ख़बरों को सबसे ज़्यादा तवज्जो मिलती है। और ऐसी ख़बरें समाज में अपना असर भी छोड़ती हैं। अगर ऐसे में आपकी रिपोर्टिंग के दौरान अगर एक ग़लत ख़बर चल गई तो मामला बिगड़ सकता है। जैसा कि दिल्ली में कुछ साल पहले एक मामले में देखने को मिला था कि पत्रकार ने उमा खुराना नाम की किसी स्कूल प्रिंसिपल के बारे में एक ख़बर की थी कि वह अनियमितताओं में लिप्त हैं।

ख़बर के बाद इलाके में लोगों में इस बात को लेकर गुस्सा दिखा और वो सड़कों पर उतर आए। बाद में जब पूरी जांच सामने आई तो मालूम हुआ कि वो ख़बर ही झूठी है। तो क्राइम की ख़बर करते समय कुछ ज़्यादा ही सावधान रहना चाहिए क्योंकि पत्रकारिता में रीटेक का मौक़ा नहीं होता है और आपकी छोटी सी ग़लती समाज में बड़ा हंगामा खड़ा कर सकती है। यानि बिना सही और सटीक जानकारी के आधार पर ख़बर न बनाएं।

क्राइम रिपोर्टिंग के लिए आपको सरकारी सिस्टम को समझना बेहद ज़रूरी है। पुलिसवालों के कामकाज के तरीक़े से भी आपको वाक़िफ़ होना चाहिए। साथ ही ये भी पता हो कि कौन सा अधिकारी किस तरह के सवालों के जवाब के लिए उत्तरदायी है।

आज समाज में एक तरफ़ अमीरी बढ़ रही है, लोगों के पास पैसा आ रहा है तो वहीं दूसरी तरफ़ ग़रीबी ख़त्म नहीं हो रही है। यानि असमानता का आलम अभी भी है। ऐसे में जब तक यह असमानता है तब तक अपराध से तो इंकार नहीं किया जा सकता है। और मीडिया भी इन्हीं अपराधों से अपनी दुकान चमकाने में लगा रहता है। सबसे तेज़ बनने के चक्कर में जिसे जो मिल गया वो वही चला देता है। तो क्राइम की ख़बरों के लिए सबसे ज़रूरी है कि बिना पूरी पड़ताल के ख़बर न चले।

इसे छोटे से उदाहरण से समझते हैं। पुलिस किसी शख़्स को पकड़ती है उसे गुनहगार बताती है, साथ में उसके गुनाह से जुड़े कुछ सबूत मीडिया के सामने पेश कर देती है। हम ख़बर चला देते हैं कि फ़लां आदमी ने वो गुनाह किया है जो पुलिस कह रही है। पैकेज में पुलिस की प्रेस कॉन्फ्रेंस की बाइट लग जाती है और गुनहगार को गुनाह की

सज़ा सुनाने के अंदाज़ में पीटीसी हो जाती है। प्राइम टाइम के लिए इससे बढ़िया मसाला और क्या हो सकता है?

इससे हमारी स्टोरी तो हिट हो जाती है। और अगर ये स्टोरी एक्सक्लूसिव हुई तो मुमकिन है कि रिपोर्टर को उसके एवज़ में सैलरी और पद में तरक्की मिल जाए। लेकिन ये पूरी ख़बर नहीं महज़ सूचना भर है।

क्योंकि पहली नज़र में ये ज़रूरी नहीं है कि मामला वही है जो आपको दिखाया जा रहा है। हो सकता है कि पुलिस ने किसी रसूख़दार व्यक्ति के दबाव में आकर उस शख़्स को गिरफ़्तार किया हो। और जो सामान उसके पास से बरामद हुआ है वो सब झूठ हो। ये भी हो सकता है कि पुलिस पर उसे गिरफ़्तार करने का दबाव हो। क्योंकि आज की पुलिस पर भी रजानीतिक, बड़े अधिकारियों के और रसूख़दार लोगों के भी दबाव होते हैं।

जब भी आप इस तरह के किसी मामले की कवरेज कर रहे हों तो पुलिस के बयान के साथ साथ उस आदमी से भी बात करने, सवाल जवाब करने की कोशिश करें। उसकी पैदाइश कहां हुई है, वो किस माहौल में पला है, इस जुर्म के पीछे क्या वजह रही है, और कहीं ऐसा तो नहीं है कि उसे इस जुर्म में फ़ंसाने की कोशिश की जा रही है जैसी बातें पता करने की कोशिश करें। और अपनी ख़बर में पुलिस और अपराधी दोनों की बातें शामिल रखें।

जब आपको गिरफ़्तार व्यक्ति के बारे में ज़रूरी जानकारी मिल जाए तो उसके आधार पर पुलिस से भी सवाल जवाब करें। और जब आप सारी बातों का आंकलन करेंगे तभी दूध का दूध पानी का पानी हो पाएगा।

मैं ये नहीं कहता कि हर मामले में पुलिस लोगों से ज़बर्दस्ती गुनाह कबूल करवाती है। इस मामले में हो सकता है कि वो शख़्स असल में ही गुनहगार रहा हो। लेकिन आपको वो स्टोरी सिर्फ़ एक बाइट और पीटीसी के साथ ख़त्म नहीं कर देनी चाहिए। उसका फ़ॉलोअप भी करते रहना चाहिए।

क्योंकि मामले पर पुलिस की उस प्रेस कॉन्फ्रेंस से आपको स्टोरी की एक झलक भर मिली है। असल स्टोरी तो यहां से शुरू होती है। आपके पास यहां करने के लिए बहुत कुछ है। अगर आप एक अच्छे क्राइम रिपोर्टर हैं तो जिस इलाक़े में काम कर रहे हैं वहां की पुलिस से कुछ न कुछ जान पहचान तो ज़रूर होगी। इसका फ़ायदा उठाकर आप उस शख़्स के पास से बरामद बाक़ी चीज़ों पर भी स्टोरी कर सकते हैं।

उन चीज़ों की जांच पड़ताल के दौरान शायद आप को उससे जुड़ी कुछ ऐसी चीज़ें मिल जाएं जो उसके जुर्म की दुनिया में कूदने की कहानियां बयां कर सकें। इस स्टोरी में भी आपके दर्शकों की दिलचस्पी ज़रूर होगी।

साथ ही अगर आप लगातार इस कहानी के पीछे पड़े हैं तो हो सकता है कि आप इस मामूली से दिखने वाले अपराधी से मिली कुछ जानकारियों के आधार पर किसी बड़ी

गैंग का भी पर्दाफ़ाश कर सकें। तब ये कहानी उस अकेली बाइट और पीटीसी वाली कहानी से कहीं ज़्यादा सराही जाएगी। और समाज का भला करने में कामयाब होगी।

लेकिन यहां एक बात साफ़ कर देनी ज़रूरी है कि आप एक पत्रकार हैं कोई जासूस नहीं। सारी जांच पड़ताल के दौरान ख़ासा सतर्क रहने की ज़रूरत है।

पुलिस की दोस्ती

आप क्राइम रिपोर्टर हैं और आपका पाला पुलिस और सुरक्षा विभाग के आला अफ़सरों से न पड़े ऐसा हो ही नहीं सकता है। और कई बार तो आपकी एक्सक्लूसिव ख़बरों का स्रोत भी यही होते हैं। ऐसे में ख़बरों के इस स्रोत के बारे में पूरी जानकारी होनी ज़रूरी है। भारत जैसे देश के इंटेलिजेंस सिस्टम में सबसे ऊपर आता है इंटेलिजेंस ब्यूरो यानि IB। ये केंद्र सरकार की केंद्रीय जांच एजेंसी होती है और इनके लोग पूरे देश में फैले होते हैं और अलग–अलग वक़्त पर अलग–अलग ख़ुफ़िया मामलों की जांच पड़ताल में लगे रहते हैं।

इसके बाद दूसरे नंबर पर होते हैं राज्यों की पुलिस, ज़िला मजिस्ट्रेट वगैरह जिन पर किसी भी तरह के जुर्म को रोकने की ज़िम्मेदारी होती है। चूंकि जुर्म होने के बाद उसकी छानबीन की ज़िम्मेदारी इन्हीं पर होती है इसलिए वारदात के बारे में इनसे बेहतर तो कोई भी नहीं बता सकता है।

एक और बात। जितनी एक पत्रकार को इन लोगों की ज़रूरत होती है उससे कहीं ज़्यादा इन लोगों को पत्रकारों की ज़रूरत होती है। तो उनसे दोस्ती करने में कोई समस्या नहीं होनी चाहिए। आख़िर वो भी देश के लिए ही काम कर रहे हैं ऐसे में उनके साथ सूचना का आदान प्रदान करना बिल्कुल ग़लत नहीं है। लेकिन जब आप किसी सुरक्षाकर्मी के साथ सूचना बांट रहे हों तो इस बात का ध्यान ज़रूर रखें कि कहीं वो आपका इस्तेमाल तो नहीं कर रहा है।

यह तो हुई बात काम काज के तरीक़े की। अब कुछ वो सावधानियां जो हमेशा एक क्राइम जर्नलिस्ट को ध्यान में रखनी चाहिए....

- जुर्म से जुड़े क़ानून की समझ होनी चाहिए
- किसी भी वारदात से जुड़े सभी पक्षों की बात सुनने के बाद ही ख़बर बनाएं
- एक तरफ़ा वक्तव्य कभी ना चलाएं
- हमेशा ख़बर से जुड़े सभी पहलुओं पर नज़र बनाए रखें।

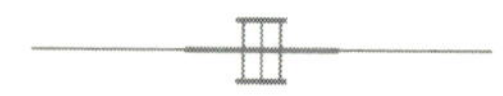

जुर्म की रिपोर्टिंग

जुर्म और इंसान के बीच बड़ा गहरा रिश्ता है। इतना गहरा कि जब तक इस दुनिया में आख़िरी इंसान है तब तक जुर्म ख़त्म नहीं होने वाला। वैसे कहते तो यह भी हैं कि इस दुनिया का पहला इंसान भी इस दुनिया में जुर्म की वजह से ही आया था। आदम–हव्वा की कहानी सबके सामने है। यानी शुरूआत भी जुर्म से और ख़त्म भी जुर्म से। बस यही वो चीज़ है जो जुर्म की रिपोर्टिंग यानी क्राइम जर्नलिज़्म को सबसे अलग बना देती है।

समाज में होने वाली हर वो हरकत जिसकी इजाज़त कोई भी सभ्य समाज नहीं देता वो जुर्म है। और उस हरकत, उस घटना को समाज के सामने रखना क्राइम रिपोर्टिंग।

एक अच्छे क्राइम रिपोर्टर में तीन चीज़ों का होना बेहद जरूरी है। पहली क्राइम रिपोर्टिंग से प्यार, दूसरी ख़बरों की समझ और तीसरी स्क्रिप्टिंग। मेरा मानना है कि यह तीन चीज़ें जिसके पास है। वो कभी नाकाम नहीं होगा। रही बात रिपोर्टर के नेटवर्क या सोर्सेज़ की, तो यह वो चीज़ है जो फ़ील्ड में उतरने के बाद खुद ही बनते चले जाते हैं। इसलिए इसकी ज़्यादा फ़िक्र करने की ज़रूरत नहीं है।

मेरी हर क्राइम रिपोर्टर को बस एक ही सलाह है। कोई भी ख़बर लिखने से पहले उस ख़बर को कई बार चेक करें ताकि कहीं से कोई ग़लती की गुंजाइश नहीं रहे। क्योंकि क्राइम रिपोर्टिंग इकलौती ऐसी बीट है जिसमें हर ख़बर एक शख़्स के ख़िलाफ और दूसरे के सपोर्ट में होती है। इसलिए क्राइम रिपोर्टर की इमेज अहम हो जाती है।

हर क्राइम रिपोर्टर को पुलिसवालों के साथ सिर्फ़ ख़बरों की हद तक ही दोस्ती रखनी चाहिए। यह दोस्ती इतनी गहरी नहीं होनी चाहिए कि उस पुलिस अफ़सर के ख़िलाफ लिखते हुए कभी पल भर को भी हाथ थम जाए।

आख़िरी बात। मेरा मानना है कि ग़लत ख़बर दिखाने या लिखने से बड़ी आसानी से बचा जा सकता है। तरीक़ा सिर्फ़ यह है कि आप सिर्फ़ शक मत करो बल्कि शक पर भी शक करो। कभी मात नहीं खाओगे।

शम्स ताहिर ख़ान
क्राइम रिपोर्टर
आजतक

स्पोर्ट्स जर्नलिज़म

आज समाज में खेलों का दख़ल बढ़ गया है। पहले किसी देश के कुछ ही प्रमुख खेल हुआ करते थे लेकिन आज ग्लोबलाइजेशन के दौर में भारत जैसे देश ने भी कई विदेशी खेलों को अपनाना शुरू कर दिया है। इस बात का सबसे बड़ा सबूत यही है कि यहां का राष्ट्रीय खेल हॉकी है लेकिन सबसे प्रचिलित खेल इंग्लैंड की धरती पर जन्मा क्रिकेट बन गया है।

खेलों के प्रति लोगों की बढ़ती रुचि को देखते हुए ही खेल पत्रकारिता का उदय हुआ है। और आज की तारीख़ में ये चुनिंदा उन बीट्स में से है जहां सबसे ज़्यादा एक्शन देखने को मिलता है। पहले इन खेल से जुड़े पत्रकारों को न्यूज़ से जुड़े पत्रकारों की तुलना में उतना सीरियस नहीं माना जाता था लेकिन जिस तर्ज़ पर खेलों के साथ पैसा और स्टारडम जुड़ने लगा है इन्हें कवर करने वाले पत्रकारों का वर्चस्व भी बढ़ा है।

पत्रकारिता में डेडलाइन का सबसे बड़ा दबाव होता है और कम से कम इस बीट में काम करने वाले पत्रकार तो हमेशा डेडलाइन पर ही खेलते हैं। दूसरी बीट के पत्रकार के लिए भले ही ब्रेकिंग न्यूज़ कभी कभार आए लेकिन स्पोर्ट्स में हर खेल का फ़ैसला बड़ी ख़बर होती है और वो दर्शकों तक तुरंत पहुंचानी होती है।

खेल पत्रकारिता में ख़बर के लिए स्रोत के तौर पर सभी प्रमुख खेलों पर नजर बनाए रखनी होती है। जैसे क्रिकेट, हॉकी, बैडमिंटन, टेबल टेनिस, लॉन टेनिस, शतरंज, एथलेटिक्स वगैरह। ख़बर यहीं से निकलती है। वहीं प्रमुख टूर्नामेंट और ओलंपिक खेल, राष्ट्रमंडल खेल, क्रिकेट और हॉकी विश्वकप, विम्बलडन, ऑस्ट्रेलिया ओपन, यूएस ओपन जैसे बड़े मुकाबलों पर विशेष कवरेज के मौक़े होते हैं।

खेल पत्रकारिता के दायरे में दुनियाभर में खेले जाने वाले सभी प्रमुख खेल और इन्हें खेलने वाले खिलाड़ी आते हैं। भारत जैसे देश में हालांकि कई ऐसे खेल नहीं खेले जाते हैं जो अमेरिका और यूरोपीय देशों में प्रमुखता से होते हैं मसलन बास्केट बॉल, आइस हॉकी। लेकिन बावजूद इसके अगर इन खेलों में कभी भी कोई बड़े रिकॉर्ड बनते हैं तो वो यहां भी ख़बर बनते हैं।

खेल पत्रकार को खेलों के अलावा इन्हें चलाने वाले संगठनों पर भी नज़र बनाए रखनी चाहिए। क्योंकि अक्सर टूर्नामेंट के लिए टीम का ऐलान यही लोग करते हैं। यानि ख़बर का ये भी एक बड़ा ज़रिया होते हैं। कुछ प्रमुख खेल संगठनों जैसे अंतरराष्ट्रीय ओलंपिक एसोसिएशन, भारतीय ओलंपिक संघ, आईसीसी, बीसीसीआई, भारतीय हॉकी संघ सहित सभी प्रमुख खेलों के फेडरेशंस पर खेल पत्रकारों को पैनी नज़र बनाए रखनी चाहिए।

आज खिलाड़ियों की हैसियत किसी फ़िल्म स्टार से कम नहीं है इसलिए उनसे जुड़ी ख़बरों पर नज़र बनाए रखना भी एक स्पोर्ट्स जर्नलिस्ट का ही काम होता जा रहा है। वहीं अगर किसी खेल या खिलाड़ी का नाम फ़िक्सिंग या घोटाले में आता है तो ये क्राइम की ख़बर भी स्पोर्ट्स जर्नलिस्ट को कवर करनी होती है। वैसे क्राइम के एंगल पर पुलिस की कार्रवाई जैसी बातों के लिए भले ही क्राइम जर्नलिस्ट ज़िम्मेदार होता है लेकिन क्योंकि मामला किसी खेल हस्ती से जुड़ा होता है ऐसे में खेल पत्रकार उस हस्ती को ज़्यादा समझता है। और इन मौक़ों पर दोनों बीट के पत्रकारों की अहमियत बराबर की हो जाती है।

समाचार चैनलों में, अख़बार या वेबसाइट में अलग से स्पोर्ट्स डेस्क भी होती है। ये केवल खेल से जुड़े पत्रकारों का ही जमघट होता है और यही लोग खेल से जुड़ी ख़बरों की ज़िम्मेदारी निभाते हैं।

खेल पत्रकारिता के लिए सबसे बड़े स्रोत के तौर पर www.crickinfo.com वेबसाइट है जहां तकरीबन हर खेल और खिलाड़ी से जुड़ी जानकारी मौजूद है। इस फ़ील्ड के पत्रकारों के लिए खेल को समझना और उससे जुड़ी अपनी जानकारी बढ़ाने का ये बढ़िया स्रोत है।

इसके अलावा अगर आप किसी विशेष खेल या खिलाड़ी के बारे में जानना चाहते हैं तो उसके लिए इंटरनेट पर हज़ारों की तादाद में वेबसाइट्स हैं जहां आपको आपके काम की जानकारी मिल जाएगी। वैसे आज इंटरनेट इतना विशाल हो गया है कि यहां आपको हर देश से जुड़े सभी खेलों की अपनी वेबसाइट भी मौजूद मिलेगी। जिसमें उस खेल और उससे जुड़े हर खिलाड़ी की जानकारी दी गई होती है।

चैनलों की बात करें तो स्टार स्पोर्ट्स, स्टार क्रिकेट, टेन स्पोर्ट्स, ESPN, नियो स्पोर्ट जैसे चैनल केवल खेलों का ही प्रसारण करते हैं। इसके अलावा हर समाचार चैनल पर भी तय समय पर स्पोर्ट्स बुलेटिन आते हैं। जिन्हें देखकर या अख़बारों में विशेष खेल पन्ने पढ़कर इस फील्ड में काम करने की रुचि रखने वाला पत्रकार अपने आपको हमेशा अपडेटेड रख सकता है।

खेल पत्रकार को एक बात ध्यान से समझ लेनी चाहिए कि भले ही ये खेल पत्रकारिता है लेकिन ये कोई खेल नहीं है। भले ही आप रिपोर्टिंग कर रहे हों या फिर डेस्क पर काम कर रहे हों आपको खेलों के बारे में पता होना चाहिए। उसकी समझ होनी चाहिए और साथ ही अपनी बीट से जुड़ी हर बड़ी से बारीक़ ख़बर पर नज़र बनाए रखनी चाहिए। तभी आप अच्छे खेल पत्रकार बन सकते हैं।

नतीजों और स्कोर से बढ़कर है खेल पत्रकारिता

2004 में मैंने अपने करियर और ज़िंदगी के शायद कुछ सबसे यादगार पल जिए हैं। अगर कोई मेरे अनुभव के बारे में पूछता है तो सबसे पहले वो दिन याद आ जाते हैं। बचपन से बड़े होने तक क्रिकेट के नाम पर हम एक ही चीज़ के दीवाने होते हैं। इंडिया–पाकिस्तान मैच और क्या? और इस बार हम लगभग 15 साल बाद वो एक्शन देखने सरहद पार पहुंचे हुए थे। मैच तो सारे ही यादगार थे लेकिन एक वाक़या मैं कभी नहीं भूल पाई। पेशावर का वो वाक़या।

पेशावर में होने वाले वन–डे मैच से पहले जितनी सिक्योरिटी थी उतनी ही उत्सुकता भी। एक अनजान शहर जहाँ शाम को लोग भी नहीं दिखते थे, अंदरूनी इलाकों में जाने से पहले गाड़ी का शीशा ऊपर और म्यूज़िक की आवाज़ धीमी करने की हिदायत थी। और ऐसे में जहाँ बाज़ार में एक हंसती–खेलती महिला का चेहरा दिख जाए, आप उस पर एक स्टोरी दाग देना चाहते थे। दुनिया को यह बताने के लिए कि क्रिकेट का शोर किन अनोखी गलियों में आ पहुंचा था।

हर रोज़ मैं अख़बार खोल कर किसी ऐसी स्टोरी की तलाश में थी जो क्रिकेट का भी हिस्सा हो और वहां की दुनिया का भी। इसी जोश में नज़र पड़ी उस ख़बर पर जिस में अफग़ानिस्तान से आए शरणार्थियों का ज़िक्र था। उन्हें लेकर वहां वैसे भी कई मसले थे लेकिन इस ख़बर में उन्हें ख़ासकर क्रिकेट से दूर रहने का हुक्म था। हम अपनी कैमरा टीम के साथ ठीक उस जगह पहुंचे जहाँ शरणार्थियों के कैंप थे।

क़रीब दो घंटों तक वहां के लोगों से बात करने की कोशिश की। सब सहमे से ही थे। सन्नाटा था और डर भी। एक लड़की रिपोर्टर का वहां आना जिसे वो ख़ातून सहाफ़ी कह रहे थे, वैसे भी उन्हें बहुत अटपटा लग रहा था। कुछ देर बाद मुझे भी लगा कि मैं यहां क्यों हूं? लेकिन इसका जवाब मुझे वहां मौजूद सैंकड़ों के कैम्पस में से एक में मिला जहाँ से चौक्के–छक्के लगने की आवाज़ आ रही थी। वहां देखा तो पता चला कि कई बच्चों वाले एक परिवार में टीवी पर सचिन की किसी पुरानी इन्निंग का रिकॉर्डेड टेलिकास्ट आ रहा था। अफगानिस्तान के किसी हिस्से से आये रंगीन आंखों वाले गोरे–चित्ते बच्चे "सचन सचन" चिल्ला रहे थे। बात छोटी थी, पर किसे पता था कि इतनी दूर, इस कोने में आकर भी हमारी मुलाक़ात इस दीवानगी से हो जाएगी। उस माहौल में क्रिकेट की इससे अच्छी साइड स्टोरी और क्या हो सकती थी?

यह कहानी हमें न्यूजरूम से कोसों दूर ले जाती है। लेकिन इसे बताने के पीछे मक़सद सिर्फ़ इतना है कि स्पोर्ट्स जर्नलिज़म शायद हमें ज़िन्दगी के और क़रीब लाता है। इसलिये आप इसे तभी चुनें जब आपको नतीजों के अलावा इस से जुड़े इमोशंस के भी एहसास हों। यानी अगर इंडिया वर्ल्ड कप जीते और आप टीवी पर बेहद खुश हों, अपने

जारी रहना.....

एक्सपर्ट के साथ तालियाँ बजाने लगें, डांस तक करने लगें, तो दर्शक या रीडर्स उसे समझ पायेंगे जी पायेंगे। एक खेल पत्रकार जितना अपने पेशे को जी पाए उतना ही रोमांचक करियर होगा।

बहरहाल, अब हम कुछ मोटी बात तो समझ ही लें। स्पोर्ट्स जर्नलिज़्म में आपकी सबसे पहली ख़्वाहिश एंकर या एक्सपर्ट बनने की होती है। लेकिन यह इस कहानी का आख़िरी पन्ना है, भले ही देखने में यही सब कुछ लगे।

KNOW YOUR GAME – स्पोर्ट्स जर्नलिस्ट तभी बनें जब आप खेल की दुनिया से सचमुच प्यार करते हैं। इसके लिए सबसे पहले फ़ील्ड में जाकर खुद को हर खेल की बारीकियों से परिचित कराना चाहिए। वो सब समझना चाहिए जो खेल मैदान के बाहर भी हो रहा है। जैसे के आप BCCI के बारे में समझे बिना क्रिकेट कवर नहीं कर पाते।

NETWORK – जर्नलिस्ट का काम ही है लोगों से मिलना और बातचीत करना। सो कई लोगों से पहचान और उसे बरकरार रखना ज़रूरी है। इससे कॉन्टैक्ट्स भी बखूबी बनेंगे जो पूरे करियर में वक़्त–वक़्त पर आपके काम आते रहेंगे।

PRESENTATION – जो आप मैदान पर देख रहे हों उसे अपने शब्दों या प्रेजेंटेशन में पूरे पैशन से बयान करना चाहिए। ताकि देखने या पढ़ने वाला खुद को मौक़े पर खड़ा महसूस कर पाए। और वो भी बताएं जो दर्शक या रीडर आमतौर पर टेलिकास्ट में नहीं देख पाता। यानि मैदान के बाहर की ख़बरें, ड्रेसिंग रूम की बातें और स्टेडियम में बैठे दर्शकों की खेल पर प्रतिक्रिया वगैरह।

WRITE BUT NO PREACHING – सूचना के साथ साथ इमोशन होने में कोई बुराई नहीं है। लेकिन आम इंसान पर अपनी राय या कहें ओपीनियन थोपने से हमेशा बचिए।

ACTION – सिर्फ़ स्कोर या नतीजे बता देना आपका काम नहीं है, अगर टीवी में हैं तो जितना एक्शन दिखा सकें उतना बेहतर है। वहीं प्रिंट में हैं तो जितना ड्रामा शब्द बयान कर सकते हैं उतना अच्छा।

TEAM WORK – याद रहे के फ़ील्ड में आप अपने अख़बार या चैनल के अकेले नुमाइंदे ज़रूर हैं पर टीम वर्क ही उसे सही शक्ल देगा। ऐसे में टीम वर्क की स्पिरिट ही मैदान से भेजी गई आपकी सूचना को सही मायने में बेहतरीन ख़बर का दर्जा दे सकती है।

USP – फ़ील्ड में और भी पत्रकार होंगे जो उसी मंजर को रिपोर्ट कर रहे होंगे लेकिन आपका ख़ास 'Touch' और 'Style' उसमें एक अलग रंग डाल सकती है। ऐसा करते हुए यह भी ध्यान रखिए कि ख़बर को ख़बर ही रहने दें सनसनी मत बनाइए।

IMPACT – आख़िरी बात... स्पोर्ट्स में आम लोग अपनी खुशी या ग़म, अपनी जीत या हार देखते हैं, तो टीम और किसी भी खेल के बुरे दौर में रिपोर्टिंग ज़रा संभलकर करें। कहीं किसी माहौल में आपकी कही कोई बात उन्हें उत्तेजित न कर दे और वो खेल को खेल नहीं कुछ और समझ बैठें।

अफ़शां अंजुम
NDTV इंडिया

विज्ञान पत्रकारिता

विज्ञान का दायरा आज मानव की सोच के बराबर विशाल हो गया है। कुछ साल पहले तक जो बीमारियां असाध्य मानी जाती थी उनका इलाज आज एक छोटी सी कैप्सूल से हो जाता है। वहीं 100–200 किलोमीटर चलने में जहां 2–4 दिन लग जाया करते थे आज हज़ारों किलोमीटर का सफ़र चंद घंटों में पूरा हो जाता है।

आदमी चांद पर तो अरसे पहले पहुंच चुका है। अब वो बाक़ी के ग्रहों में भी चक्कर काटने लगा है और तो और अब तो ब्रम्हांड में नए नए ग्रहों की भी खोज शुरू हो गई है।

आज विज्ञान का दायरा जिस तर्ज पर असीमित होता जा रहा है उतनी ही ज़्यादा लोगों की इसे जानने समझने की जिज्ञासा भी बढ़ती जा रही है। और उसी जिज्ञासा को पूरा करने की ज़रूरत विज्ञान पत्रकारिता की शुरुआत की वजह बनी।

शुरुआती दिनों में विज्ञान प्रगति जैसी पत्रिकाओं के माध्यम से इन जिज्ञासाओं को ख़ुराक मिलती रहती थी। फिर टीवी पर आने वाले 'टर्निंग प्वाइंट' जैसे कार्यक्रमों में इस तरह के विषयों को जगह मिलती थी। लेकिन अब इसकी जगह किसी बड़ी ख़बर से कम नहीं आंकी जाती है।

जैसे ही दुनिया के किसी भी कोने में कोई बड़ा आविष्कार होता है या फिर किसी पुराने शोध में नया कीर्तिमान रचा जाता है वो ख़बर न्यूज़ चैनलों के लिए ब्रेकिंग न्यूज़ से कम नहीं होती है।

मसलन जब भारत ने श्रीहरिकोटा से उपग्रह का प्रक्षेपण किया था उस वक़्त हमने प्रक्षेपण की लाइव कवरेज देखी थी। वहीं जब नासा के वैज्ञानिक बिग बैंग परीक्षण कर रहे थे तो भी ये ख़बर हर चैनल या अख़बार की सुर्ख़ी बनी थी।

पत्रकारिता के इस क्षेत्र में करियर बनाने वालों के लिए सबसे ज़रूरी है कि उनकी रुचि विज्ञान, तकनीक और उससे जुड़े दूसरे पहलुओं में हो। साथ ही आपके भीतर विज्ञान से जुड़ी हर नई बात को सबसे पहले जानने की ललक भी होनी चाहिए।

हमेशा अपडेटेड रहने के लिए आप विज्ञान पत्रकारिता से जुड़े पत्र पत्रिकाएं पढ़ते रहें, वेबसाइट्स खंगालते रहें। यही नहीं अक्सर निकलने वाले साइंस जरनल भी ज़रूर पढ़े। साथ ही नासा, इसरो जैसे संस्थानों की वेबसाइट्स पर आने वाले अपडेट्स पर भी नज़र बनाए रहें।

क्योंकि जब आपने लोगों को विज्ञान जगत की हलचल से रूबरू कराने का बीड़ा उठाया है तो सबसे पहले आपको बाख़बर होना पड़ेगा।

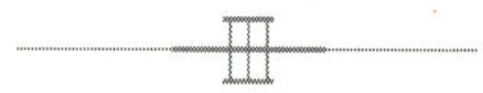

एंटरटेंमेंट जर्नलिज़्म

लोगों को मनोरंजन जगत की चुटीली बातें और हलचल बताना पत्रकारिता की इस बीट के अंतर्गत आता है। आज मनोरंजन करने वाले सीरियल, गाने और तरह–तरह के कॉमेडी, गेम, क्विज़ और रियल्टी शो लोगों की ज़िंदगी का अहम हिस्सा होते जा रहे हैं।

ऐसे में इस जगत की हलचल बताना इस मायने में और भी ख़ास हो जाता है क्योंकि लोग आज इस क्षेत्र में करियर बनाने की संभावनाएं देखते हैं और 2–4 साल के बच्चों से लेकर 40–50 साल तक यानि हर उम्र के लोग रियल्टी शो में शिरकत भी करते हैं।

इस क्षेत्र के रिपोर्टर के लिए मूलतः हर चैनल पर आने वाले कार्यक्रमों के बारे में अपडेट रहना चाहिए। उसका दर्शक यह जानना चाहता है कि किसी चैनल में कब से कौन सा नया सीरियल शुरू होने वाला है। दर्शक की सीरियल्स के बारे में जानने की चाहत को देखते हुए न्यूज़ चैनलों ने सास बहू साज़िश टाइप के आधे घंटे के रेग्युलर शो बनाने शुरू कर दिए हैं।

इसके साथ ही टीवी पर कॉमेडी शोज़ की संख्या जिस तादाद में बढ़ती जा रही है उसी रफ़्तार से समाचार चैनल भी इसकी कवरेज कर रहे हैं। न्यूज़ चैनलों पर हर चैनल में आने वाले कॉमेडी शो के कुछ–कुछ क्लिप्स लगाकर शो बनाए जाते हैं और दर्शकों के सामने परोसे जाते हैं।

ये सीरियल लोगों की रोज़मर्रा की ज़िंदगी में इस क़दर शामिल हो चुके हैं कि लोग अपने रिश्तेदारों से फ़ोन पर बातचीत करना भूल सकते हैं लेकिन फ़लाने चैनल पर 9 बजे आने वाला सीरियल बिल्कुल भी मिस नहीं कर सकते हैं।

इस बात को चैनल वाले भी समझते हैं। इसीलिए चाहे होली हो या दीवाली, ईद हो या फिर गणेश चतुर्थी या फिर क्रिसमस ही क्यों न हो जिस तरह आम आदमी इन त्योहारों को मनाता है उसी तरह सीरियल के किरदार भी सेलिब्रेट करते हैं।

एंटरटेन्मेंट जर्नलिस्ट सीरियल्स के सेट पर पहुंच कर पर्दे के पीछे की हलचल भी लोगों को दिखाता है। वो ये बताता है कि उस सीरियल का किरदार होली के मौक़े पर किस तरह सज धज के रंग खेलता है। या दीवाली पर कौन से पटाख़े दगाता है।

पहले तो अदाकारों का मतलब केवल फ़िल्मी सितारे ही हुआ करते थे। बाक़ी छोटे पर्दे के सितारों को ज़्यादा तवज्जो नहीं दी जाती थी। लेकिन अब ये सीरियल फ़िल्मों से ज़्यादा पॉपुलर होते जा रहे हैं तो ज़ाहिर हैं लोगों के बीच इन सीरियल के एक्टर्स और एक्ट्रेसेज को देखने और सुनने का क्रेज़ बढ़ता जा रहा है। उनकी इस इच्छा को पूरा

करता है एन्टरटेंमेंट जर्नलिस्ट। वो ख़ास मौकों पर उन लोगों से बातचीत करके दर्शकों या पाठकों को उनके विचारों से अवगत कराता है।

एंटरटेन्मेंट इंडस्ट्री की बढ़ती ग्रोथ देखकर बीएजी ग्रुप ने तो E 24 के नाम से चौबीस घंटे का पूरा का पूरा एंटरटेंमेंट न्यूज़ चैनल शुरू कर दिया है।

इस चैनल में फ़िल्मी गपशप के साथ साथ सीरियल्स की गपशप भी दिखाई जाती है। साथ ही किसी हीरो का किस हीरोइन के साथ चक्कर चल रहा है, किसका किसके साथ ब्रेकअप हुआ है, इन सब पर भी पूरा फ़ोकस रहता है।

कुल मिलाकर एंटरटेंमेंट जर्नलिज़म, एंटरटेंमेंट जगत की हर हलचल को चाहे वो फ़िल्मी दुनिया की कोई बड़ी ख़बर हो या फिर सीरियल्स की दुनिया में घटने वाली घटना, उसे कवर करना होता है। जो इस बीट में दिलचस्पी रखते हैं उनके लिए दूसरी बीट्स की तरह एंटरटेंमेंट जगत की अलग से वेबसाइट्स हैं, मैगज़ीन्स हैं और अख़बारों में इसका अलग स्पेस है, आपको इस सब पर नज़र रखनी है। और सबसे बड़ी बात ये है कि आपके अंदर एंटरटेन्मेंट को लेकर पैशन है तभी आप इन सब चीज़ों से बेहतरीन तरीके से अपडेटेड रह पाएंगे।

सिनेमा पत्रकारिता

हिंदी सिनेमा जिसके बॉलिवुड नाम से हम ज़्यादा परिचित हैं, मुख्यतः मायानगरी में रचा बसा उद्योग है। इसकी रचनाओं से हर वो शख़्स वाक़िफ़ होता रहता है जो हिंदुस्तानी भाषाओं को जानता है उन्हें समझता है। बॉलीवुड की फ़िल्म में हिंदुस्तानी शैली का चलन है। यहां हिंदी के अलावा उर्दू, अवधी, मुंबइया, भोजपुरी, राजस्थानी भाषाओं और शैली का इस्तेमाल होता है।

यहां बनने वाली रचनाओं या कहें फ़िल्मों के विषय देशभक्ति, अपराध, परिवार, प्यार वगैरह होते हैं। कहानी में कुछ गीत संगीत हो इसके लिए उर्दू शायरी की छाप वाले गाने भी होते हैं। इसका जन्म समाज में हो रही घटनाओं को वैसे का वैसा दिखाने के मक़सद से ही हुआ था। इसीलिए कहा जाने लगा कि सिनेमा समाज का आइना है।

एक सिनेमा बीट को कवर करने वाले पत्रकार के तौर पर आपको सबसे पहले अपने समाज के बारे में पता होना चाहिए। जिन लोगों के बीच आप रह रहे हैं उनकी संस्कृति क्या है, उनका राजनीतिक इतिहास क्या रहा है, ये सारी चीज़ें आपको पता होनी चाहिए तभी आप किसी फ़िल्म को पहचान पाएंगे और उसी आधार पर उसके अच्छे बुरे पहलू से अपने दर्शक, पाठक और श्रोता को रूबरू करा पाएंगे।

हर तरह के सिनेमा की जानकारी रखना आपके पेशे का हिस्सा है। इसलिए आप किसी फ़िल्म से ये कहकर मुंह नहीं फेर सकते हैं कि ये घटिया सिनेमा है मैं नहीं देखुंगा। आपको वो सब सुछ देखना, समझना होगा तभी आप अपने दर्शकों को अच्छे और बुरे में फ़र्क समझा पाएंगे।

फिल्म रिव्यू

फ़िल्म पत्रकारिता का सबसे बड़ा पहलू रिव्यू होता है। ये रिव्यू ऑडियंस और फ़िल्म के बीच के पुल का काम करता है। जिससे फ़िल्म देखने के शौक़ीनों को इस बात का अंदाज़ा लग जाए कि असल में फ़िल्म किस मुद्दे पर है और उसमें कौन–कौन से अदाकार हैं। रिव्यू के माध्यम से पत्रकार की ये ज़िम्मेदारी बनती है कि वो दर्शक को फ़िल्म देखने और समझने का एक नज़रिया दे सके।

फ़िल्मों के अलावा इस बीट में स्टार से जुड़ी ख़बरे भी दी जाती हैं। कौन से स्टार ने क्या नया काम किया है, कौन सी नई फ़िल्म साइन की है या फ़िर किस पुराने डायरेक्टर से उसने अब नाता तोड़ लिया है, ये सारी बातें भी इसी बीट का हिस्सा होती हैं।

ये एक ग्लैमर से भरा प्रोफ़ेशन होता है। ऐसे में जब भी किसी स्टार, डायरेक्टर का इंटरव्यू करें तो उसके प्रभाव में आने से बचे और पूरा फ़ोकस अपने काम पर ही रखें। अक्सर देखा जाता है इंटरव्यू में वही सारी बातें देखने या सुनने को मिलती हैं जो कि स्टार कहना चाहता है। और पत्रकार उन्हें देखकर मंत्रमुग्ध हो जाता है कि अरे मैं तो अमिताभ बच्चन से बाते कर रहा हूं!!!

ऐसे में ज़रूरी है कि आप अपना फ़ोकस सवालों पर ही रखें।

किसी भी स्टार की बात अंतिम सत्य नहीं होती है। हमेशा उससे उन सवालों पर क्रॉस क्वैश्चन ज़रूर करें। क्योंकि चाहे अदाकार हो या डायरेक्टर वो हमेशा अपने बारे में अच्छी बातें ही बताता है। एक पत्रकार के तौर पर आपको पर्दे के पीछे का सच जानने की कोशिश करते रहना है।

अब सवाल पूछने हैं तो ज़ाहिर है आपके ज़हन में सवाल आने भी चाहिए। इसके लिए जब भी आप किसी का इंटरव्यू करें, किसी फ़िल्म से जुड़ी ख़बर करने जाएं तो उसके बारे में पूरी तैयारी से जाएं।

फ़िल्म के अलावा इसके तकनीकी पक्ष से जुड़ी बातों का ज्ञान पत्रकार को होना चाहिए ताकि वो अपने दर्शकों को इस पहलू से भी अवगत करा सके। रिव्यू बताते समय यह ध्यान में रखना चाहिए कि आप हवा में कोई भी बात न कर रहे हों। फ़िल्म जिस भी पृष्ठभूमि पर बनी हो उसके इतिहास से आपको वाक़िफ़ होना चाहिए। हो सकता है कि जो फ़िल्म आप देख रहे हों वो तत्कालिक मज़ा न दे लेकिन अगर उसका दृष्टिकोण व्यापक है तो आज नहीं तो कल वो हिट होगी ही। इस बात को भी रिव्यू बताते समय ज़हन में रखें।

मोटी बातें

- रिव्यू से पहले फ़िल्म के सामाजिक पहलू को समझें
- अपने समाज के बारे में पढ़ें, इतिहास को जानें
- दर्शकों, श्रोताओं या पाठकों को उसके सभी पक्षों की जानकारी दें
- स्टार के ग्लैमर में न फंसें, उनसे सवाल जवाब करें
- लेटेस्ट ट्रेंड से भी ऑडियंस को रूबरू कराएं

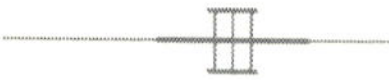

फ़िल्म को समझने के लिए समाज को जानें

फ़िल्में समाज का आइना होती हैं। यहां दिखाई जाने वाली घटनाएं समाज में हुई किसी न किसी घटना से प्रेरणा लिए हुए होती हैं। लेकिन सिनेमा का कमर्शियलाइजेशन होने के बाद यहां गीत–संगीत, आइटम सांग और कॉमेडी का इस्तेमाल भी बढ़ गया है ताकि ज़्यादा से ज़्यादा पैसा कमाया जा सके।

पिछले 100 सालों में जिस तरीके से सिनेमा का तकनीकी तौर पर विकास हुआ है उस मुक़ाबले सामाजिक पक्ष कम होता जा रहा है। और आज मनोरंजन ही इसका मक़सद रह गया है।

फ़िल्म पत्रकार भी वही कर रहा है जिससे गॉसिप्स की मात्रा बढ़ती जा रही है। अब यही चीज़ें बिकती हैं तो हम फ़िल्म पत्रकारों पर स्टार की लाइफ़ को परोसने का दबाव बढ़ता जा रहा है। इसके पीछे सम्पादकीय या विज्ञापन का दबाव रहता है।

कुल मिलाकर एक्टर के कपड़े और गहनों पर फ़ोकस बढ़ता जा रहा है फ़िल्म के क्राफ़्ट पर ध्यान कम दिया जाता है। फ़िल्म पत्रकारिता का एक पक्ष यह भी हो सकता है कि दर्शकों को नए ट्रेंड के बारे में पता रहे लेकिन आज यही चुनिंदा चीज़ें ही पूरी पत्रकारिता के फ़ोकस में रहती हैं जो नहीं होना चाहिए।

इस फ़ील्ड में सबसे ज़्यादा ग्लैमर होता है लेकिन अगर इस फ़ील्ड में करियर बनाने के सपने संजो रहे हैं तो एक बात गांठ बांध ले यहां आपको इस सारी चकाचौंध में रहते हुए भी अपने आप को इसके प्रभाव से बचाए रखना होगा।

आपको फ़िल्मी सितारों की हां में हां नहीं मिलाना होगा बल्कि वो जो बातें कहना चाहते हैं उस पर सवाल जवाब कर ख़बर तलाशनी होगी।

फ़िल्मी सितारों की गतिविधियों से रूबरू कराने के अलावा इस पत्रकारिता का दूसरा पहलू होता है रिव्यू का। किसी फ़िल्म के रिव्यू के लिए ज़रूरी है कि पहले आप अपने समाज को समझें। यहां होने वाली हर घटना के इतिहास को जानें। जब तक आप देश के सामाजिक और राजनीतिक इतिहास के बारे में नहीं जानेंगे तब तक किसी फिल्म को देखकर उस पर बिना किसी पूर्वाग्रह के राय क़ायम नहीं कर सकते हैं।

और यह सब तभी हो सकता है जब आप पढ़ेंगे। समाज में हुई घटनाओं को जानेंगे। उसके अतीत के बारे में आपके ज़हन में सवाल उठेंगे। क्योंकि सिनेमा में तो समाज की ही छाप होती है और इस छाप की रिपोर्टिंग के लिए कम से कम इससे तो परिचित होना ही पड़ेगा।

अजय ब्रम्हात्मज

फ़िल्म समीक्षक

खोजी पत्रकारिता

किसी सूचना की तह तक जाकर उसमें से ऐसे रहस्यपूर्ण तथ्यों को उजागर कराना जो पहले कभी न तो देखे गए हों और न ही सुने गए हों। इसे ही खोजी पत्रकारिता कहा जाता है। खोजी पत्रकार का काम बिल्कुल पुलिस या कहें जासूस की ही तरह सूचना के इर्द गिर्द घूमते हुए उसमें से काम की बातें ढूढ़ने का होता है।

बिना उद्देश्य के ख़ाली सड़क पर घूमना और जब ख़बर दिख जाए तो उसे कवर कर लेना ये खोजी पत्रकार की फ़ितरत नहीं होती है। उसके ज़हन में ये बात हमेशा साफ़ होती है कि उसे क्या करना है। फिर उस मक़सद के लिए उसे चाहे कितने भी दिन तक भटकना पड़े वो भटकता है।

खोजी पत्रकार का काम ही पर्दे के पीछे की सच्चाई को सामने लाना होता है। इसमें कई मुश्किलें भी आती हैं लेकिन वो उनसे बिना डरे, बिना घबराए अपना काम करता रहता है।

उदाहरण के लिए एक ऐसे मर्डर केस की बात करते हैं जिसमें क़ातिल का कोई पता न चल रहा हो। यहां उद्देश्य क़ातिल और क़त्ल की वजह का पता लगाना है। इसकी शुरुआत मामले के तथ्य इकट्ठा करने से होती है।

तथ्य इकट्ठा करना

एक खोजी पत्रकार का काम किसी भी हादसे या फिर मामले की गहराई में उतर कर उसका विश्लेषण करना होता है। जिस तरह बिना सागर में उतरे मोती नहीं मिलता है उसी तरह खोजी पत्रकारिता में बिना मामले के हर पहलू को देखे सच्चाई का पता नहीं चलता है।

मर्डर केस की बात करें तो किसी शख़्स को किन हालात में मारा गया, मरने वाला कौन था, क्या करता था, कहां का रहने वाला था, उसका चाल चलन कैसा था वगैरह। जितनी भी बातें पता चल सकती हैं सब पता करनी चाहिए। इन सारी बातों में ही कोई न कोई ऐसी बात छिपी होती है जो आगे चलकर आपकी स्टोरी को सही एंगल देती है।

इस शुरुआती पड़ताल में पत्रकार को पुलिस की जांच से कई तथ्य मिल जाते हैं। उसे बस उन्हीं तथ्यों को क्रॉस चेक करना होता है। और जो बातें पुलिस से छूट गई हैं या उसे ग़ैर ज़रूरी लगी हों उन्हें भी अपनी तहक़ीक़ात के दायरे में रखनी चाहिए।

किसी मामले पर तथ्य इकट्ठा करना शुरुआती जांच होती है। ऐसे में ध्यान यह

रखना चाहिए कि कोई भी तथ्य छूटे नहीं। क्योंकि यही सारे तथ्य आपकी ख़बर की नींव हैं और अगर आपकी ख़बर की नींव ही कमज़ोर हो जाएगी तो आगे का रास्ता और भी मुश्किल होगा।

विकल्पों का विश्लेषण करना

सभी तथ्य मिलने के बाद उनका विश्लेषण करना इन्वेस्टिगेटिव रिपोर्टिंग का दूसरा पहलू होता है। विश्लेषण में इकट्ठा किए गए तथ्यों की जांच पड़ताल की जाती है। यहां मामले को सुलझाने में पहले कभी इसी तरह से हुए हादसों का भी सहारा लिया जाता है।

जैसे क़त्ल के मामले में जिस व्यक्ति की मौत हुई है। उसका रहन सहन कैसा था। वो किन जगहों पर ज़्यादा जाया करता था। हाल में क्या उसकी किसी से कहा–सुनी हुई थी और क्या उस दौरान किसी ने उसे जान से मारने की धमकी दी या फिर खुद उसने किसी को किसी तरह की धमकी दी वगैरह।

अगर मुमकिन हो तो उसके परिवार वालों या किसी दोस्त से भी मुलाकात की जानी चाहिए। यह मुलाक़ात आपकी ख़बर को और पुख़्ता आधार दे सकती है।

इकट्ठा किए गए तथ्यों के विश्लेषण में एक बात ज़रूर ध्यान में रखनी चाहिए कि जितने भी तथ्य आपने जुटाए हैं उनमें से हर तथ्य के प्रमाण आपके पास मौजूद हों। क्योंकि यही सारी बातें आपकी रिपोर्ट को सही और विश्वसनीय बनाती हैं।

सभी तर्कों को शांत करना

विश्लेषण के बाद बारी आती है सारी जानकारी पर सवाल जवाब की। इस दौरान आपको अपने सभी तर्क शांत कर लेने चाहिए। मसलन मरने वाला कौन था, उसकी दुश्मनी किससे थी, उस शख़्स के मरने से किसको फ़ायदा पहुंचने वाला था और अब जब वो मर गया है तो सबसे ज़्यादा नुकसान किसे हुआ है। क्या मरने से कुछ दिन पहले उसकी किसी से झड़प हुई है, अगर हुई तो क्यों। आपके इन सारे सवालों के जवाब आसानी से पुलिस सूत्रों, हादसे की जगह से मिले तथ्य और मरने वाले के रिश्तेदारों, जान पहचान वाले या पड़ोसियों से बातचीत करके हासिल हो सकते हैं।

यह एक तरह से ख़बर की फ़ाइनल एक्सरसाइज होती है इसलिए यहां पहुंचने से पहले सारे काम पूरे कर लिए जाने चाहिए। पूरी केस स्टडी आपके ज़हन में साफ़ हो जानी चाहिए।

परिणाम

अगर ऊपर बताए गए सारे स्टेप्स सही होते हैं तो परिणाम हमेशा अच्छा ही होता है। आपने जिस उद्देश्य से इस क़त्ल की तहक़ीक़ात का ज़िम्मा उठाया था वो पूरा हो

जाता है। क़ातिल का नाम सामने आ जाता है। फिर वो पुलिस की गिरफ़्त में अपने किए की सज़ा भुगत रहा होता है और मरने वाले के परिवार वालों को न्याय मिलता है।

वहीं आप जिस संस्थान के लिए काम कर रहे होते हैं उसका भी नाम होता है। इस ख़बर के ईनाम के तौर पर चैनल या अख़बार की आमदनी भी बढ़ती है। क्योंकि अगर आपका संस्थान इस तरह की खोजी पत्रकारिता वाली रिपोर्ट को जगह देता है या संस्थान में काम करने वाले हर जुर्म की तह तक जाकर उसके रहस्यों से पर्दा उठाने का काम करते हैं तो ज़ाहिर है उसे हर आदमी देखना, पढ़ना चाहेगा। इससे उसकी डिमांड भी बढ़ेगी और रीडरशिप बढ़ने से विज्ञापन भी अच्छे ख़ासे मिलेंगे।

खोजी पत्रकारिता के लक्ष्य

भ्रष्टाचार उजागर करना

आज हम जितनी तरक्की कर रहे हैं उतना ही ज़्यादा समाज में भ्रष्टाचार फैलता जा रहा है। यह भ्रष्टाचार हमें तरक्क़ी के साथ मुफ़्त में मिलता है। ठीक वैसे ही जैसे 3 साबुन के साथ एक साबुन मुफ़्त मिलता है। वो साबुन तो हम फिर भी इस्तेमाल कर सकते हैं लेकिन यह भ्रष्टाचार समाज की नींव खोखली कर देता है।

आज हर छोटे से लेकर बड़े काम में रिश्वत का चलन बढ़ता ही जा रहा है। फिर चाहे FIR लिखानी हो या फिर स्पेक्ट्रम खरीदना हो। थाने में FIR के वक़्त पुलिस वाले रिश्वत मांगते हैं। और जब कोई कारोबारी स्पेक्ट्रम खरीदने जाता है तो मंत्री उससे करोड़ों मांगते हैं। यानि जितना बड़ा काम रिश्वत का अनुपात उसी हिसाब से।

इंसान भी मामले को उछालने में अपने वक़्त की बर्बादी समझता है। और इस लालच में कि उसका काम जल्दी हो जाए ताकि वो कल से अपनी कमाई शुरू कर दे, वो मुंह मांगे दाम का इंतजाम करने में जुट जाता है और अपना काम करा लेता है। लेकिन धीरे–धीरे यह छोटी सी घूस भ्रष्टाचार नाम के कैंसर के तौर पर समाज को खोखला करने में जुट जाती है।

पुलिस वालों को आदत पड़ जाती है कि वो बिना पैसों के वो काम नहीं करेंगे जिसके लिए उन्हें रखा गया है। और नेता भी बिना करोड़ों लिए दस्तख़त नहीं करते। ऐसे में एक खोजी पत्रकार का काम यह होता है कि वो इन लोगों को बिना एहसास दिलाए ऐसे घूस कांडों का पर्दाफ़ाश करे।

इससे वो समाज में पनप रही इस बुराई को ख़त्म करके लोगों की ज़िंदगी तो आसान बनाएगा ही, इन घूसखोर काले चेहरों को भी सामने ला देगा।

असामाजिक तत्वों पर नज़र रखना

भ्रष्टाचार के ख़ात्मे के अलावा दूसरी बड़ी ज़िम्मेदारी असामाजिक तत्वों पर नज़र

रखने की होती है। दुनिया में सारे काले कारनामों से पर्दा उठाने की ज़िम्मेदारी के क्रम में असामाजिक तत्वों का सफ़ाया भी आता है। एक पत्रकार का काम है कि वो चोर उचक्कों से लेकर बड़े गिरोह के सरगनाओं तक से जुड़ी हर बात पर पैनी नज़र बनाए रखे।

सभी गुटों में उसके सूत्र होने चाहिए जो उनके हर क़दम की आहट चलने से पहले ही पत्रकार तक पहुंचा दे। इससे आप पुलिस के साथ–साथ आम जनता को भी आगाह कर सकते हैं।

कुल मिलाकर एक इन्वेस्टिगेटिव जर्नलिस्ट परदे के पीछे होने वाले काले कारनामों के हर पहलू को उजागर करने का काम करते हैं। फिर चाहे वो राजनीतिक, आर्थिक, सामाजिक क्षेत्र में हो रहे हों या फिर धार्मिक क्षेत्र में। हर जगह की गंदगी पर नज़र बनाए रखना और लोगों को उससे अवगत कराते रहना ही खोजी पत्रकार का काम है।

खोजी पत्रकार के गुण

एक खोजी पत्रकार को ख़बर सूंघना आना चाहिए। जिस तरह चींटी दूर कहीं बिल में रहती है लेकिन मिठाई के टुकड़े के पास पहुंच ही जाती है। उसी तरह पत्रकार को भी ख़बर कहीं भी हो उस तक पहुंच ही जाना चाहिए।

खोजी पत्रकार का काम आम जगहों पर होने वाली घटनाओं की रिपोर्टिंग करना नहीं होता है, जहां गए और जैसा जो कुछ हुआ बता दिया। उसका काम इन सबसे हटकर होता है। उसे जो है वो तो देखना ही है और जो नहीं है उसपर ज़्यादा ध्यान लगाना और उसे ढूढ़ना भी है। उसे चाहे घोटाला हो, गबन हो, भ्रष्टाचार हो, मामूली चोरी हो या फिर रिश्वतखोरी सभी पर पैनी नज़र बनाए रखनी चाहिए। क्योंकि छोटी छोटी कड़ियों के सहारे ही बड़ी ख़बर ब्रेक की जाती है।

पत्रकार को जुए के अड्डों, नकली नोट बनाने वाले गिरोहों सब की ख़बर रखनी चाहिए। उसे एक चाय की दुकान पर होने वाली बातों से लेकर सत्ता के गलियारों में होने वाले सौदों को बराबर तरजीह देनी चाहिए।

खोजी पत्रकार के अंदर ख़बर की भूख होने के साथ–साथ ख़बर को पहचानने की भी क्षमता होनी चाहिए। तभी वो सामने दिख रही जानकारी को समझकर उस पर उस हिसाब से ख़बर बना पाएगा।

इन्वेस्टिगेटिव रिपोर्टिंग पूरी तरह तथ्यों की खोज पर आधारित ही होती है। ऐसे में मामले से जुड़ी हर छोटी बड़ी जानकारी रिपोर्टर को संभाल कर रखनी चाहिए। हर तरह के काग़ज़ात का बारीक़ी से अध्ययन करना चाहिए और लगातार नए तथ्य ढूढ़ते रहना चाहिए।

खोजी पत्रकारिता और पुलिस

एक खोजी पत्रकार और पुलिस का चोली दामन का साथ होता है। खोजी पत्रकार को अक्सर ख़बर पुलिस के सूत्रों के ज़रिए ही मिलती है और यही लोग उसे अपनी इन्वेस्टिगेशन के आधार पर मामले के तथ्य बताते हैं।

पुलिस से संबंध जितने अच्छे होंगे आपको ख़बरें भी उतनी ही मिलती रहेंगी। लेकिन इस दोस्ती में ध्यान यह देना चाहिए कि कहीं किसी मामले में वो आपका इस्तेमाल न करे। हो सकता है कि कभी वो किसी मामले में लिप्त पाया जाए और आप दोस्ती निभाने के चक्कर में अपनी ख़बर में उसे पाक़ साफ़ करार दे दें।

इसका यह मतलब भी नहीं है कि अगर उसे ग़लत तरह से फ़ंसाया गया है तो आप उसकी तफ्तीश ही न करें। आपका काम हमेशा सच्चाई से पर्दा उठाना है। और उस सच्चाई में पुलिस आपकी मदद करती है बस। इस लिहाज़ से उसके साथ भी उतना रहना चाहिए और दूरी भी उतनी रहनी चाहिए कि आपके काम में इसका असर न पड़े।

खोजी पत्रकारिता की सीमाएं

खोजी पत्रकार का काम किसी मामले में जासूस, वकील या पुलिस से कम नहीं होता है। लेकिन उसके पास उतने हथियार नहीं होते हैं। वो किसी से भी जाकर पुलिस की तरह सवाल जवाब नहीं कर सकता, वो किसी को हिरासत में लेकर कुछ भी नहीं उगलवा सकता। उसे तो बस भरोसे के आधार पर ही लोगों से बातचीत करके सूचना लेनी होती है और उसे एक लेखक की तरह लिखनी होती है। इसलिए उसे अपनी सीमाओं के बारे में साफ़ पता होना चाहिए कि कहां पर वो ख़त्म होती है और कहां से शुरू।

मसलन ऑफ़िशियल सीक्रेट एक्ट 1923 के सेक्शन 3 में ज़ोर देकर कहा गया है कि जिन जगहों पर तस्वीरें खींचने की मनाही है या वीडियो शूट करना मना है वहां पर ऐसे काम करना ग़ैर ज़मानती अपराध है।

उसी तरह डिफ़ेंस के मामलों की पड़ताल करते वक़्त भी आपको सतर्क रहने की ज़रूरत है। जो भी दस्तावेज़ आप पाना चाहते हैं उसके लिए सारे क़दम फूक फूक कर रखे जाएं। एक भी ग़ैर क़ानूनी कदम आपकी स्टोरी तो तबाह करेगा ही आपको जेल की हवा भी खानी पड़ेगी और जिन लोगों पर से आप पर्दा हटाना चाह रहे थे वो इसके बाद और भी ज़्यादा चौकन्ने हो जाएंगे।

लेकिन अगर आपके हाथ कहीं से कोई सीक्रेट दस्तावेज़ लग जाता है तो उसकी प्रमाणिता के बाद आप उसे प्रसारित, प्रकाशित कर सकते हैं। बशर्ते वो समाज के हित में होना चाहिए और ये साबित होता हो कि उसे पाने के लिए आपने कोई ऐसा काम नहीं किया है जो क़ानून के दायरे से बाहर है।

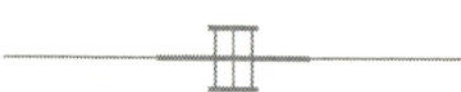

स्टिंग ऑपरेशन

कुछ सवाल ऐसे होते हैं जिनके जवाब प्रेस कॉन्फ्रेंस में नहीं मिलते हैं। कोई उनका जवाब कैमरे के सामने भी नहीं देना चाहता। लेकिन वो सवाल ऐसे हैं जिनका जवाब सामने आना बेहद ज़रूरी होता है। इसी ज़रूरत ने स्टिंग ऑपरेशन को जन्म दिया।

स्टिंग ऑपरेशन का शाब्दिक अर्थ होता है कि योजनाबद्ध तरीके से या कहें चोरी छिपे किसी ऐसे काम को अंजाम देना जिसे क़ानून की मंजूरी नहीं है। अक्सर इस तरह के ऑपरेशंस का इस्तेमाल पुलिस चालाक अपराधी को पकड़ने के लिए जाल बिछाने में किया करती थी।

आज समाज में भ्रष्टाचार बुरी तरह पांव पसार चुका है और तो और पुलिस भी उसमें लिप्त पाई जा रही है। ऐसे में उनसे किसी तरह की सच्चाई की उम्मीद कम ही रहती है। इसीलिए अब पत्रकारों को सच्चाई से पर्दा उठाने के काम में स्टिंग ऑपरेशन का सहारा लेना पड़ रहा है।

खुफ़िया रिपोर्टिंग

स्टिंग ऑपरेशन बेहद योजनाबद्ध तरीके से की जाने वाली खुफ़िया रिपोर्टिंग हैं। इसमें पत्रकार को खोजी पत्रकार से भी ज़्यादा चीज़ों से लैस होने और ख़ास उपकरणों मसलन खुफ़िया कैमरे माइक्रोफ़ोन के इस्तेमाल की ट्रेनिंग भी दी जाती है।

स्टिंग ऑपरेशन एक टीम वर्क होता है। इसमें जिस क्षेत्र में स्टिंग ऑपरेशन करना होता है उसकी पूरी जांच पड़ताल की जाती है। यह तय होता है कि इस मामले में स्टिंग ऑपरेशन किस तरह किया जाए। किस आदमी के पास टीम का कौन सा सदस्य क्या बनकर जाएगा। और उससे किस तरह बातचीत करेगा कि वो अपने असली रंग में आ जाए और वो सारा सच खुफ़िया कैमरे के सामने उगल दे जो वो दुनिया को कभी भी बताना नहीं चाहता था।

पूरी रूप रेखा तय होने के बाद लोग अपने अपने काम में लग जाते हैं। सारा काम योजनाबद्ध तरीके से होता है। हर शख़्स को जो काम सौंपा जाता है वो उसे बख़ूबी अंजाम देगा तभी ये ऑपरेशन सफल हो पाता है।

स्टिंग ऑपरेशन का कोई बजट नहीं बनाया जाता है इसके पीछे वजह ये होती है कि इसका कोई तय समय नहीं होता है। क्योंकि जब तक शिकार फंस न जाए जाल बिछाकर बैठे रहना होता है। अमूमन एक स्टिंग ऑपरेशन में 2 महीने से लेकर 2–4 साल तक का समय लग सकता है। तो ऐसे में पूरे ऑपरेशन में होने वाले खर्च का आंकलन करना बेमानी है।

एक स्टिंग ऑपरेशन में लगने वाले पैसे का अनुमान इस पर निर्भर करता है कि उस ऑपरेशन में कितने लोगों की टीम काम कर रही है। जितने लोग होंगे उसी हिसाब से स्पाईकैम और माइक का इंतज़ाम करना होता है। एक छोटे से स्पाईकैम की कीमत 25000 से लेकर लाखों में होती है। स्टिंग ऑपरेशन का लक्ष्य सच्चाई को साफ़–साफ़ रिकॉर्ड करना भी होता है। इसलिए यहां पैसे से समझौता बिल्कुल भी नहीं किया जा सकता। क्योंकि अगर तस्वीरें साफ़ नहीं होंगी तो धुंधले सच को यह दुनिया झूठ करार दे देगी और ऑपरेशन को अंजाम देने वाले लोगों पर सवालिया निशान लगने लगेंगे।

इसके बाद सारी तकनीक से लैस होकर ऑपरेशन को अंजाम दिया जाता है। पहली बार में शिकार जाल में फंसा तो ठीक। नहीं तो बार–बार उसके फंसने तक इंतज़ार करने में भी रक़म खर्च होती रहती है।

स्टिंग ऑपरेशन को आज लोग जानने लगे हैं, समझने लगे हैं और सराहने लगे हैं लेकिन इसकी शुरुआत इतनी आसान नहीं रही। तरुण तेजपाल और अनिरुद्ध बहल जैसे पत्रकारों को स्टिंग ऑपरेशन की शुरुआत काफ़ी महंगी पड़ी। बल्कि इस विधा के ज़रिए सच्चाई को उजागर करने के इस काम के लिए उन्हें लंबी क़ानूनी प्रक्रिया से गुज़रना पड़ा। लेकिन क्योंकि उन्होंने सारे स्टिंग ऑपरेशन जनहित में किए थे और उनका मक़सद पाक़ साफ़ था इसलिए उन्हें सज़ा नहीं हुई।

सरकार के रवैये के बाद भी इन जांबाज़ों ने हार नहीं मानी और समाज के हक़ के लिए काम करते रहे। और समय समय पर देश के चप्पे चप्पे में फैले भ्रष्टाचार से पर्दा उठाते रहे हैं। ऑपरेशन दुर्योधन इसी की एक छोटी सी मिसाल है।

ऑपरेशन दुर्योधन

ऑपरेशन दुर्योधन के ज़रिए देश के सांसदों को संसद में सवाल उठाने के एवज़ में पैसे लेने का मामला सामने आया था। इस खुलासे ने देश को तो शर्मसार किया ही संसद की गरिमा भी चोटिल हुई।

इस स्टिंग ऑपरेशन को कोबरापोस्ट के अनिरुद्ध बहल ने हिंदी न्यूज़ चैनल आजतक के साथ मिलकर अंजाम दिया था। स्टिंग ऑपरेशन टीम का नेतृत्व कर रहे अनिरुद्ध ने अपने रिपोर्टरों को सांसदों के पास भेजा। यह रिपोर्टर नॉर्थ इंडियन स्मॉल मैन्यूफ़ैक्चर्स एसोसिएशन या निस्मा नाम की एक काल्पनिक संस्था के नुमाइंदों के रूप में सांसदों से मिले। उन्होंने सांसदों को बताया कि निस्मा मुरादाबाद के पास की संस्था है और लघु उद्योगों के क्षेत्र में काम करती है।

निस्मा के लोगों ने सांसदों को सवाल पूछने के एवज़ में पैसों की पेशकश की। पहले तो सांसदों ने न नुकुर की लेकिन थोड़ी देर बाद नोटों की मोटी गड्डी देखकर उनकी लार टपक पड़ी और उन्होंने प्रस्ताव मान लिया। सांसदों से 60 सवाल पूछने को कहा गया था जिसमें से 25 सवाल संसद में उठाए भी गए। निस्मा का चोला ओढ़े पत्रकारों ने यह

रक़म सांसदों को किस्तों में दी और हर किस्त की रिकॉर्डिंग की। 10 लोक सभा और 1 राज्य सभा के सांसद ने इस काम के 5 लाख रुपए लिए।

इसी तरह शक्ति कपूर को भी कैमरे के सामने रंगे हाथ पकड़ा गया था। कास्टिंग काउच मामले का यह स्टिंग ऑपरेशन इंडिया टीवी ने अपने लॉन्च के ठीक बाद चलाया था और देखते ही देखते देश भर में इंडिया टीवी का नाम चर्चा में छा गया। वहीं तहलका नाम के स्टिंग ऑपरेशन में रक्षा मंत्रालय में हो रहे भ्रष्टाचार का पर्दाफ़ाश किया गया।

सावधानी

स्टिंग ऑपरेशन को अंजाम देना बच्चों का खेल नहीं होता है। स्टिंग ऑपरेशन के दौरान आपको अपना असली नाम और पहचान गुप्त रखनी चाहिए। क्योंकि अगर इस बीच कहीं खेल बिगड़ गया तो आपकी जान के लाले भी पड़ सकते हैं।

वजह साफ़ है। जो आदमी करोड़ों के फ़ायदे के लिए ग़लत काम कर रहा है अगर उसे इस बात का अहसास हो गया कि कोई उसकी बातें रिकॉर्ड कर रहा है तो वो किसी भी हद तक जा सकता है। इसलिए बिना पूरे बैकअप के यानि संस्थान के सपोर्ट के स्टिंग ऑपरेशन को अंजाम नहीं देना चाहिए।

संस्थान को फ़ायदा

अगर आपने किसी स्टिंग ऑपरेशन को अंजाम दिया है तो इससे लोगों में ये संदेश जाता है कि फ़लाना चैनल, अख़बार या मैगज़ीन सच से पर्दा उठाने के लिए किसी भी हद तक जा सकती है। इस तरह से आपके संस्थान की क्रेडिबिलिटी तो बढ़ती ही है, लोगों के बीच पॉपुलरिटी में भी इज़ाफ़ा होता है।

पॉपुलरिटी बढ़ने का फ़ायदा यह होता है कि आपको विज्ञापन भी ज़्यादा और महंगे मिलने लगते हैं। नतीजा पैसों की बाढ़ आनी शुरू हो जाती है। अगर आप चैनल में काम करते हैं तो आपके चैनल की टीआरपी बढ़ जाएगी और अगर प्रिंट में हैं तो सर्कुलेशन दो गुना–चार गुना हो जाएगा।

इस सब के बीच जिस सच्चाई से पत्रकार पर्दा उठाता है वो समाज में पल रहे असामाजिक तत्वों में दहशत फैलाती है और वो दोबारा इस तरह के जुर्म करने का साहस जल्दी नहीं जुटा पाते हैं।

सस्ती लोकप्रियता का साधन???

देश में कुछ चैनलों ने स्टिंग ऑपरेशन को जल्दी सफल होने का शॉर्टकट भी मान लिया है। इंडिया टीवी शक्ति कपूर की क्लिपिंग दिखाकर हिट हो गया तो बाक़ी चैनल भी

उसी रास्ते चलकर सफल होने के सपने देखने लगे। इसी क्रम में लाइव इंडिया नाम के चैनल ने भी स्टिंग ऑपरेशन किया। लेकिन इस चैनल ने एक झूठे स्टिंग ऑपरेशन को अंजाम दिया।

लाइव इंडिया के पत्रकार ने दिल्ली के दरियागंज इलाक़े के एक स्कूल की गणित पढ़ाने वाली शिक्षिका उमा ख़ुराना के ख़िलाफ स्टिंग ऑपरेशन किया। ख़बर यह दिखाई गई कि उमा खुराना अपनी छात्राओं को वेश्यावृत्ति के दलदल में ढकेल रही है। बाद में जांच के दौरान पता चला कि यह मामला कोरा बकवास था और चैनल ने ग़लत ख़बर चलाई। पोल खुलने के बाद सूचना और प्रसारण मंत्रालय ने चैनल के प्रसारण पर 2 महीने का प्रतिबंध भी लगा दिया था।

इस तरह के मामलों से ये साफ़ हो जाता है कि आज के पत्रकार और चैनल सफलता पाने के लिए किस हद तक जा सकते हैं और स्टिंग ऑपरेशन उसमें कितनी बड़ी भूमिका निभाते हैं।

सरकारी निर्देश

स्टिंग ऑपरेशंस पर सरकार ने कुछ दिशा निर्देश भी जारी किए हैं। सूचना प्रसारण मंत्रालय के मुताबिक स्टिंग ऑपरेशन करने का उद्देश्य साफ़ होना चाहिए। पत्रकार को अपने इस अभियान को जनहित के लिए ज़रूरी साबित करना होगा।

मीडिया के लिए जारी इन निर्देशों में साफ़तौर पर कहा गया है कि किसी के निजी जीवन से जुड़ी बातें तभी प्रसारित हों जब आपके पास इस बात की वाजिब वजह हो कि आप जो भी स्टिंग ऑपरेशन कर रहे हों वो जनहित में है। क्योंकि जिस तरह पत्रकार को जनहित में काम करने का अधिकार है उसी तरह इस देश का कानून हर शख़्स को उसकी निजता का अधिकार भी देता है। और उसकी निजता का उल्लंघन जुर्म माना जाता है। ऐसे में अगर पत्रकार के पास कोई ऐसी ठोस वजह है जो जनहित में है और निजता पर भारी है तो स्टिंग ऑपरेशन किया जा सकता है।

स्टिंग ऑपरेशन के गुर

जब रिपोर्टर अपने सूत्रों के ज़रिए कोई ऐसी कहानी लेकर आता है जिसे सामान्य तरीक़े से अंजाम तक नही पहुंचाया जा सकता लेकिन उसका समाज में आना बेहद ज़रूरी होता है, ऐसे समय में स्टिंग ऑपरेशन की ज़रूरत पड़ती है। और हम छुपे हुए कैमरे के ज़रिए चीज़ों को रिकॉर्ड करते हैं ताकि असलियत सबके सामने लाई जा सके।

इसके लिए कई बार हमें झूठे नामों, ई–मेल आईडी और फोन नंबरों और कपड़ों का भी सहारा लेना पड़ता है। जैसे कोबरापोस्ट की सांसद घूस कांड वाली स्टोरी के लिए हम नॉर्थ इंडियन स्मॉल मैन्युफैक्चरर्स एसोसिएशन यानि निस्मा के रूप में और डिफ़ेंस के वेस्टएंड वाले ऑपरेशन के दौरान हम डिफ़ेंस मैन्युफैकचरर्स बन कर गए। और क़ाबिल खोजी पत्रकारों के साथ मिलकर और पूरी तैयारी के साथ इसे अंजाम दिया। वैसे तो झूठ का सहारा पत्रकारिता में कभी नहीं लेना चाहिए लेकिन अगर उस झूठ से समाज के काले चेहरों को बेनक़ाब किया जा सकता है तो वो झूठ नहीं कहा जाएगा।

अगर आप किसी स्टिंग ऑपरेशन को अंजाम दे रहे हैं तो अपनी पहचान को उनपर किसी भी मौक़े पर ज़ाहिर न होने दें। उन जगहों पर अपनी स्वाभाविक पहचान में ज़्यादा आते जाते न रहें। साथ ही जिस पर भी आप अपनी स्टोरी कर रहे हैं उससे ज़्यादा मिलना जुलना भी नहीं चाहिए। नहीं तो स्टिंग ऑपरेशन के दौरान आपके पहचाने जाने का खतरा भी रहता है।

इसके अलावा स्टिंग ऑपरेशन के लिए दूसरी सबसे ज़रूरी बात यह होती है कि इसे अंजाम देने के लिए भीड़ भाड़ वाली जगह नहीं चुननी चाहिए क्योंकि ऐसे में आपके माइक से दूसरी कई तरह की आवाज़ें भी रिकॉर्ड हो जाएंगी और जो आवाज़ असल में आप रिकॉर्ड करना चाहते हैं उसकी क्वालिटी ख़राब हो जाएगी। और आप जो भी हिडेन कैमरा इस्तेमाल कर रहे हों उसकी क्वालिटी भी अच्छी होनी चाहिए नहीं तो आपकी मेहनत पर पानी फिरने की संभावना रहती है।

हालांकि यह काफ़ी ख़तरनाक होता है लेकिन जब आप दबी छुपी सच्चाई सामने लाते हैं तो सुकून और खुशी भी मिलती है।

अनिरुद्ध बहल

एडिटर इन चीफ, कोबरापोस्ट डॉट कॉम

इंटरव्यू

ख़बरों की दुनिया में इंटरव्यू किसी ख़ास विषय पर दो या दो से ज़्यादा लोगों के बीच की बातचीत को कहा जाता है। टीवी चैनल में इंटरव्यू के दौरान एक या दो एंकर होते हैं और ख़बर के हिसाब से अगल–अलग पहलुओं को उजागर करने वाले लोग होते हैं। साथ ही रिपोर्टर अक्सर किसी मुद्दे पर संबंधित आदमी की बाइट लेने आते जाते रहते हैं। यह भी इंटरव्यू की ही श्रेणी में आता है।

किसी का इंटरव्यू करते वक़्त आपके ज़हन में यह बात साफ़ होनी चाहिए कि आप उससे पूछने क्या जा रहे हैं। कई बार यह होता है कि आप सामने वाले से जो भी सवाल पूछें वो उसका जबाव देने में आना कानी करता है। ऐसे मौकों पर अगर आप यह अच्छी तरह जानते हैं कि सामने वाले को जवाब पता है तो उससे 'लोडेड सवाल' पूछकर उन बातों का जवाब निकलवा सकते हैं। लोडेड सवाल का मतलब ये होता है कि ऐसे सवाल जिनके जवाब के बारे में आप पूरी तरह से आश्वस्त हैं। इसी तरह से सवालों के घेरे में फंसा कर वो जवाब निकलवाए जा सकते हैं जो कोई नेता या फिर अधिकारी जानते हुए भी नहीं बता रहा था।

इस ट्रिक में कोई बड़ी बात नहीं है बस अपने सवाल पूरे कॉन्फ़िडेंस के साथ सामने वाले से पूछने होते हैं और वो झट से कई बार वो बात भी उगल देता है जो वो पहले न बताने के लिए तय कर चुका था। इस काम में सईद नक़वी, राजदीप सरदेसाई, रजत शर्मा, प्रभु चावला और अरनब गोस्वामी जैसे लोगों को महारत हासिल है।

एक अच्छे पत्रकार के तौर पर ज़रूरी है आपके अंदर अलग–अलग लोगों के साथ घुल मिल जाने की खूबी होनी चाहिए। आप जिसका इंटरव्यू करने जा रहे हैं उसके व्यक्तित्व को समझना भी बेहद ज़रूरी है कि असल में वो शख़्स है कैसा? यही नहीं क्या वो आपकी हर बात का सीधा जवाब देगा? या फिर आपको जवाब के लिए उंगली टेढ़ी करनी पड़ेगी? यह सारी चीज़ें आपके होमवर्क का ही हिस्सा हैं।

तो अगर आपने अपना होमवर्क अच्छे से किया है और यह स्किल डेवलप करने में कामयाब हो जाते हैं तो मुश्किल से मुश्किल या बड़े से बड़े आदमी का इंटरव्यू भी आप आसानी से कर लेंगे।

हमेशा सही सवाल पूछें

सवाल पूछने के दौरान आपको मुद्दे की पूरी जानकारी पहले से ही होनी चाहिए और आप उसी पर आधारित सवाल पूछ रहे हों, इसके लिए इंटरव्यू से पहले मामले के

बारे में पढ़ें। इसमें संस्थान की रिसर्च डेस्क से काफ़ी मदद मिल जाती है। जितना ज़्यादा आप विषय से वाक़िफ़ होंगे उतने ही सीधे आसान सवाल पूछने में कामयाब रहेंगे और इंटरव्यू शानदार होगा।

कभी सवाल पूछने में संकोच नहीं करना चाहिए। चाहे वो सवाल कैसा भी हो। यह बात दिमाग़ से निकाल देनी चाहिए कि अगर मैं यह सवाल पूछुंगा तो सामने वाले की नज़र में कम अक्ल लगुंगा। हां यह ज़रूर है कि वो सवाल आपकी चर्चा के विषय से जुड़ा होना चाहिए।

सवाल कैसा भी हो उसके पूछने का अंदाज़ जवाब दिलवा ही देता है। अगर आपको लग रहा है कि आप अपने गेस्ट से कोई मूर्खतापूर्ण सवाल पूछने जा रहे हैं तो ऐसे में वो सवाल सावधानी से पूछा जाना चाहिए।

जैसे किसी ऐक्ट्रेस से उसकी उम्र पूछनी है तो इस तरह से पूछा जा सकता है, "बुरा मत मानिएगा वैसे तो लड़कियों से उनकी उम्र तो नहीं पूछनी चाहिए लेकिन दर्शकों के मन में यह जानने की तमन्ना ज़रूर है कि आपने इस बार अपना कौन सा बर्थ–डे सेलिब्रेट किया है।" जब इस तरह से सवाल पूछा जाएगा तो वो अदाकारा बड़े प्यार से उसका जवाब दे देगी। और वो जवाब आपके चैनल के हर बुलेटिन में हेडलाइन बनने की औक़ात रखता है। फिर भी वो अगर जवाब नहीं देना चाहती तो उतने ही प्यार से वो सवाल को टाल भी देंगी और आपका इंटरव्यू रुकेगा नहीं।

संवेदनशील मुद्दों के दौरान इंटरव्यू

आए दिन कहीं न कहीं हादसे होते रहते हैं, ऐसे में रिपोर्टर के सामने इंटरव्यू करने की चुनौती सबसे बड़ी होती है। उस दौरान उन्हें ऐसे लोगों का इंटरव्यू करना होता है जो कई बार जवाब देने तक की हालत में नहीं होते हैं।

मसलन किसी आतंकवादी घटना में अपने बेटे को खो चुकी मां का इंटरव्यू करना है। या बॉर्डर पर लड़ रहे सिपाही के शहीद होने पर उसके घरवालों का इंटरव्यू। यह ऐसे दर्दनाक मंज़र होते हैं जहां इंटरव्यू करना भी ज़रूरी होता है और लोग कुछ बोलने की हालत में भी नहीं होते हैं।

तो यहां अपको शांति से काम लेना चाहिए और मौका देख कर पहले तो प्रभावित परिवार से अपनी सहानुभूति व्यक्त करिए। आप उन्हें बताइए की यह ठीक है कि आपके लिए बहुत मुश्किल घड़ी है लेकिन क्या आप बाक़ी लोगों को अपने बेटे, बेटी के बारे में बताना चाहेंगे। अपना दुःख हमारे माध्यम से पूरी दुनिया के साथ बांटना चाहेंगे। उसके बाद अगर वो कुछ बोलने के लिए तैयार हैं तभी उनसे सवाल करें। और सवाल बस ऐसा होना चाहिए कि "आप लोगों को इस हादसे के बारे में क्या बताना चाहेंगे?"

यह नहीं कि आपके हाथ मे चैनल का माइक आ गया है और धड़ाधड़ घुस गए हैं। पहुंचते ही सवाल दागा, "कैसा महसूस कर रहे हैं आप"? इस तरह के व्यवहार से हमेशा बचें।

इंटरव्यू से पहले की तैयारी

किसी भी इंटरव्यू के पहले एक बात साफ़ रहे कि विषय क्या है। उसके बाद जिस आदमी से आप बातचीत के लिए जा रहे हैं वो कौन है? उसका बैकग्राउंड क्या है? जिस मसले पर आप उससे बात करने जा रहे हैं पहले उसने कब–कब और क्या–क्या कहा है? मामले पर उसकी सोच क्या है?

अगर आप राम मंदिर बनाम बाबरी मस्जिद मामले पर किसी का इंटरव्यू करने जा रहे हैं तो आपको मामले का इतिहास पता होना चाहिए। साथ ही जिस आदमी से मिलने जा रहे हैं उसका झुकाव किस तरफ है। वो राम मंदिर का समर्थक है या फिर बाबरी मस्जिद ढहाए जाने से दुखी है।

जब आपको यह सारी बातें पता होंगी तभी आप उस व्यक्ति से ज़रूरी और सही सवाल पूछ पाएंगे। अगर आपको अपनी स्टोरी के लिए किसी ऐसे आदमी का इंटरव्यू करना है जो बाबरी मस्जिद का समर्थक हो तो अगर आप विश्व हिंदू परिषद के अध्यक्ष से बाबरी मस्जिद के समर्थन में बात करेंगे तो एक ही जवाब मिलेगा कि उस जगह पर हमेशा राम मंदिर ही था वो राम जन्मभूमि है। आपको आपके सवाल का जवाब ऑल इंडिया मुस्लिम पर्सनल लॉ बोर्ड की तरफ से ही मिल सकता है न कि विश्व हिंदू परिषद से।

सही तथ्य पेश करें

इंटरव्यू के दौरान दर्शक, एंकर या रिपोर्टर पर पूरा भरोसा रखता है। वो यह समझता है कि यह आदमी जो भी सवाल पूछेगा या जिस जानकारी के आधार पर सवाल पूछेगा वो शत प्रतिशत सही होगा। ऐसे में आपकी इज़्ज़त खुद आपके हाथ में है। एक ग़लत जानकारी या ग़ैरज़रूरी बात आपकी छवि को तो बिगाड़ेगी ही दोबारा दर्शक आपका चैनल या आपकी ख़बर देखने से पहले 2 बार सोचेगा ज़रूर।

इसके लिए हमेशा सही तथ्य पेश करें। और जो भी तथ्य पेश करें उसका मज़बूत आधार भी हो। हवा में कोई बात न करें। क्योंकि आप किसी MTV या चैनल V के वीडियो जॉकी नहीं हैं आप न्यूज़ इंटरव्यू कर रहे हैं।

फ़ोकस साफ़ रखें

इंटरव्यू के दौरान विषय से भटकाव बिल्कुल भी नहीं होना चाहिए। अगर आप

किसी आतंकवादी घटना पर इंटरव्यू कर रहे हैं तो वहां सिर्फ़ और सिर्फ़ उसी मुद्दे पर चर्चा होनी चाहिए। कई बार देखने को मिलता है कि कुछ रिपोर्टर बिना पूरी जानकारी के इंटरव्यू करने पहुंचते हैं और मुद्दे से हटकर सवाल पूछने लगते हैं। ऐसे में आपको उस वक़्त तो जवाब मिलता ही नहीं है। दोबारा भी जब कभी आप उस व्यक्ति का इंटरव्यू करने जाते हैं तो पुराना वाक़या याद करके वो आपको टाल देता है।

यह हमेशा याद रखें जिस स्टोरी से जुड़ा इंटरव्यू करने जा रहे हों उसका विषय आपके दिमाग़ में साफ़ हो। तभी आप अपनी बात सही ढंग से रख पाएंगे और आप जिस जवाब के मक़सद से इंटरव्यू करना चाहते हैं वो पूरा होगा।

ओपन एंडेड सवाल पूछें

ओपन एंडेड का मतलब है कि इंटरव्यू में सवाल वैसे ही पूछे जाएं जिसके जवाब में सामने वाला कुछ बोले। ऐसे सवाल नहीं होने चाहिए जिनके जवाब केवल हां या न में हों। क्योंकि ऐसे सवाल जिनके जवाब केवल हां या ना में होंगे उससे इंटरव्यू बड़ा बोरिंग हो जाता है। अब आपने इंटरव्यू देने वाले को दर्शकों को कई नई बातें बताने के लिए बुलाया है और अगर वो केवल हां या ना में ही जवाब देता रहेगा तो इंटरव्यू की रोचकता भी ख़त्म हो जाएगी और दर्शक बोर होकर चैनल बदल लेगा। यही नहीं ऐसी स्थिति में आपके पास बात करने के विषय भी ख़त्म होते जाएंगे और जो इंटरव्यू आधे घंटे का होने वाला था वो 5–10 मिनट में ही ख़त्म हो जाएगा।

जैसे भारत और पाकिस्तान के संबंधों पर कोई चर्चा हो रही हैं। और आप इस विषय पर यह सवाल पूछते हैं कि क्या पाकिस्तान को भारत के खिलाफ आतंकवादी हरकतें बंद कर देनी चाहिए। तो जनाब दोनों देशों के संबंध जग ज़ाहिर हैं और इसका जवाब कोई बच्चा भी सिर्फ़ हां में ही देगा और बात वहीं ख़त्म हो जाएगी। लेकिन अगर इसे इस तरह से पूछा जाए कि पाकिस्तान की तरफ़ से हो रही आतंकवादी घटनाओं पर आप क्या कहेंगे तो वहां उस विशेषज्ञ या नेता के पास बोलने के लिए काफ़ी कुछ होगा। हो सकता है कि वो इस समस्या का कोई ऐसा सॉल्युशन दे दे जो अब तक कभी किसी ने न दिया हो। ऐसे में वो बात दिन भर सुर्ख़ियों में छाई रहेगी।

मोटी बातें

- जिसका इंटरव्यू कर रहे हों उसके बारे में और विषय के बारे में पूरी तरह वाकिफ़ रहें। आपके दिमाग़ में यह साफ़ रहना चाहिए कि किस तरह के सवाल पूछने हैं।
- इंटरव्यू के दौरान कभी भी ऐसे सवाल नहीं पूछने चाहिए जिसका जवाब केवल 'हां' या 'न' हो।

- कभी भी सवाल की शुरुआत क्या आप जानते हैं जैसे वाक्य से नहीं करनी चाहिए। ऐसे सवालों से सामने वाले को जवाब से बचकर निकलने का मौक़ा आप खुद ही दे देते हैं।
- हमेशा सवाल ओपन एंडेड होने चाहिए जिसे सुनकर सामने वाले के पास बोलने के लिए कुछ हो। तभी आप उससे कोई बड़ी बात निकलवा सकते हैं।
- इस डर से कि सामने वाला आपको बेवकूफ़ समझेगा कभी भी वैसा सवाल पूछने से झिझके नहीं। क्या पता वो इस सवाल को हल्के में लेकर जोश में कुछ ऐसा बोल जाए कि वही आपकी हेडलाइन बन जाए।
- इंटरव्यू देने वाले के जवाब को हमेशा अच्छी और सकारात्मक प्रतिक्रिया देनी चाहिए। भले ही वो आपके सवाल को बकवास कह रहा हो तो भी उससे नाराज़ होकर अपनी बात पर अड़ने की कोशिश नहीं करनी चाहिए कि बस मैं ही सही हूं बाक़ी सब झूठ।
- अगर आप सच्चाई से अपना काम कर रहे हैं तभी आप सच्चे सवाल भी पूछ सकते हैं और इसी से आपकी क्रेडिबिलिटी बनती है।
- इंटरव्यू लेने के दौरान सामान्य व्यवहार करें। आपका लहज़ा एकदम बातचीत वाला होना चाहिए चीख़ने चिल्लाने वाला बिल्कुल भी नहीं।
- इंटरव्यू जोशीले अंदाज़ में लिया जाना चाहिए। आपके हाथों और चेहरे के हावभाव मुंह से निकलने वाली आवाज़ के साथ मेल खाने चाहिए। यानि जोश केवल आवाज़ में ही नहीं आपके हाव भाव में भी दिखना चाहिए। लेकिन हाथ और शरीर हिलाने के चक्कर में यह हमेशा ध्यान रखें कि कहीं फ्रेम से बाहर न हो जाएं।
- अपना पूरा ध्यान इंटरव्यू देने वाले पर लगाएं। सवाल पूछते वक़्त आपकी आंखें उसे ही देख रही हों।
- जब आप किसी का इंटरव्यू करने जा रहे हों तो यह ध्यान रखें कि आप सिर्फ़ पत्रकार हैं और आपका काम लोगों को उस व्यक्ति के ज़रिए ख़बर बताना है। बाक़ी अपनी जाति, अपना मोहल्ला, अपना ज़िला, अपना राज्य और इस तरह के सारे पूर्वाग्रह घर में रखकर जाइए।
- इंटरव्यू के आख़िर में हमेशा यह ज़रूर पूछें कि आप इस सारी बातचीत के आलावा और भी कुछ कहना चाहेंगे? कई बार अकेले इस सवाल में बंदा कोई हिट बात बोल देता है जिस बारे में आपकी रिसर्च में कोई सवाल ही नहीं था। और वो ब्रेकिंग न्यूज़ बन जाती है।

रिसर्च कितनी ज़रूरी है?

जैसे जीने के लिए ऑक्सीज़न चाहिए होती है ठीक वैसे ही ख़बर के लिए रिसर्च ज़रूरी होती है। बिना रिसर्च के ख़बर बिल्कुल आधी अधूरी सी लगती है और पत्रकार कच्चा।

रिसर्च, जिनता नाम भयानक दिखता है चीज़ उतनी मुश्किल नहीं है। और आज जिस इंटरनेट के ज़माने में हम जी रहे हैं वहां तो यह और भी आसान हो गई है। यहां तमाम ऐसी वेबसाइट्स मौजूद हैं जो मनचाहे विषय पर हज़ारों की तादाद में वेबपेज मुहैया करा देती हैं।

यहां अब सवाल उठता है कि ख़बर के लिए क्या रिसर्च की जाए। वैसे ज़रूरी नहीं है कि हर ख़बर के लिए रिसर्च करनी ही पड़े। हो सकता है कि आप जिस ख़बर पर काम कर रहे हैं वो अपने आप में अनोखी हो और उसपर कभी किसी ने कुछ भी लिखा पढ़ा न हो तो वहां इसकी ज़रूरत नहीं होती है।

लेकिन कई ख़बरें नई तो होती हैं लेकिन वैसा कुछ पहले भी हो चुका होता है। अगर एक उदाहरण के तौर पर सचिन तेंदुलकर की सेंचुरी को ले लें। तो अब सचिन एक ऐसे शिखर पर पहुंच चुके हैं जहां उनका हर एक शतक अपने आप में एक विश्व रिकॉर्ड होगा। ऐसे में इस ख़बर की रिपोर्टिंग करते हुए या लिखते हुए पत्रकार को उसके बारे में पूरी रिसर्च करनी चाहिए।

यहां हम सचिन से जुड़ी कई बातें बता सकते हैं कि सचिन ने 16 साल की उम्र में ही अंतरराष्ट्रीय क्रिकेट में क़दम रख दिया था, पहली सेंचुरी उन्होंने कब बनाई थी, सचिन से पहले ये रिकॉर्ड किससे नाम था और अब सचिन के रिकॉर्ड के सबसे करीब कौन सा खिलाड़ी है वगैरह। यह सारी चीज़े एक रिसर्च का हिस्सा हैं।

आमतौर पर चैनलों में एक रिसर्च डेस्क होती है जिसके पास यह सारी जानकारी उपलब्ध रहती है। लेकिन एक पत्रकार को भी यह सारी चीज़ें आनी चाहिए। उसे कभी भी किसी के ऊपर निर्भर नहीं रहना चाहिए।

गूगल

आज इंटरनेट ने हमें ऐसे ऐसे अस्त्रों से सुसज्जित कर दिया है कि हम कभी भी किसी भी विषय पर कितनी भी जानकारी बस एक क्लिक पर हासिल कर सकते हैं।

इन टूल्स में सबसे बड़ा वरदान है गूगल। वैसे गूगल से मेरा बड़ा पुराना नाता है

जब मैं 10वीं में पढ़ता था तब पहली बार इनसे परिचय हुआ और जैसे–जैसे वक़्त आगे बढ़ता गया इनके साथ नए–नए रिश्ते बनते चले गए। जब पत्रकारिता की पढ़ाई कर रहा था तब मास्टर साहब ने इन्हें 'गूगल बाबा' बना दिया और जब मैं नौकरी करने लगा तो मेरे पहले बॉस ने इन्हें 'गूगल चाचा' कहना सिखाया।

इन सब रिश्तों नातों के बीच आज यह मेरे सबसे अच्छे, कभी शिकायत न करने वाले और हमेशा सटीक और कई विकल्पों के साथ जवाब देने वाले दोस्त हैं।

लाल, हरे, नीले, पीले रंगों से सुसज्जित इनका नाम जब भी कम्प्यूटर पर दिखता है मानो सारे सवालों के जवाब आप ही मिल जाते हैं।

गूगल में एक सर्च बार होता है जिसमें जिस भी विषय पर जानकारी चाहिए हो उसे टाइप किया जाता है और उसके बाद सर्च ऑप्शन पर क्लिक करने के बाद उस विषय से जुड़े वेब पर मौजूद सारे रिज़ल्ट्स आ जाते हैं।

मसलन अगर हमें किसी क्रिकेट वर्ल्ड कप पर रिसर्च करनी है तो गूगल में Cricket world cup टाइप करेंगे और इससे जुड़ी जितनी भी बातें हैं सब सामने आ जाएंगी।

गूगल में सर्च के कई फ़िल्टर भी हैं। अगर हम सामान्य सर्च पर जाते हैं तो यहां सारी जानकारी एक साथ आती है और अगर हम कैटेगरी वाइज़ सर्च करेंगे तो सर्च रिज़ल्ट कैटेगरी के हिसाब से ही आएंगे।

गूगल में अगर हम किसी भी Cricket world cup को न्यूज़ के हिसाब से ही सर्च करना चाहते हैं तो सर्च करने के बाद न्यूज़ ऑप्शन पर क्लिक करना होगा। अगर हमें केवल ब्लॉग पर लिखी चीज़ें ही चाहिए तो न्यूज़ के बजाए ब्लॉग पर क्लिक करना होगा और अगर हम केवल तस्वीरें देखना चाहते हैं तो इमेज पर क्लिक करेंगे।

कुल मिलाकर यहां अलग–अलग तरह के खूब सारे फ़िल्टर हैं जो सर्च रिज़ल्ट्स को आसान बनाते हैं।

टाइमलाइन

यह तो हुई बात गूगल के रिज़ल्ट्स की। एक और तरीका होता है रिसर्च का टाइमलाइन। रिसर्च के लिए सबसे आसान होता है टाइमलाइन बनाना। टाइमलाइन का मतलब होता है किसी भी घटना का सिलसिलेवार ढंग से वर्णन।

मसलन अगर हम आतंकवादी हमलों की बात करें तो जब पुणे की जर्मन बेकरी पर आतंकवादी हमला हुआ था तो इससे पहले के हमलों की टाइमलाइन ज़रूर दिखानी चाहिए। साथ ही खुदा न करे कभी ऐसी वारदात दोबारा हो लेकिन अगर हो तब इस हादसे को भी टाइमलाइन में शामिल कर लें।

पुणे की जर्मन बेकरी पर आतंकवादी हमले से पहले पिछले कई बड़े हमलों, जैसे 26/11 मुंबई हमले, हैदराबाद की मक्का मस्जिद में हुए हमले, अजमेर शरीफ़ की दरगाह में हुए हमले, दिल्ली में हुए धमाकों, बनारस के हनुमान मंदिर में हुए हमले, मुंबई में 1993 में हुए हमले और 2006 में लोकल ट्रेन में बम धमाके वगैरह हुए थे। ये कुछ वो बड़े, रुह कंपा देने वाले हमले थे जिनके ज़िक्र से इस तरह की वारदातों की भयावहता का पता चलता है। साथ ही इन हमलों और उनसे जुड़े नामों का ज़िक्र अपनी ख़बर के बैकग्राउंडर में करने से उसका वज़न बढ़ता है।

और टीवी चैनल में काम करने के दौरान जहां आपको घंटों इस पर लाइव कमेंट्री देनी हो और आपके पास सिवाए चंद मौतों और घायलों के अलावा बोलने के लिए सिर्फ़ यह हो कि पुलिस अपना काम कर रही है कोई भी गिरफ़्तारी नहीं हुई है तब पिछले हादसों की रिसर्च खूब काम आती है।

अख़बार

रिसर्च के लिए ज़रूरी नहीं है कि हम हमेशा हर ख़बर के पहले दो चार घंटे बैठ कर उसके बारे में जानते रहें। अगर रोज़ाना अख़बार पढ़ रहे हैं तो एक तरह से हम रिसर्च का कोटा पूरा करते रहते हैं और जब मौक़े पर कोई ख़बर आती है तो हम तैयार होते हैं। इसलिए अख़बार रिसर्च का एक महत्वपूर्ण हिस्सा होता है और हर पत्रकार को हमेशा अख़बार पढ़ते रहना चाहिए।

ऑथेंटिक साइट्स

आज इंटरनेट के दौर में जहां किसी भी शब्द के लिए करोड़ों की तादाद में वेबसाइट्स के विकल्प मौजूद हैं ऐसे में सबसे बड़ा सवाल यह उठता है कि किस साइट की ख़बर को सही माने। इसका सबसे अच्छा तरीका यह होता है कि किसी भी ख़बर की रिसर्च के लिए ऑथेंटिक साइट पर ही जाएं। अगर हमें किसी भगोड़े अपराधी का प्रोफ़ाइल चाहिए तो उसके लिए सबसे अच्छा है कि CBI की या पुलिस की वेबसाइट्स पर जाएं और अगर वहां भी अपडेट नहीं है तो इस जानकारी को कम से कम 3 जगह क्रॉस चेक ज़रूर कर लें और जो जानकारी तीनों जगह समान मिले उसे ही मान लें।

सूचना का अधिकार

15 जून 2005 को सरकार ने देश को 'सूचना का अधिकार' नाम की नियामत से नवाज़ा है। इसके ज़रिए देश के सभी नागरिकों को सरकारी दस्तावेज़ में दर्ज़ सूचना को देखने और हासिल करने का हक़ दिया गया है। देश में जम्मू–कश्मीर को छोड़कर सभी जगहों पर यह अधिनियम लागू है।

दायरा

- सूचना के अधिकार के तहत हर आदमी सरकार से कोई भी जानकारी मांग सकता है। बशर्ते मांगी गई सूचना देश की सुरक्षा के मसलों से जुड़ी न हो।
- देश का हर नागरिक किसी भी सरकारी फ़ैसले की कॉपी भी मांग सकता है।
- किसी भी सरकारी दस्तावेज़ का निरीक्षण भी इस अधिकार के तहत मुमकिन है।

सूचना कौन देगा?

हर सरकारी विभाग में एक जन सूचना अधिकारी होता है। किसी भी तरह की जानकारी के लिए इन्हीं के पास अर्ज़ी दाख़िल करनी होती है। इस जन सूचना अधिकारी या पीआईओ का काम होता है कि आप जो जानकारी चाहते हैं उसे वो संबंधित अधिकारी या उस विभाग से इकट्ठा कर आप तक पहुंचाए।

अर्ज़ी दाख़िल करने का तरीक़ा

सूचना विभाग के अलावा देश के 629 डाकघरों में सूचना के अधिकार से जुड़े काउंटर बनाए गए हैं जहां आप मामले के हिसाब से सुनिष्चित की गई निर्धारित फ़ीस जमा करके अपनी अर्ज़ी भेज सकते हैं। यह उस डाकघर की ज़िम्मेदारी होती है कि वो आपकी अर्ज़ी को संबंधित अधिकारी के पास पहुंचाए।

नियमों के मुताबिक पीआईओ के पास दी गई अर्ज़ी के 30 दिनों के भीतर जानकारी मिल ही जानी चाहिए। अगर सूचना अधिकारी जानकारी देने में देर कर रहा है तो उस

पर रोज़ाना 250 रुपए तक का जुर्माना लगाया जा सकता है। वहीं अगर उसने ग़लत सूचना दी है तो उसपर 25000 रुपए का जुर्माना लगाए जाने का प्रावधान है। यह पैसे उस अधिकारी की तन्ख़्वाह से काट लिए जाते हैं।

लेकिन अगर आपको सूचना मिली ही नहीं है या आप दी गई सूचना से संतुष्ट नहीं हैं तो अगले विकल्प के तौर पर आप पीआईओ से बड़े अधिकारी के पास अपनी अर्ज़ी दे सकते हैं। यह अर्ज़ी पहली सूचना मिलने के 30 दिनों के भीतर या आरटीआई दाख़िल करने के 60 दिनों के भीतर दाख़िल करनी होती है।

अगर यहां से भी निराशा हाथ लगे तो इसके ऊपर केंद्रीय सूचना आयुक्त के पास भी अपील का प्रावधान है। यह दूसरी अपील, पहली अपील के 90 दिनों के भीतर दायर करनी होती है।

सूचना का अधिकार एक पत्रकार के लिए भी अहम हो गया है। आज की तारीख़ में यह ख़बर का एक ऐसा हथियार बन गया है जिसके ज़रिए दबी छुपी सच्चाई क़ानूनी तरीक़े से बाहर आ सकती है। ऐसे में पत्रकार के लिए ख़बर के स्रोत के तौर पर इन अपीलों के नतीजे काम आ सकते हैं।

आरटीआई के ज़रिए मिली जानकारी पर संदेह की गुंजाइश कम होती है क्योंकि यह जानकारी खुद सरकारी कर्मचारियों के ज़रिए जारी की जाती है।

आरटीआई की ख़बरों का स्रोत

आज कई एनजीओ इस क्षेत्र में सक्रिय हैं। यह लोग आम नागरिकों के बीच इस अधिकार के प्रति जागरुकता फैलाने का काम कर रहे हैं। सूचना का अधिकार क्या होता है। कोई जानकारी सरकार से कैसे मांग सकते हैं इसकी पूरी जानकारी यह लोग बड़ी निष्ठा और प्रतिबद्धता के साथ देते हैं। ऐसे में इन लोगों के संपर्क में रहने से कभी भी आपको किसी बड़े खुलासे की जानकारी सबसे पहले मिल सकती है।

“दबी सच्चाई सामने लाने में RTI अचूक हथियार”

सूचना के अधिकार के अतीत में जाएं तो 1996 में पहला सबसे बड़ा धरना आयोजित किया गया था बेवार की पंचायत में, और ये धरना इस अधिकार को क़ानून बनाने में कारगार साबित हुआ। यहां ये बताना ज़रूरी है कि निखिल चक्रवर्ती, कुलदीप नैय्यर, प्रभाष जोशी, अजीत भट्टाचार्य जैसे लोग बेवार आए और नेशनल कैम्पेन फॉर पीपल्स राइट टु इनफॉर्मेशन यानि NCPRI के लोगों के साथ मिल बैठकर इस अधिकार को एक मज़बूत नींव दी।

यही वो लोग थे जिन्होंने प्रेस काउंसिल ऑफ़ इंडिया के चेयरमैन जस्टिस पीबी सावंत से **RTI** बिल का मसौदा तैयार करने के लिए बातचीत की। एक तरह से देखें तो शुरुआत से ही **RTI** और पत्रकारों का नाता बड़ा मज़बूत रहा है।

सूचना के अधिकार की मांग दैनिक नवज्योति अख़बार के ज़रिए 1995 में शुरू हुई। तब राजस्थान के मुख्यमंत्री ने विधानसभा में आश्वाशन दिया कि आम जनता की पहुंच पंचायतों के बिलों और मस्टर रोल्स जैसे अहम दस्तावेजों की फोटो कॉपियां तक आसानी से होगी।

इसके बाद गोवा राज्य में सूचना के अधिकार की मांग भी प्रेस काउंसिल ड्राफ़्ट के ज़रिए पत्रकारों की पहल पर उजागर हुई। पुणे में प्रकाश कार्डेले ने अपने अख़बार को 2006 में **RTI** के एक ख़ास कैम्पेन के लिए इस्तेमाल किया। **RTI** के इस्तेमाल से सरकारी काग़ज़ों के भीतर छुपी सच्चाई को सामने लाने वाले पत्रकारों की एक लंबी फेहरिस्त है। असम, बिहार, दिल्ली, गोवा, गुजरात, झारखंड, कर्नाटक, मध्य प्रदेश, महाराष्ट्र, जम्मू–कश्मीर, मेघालय, उड़ीसा राजस्थान और उत्तर प्रदेश जैसे राज्यों की पत्रकारिता में इसका ख़ासा प्रभाव रहा है। और इन सभी जगहों पर मीडिया ने घोटालों और लोगों के साथ हो रहे अन्याय का पर्दाफ़ाश किया है।

झारखंड के प्रभात ख़बर और पुणे के इंटेलिजेंट जैसे चुनिंदा अख़बारों ने अपनी ख़बरों के माध्यम से सूचना के अधिकार को लोगों तक पहुंचाने का बेहतरीन काम किया है।

इस तरह से अब जब ये क़ानून हर आम आदमी के लिए सुलभ है तो ऐसे में पत्रकारों और ख़ास तौर पर नई पीढ़ी के पत्रकारों के लिए **RTI** सच्ची ख़बर के एक बड़े स्रोत के तौर पर मौजूद है। और ये बेहिचक ऐसे सरकारी दस्तावेज़ों में मौजूद हर उस बात को उजाकर करने की ताक़त रखता है जो इस देश के नागरिक के लिए जानना ज़रूरी है।

तो अपने इस हथियार को पहचानें और इसके इस्तेमाल से पत्रकारिता में नए कीर्तिमान स्थापित करें

अरुणा रॉय
सामाजिक कार्यकर्ता

ब्लॉग की दुनिया

पत्रकारिता की पढ़ाई के दौरान हमारे लॉ प्रोफेसर ने बताया था कि संविधान के आर्टिकल 19 1A के तहत भारत के हर नागरिक को अपने विचारों की अभिव्यक्ति की स्वतंत्रता है। और यही अधिकार समाज की बुराइयों को उजागर करने में पत्रकारों की मदद कर रहा है।

यह सवाल उनके लेक्चर के पहले भी मन में था और उसके बाद भी कि क्या वाकई पत्रकार सच्चाई बयां करने के लिए पूरी तरह स्वतंत्र हैं। जवाब कई मिले, कुछ पक्ष में थे और कई उसके उलट। बहुत ढूढ़ने पर भी ऐसा जवाब नहीं मिला जो मन को पूरी तरह तसल्ली देता हो।

क्योंकि आज के ज़माने में अगर हम कोई भी ख़बर करते हैं तो उसे तरह–तरह की अग्निपरीक्षा से होकर गुज़रना पड़ता है। और अगर ख़बर से एडिटर या चैनल के मालिक के किसी दोस्त, रिश्तेदार की कोई भी पोल खुलती हो तो उसे दबा दिए जाने की प्रथा है।

लेकिन क्या इस समस्या का कोई हल है??

संतुष्ट जवाब मिला ब्लॉग में। ब्लॉगिंग की दुनिया ने न सिर्फ़ इस बात का संतोषजनक जवाब दिया है बल्कि उस समस्या को भी कहीं किसी किनारे पर बेबस सा छोड़ दिया है। ब्लॉग इंटरनेट पर मुफ़्त में मिलने वाला एक ऐसा स्पेस होता है जिसका इस्तेमाल कोई भी अपने विचारों की अभिव्यक्ति के लिए कर सकता है। यह व्यवस्था, संविधान की धारा 19 1A के तहत मिलने वाली संवैधानिक स्वतंत्रता के साथ पूरा न्याय करती है।

बिना स्याही, कागज़ की डायरी

ब्लॉग एक तरह से ऐसी डायरी है जिसके लिए पेन और कागज़ की ज़रूरत बिल्कुल नहीं होती है। बस एक इंटरनेट से जुड़ा कम्प्यूटर हो और आपका एक ब्लॉग हो। यहां वो सारी अच्छी, बुरी, प्यारी और खूब सारी बातें लिखी जा सकती हैं जो आप अपनी डायरी में लिखना पसंद करते हैं।

इस डायरी की पहुंच आपकी कागज़ वाली डायरी से कहीं ज़्यादा होती है। एक तो इसे दुनिया के किसी भी कोने से कोई भी कभी भी पढ़ सकता है, साथ ही इस पर लोग अपने विचार भी रख सकते हैं।

आज दुनिया में सबसे शक्तिशाली शख़्स अमेरिका के राष्ट्रपति से लेकर वो सब

जिन्हें ज़रा भी लिखने का शौक़ है सभी कम्युनिकेश के इस माध्यम से जुड़े हुए हैं और अपने अपने विचार पूरी दुनिया के सामने रखते हैं। बदले में इसे पढ़ने वाले भी दुनिया के कोने कोने से इन विचारों को जानते तो हैं ही साथ ही उस पर अपने विचार रखने के लिए भी स्वतंत्र होते हैं।

यानि जो बहस दूसरे संचार के माध्यम से एक दायरे के भीतर होती है उसे ब्लॉग के ज़रिए स्वतंत्र और निष्पक्ष तरीके से शुरू किया जा सकता है। आज यह किसी भी भाषा विशेष के लिए भी मोहताज नहीं है। यूं तो इसकी शुरुआत केवल अंग्रेज़ी भाषा में हुई थी लेकिन आज हिंदी, अंग्रेजी़, उर्दू, पंजाबी, तमिल, पंजाबी, मराठी, बांग्ला और न जाने कितनी देसी विदेशी भाषाओं में मौजूद है।

पूरी आज़ादी

यह एक ऐसा माध्यम है जहां लेखक ही एडिटर है और वही पब्लिशर यानि प्रकाशक भी। ब्लॉग हर तरह की सीमाओं और राजनीतिक–सामाजिक नियंत्रण से मुक्त है। यहां अपनी बात रखने के लिए लेखक को न तो कायदे क़ानूनों से बंधने की ज़रूरत है न ही कुछ भी लिख देने के बाद किसी तरह के संगठन की धमकियों का डर। यही नहीं इस माध्यम में न समय की समस्या है न सर्कुलेशन की कमी की दिक्कत जो इसे और बेहतरीन बनाती है।

इस माध्यम में लिखने वाले को पाठकों की प्रतिक्रियाओं का भी इंतजार करने की कोई ज़रूरत नही होती है। ब्लॉग पर कुछ भी पब्लिश होते ही यह तुरंत लोगों के सामने होता है और जैसे ही वो कोई भी टिप्पणी लिखते हैं वो भी तुरंत के तुरंत दिखाई देने के क़ाबिल हो जाती है। यही सारी खूबियां इसके इतने बड़े पैमाने पर लोकप्रिय होने के पीछे की वजह हैं।

ब्लॉग की दुनिया की एक संस्था टक्नोरैटी के साल 2007 के अनुमान के मुताबिक दुनियभर में 10 करोड़ ब्लॉग्स हैं। और अनुमान के मुताबिक हर 6 महीने में यह संख्या दोगुनी से भी तेज़ रफ़्तार से बढ़ती जाती है। इस तरह से तो अब तक एक अरब से भी ज़्यादा ब्लॉग हो चुके होंगे। साफ़ है कि लोग न सिर्फ़ इस विधा से परिचित हो गए हैं बल्कि इसका इस्तेमाल भी धड़ल्ले से कर रहे हैं।

आग़ाज़

ब्लॉग की दुनिया में कदम रखने वाले पहले शख़्स के तौर पर स्वार्थमोर आर्ट्स कॉलेज के छात्र जस्टिन हाल का नाम प्रचलित है। इन्होंने 1994 में अपना ब्लॉग बनाया था।

अब तक www.geocities.com, www.go.com, www.homepage.com, www.8m.com जैसी साइट्स ने वेब होमपेज बनाने की सुविधा दी थी। तब यह केवल अंग्रेज़ी भाषा तक ही सीमित थे। लेकिन उसके बाद दुनियाभर में जिस तरह इंटरनेट का प्रसार बढ़ने लगा ब्लॉग भी लोगों की पहुंच में आने लगा।

आज तो आलम यह है कि दुनियाभर की कई सारी वेबसाइट्स जैसे www.blogspot.com, www.wordpress.com, www.myspace.com आदि इंटरनेट पर मुफ़्त में जगह देती हैं। यह वो जगह होती है जिसमें कोई भी अपना अकाउंट बनाकर अपने विचारों को इंटरनेट यानि इस महाजाल में छोड़ता रहता है। यह विचार हर किसी की पहुंच में होते हैं। कोई भी कहीं से भी इन तक पहुंच सकता है।

और अब जिस तरह से कम्प्यूटर ने भी ज़्यादातर भाषाओं को आत्मसात कर लिया है, ब्लॉग में भी कई सारी भाषाओं में लिखे जाने की सुविधा मौजूद है।

हिंदी भाषा में ब्लॉग की दस्तक

हिंदी का पहला ब्लॉग 2 मार्च 2003 को तैयार हुआ है और इसका श्रेय बैंगलोर के आलोक कुमार को जाता है। आलोक का ब्लॉग नौ दो ग्यारह पहला हिंदी ब्लॉग है। और अपने इस ब्लॉग को वो चिट्ठा कहते हैं। इसके माध्यम से वो नियमित रूप से कम्प्यूटर जगत में होने वाली हलचलों से हिंदी भाषा जानने और हिंदी को प्यार करने वालों को वाक़िफ़ कराते रहते हैं।

यह तो महज़ एक शुरुआत रही। उसके बाद तो देश में इसकी लोकप्रियता के दिन प्रति दिन नए नए पैमाने गढ़े जाने लगे। ऐसे पैमाने कि उसका कोई मापदंड ही नहीं रह गया। कई देसी पत्रकारों ने भी अपने–अपने ब्लॉग बनाने शुरू कर दिए हैं। इसमें वो अपनी दिनचर्या का बख़ान तो करते ही हैं साथ ही देश विदेश के अलग–अलग मुद्दों पर अपनी राय भी रखते हैं।

इसे पढ़ने वाले अगर लिखने वाले की बात से इत्तेफ़ाक रखते हैं तो कमेंट में तारीफ़ें लिखते हैं और अगर उन्हें लिखे पर कोई ऐतराज़ होता है तो भी कमेंट के ज़रिए उसे भी ज़ाहिर करने की व्यवस्था यहां मौजूद है।

ब्लॉग बनाएं कैसे?

इसके लिए ज़रूरी होता है बस एक ईमेल आईडी और उसके सहारे आप आसानी से अपना ब्लॉग बना सकते हैं।

इंटरनेट पर मुफ़्त ब्लॉग की सेवा देने वाली वेबसाइट जैसे www.blogspot.com url टाइप करते हैं उसके बाद जो पेज खुलता है वहां 'क्रिएट न्यू ब्लॉग' पर क्लिक करते हैं। उसके बाद यहां ईमेल आईडी के साथ साथ कुछ ज़रूरी जानकारियां पूछी जाती हैं।

मसलन आप का नाम क्या है वगैरह।

वो जानकारियां भरने के बाद आपसे यह पूछा जाता है कि आप अपने ब्लॉग को क्या नाम देना चाहते हैं। तो नाम दे दिया "saaurabhshuklaa" इसके बाद अगर यह नाम मौजूद है तो आपका ब्लॉग www.saaurabhshuklaa.blogspot.com नाम से तैयार हो जाता है।

अब बारी आती है ब्लॉग को सजाने संवारने की। इसके लिए यहां कुछ टेम्प्लेट दिए होते हैं। टेम्प्लेट यानि ब्लॉग में दिखने वाली चीज़ों का एक सेट फॉर्मेट जिसमें रंग रूप से लेकर आपकी लिखी चीज़ों की लिस्ट शामिल होती है। टेम्प्लेट में इन्हीं सारी चीज़ों की अलग–अलग व्यवस्थाएं होती हैं। इनमें से जो भी आपको अच्छा लगे चुन सकते हैं।

इसके अलावा ब्लॉग पर कई सारे गैजेट्स लगाने की भी व्यवस्था होती है... जैसे घड़ी, कैलेंडर, मैसेज बॉक्स, न्यूज़ बॉक्स, शेयर बाज़ार के भाव वगैरह। इन्हें भी आप अपने हिसाब से लगा या हटा सकते हैं।

ब्लॉग में आप अगर चाहें तो दूसरे ब्लॉग्स के लिंक भी लगा सकते हैं। इसके ज़रिए आपको अपने पसंदीदा ब्लॉग्स के URL याद रखने की ज़रूरत नहीं होगी और उन ब्लॉग्स पर जो भी ताज़ा पोस्ट आएगी उसकी जानकारी आपको अपने ब्लॉग पर भी नज़र आती रहेगी।

सबसे बड़ी खूबी इस ब्लॉग की यह है कि यह एकदम निःशुल्क है, आसान है, और तेज़ है। साथ ही यह हर तरह के बाहरी नियंत्रण से मुक्त हैं। इसके एकमात्र संचालक आप खुद होते हैं। यानि यहां केवल आपका ही राज चलता है।

इस पर जो भी लिखा जाएगा वो पूरी दुनिया में कहीं भी देखा, पढ़ा जा सकेगा। यही इसकी इतनी बड़ी सफलता और लोकप्रियता की सबसे बड़ी वजह है।

सावधानी

ब्लॉग बनाते वक़्त यहां थोड़ी सावधानी कमेंट्स के बारे में रखनी चाहिए। कई बार कुछ छिछोरे लोग ब्लॉग पर लिखी गई चीज़ पर कुछ भी कमेंट लिख डालते हैं। इसके लिए ब्लॉग में आप के पास ऑप्शन होता है कि आप या तो कमेंट को बिना पढ़े पब्लिश होने की इजाज़त दें। या फिर पहले उसे मॉडरेट करके पब्लिश करें और अगर ग़ैरज़रूरी हो तो डिलीट कर दें।

साथ ही यहां यह भी विकल्प रहता है आप जिसके कमेंट चाहें केवल उसी के कमेंट पब्लिश होंगे और जिन लोगों के कमेंट नहीं चाहते उनके नाम स्पैम लिस्ट में डाल दें तो उन्हें कमेंट की अनुमति बिल्कुल नहीं होगी।

इसलिए कमेंट को सीधे बिना इजाज़त के पब्लिश होने की आज़ादी देने से कुछ छिछोरे लोगों के छिछोरेपन का शिकार होने की सम्भावना बढ़ जाती है। और उन्हें किसी बात की खुन्नस निकालने का मौक़ा मिल जाएगा। वो टिप्पणी में बजाए विचार रखने के गाली गलौच लिख देंगे।

अपने ब्लॉग के पासवर्ड के बारे में हमेशा सतर्क रहिए क्योंकि इसके लीक होने से कोई भी आपके ब्लॉग को हाईजैक कर उसमें मनचाही हरामखोरी कर सकता है।

हिंदी का बढ़ता वर्चस्व

भारत में यूं तो किसी भी नई चीज़ को आत्मसात करने में लोग कुछ हिचकिताचे हैं और उसका विरोध करते हैं जैसे जब यहां कम्प्यूटर लाया जा रहा था तब इसका जमकर विरोध किया गया था। लेकिन ब्लॉग में जब हिंदी भाषा में ब्लॉग की व्यवस्था आई तो लोगों ने विरोध करने के बजाए उसे अपनाना शुरू कर दिया और आज हिंदी भाषा के ब्लॉगों की संख्या अच्छी ख़ासी है।

ब्लॉग्स के ज़रिए जिस तरह से हिंदी का प्रभाव इंटरनेट पर बढ़ रहा है उसने सबसे प्रतिद्वंदी भाषा अंग्रेज़ी को कहीं पीछे छोड़ दिया है। ऐसा नहीं है कि अंग्रेज़ी ब्लॉग्स को पूछने वाला ही कोई नहीं है लेकिन ब्लॉग्स के हिंदी में आने से इंटरनेट पर हिंदी भाषा का वर्चस्व और मज़बूत हुआ है। अब यहां वो लोग भी आने लगे हैं जो पहले अंग्रेज़ी की मामूली या बिल्कुल जानकारी न रखने की वजह से इससे डरा करते थे। हिंदी के आने के बाद इंटरनेट उनका भी साथी बन गया है।

और देखा देखी कई न्यूज़ ऑर्गनाइजेशन भी अपनी ख़बरों की वेबसाइट भी हिंदी में लॉन्च करने लगे हैं और वो खूब सफल भी हो रहे हैं। क्योंकि कम से कम भारत में हिंदी की पहुंच अच्छी ख़ासी है और ये बाज़ार अभी काफ़ी हद तक खाली है।

ब्लॉग का इस्तेमाल

ब्लॉग कम्युनिकेशन का एक ऐसा हथियार है जिसका आप बेफ़िक्र होकर जैसा चाहे इस्तेमाल कर सकते हैं।

कविता

इस दुनिया में कविता लिखने और पढ़ने दोनों तरह के लोगों के लिए कुछ ख़ास है। कविता लिखने के शौक़ीन ब्लॉग के ज़रिए अपनी इस प्रतिभा का परिचय देते हैं।

इनकी इस प्रतिभा के कायल भी कम नहीं हैं। हज़ारों लाखों की तादाद में लोग रोज़ाना इन ब्लॉग्स पर जाते हैं और कविता रस का आनंद लेते हैं और कुछ तो कमेंट्स

में अपनी भी कविताएं लिख देते हैं। साफ़ ज़ाहिर है कि आज की भाग दौड़ भरी दुनिया में जहां लोगों के पास कविता सुनने सुनाने की बिल्कुल भी फुरसत नहीं रही है, इन ब्लॉग्स के ज़रिए उनमें एक नया संचार हुआ और नई तरह की प्रतिभाएं देखने को मिल रही हैं।

आपबीती–जगबीती

यहां लोग आपबीती या जगबीती भी सुनाते रहते हैं। कुछ ब्लॉगर्स हैं जो अपने अनुभवों का वर्णन करते हैं, वहीं कुछ और भी हैं जो बाक़ी जगहों पर जो कुछ भी हो रहा है उस पर अपने विचार रख रहे हैं।

इनमें से समसामयिक विषयों के साथ साथ राजनीतिक, सामाजिक विषयों पर अच्छे अच्छे विचार देखने–पढ़ने को मिलते रहते हैं।

ख़बरचियों की ख़बर

कई ऐसे भी ब्लॉग हैं जो केवल मीडिया पर आधारित हैं उनमें से एक बहुचर्चित ब्लॉग रहा है www.bhadas4media.blogspot.com. हालांकि अब यह और बहुचर्चित वेबसाइट www.bhadas4media.com में बदल गया है। इसका जन्म बस इसी मक़सद से हुआ था कि मीडिया की यानि ख़बर देने वाली की क्या ख़बर है यह लोगों को बताना। फलाने चैनल में क्या हो रहा है, किसी अख़बार से कौन नौकरी से निकाला गया और किसने कहां ज्वाइन किया। बस यही सारी बातें यहां हुआ करती थीं।

साथ ही यहां उन जगहों का भी ज़िक्र रहा करता था जहां नई नौकरियां मिलने वाली हैं। यह ब्लॉग हिंदी के सफलतम ब्लॉग्स में से एक रहा है और इसे शुरू करने वाले पेशे से पत्रकार यशवंत सिंह हैं।

इसके अलावा कई दूसरे ऐसे ब्लॉग या वेबसाइट्स भी हैं जिनका ध्यान सिर्फ़ और सिर्फ़ मीडिया की हरकतों पर है।

शेरो शायरी

कुछ ब्लॉग ऐसे होते हैं जिनका फ़ोकस केवल शेरो शायरी पर ही रहता है। यहां आपको पुराने से पुराने और शौक़िया शायरों की रचनाएं एक ही छत के नीचे मिल जाती हैं।

ब्लॉग के मॉडरेटर या कहें मालिक का मक़सद लोगों को अच्छा और हर तरह का कंटेट मुहैया कराना रहता है।

पिक्चर्स

आज कई सारे ब्लॉग केवल पिक्चर्स पर आधारित हैं। यह ज़्यादातर जाने माने फ़ोटोग्राफरों के कैमरे का कमाल दिखाते हैं।

गीत संगीत

कुछ ब्लॉग गीत, संगीत और ग़ज़ल के भी हैं। यहां आपको गीतों के बोल लिखे हुए मिल जाएंगे और कुछ ब्लॉग्स में तो गाने डाउनलोड करने की फ्री साइट्स और पेड साइट्स के लिंक भी मौजूद रहते हैं।

किताबें

इस भाग दौड़ भरी ज़िंदगी में अब लोगों के पास लाइब्रेरी में जाकर किताबें पढ़ने का वक़्त नहीं रहा। लेकिन इंटरनेट पर किताबों के अच्छे ख़ासे भंडार के चलते उनकी किताबें पढ़ने की चाह अधूरी नहीं रहने पाएगी। और उनकी इस चाहत में अच्छी ख़ासी भूमिका ब्लॉग्स भी निभा रहे हैं।

यहां लोगों ने नई पुरानी सभी तरह की किताबों के संग्रह बना रखे हैं। बस एक क्लिक के ज़रिए आप अपनी मन पसंद किताब पढ़ सकते हैं।

आम ही नहीं ख़ास भी करते हैं ब्लॉगिंग

ब्लॉगिंग में अब तक बात हो रही थी आम आदमी की जो इतना जाना पहचाना चेहरा नहीं है वो अलग बात है कि उसका काम किसी भी ख़ास शख़्स से कहीं अच्छा है।

लेकिन ब्लॉग के ज़रिए आम लोगों से जुड़ने की चाहत बड़े बड़े फिल्मी सितारों, उद्योगपतियों, नेताओं, लेखकों और पत्रकारों सभी को इंटरनेट पर खींच लाई है।

आज चाहे अमिताभ बच्चन, मनोज बाजपेई, अजय देवगन, आमिर ख़ान किसी की भी बात करें यह सभी बाक़ायदा ब्लॉग पर लिखते हैं और लोग उन्हें पढ़ना पसंद करते हैं।

उद्योगपतियों में आनंद महिंद्रा जैसे लोग माइक्रोब्लॉग साइट ट्विटर के ज़रिए अच्छे ख़ासे सक्रिय हैं और वो चर्चा में भी खूब रहते हैं।

नेताओं में कई लोगों ने ब्लॉग पर दस्तक दी है। यहां लाल कृष्ण आडवाणी से लेकर अमर सिंह सभी अलग अलग मुद्दों पर अपनी राय रखते हैं और आम या ख़ास जो पढ़ना चाहता है पढ़ता है और उस पर अपनी प्रतिक्रिया देता है।

लेखकों का तो काम ही है लिखना इसलिए उन्हें अपने विचारों को लोगों तक शब्दों के ज़रिए पहुंचाने का एक और प्लेटफॉर्म मिल गया है। यहां फ़ेमस राइटर चेतन भगत, बुकर प्राइज विनर अरविंद आदिगा सभी मौजूद हैं।

पत्रकारों की ब्लॉगिंग

यही नहीं पत्रकार अपनी कलम का जादू ब्लॉग के ज़रिए भी दिखा रहे हैं। यहां उनकी रोज़मर्रा की ज़िंदगी का ज़िक्र रिपोर्टर डायरी के तौर पर तो होता ही है साथ ही कई अच्छे बुरे मुद्दों पर उनकी बेबाक राय भी रहती है। साथ ही यहां उनके गुज़रे ज़माने का अनुभव भी रहता है।

पत्रकारों के लिए यह हथियार इसलिए भी काम का है क्योंकि यहां वो हर तरह की ख़बर बिना सम्पादक की कैंची के लिख सकते हैं।

साथ ही लोग यहां अब बड़े बड़े वो खुलासे करने लगे हैं जो किसी संस्थान में रहकर मजबूरीवश नहीं कर पाते हैं। ताज़ा घटनाक्रम नीरा राडिया नाम की एक महिला का है जिसके बारे में कहा जाता है कि वो सरकारी हलकों और कॉरपोरेट जगत के बीच मध्यस्थ का काम करती है जिसे आम भाषा में दलाली कहा जाता है।

ब्लॉग और वेबसाइट्स में इस ख़बर के आने के बाद सक्रिय मीडिया का भी ध्यान इस ओर आया और उसने भी इस ख़बर को गंभीरता से लिया। अब इस मामले में कई और ऐसे नाम निकलकर सामने आ रहे हैं जिनका ज़िक्र कम से कम किसी संस्थान में रहकर तो नहीं किया जा सकता था। और अगर आप करेंगे तो नौकरी में तो कतई नहीं बने रह सकते।

ऐसे में ब्लॉग ही एक ऐसा मंच है जहां ख़बर कभी मरती नहीं है।

ख़बरों में ब्लॉग

जी हां ब्लॉग का ज़िक्र ख़बरों में भी होता है। जिस क़दर बड़े बड़े लोग इससे जुड़ रहे हैं और वो अलग अलग विषयों पर अपने विचार व्यक्त कर रहे ऐसे में मीडिया का कर्तव्य है कि वो समाज के इन प्रतिष्ठित लोगों के विचारों से समाज को अवगत कराएं।

एक बार की बात है आमिर और शाहरुख़ के बीच किसी बात को लेकर अनबन चल रही थी तो आमिर ने अपने ब्लॉग में शाहरुख के बारे में व्यंगात्मक शैली में काफी कुछ लिखा। यह बातें खूब चटख़ारे लेकर मीडिया में छाई रहीं।

वहीं जब अमर सिंह ने समाजवादी पार्टी छोड़ी तो उस पार्टी के बारे में सबसे पहले प्रतिक्रिया अपने ब्लॉग में ही दी।

साथ ही जब जब अमिताभ बच्चन का विरोध किया गया तब उसकी सफाई बजाए प्रेस कॉन्फ्रेंस के, ब्लॉग के ज़रिए देने का विकल्प चुना। जब उन्हें मुंबई के बांद्रा वर्ली सी लिंक के उदघाटन में बुलाया गया था और एक तरह से साइडलाइन किया गया था तो इसके बारे में भी उन्होंने अपनी भड़ास ब्लॉग के जरिए ही निकाली थी।

ब्लॉगिंग के नुकसान

हर चीज़ के अगर 10 फ़ायदे होते हैं तो 2 नुकसान भी होते हैं। ब्लॉग भी इसी दुनिया का हिस्सा है और यह भी इससे अछूता नहीं है। चूंकि ब्लॉग किसी तरह के प्रतिबंधों से मुक्त है इसलिए यहां लोगों को कुछ भी लिखने की आज़ादी है। यही वजह है कि सस्ती लोकप्रियता के लिए यहां लिखने से पहले कुछ छिछोरे लोग सोचना पसंद नहीं करते।

अब उन्हें किसी का कोई डर तो है नहीं ऐसे में अपने ब्लॉग में वो किसी के बारे में बुरा ही बुरा लिख डालते हैं।

ख़ैर जो भी हो ब्लॉग के फ़ायदे यह हुए हैं कि बड़ी सी दुनिया सिमट कर एक क्लिक के दायरे में आ गई है और हमें सारी दुनिया की वो बाते भी तुरंत पता चल जाती हैं जो पहले बामुश्किल पता होती थी और पता हो भी गईं तब तक वो घटना बरसों पुरानी हो चुकी होती थी।

ब्लॉग का कमाल

ब्लॉगगिंग अलग से कोई विधा नहीं है। वह एक माध्यम है। एक ऐसा माध्यम, जो मीडिया माध्यमों की तरह सार्वजनिक है। मैं इसे अक्सर रास्ते में पड़ा एक सादा कागज़ कहता हूं जिसपर आकर कोई अपनी कहानी लिख जाता है और वहीं छोड़ देता है और दूसरा उसे आकर पढ़ लेता है। क्योंकि यह सबकी रीच में है, इसलिए इसकी लोकप्रियता कमाल की है।

आप ब्लॉग बनाएं, उस पर लिखें और ज़माने को बता दें कि आप क्या लिख रहे हैं। आप देखेंगे कि इस माध्यम ने दुनिया भर में अपनी कहानी कहने वालों की तादाद बढ़ा दी है और इससे दुनिया की सही–सच्ची तस्वीर को सामने आने में मदद मिल रही है।

2005 के आसपास जब पहली बार इस माध्यम का पता चला तो लगा कि हम भी बिना किसी बड़े संसाधन के अभिव्यक्ति का एक मंच खड़ा कर सकते हैं। लेकिन मीडिया के पैमाने पर खरा उतरने की इसकी सीमा है। यह एक आदमी का औजार है। आप इनडिविजुअली जितनी ख़बर कलेक्ट कर सकते हैं उतनी ही सार्वजनिक कर सकते हैं।

लेकिन यह ज़रूर है कि बड़े मीडिया हाउस जिन ख़बरों से बचते हैं, आप बिना किसी दबाव के उन ख़बरों को अपने ब्लॉग पर चढ़ा सकते हैं। लेकिन ब्लॉग केवल कंप्यूटर की समझ रखने वालों की ही पहुंच में है इसलिए उसकी विश्वसनीयता तब तक संदिग्ध होगी, जब तक कोई विश्वसनीय मीडिया माध्यम उसकी तस्दीक न कर ले।

हालांकि कुछ हादसों के वक्त इसकी उपयोगिता आश्चर्यजनक रूप से बढ़ जाती है। सूनामी के वक्त में ब्लॉग के माध्यम से ही कुछ छुपी हुई चीज़ें बाहर आ सकीं। फ़िलिस्तीन की गज़ापट्टी के लोगों का दर्द ब्लॉग के ज़रिये ही दुनिया जान सकी और मुंबई हमलों के बाद बहुत सारे लोगों ने मुंबई में हिंदू–मुसलमानों की बेमिसाल एकता की कहानी ब्लॉग के माध्यम से कही। इस तरह हम देखेंगे कि ब्लॉग का कोई बड़ा संस्थानिक चेहरा तो नहीं बन पाएगा, लेकिन इसका असर कहीं ज़्यादा संभव हो सकेगा।

अविनाश दास

मॉडरेटर, मोहल्ला लाइव

ट्विटर

ट्विटर... देखने में यह हिंदी के जमा चार और अंग्रेज़ी के T-w-i-t-t-e-r यानि सात अक्षर हैं लेकिन इसका विस्तार व्यापक है। आज देश दुनिया में यह कम्युनिकेशन का बेहतरीन ज़रिया बना हुआ है। इसका अंदाज़ा इसी बात से लगाया जा सकता है कि जब पाकिस्तान के ऐबटाबाद शहर में अमेरिका ओसामा बिन लादेन के खिलाफ़ सैन्य कार्रवाई कर रहा था तो इसकी सूचना सबसे पहले ट्विटर के जरिए ही आई।

यह ख़बर ब्रेक करने वाले वहीं के एक नागरिक सोहैब अतहर थे जिन्होंने रियलीवर्चुअल नाम के अपने ट्विटर अकाउंट के जरिए घटनाओं का ब्यौरा दिया। अतहर ने अपने घर के आस–पास हेलीकॉप्टरों की आवाज़ सुनते हुए सबसे पहले ट्वीट किया कि उनके घर के पास सुबह–सुबह हेलीकॉप्टर घूम रहे हैं।

उसके बाद उन्होंने उस मसले पर कई अलग–अलग बातें लिखी। हालांकि उस वक़्त उन्हें यह नहीं पता था कि यह दुनिया के सबसे बड़े आतंकवादी ओसामा के ख़िलाफ दुनिया के सबसे ताक़तवर देश अमेरिका का ऑपरेशन है। यह मामला ट्विटर के सूचना के एक मज़बूत स्रोत के तौर पर उभरने की पुष्टि करता है।

इसके ज़रिए संवाद का बिल्कुल आसान तरीका है। twitter.com पर एक अकाउंट बनाइए और उसके बाद जिनसे आप जुड़ना चाहते हैं या जिनकी गतिविधियों या विचारों से वाकिफ़ होते रहना चाहते हैं उन्हें सर्च करके फॉलो करना शुरू कर दीजिए। साथ ही जो आपकी बात सुनना चाहते हैं वो आपको फॉलो करके आपकी गतिविधि से रूबरू होते रह सकते हैं।

आज यहां पर हर बड़ी से लेकर छोटी हस्ती मौजूद है। ट्विटर पर भारत की बात करें तो सरकारी हलकों जैसे नेता नगरी के लोग भी मौजूद हैं। फिल्मी सितारे अमिताभ बच्चन, शाहरुख ख़ान, महेश भट्ट, शेखर कपूर, प्रियंका चोपड़ा जैसी मशहूर हस्तियां भी मौजूद हैं। क्रिकेटर सचिन तेंदुलकर, ज़हीर ख़ान जैसे लोग भी ट्विटर के ज़रिए अपने प्रशंसकों से जुड़े हुए हैं।

इसके अलावा मीडिया जगत तो पूरा का पूरा यहीं मौजूद है। आईबीएन के कर्ताधर्ता राजदीप सरदेसाई और एनडीटीवी के प्रणव रॉय यहां मौजूद हैं। मीडिया के बाक़ी जाने पहचाने चेहरे भी इस प्लेटफॉर्म के इस्तेमाल से ख़बरें बताते हैं। यह लोग अपनी स्टोरीज़ का भी जमकर प्रचार तो करते ही हैं साथ ही किसी मुद्दे पर अपनी बेबाक़ राय भी रखते हैं।

आज आलम यह है कि कॉरपोरेट जगत भी कम्युनिकेशन की इस माइक्रोब्लॉगिंग शैली में शामिल हो गया है। यहां आनंद महिंद्रा, विजय माल्या जैसी हस्तियां मौजूद हैं जिनसे हजारों की तादाद में लोग जुड़े हैं और उनकी बातों को देखते पढ़ते हैं और उनपर अपनी राय रखते हैं।

कई बार तो लोग इस पब्लिक प्लेटफॉर्म का इस्तेमाल अपनी बात पूछने के लिए भी करते हैं। या कहें किसी ख़ास मुद्दे पर लोगों की राय के लिए ट्विटर का इस्तेमाल करते हैं। आज की तारीख़ में ट्विटर का सबसे बड़ा इस्तेमाल मीडिया करती है। मीडिया इन सारी चीज़ों के इस्तेमाल से ख़बर बनाती है और फिर उसके ज़रिए देश–दुनिया को यह बताया जाता है कि फलाने ने आज ट्विटर में यह कहा है वो कहा है वगैरह। या किसी बड़े मुद्दे पर देश के प्रतिष्ठित लोगों की या मसले से जुड़े लोगों की जमात क्या राय रखती है।

विवाद

किसी लेखक की रचना है कि बात निकलेगी तो दूर तलक जाएगी। यह बात ट्विटर से निकली बात पर भी लागू होती है और ऐसी लागू होती है कि बात कुछ ज़्यादा ही दूर तक जाती है। और जब बात दूर तक जाती है तो कई बार वो विवाद को भी जन्म देती है।

भारत के इतिहास में ट्विटर से उपजा कोई विवाद अगर लोगों को सबसे ज़्यादा याद रहेगा तो वो होगा ललित मोदी और शशि थरूर के बीच का विवाद। ललित मोदी कभी आईपीएल के कमिश्नर हुआ करते और शशि थरूर देश के विदेश राज्य मंत्री।

ललित मोदी ने थरूर की किसी बात से नाराज होकर ट्वीट किया कि इस मंत्री ने उन पर आईपीएल की फ्रैंचइजी की नीलामी में टीम किसी जान पहचान वाले को देने के लिए दबाव डाला। उसके बाद ट्विटर के ज़रिए वो कई बातें भी सामने आईं जिनसे आईपीएल में फैले भ्रष्टाचार और देश की राजनीति के अच्छे लग रहे बुरे चेहरे सामने आते गए।

विवाद बढ़ता गया और इसकी कीमत दोनों को अपने पद छोड़ कर चुकानी पड़ी। उसके बाद लोगों ने सावधान होकर ट्वीट करना शुरू किया।

ट्विटर फ़िल्मी सितारों में काफी इस्तेमाल होता है। यहां वो अपनी हर तरह की वो बातें डिस्कस करते हैं या लोगों को बताते हैं जिनसे वो विवाद में नहीं पड़ते। कई बार तो वो अपने खाने पीने सोने और खर्राटों तक का भी ज़िक्र ट्विटर पर करते पाए जाते हैं।

आम जनता या कहें उनके प्रशंसक तो इसे पढ़ते ही हैं। मीडिया को इसी बहाने सितारों से जुड़ी बातों के आधार पर ख़बर बताने का मौका मिल जाता है। आज न्यूज़

चैनल्स में प्रोग्राम के ग्राफिक्स या टिकर पर किसी न किसी रूप में ट्विटर से ली गई ख़बरों का इस्तेमाल होता रहता है। यह ख़बरें कभी कारोबार जगत से, कभी फिल्मी हस्तियों से जुड़ी तो कभी राजनीति की तस्वीर दिखाती हैं।

साथ ही बड़े–बड़े हिंदी और अंग्रेज़ी भाषाओं के अख़बारों में भी एक जगह ट्विटर के लिए सुनिष्चित कर दी गई है। यहां चंद बड़े लोगों की वो बातें लिखी जाती हैं जो उस दिन के लिहाज़ से बेहद महत्वपूर्ण मानी जाती हैं।

ट्विटर आज बड़े पैमाने पर प्रचार का गढ़ बना हुआ है। एक तरफ़ तो इसका इस्तेमाल अपनी किसी योजना का खुलासा करने के लिए बिजनेस मैन करते हैं। वहीं दूसरी तरफ़ विदेशों में नेता अपनी नीतियों के बख़ान के लिए इसका इस्तेमाल करते हैं।

भारत में कॉरपोरेट जगत ट्विटर के ज़रिए अपने प्रोडक्ट के प्रमोशन का काम करता है। प्रमोशन के मामले में फ़िल्मी हस्तियां भी पीछे नहीं हैं। फ़िल्म जगत की हस्तियां ट्विटर के ज़रिए अपनी फ़िल्म के प्रमोशन के लिए फ़िल्म से जुड़ी अच्छी अच्छी बातें शेयर करते हैं।

आज ट्विटर से इतनी बातें निकलती हैं तो मीडिया भी अपनी ख़बरों का प्रचार इस माध्यम से करता है। आज हर चैनल का ट्विटर अकाउंट है, जिसके ज़रिए चैनल पर आने वाले हर शो की जानकारी तो दी ही जाती है, चैनल पर चली ख़बरें भी बताने का काम किया जाता है।

एक पत्रकार के लिए इस माध्यम को समझना बेहद ज़रूरी हो गया है। क्योंकि आज यह भी समाचार का एक अच्छा और कहें तो ऑथेंटिक मीडियम बना हुआ है। मान लिजिए कि अगर विजय माल्या ट्विटर पर लिखते हैं कि वो यूनाइटेड स्पिरिट्स या किंगफिशर एयरलाइंस को बेचने जा रहे हैं तो ऐसे में अगर आप विजय माल्या के ट्वीट्स फॉलो करते हैं तो आपको तुरंत पता चल जाएगा और यह ख़बर बिना किसी झिझक के चलाई जा सकती है।

बस यहां सावधान इस बात से रहने की ज़रूरत है कि जिस शख़्स को आप फॉलो कर रहे हैं वो असली हो। क्योंकि कई बार होता यह है कि जिसे आप अमिताभ बच्चन समझ कर फॉलो कर रहे हों वो अमिताभ बच्चन के नाम में कोई बहरूपिया हो या फिर जिसे आप मनमोहन सिंह समझ कर फॉलो कर रहे हों वो पटियाला का किसान मनमोहन हो। तो सही व्यक्ति को फॉलो करने से आप उसकी ज़िंदगी की उन कई बातों को जान, समझ सकते हैं जो बिना ट्विटर के कभी संभव नहीं हो पाता।

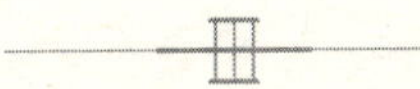

फ़ेसबुक

आज कल मीडिया का एक बड़ा अड्डा फ़ेसबुक बन गया है। पहले किसी ज़माने में प्रेस क्लब हुआ करते थे जहां पर बिना प्रेस कॉन्फ़्रेंस के पत्रकारों का जमावड़ा लगा करता था लेकिन अब यह जमावड़ा फ़ेसबुक पर लगता है। यहां ख़बरों, ख़बरों के प्रभाव वगैरह पर चर्चा होती है।

हाल के दिनों में फ़ेसबुक ख़बरों की दुनिया में छाने के बजाए ख़बर पेश करने के माध्यम के तौर पर भी उभरा है। जब साल 2011 की शुरुआत में मिस्र में विद्रोह के स्वर उभरे और वहां के लोग आज़ादी की मांग करते हुए लामबंद होने लगे तो उस देश में सरकार ने संचार के साधनों पर पाबंदी लगा दी। उस दौरान कुछ ही लोग फ़ेसबुक का इस्तेमाल कर रहे थे। यह लोग इस माध्यम का इस्तेमाल कर पा अपने देश के हर ताज़ा पहलू और सरकार के ज़ुल्मों की दास्तान तस्वीरों और वीडियो के ज़रिए पूरी दुनिया को बता रहे थे।

फ़ेसबुक की नीव रखी मार्क ज़ुकरबर्ग ने फरवरी 2004 में। यह एक हॉवर्ड में पढ़ने वाले छात्र थे और दिमाग़ी खुराफ़ात से इन्होंने यह एक ऐसी चीज़ ईजाद की जिसकी दुनिया आज दीवानी है। यहां आप खुले आम किसी से भी किसी भी तरह की बात कर सकते हैं।

इसके लिए ज़रूरी है कि आपके पास एक ईमेल अकाउंट हो। उसके ज़रिए आप फ़ेसबुक की वेबसाइट पर अपना अकाउंट बना सकते हैं। अकाउंट बनने के बाद आप अपने दोस्तों, रिश्तेदारों और उनके दोस्तों को भी फ्रैंड रिक्वेस्ट भेज सकते हैं। उनके रिक्वेस्ट एक्सेप्ट करने के बाद आप उनसे जुड़ जाएंगे और एक दूसरे की एक्टिविटी को देख समझ पाएंगे।

फ़ेसबुक पर सबसे ज़रूरी चीज़ होती है वॉल जिसमें आप अपनी बात लिखकर शेयर को क्लिक करते हैं तो जो कुछ भी आपने लिखा है वो आप के सभी दोस्त देख सकते हैं।

फ़ेसबुक पर देश दुनिया के लोग मौजूद हैं। यह एक पत्रकार के लिए सम्पर्क सूत्र बनाने का बेहतरीन विकल्प है। इस जगह का इस्तेमाल आज लोग कारोबार के लिहाज़ से भी करने लगे हैं। बड़े बड़े उद्योगपति से लेकर हीरो, हीरोईन तक सब यहां मौजूद हैं।

हालांकि इस बात का भी ख़तरा है कि कई लोगों ने अपने फेक अकाउंट बनाए हैं तो इनसे ज़रा बच के रहने में ही समझदारी है नहीं तो जिन्हें आप चेतन भगत समझ कर

अपना दोस्त बना चुके हैं और उनसे लगातार संपर्क में हैं, उनसे बातें करते हैं और अपने सुख दुख बांटते हैं, असल में वो कोई उठाईगीर है। तो फ़ेसबुक में दोस्ती के वक़्त ऐसे लोगों से बचना बेहद ज़रूरी है।

फ़ेसबुक पर सार्वजनिक बातचीत वॉल के ज़रिए होती है। ये एक ऐसा स्पेस होता है जिसे समान्यतया मित्र सूची के सभी लोग कुछ भी लिख सकते हैं। यहां जो भी लिखा जाएगा वो आपको तो दिखेगा ही आपके सभी दोस्तों और लिखने वाले के सभी दोस्तों को भी दिखेगा। लेकिन अगर आप किसी से कोई प्राईवेट बात करना चाहते हैं तो इसके लिए आप उन्हें मैसेज भी भेज सकते हैं। यह सीधे उसी शख़्स के पास जाएगा जिसे आप भेजना चाहते हैं। साथ ही चैट का विकल्प भी मौजूद है जिसमें आप रियल टाइम बातचीत कर सकते हैं।

आप किसी भी मुद्दे पर बहस की शुरूआत भी कर सकते हैं। किसी मुद्दे का विषय अपनी वॉल पर लिखकर लोगों की राय मांग सकते हैं और जवाब में आए कमेन्ट्स से आप को अंदाज़ा हो जाएगा कि वो विचार कितना सार्थक या निर्रथक है। और यह भी कि आपके विचार से कितने लोग इत्तेफ़ाक रखते हैं।

इसके अलावा फ़ेसबुक पर तस्वीर, वीडियो और ऑडियो लगाने की भी व्यवस्था है। किसी ख़बर का लिंक शेयर करने के साथ साथ आप दोस्तों के किसी ख़ास ग्रुप को अपनी पिक्चर के साथ टैग भी कर सकते हैं। टैग होने से वो सारे लोग उस तस्वीर पर किए गए कमेंट्स से अपने आप वाकिफ़ होते रहेंगे।

यही नहीं यहां पर फ़ोटोज़ और वीडियोज़ शेयर भी किए जा सकते हैं। आप जो भी फ़ोटो या वीडियो अपने प्रोफाइल में अपलोड करते हैं वो आपके सारे फ़ेसबुक वाले दोस्त देख सकते हैं। यहां आपको किसी भी विषय या जगह के बारे में फ़ैन पेज भी मिलते हैं। फ़ैन पेज कोई भी किसी भी विषय पर बना सकता है।

जैसे बात करते हैं एक फैन पेज "वन्स वी लिव्ड इन डेल्ही" की। इस फैन पेज का मक़सद उन लोगों को एक मंच पर इकट्ठा करना है जो दिल्ली में कभी रहे हैं या दिल्ली को पसंद करते हैं। इसका मतलब यह नहीं है यह फैन पेज का क्राइटेरिया हो गया कि अगर आप दिल्ली में रहे हैं या उसे पसंद करते हैं तभी आप इसके सदस्य बन सकते हैं। इस फैन पेज का सदस्य कोई भी बन सकता है बशर्ते आपकी रुचि उस विषय में होनी चाहिए।

अब इस दिल्ली वाले फैन पेज का मॉडरेटर जब भी कोई नई चीज़ अपलोड करता या लिखता है तो वो एक साथ सारे फैन्स के पास पहुंच जाती है।

कुल मिलाकर कहा जाए तो फ़ेसबुक आज अपनी बात, अपनी सोच और अपनी समझ को एक साथ कई लोगों तक पहुंचाने का ज़रिया बन चुका है जो आप के करीब

नहीं हैं। उनमें दोस्त, रिश्तेदार और वो लोग भी शामिल हैं जिन्हें आप जानते तो नहीं हैं लेकिन दोस्ती और बातचीत चलती रहती है।

आपकी निजता का उल्लंघन न हो इसके भी इंतज़ाम किए गए हैं। कुछ ऐसे ऑप्शंस हैं जिन्हें सेलेक्ट कर आप जिन लोगों से बात या मुलाक़ात नहीं करना चाहते हैं तो वो आप के अपडेट्स नहीं देख पाएंगे।

इंटरव्यू कॉल वाले रिज़्यूमे

पहले पत्रकारिता इतना बड़ा प्रोफ़ेशन नहीं होता था कि रिज़्यूमे की ज़रूरत पड़े। बस चंद जान पहचान वाले लोग मिलकर अख़बार शुरू कर देते थे। फिर उनकी जान पहचान वाले लोग इससे जुड़ते जाते थे।

हालांकि यह जान पहचान वाला कल्चर अभी भी बेधड़क जारी है लेकिन जिस तर्ज़ पर मीडिया का कॉरपोरेटीकरण होता जा रहा है उसी तेजी से कॉरपोरेट कल्चर भी यहां हावी होता जा रहा है। अब अगर कहीं आप नौकरी मांगने जाते हैं तो सबसे पहले पूछा जाता है रिज़्यूमे, सीवी या कहें बायोडाटा कहां है?

रिज़्यूमे– इसका सीधा साधा मतलब यह होता है कि प्रोफेशनली आप ने अब तक काम क्या और कहां पर किया है, उसका लेखाजोखा। साथ ही आपने पढ़ाई कहां तक की, प्रोफ़ेशनल कोर्स कौन से किया है। पत्रकारिता में अनुभव कितना है और साथ ही आप पत्रकारिता के किस क्षेत्र में अपने को स्थापित देखना चाहते हैं।

पढ़ाई के अलावा आपने किस क्षेत्र में झंडे गाड़े हैं उसका ज़िक्र भी कर दें तो नौकरी देने वाले को आपके व्यक्तित्व को समझने में ज़रा आसानी होगी और वो यह जल्दी तय कर पाएगा कि आप उसके लिए सही हैं या नहीं।

क्या करें

1. सबसे पहले ऑब्जेक्टिव लिखें। यहां साफ़, कम से कम शब्दों में अपनी महत्वकांक्षा और क़ाबिलियत का बख़ान करें।
2. अपना पत्रकारिता का अनुभव एक के बाद एक लिखते जाएं।
3. आपने जो भी कुछ अच्छी स्टोरीज़ की हैं चाहे वो इंटर्नशिप के दौरान हों या कॉलेज के दौरान, उनका ज़िक्र ज़रूर करें। ताकि नौकरी देने वाला आपकी क़ाबिलियत को आंक सके।
4. पत्रकारिता के कोर्स के दौरान पढ़े विषयों का भी बखान किया जा सकता है लेकिन संक्षेप में।
5. पढ़ाई कहां तक की है और पढ़ाई के दौरान विषय क्या रहे हैं।
6. कम्प्यूटर के बारे में क्या जानकारी रखते हैं उस पर भी संक्षेप में लिखें। यहां मीडिया में जिन सॉफ्टवेयर्स पर काम होता है उनका ज़िक्र भी किया जा सकता है लेकिन सिर्फ़ तभी अगर आपने उन पर काम किया है।

7. आपका रुझान किस पत्रकारिता में है यानि कि पॉलिटिकल जर्नलिज़्म करना चाहते हैं या फिर क्राइम में ज़्यादा रुचि है या एंटरटेंमेंट में करियर बनाना चाहते हैं।
8. अपनी स्किल्स के बारे में लिखें कि सबसे बड़ी ख़ूबी आपकी क्या है। राइटिंग, वाइस ओवर, एंकरिंग, रिपोर्टिंग जिस भी क्षेत्र में अपने आपको सबसे अच्छा मानते हों यहां उसका ज़िक्र करें।
9. रेफ़रेंस में दो ऐसे लोगों के नाम ज़रूर लिखें जो आपको अच्छी तरह जानते हों और उनका मीडिया में अच्छा दख़ल हो तो बेहतर होगा। यह इसलिए कि अगर ज़रूरी हुआ तो जिस संस्थान में आप नौकरी मांगने गए हैं वो इन्हें कॉल करके आपके आचरण के बारे तसल्ली कर सके।
10. कुछ पर्सनल इनफॉरमेशन जैसे माता–पिता का नाम, मूल निवासी कहां के हैं और जन्म तिथि क्या है वगैरह भी लिख सकते हैं।

क्या न करें

1. रिज़्यूमे में भावनाओं में बहकर ज़्यादा भाषणबाज़ी करने का प्रयास बिल्कुल भी न करें।
2. साफ़, कम और सही शब्दों में अपनी दक्षता और महत्वकांक्षा का ज़िक्र करें
3. जिन बातों का ज़िक्र आपने किया है वो सही हों क्योंकि आपको नौकरी देने वाला ज़रूरत पड़ने पर इसकी जांच पड़ताल भी करता है। और ग़लत पाए जाने पर यह आपके हित में नहीं होगा।
4. अगर आप बिज़नेस चैनल के लिए अप्लाई कर रहें हैं तो रिज़्यूमे भी उसी तरह बनाएं। यह नहीं कि वहां आप ऐसा लिखें कि आपकी रुचि स्पोर्ट्स में हैं। वरना आपके सेलेक्शन के चांसेज़ वहीं ख़त्म हो जाते हैं।
5. अगर आप रेडियो के लिए अप्लाई कर रहे हैं या टीवी के लिए तो ध्यान रहे आपके एक्सपीरियंस में उन माध्यमों का ज़िक्र ज़रूर हो। या कम से कम यह ज़रूर पता चल रहा हो कि आप इन माध्यमों के बारे में अच्छे से जानते हैं और काम करने में किसी तरह की परेशानी नहीं होगी।
6. रिज़्यूमे में जो भी बातें लिखी हों, इंटरव्यू के दौरान उन पर तटस्थ रहें। अपनी लिखी बातों को खुद मत काटें।

कवरिंग लेटर

कवरिंग लेटर आपके रिज़्यूमे का ही सारांश होता है। यहां पर 100–150 शब्दों में आप अपने अब तक के काम और महत्वकांक्षा का ज़िक्र करते हैं।

यहां आप जिस चैनल/रेडियो/अख़बार में नौकरी मांग रहे हैं, जिससे मांग रहे हैं उसको संबोधित होना चाहिए और सबसे नीचे आपका नाम और दस्तख़त होने चाहिए।

ईमेल के ज़रिए अप्लाई करते वक़्त आप कवरिंग लेटर को मैसेज बॉक्स में और रिज़्यूमे को अटैचमेंट के ज़रिए भेज सकते हैं। और अगर पोस्ट के ज़रिए भेज रहे हैं तो सबसे ऊपर कवरिंग लेटर और फिर उसके नीचे आपका सीवी स्टेपेल कर भेज सकते हैं।

रिज़्यूमे भेजते समय एक पासपोर्ट साइज़ फोटो जो प्रोफेशनल लुक में खींची गई हो, ज़रूर भेजें। इससे नौकरी देने वाले को आपकी पर्सनालिटी जानने का मौक़ा मिलता है।

मीडिया में नौकरी पाने के तरीके

मीडिया में जब नौकरी की बात आती है तो सबसे बड़ा सवाल यह पैदा होता है कि नौकरी किसे, कैसे और क्यों मिलेगी? इसके पीछे वजह यह है कि यह पेशा आज सबसे ताक़तवर और ग्लैमर से भरपूर माना जाता है और तन्ख़्वाह के मामले में भी कई बेहरतीन नौकरियों के कान काट रहा है।

ऐसे में बाक़ी जगहों की तरह यहां भी नौकरी पाना आज की तारीख़ में आसान बात नहीं रह गई है। वो सारे हथियार मसलन सिफ़ारिश, बड़े बाप का बेटा होना, रसूख़दार चाचा का भतीजा होना, किसी का भांजा होना वग़ैरह यहां भी उतने ही महत्वपूर्ण या कहें कुछ ज़्यादा ही हो जाते हैं, जितना बाक़ी जगहों पर होते हैं।

आप चाहे हिंदी मीडियम या अंग्रेज़ी मीडियम में नौकरी ढूढ़ रहे हों अगर आपका बैकग्राउंड किसी अंग्रेज़ी स्कूल, कॉलेज का है तो हिंदी माध्यम में पढ़े लिखे शख़्स के बजाए ज़्यादा तरजीह दी जाती है। भले ही उसे हिंदी के लफ़्जों को बोलने या समझने की तमीज़ न हो। क्योंकि ख़बरों का स्रोत ज़्यादातर अंग्रेज़ी भाषा ही है।

सिफ़ारिश नाम का अस्त्र यहां भी ब्रम्हास्त्र की तरह काम आता है। और यह बाक़ी जगहों की तरह नौकरी दिलवा कर ही रहता है।

अब यह भी जान लिया जाए कि किस तरह की सिफ़ारिश काम आती है।

यहां अगर आपका कोई रिश्तेदार या जान पहचान वाला ख़बरिया चैनल, अख़बार या वेबसाइट में बड़े ओहदे पर काम करता है तो सोने पर सुहागा। अगर नहीं भी है तो चिंता की बात नहीं है, चैनल में बड़े पद पर काम करने वाले की दोस्ती आपके जानने वालों से हो जाए तो वो भी कारगर उपाय होगा।

क़ाबिलियत को इस इंडस्ट्री में नज़रअंदाज़ तो किया जाता है लेकिन ऐसा नहीं है यह पूरी इंडस्ट्री ही नौकरी देने के मामले में इस गोरखधंधे का शिकार है। आज भी हर चैनल में कुछ लोग बिन सोर्स सिफ़ारिश के केवल क़ाबिलियत के बूते पर नौकरी पा जाते हैं। बस ज़रूरत सही वक़्त पर सही आदमी के पास पहुंचने की है।

आज की तारीख़ में अगर आपके साथ कोई सोर्स सिफ़ारिश करने वाला नहीं है तो यह अस्त्र हमेशा आपके काम आएंगे। आप इन्हें अपना साथी बनाएं।

1. रोज़ अख़बार पढ़ें और हमेशा देश दुनिया में हो रही घटनाओं से बाख़बर रहें। हर ख़बर को केवल पढ़ें ही नहीं उस पर अपना नज़रिया भी बनाएं और ख़ुद की सोच विकसित करें।

2. लिखना एक पत्रकार को ज़रूर आना चाहिए। चाहे आप रेडियो, टीवी, अख़बार, या वेब किसी भी माध्यम के लिए नौकरी मांगने जा रहे हों अगर लिखना नहीं आता तो आप मिलती हुई नौकरी से भी हाथ धो सकते हैं।

3. अग्रेज़ी भाषा का ज्ञान भी बेहद ज़रूरी है। भले ही आप हिंदी के क्षेत्र में काम करना चाहते हों लेकिन अंग्रेज़ी के बिना काम नहीं चलने वाला। वजह यह है कि ज़्यादातर ख़बरों का स्रोत अंग्रेज़ी है और ऐसे में इससे मुंह चुराने वालों को कोई भी काम पर नहीं रखना चाहेगा।

4. मीडिया में काम अब पहले की पत्रकारिता की तरह नहीं हैं। यहां अब ज़्यादातर काम कम्प्यूटर पर ही होता है तो ऐसे में आपको इसका ज्ञान होना बहुत ज़रूरी है। साथ ही इंटरनेट फ़्रैंडली होना भी उतना ही ज़रूरी है। आज–कल ख़बरों के लिए ज़्यादातर निर्भरता वेबसाइट्स पर रहती है। ऐसे में आप इस नए माध्यम से जितना ही परिचित रहेंगे उतना ही अच्छा होगा।

5. जिस चैनल, अख़बार, रेडियो या वेबसाइट के लिए आप नौकरी ढूढ़ रहे हैं उसे ज़रूर देखते रहें। इंटरव्यू के पहले कम से कम 10 दिन तक तो लगातार केवल उस पर यह देखें कि चैनल में किस तरह की शब्दावली का इस्तेमाल होता है और चैनल का नेचर कैसा है। जैसे IBN7 एग्रेसिव नेचर का है तो यहां NDTV इंडिया वाली शब्दावली नहीं काम आएगी।

   अगर आप चैनल की शब्दावली पकड़ने में कामयाब हो गए तो इंटरव्यू लेने वाले को लगेगा कि आप उसके काम के हैं। आप पर ज़्यादा मेहनत नहीं करनी पड़ेगी और आपका काम आसान हो जाएगा।

   इसके लिए आप चैनल पर चलने वाले पैकेज ध्यान से देखें और उसी हिसाब से स्क्रिप्ट लिखने का अभ्यास करें। आप का काम आसान हो जाएगा।

6. नौकरी मांगने के लिए हमेशा चैनल के HR डिपार्टमेंट के सम्पर्क में रहें। साथ ही वहां काम कर रहे लोगों से बातचीत करते रहें। यह आपको कम से कम यह तो बता ही देंगे कि संस्थान में इंटरव्यू कब से शुरू होने जा रहे हैं।

7. नौकरी पाने के लिए इस बात का ख़ास ध्यान रखें कि आप आख़िर मीडिया में करना क्या चाहते हैं। अगर आप टीवी में काम करना चाहते हैं तो फिर अख़बार में नौकरी

मांगने का कोई मतलब नहीं बनता है। अगर आप क्राइम के पत्रकार बनना चाहते हैं तो स्पोर्ट्स में काम मत कीजिए। अपना विज़न हमेशा क्लियर रखें कि आपको क्या करना है नहीं तो नौकरी मिल जाने के बाद भी आप संतुष्ट नहीं होंगे और केवल समय बरबाद करेंगे। वो कुछ नहीं कर पाएंगे जो करने के लिए आपने इस प्रोफ़ेशन को चुना है।

टीवी पत्रकारिता

टीवी पत्रकारिता का इतिहास

दुनिया में टीवी के नियमित प्रसारण का श्रेय बीबीसी यानि ब्रिटिश ब्रॉडकास्टिंग कॉरपोरेशन को दिया जाता है। बीबीसी ने ही सन 1936 में सबसे पहले टीवी पर कार्यक्रमों की शुरुआत की।

सन 1939 में न्यूयॉर्क में एक विश्वमेला आयोजित किया गया जिसमें बड़ी संख्या में पहली बार लोगों ने टीवी देखा। इसके बाद यूनेस्को की मदद से 1951 में भारत में लोगों को टीवी देखने का सौभाग्य मिला। और भारत में 15 अगस्त 1965 से नियमित रूप से 1 घंटे का टीवी कार्यक्रम पेश किया जाने लगा।

दरअसल देश में 1964 से ही टीवी की विकास यात्रा शुरू हो गई। शुरुआत में देश की राजधानी दिल्ली में ही अकेला टेलीविज़न केंद्र हुआ करता था। और सारे प्रसारण यहीं से किए जाते थे। यह युग अभी ब्लैक एंड व्हाइट टीवी तक ही सीमित था।

ब्लैक एंड व्हाइट से रंगीन

इसके बाद टीवी के लिए दूसरा मील का पत्थर रहा 15 अगस्त 1982 का जब रंगीन टीवी का पदार्पण हुआ। इस दौरान भारत ने 9वें एशियाई खेलों के प्रसारण के लिए ट्रांसमीटर्स आयात किए। इन ट्रांसमीटर्स के ज़रिए देश के दूरगामी इलाक़ों में भी दूरदर्शन का मज़ा उठा पाना संभव हो सका। अब तक हालांकि भारत ने अपना पहला स्वदेसी उपग्रह इनसेट – 1 A अंतरिक्ष में स्थापित कर लिया था।

फिर अक्टूबर 1983 में देश में इनसेट – 1 B भी काम करने लगा। इन उपग्रहों की मदद से 1984–85 तक देश के घर–घर में दूरदर्शन देखना संभव हो गया। टीवी में दिखाए जाने वाले धारावाहिक, कला और संगीत के कार्यक्रमों ने दर्शकों को एक नए ही रंग से परिचित कराया।

1989 के चुनावों में भी दूरदर्शन के ज़रिए लोगों ने चुनावी कवरेज का आनंद उठाया। फिर धीरे धीरे सरकार की उदार नीतियों के चलते निजी क्षेत्र ने भी इस ओर क़दम बढ़ाए। और लोगों के पास एक से ज़्यादा चैनल देखने के विकल्प हो गए।

आज का दौर

आज आलम यह है कि हमारे पास हर विषय के लिए अलग–अलग चैनल मौजूद हैं। ख़बरों के लिए ज़ी न्यूज़, आज तक, एनडीटीवी, आईबीएन, टाइम्स नाऊ, स्टार न्यूज़, ईटीवी, और सहारा जैसे चैनल प्रमुख हैं। वहीं अगर आप केवल व्यापार जगत की ख़बरों से ही ताल्लुक रखना चाहते हैं तो इसके लिए अलग विकल्प भी मौजूद हैं। यह तो केवल ख़बरों की बात हुई। आज हम तकनीकी रूप से इतना आगे बढ़ चुके हैं कि क्या म्युज़िक, क्या फ़िल्में और क्या सीरियल्स सभी पर पूरे 24 घंटे कार्यक्रम दिखाने वाले चैनल मौजूद हैं और दिन ब दिन इनकी संख्या बढ़ती ही जा रही है।

टीवी का टार्गेट ऑडियंस

टीवी कौन देखता है?

टीवी वो देखता है जिसके पास देखने–सुनने की क्षमता है और इसके अलावा वो जिसके पास टीवी है। जिनके पास टीवी नहीं है लेकिन फिर भी वो टीवी में आने वाली ख़ास कवरेज मसलन क्रिकेट मैच के दौरान दुकानों के पास भीड़ लगाए मैच की हर बॉल का लुत्फ़ उठाते रहते हैं। तो यह भी एक तरह से टीवी के दर्शक ही हुए। कुल मिलाकर टीवी का टार्गेट ऑडियंस तो हर वो शख़्स है जो देख और सुन सकता है।

अब बात करते हैं कि कौन क्या देखता है? 4 साल का बच्चा कार्टून का शौकीन होता है तो 80–90 साल के बुजुर्ग सतसंग, भजन जैसे कार्यक्रम देखते रहते हैं। अगर टीवी न्यूज़ चैनल की बात करें तो यहां 12 साल के बच्चे से लेकर 80 साल के बुजुर्ग तक को ध्यान में रखकर ख़बर चलाई जाती है। आजकल बच्चों को आकर्षित करने वाली ख़बरों जैसे हैरी पॉर्टर की मूवी कब रिलीज़ हो रही है और बाज़ार में कौन से नए गेम आए हैं वगैरह भी धड़ल्ले से चलाई जा रही हैं।

वहीं अगर खेल की ख़बरों की बात करें तो इनका टार्गेट 14 से 60 साल या उससे भी ज़्यादा की उम्र के लोग होते हैं।

इसी तरह बिज़नेस की ख़बरों के भी ग्राहक तय हैं। हर वो आदमी जो शेयर में पैसा लगाता है उसकी कारोबार जगत में होने वाली हलचल, रिज़र्व बैंक की पॉलिसी वगैरह में अच्छी ख़ासी दिलचस्पी रहती है। वैसे तो हर लेन–देन में कारोबार नाम जुड़ा होता है और वो सारी चीज़ें बिज़नेस की ख़बरों के दायरे में आती हैं लेकिन मुख्य रूप से शेयर निवेशक ही बिज़नेस चैनलों के दर्शकों का बड़ा समूह होता है।

दर्शक भगवान है !!

यानि यहां अलग–अलग कार्यक्रम देखने वाला अलग–अलग वर्ग हैं। ऐसे में अगर आपका कार्यक्रम किसी ख़ास वर्ग के लिए ही बनाया गया है तो यह मान लिया जाता है कि वो तो इसे देखेगा ही। लेकिन सही मायने में आपका प्रोग्राम या ख़बर तभी काम की है जब वो एक वर्ग के दायरे से बाहर निकले। यानि उसे इस तरीक़े से पेश किया जाए कि वो बाक़ी लोगों को भी अपनी ओर आकर्षित कर सके और वो भी उसे देखें। तभी आपका प्रोग्राम सार्थक है।

इसके लिए बड़ी मशक्कत करने की ज़रूरत नहीं होती है। बस जो भी करें आसान लहज़े में करें और ऐसे शब्दों का ही इस्तेमाल करें जो आसानी से सभी को समझ आ जाएं। बिज़नेस की ही ख़बर की बात करें तो अगर यहां हम उन कठिन शब्दों का प्रयोग करेंगे जो केवल गूढ़ अर्थशास्त्रियों की समझ में आते हैं तो वो ख़बर बाक़ी आम दर्शक नहीं देखेंगे। आम दर्शक भी उस ख़बर को देखें इसके लिए आपको सुगम भाषा का प्रयोग करना पड़ेगा। वो भाषा जो आपका दर्शक बोलता हो, समझता हो।

पुराने ज़माने में जब केवल डीडी न्यूज़ हुआ करता था तब उसमें जो कुछ भी दिखाया जाता था वो देखना दर्शक की मजबूरी हुआ करती थी। लेकिन आज दर्शकों के पास केबल या **DTH** के ज़रिए दूसरे चैनल देखने का विकल्प भी है। और जैसे–जैसे समय आगे बढ़ता जा रहा है, ये विकल्प भी बढ़ते जा रहे हैं। ऐसे में जो चैनल अपने ऑडियंस को पकड़े रहने के साथ–साथ दूसरे चैनल के दर्शक को अपनी ओर खींचने में कामयाब है वही नंबर वन की कुर्सी पर बैठने का हक़दार होता है।

टीवी पत्रकारिता

टेलीविज़न पत्रकारिता, पत्रकारिता की सबसे प्रभावशाली वो विधा है जिसमें ख़बर 'दिखाई' जाती है। यहां ख़बर जानने का ज़रिया टीवी होती है। कैमरे के सहारे सीधे तस्वीरें दिखाए जाने के ज़माने में इस माध्यम में ख़बर सबसे पहले और 'लाइव' दिखाई जाती है।

टेलीविज़न पत्रकारिता किसी क्रांति से कम नहीं हैं क्योंकि यहां ख़बर के लिए इंतजार नहीं करना पड़ता है। वो जैसी, जितनी और जो होती है वैसी की वैसी तुरंत दिखने लगती है।

एक वो दिन था 1964 का जब भारत में टीवी की शुरुआत हुई थी और दिल्ली के दूरदर्शन केंद्र में केवल 1 टेलीविज़न सेट हुआ करता था और एक दिन आज का है जब सैकड़ों की तादाद में टीवी चैनल हैं और उन्हें देखने के लिए अलग–अलग डिजाइन और सुविधाओं से लैस टीवी सेट्स हैं।

एक ज़माना वो भी था जब मोहल्ले में एक ही टीवी हुआ करता था जिसपर महाभारत, रामायण, चित्रहार, रंगोली और संडे की फीचर फ़िल्म देखने के लिए मजमा लगा करता था और एक आज का दिन है कि घरों में हर कमरे में अलग–अलग टीवी हुआ करते हैं।

टेक्नोलॉजी के क्षेत्र में जिस तरह से क्रांति हुई है उसी हिसाब से लोगों ने उसे अपनाया भी है। यह क्रांति ही है कि आज जितनी तरह के दर्शक हैं उतनी तरह के कार्यक्रम बनते हैं और यह कहना ग़लत ना होगा कि उसे दिखाने के लिए उतनी ही तरह के टीवी चैनल भी मैदान में हैं।

अब अगर आपको गाने सुनने का शौक़ है तो आपके लिए MTV, चैनल वी, B4U म्युज़िक, MH1, ETC, 9X म्युज़िक जैसे तमाम चैनल मौजूद हैं। लेकिन अगर आप गाने सुनना नहीं चाहते हैं आपकी दिलचस्पी सास–बहू के झगड़ों वाले नाटक देखने में है तो इस क्षेत्र में भी आपके लिए अच्छे ख़ासे चैनल मौजूद हैं। स्टार प्लस, सोनी, ज़ी टीवी, सब टीवी, सहारा वन, एनडीटीवी इमेजिन जैसे चैनलों को इस विधा में महारात हासिल है।

वहीं आपका रुझान इस तरह के एंटरटेनमेंट से उलट ज्ञानवर्धक चीज़ें देखने की ओर है तो आप डिस्कवरी, जियोग्राफ़िक और हिस्ट्री चैनलों की ओर रुख कर सकते हैं। यहां आपको एक से एक तमाम ऐसे प्रोग्राम्स मिलेंगे जो आपको हर क्षेत्र की बारीक से बारीक जानकारी देंगे। फिर चाहे वो ज़मीन के ऊपर की हो, ज़मीन के भीतर की हो,

समंदर के अंदर की या फिर अंतरिक्ष की हो। हमारे आने वाले कल से जुड़े शोध हों या फिर बीते हुए कल के रहस्य सब बातों पर इन चैनलों का फ़ोकस रहता है।

और अगर आप फ़िल्मों के शौकीन हैं तो आप स्टार मूवीज़, स्टार गोल्ड, सेट मैक्स, सहारा फिल्मी जैसे चैनल ट्यून कर सकते हैं। खेल के शौक़ीनों के लिए स्टार स्पोर्ट्स, ईएसपीएन, नियो स्पोर्ट्स, टेन स्पोर्ट्स, नियो क्रिकेट, स्टार क्रिकेट जैसे चैनलों की भरमार है।

जो लोग इस दीन दुनिया से बिल्कुल बेख़बर रह कर सिर्फ़ भगवान का ध्यान ही करना चाहते हैं उनके लिए आस्था, संस्कार, श्रद्धा, साधना जैसे चैनल भी बने हैं।

लेकिन जो इनमें से किसी भी चीज़ को नहीं छोड़ना चाहते हैं, सब कुछ जानना चाहते हैं, अपने आस–पास से लेकर देश दुनिया के हर कोने की हलचल से बाख़बर रहना चाहते हैं तो उनके लिए बनाए गए हैं न्यूज़ चैनल। आज तक, एनडीटीवी, सीएनएन आईबीएन, आईबीएन 7, स्टार न्यूज़, टाइम्स नाउ, सहारा समय जैसे तमाम वो न्यूज़ चैनल हैं जो दिन भर दुनिया के किसी भी कोने में होने वाली हर उस दस्तक को लोगों तक पहुंचाते हैं जिनका सही मायने में हर आम और ख़ास से सरोकार होता है।

यहां दिनभर सिर्फ़ और सिर्फ़ ख़बरें दिखाई जाती हैं। हर वो ख़बर दिखाई जाती है जिनका सीधा असर आम और ख़ास की ज़िंदगी पर पड़ता है फिर चाहे वो घटना भारत के किसी गांव में हुई हो या फिर सात समंदर पार किसी पश्चिमी देश के बड़े, चमकदार शहर में, सब को बराबर का दर्ज़ा दिया जाता है।

वहीं अगर आप केवल कारोबार की दुनिया की हलचलों को ही जानना चाहते हैं तो आपके लिए सीएनबीसी टीवी 18, सीएनबीसी आवाज़, एनडीटीवी प्रॉफ़िट, ET NOW, ज़ी बिज़नेस और ब्लूमबर्ग यूटीवी जैसे चैनल भी हैं।

साथ ही अगर आप केवल एंटरटेनमेंट से जुड़ी ख़बरें देखना चाहते हैं तो आपके लिए E 24 जैसे चैनल भी मौजूद हैं। केवल स्पोर्ट्स से जुड़ी ख़बरों को अलग से दिखाने की भी कोशिशें चल रही हैं और आने वाले वक़्त में अगर ऐसे चैनल खुल जाएं जिनका फ़ोकस केवल क्राइम, पॉलिटिक्स जैसी ख़बरों पर ही तो कोई बड़ी बात नहीं है।

सबसे तेज़

वैसे तो पत्रकारिता के हर माध्यम का अपना वजूद है लेकिन तेज़ी यानि तुरंत ख़बर दिखाने के मामले में टीवी सभी से आगे माना जाता है। यहां ख़बर के लिए अगले दिन का इंतज़ार नहीं किया जाता है जैसा कि अख़बार के लिए होता है। यहां चीज़ें लाइव दिखाई जाती हैं। और कई मामलों में तो आजकल ख़बर के दूसरे माध्यमों मसलन अख़बार, रेडियो, वेब वगैरह के लिए टीवी न्यूज़ चैनल स्रोत के तौर पर भी काम करते है।

अब बात करते हैं टीवी न्यूज़ चैनल के काम करने के तौर तरीक़ों की।

टीवी न्यूज़ चैनल का स्ट्रक्चर

एडिटोरियल डिपार्टमेंट

एडिटोरियल डिपार्टमेंट इनपुट और आउटपुट दो भागों में बंटा रहता है। और इन्हीं दो भागों पर चैनल को चलाने की पूरी ज़िम्मेदारी होती है। इनपुट का काम जैसा कि नाम से ही साफ़ है चैनल को इनपुट देना होता है। यानि कोई भी वो चीज़ जो चैनल के बाहर से आनी है वो इसी के ज़रिए आती है। चैनल में आने के बाद उस चीज़ का ट्रीटमेंट आउटपुट का ज़िम्मा होता है।

इनपुट

इसे न्यूज़ गैदरिंग डिपार्टमेंट भी कहा जाता है। चैनल के इस विभाग का काम जगह–जगह से समाचार इकट्ठा करके आउटपुट विभाग को देना होता है। इस काम के लिए इसके तमाम साथी होते हैं।

1. असाइन्मेंट डेस्क

सबसे पहले बात करते हैं असाइन्मेंट डेस्क की। इस डेस्क का काम मूलतः चैनल को ख़बर उपलब्ध कराना होता है। चैनल में असाइन्मेंट की एक टीम होती है और सारे रिपोर्टर इसी डेस्क को रिपोर्ट करते हैं। कोई भी स्टोरी अइडिया अप्रूव करने से लेकर स्टोरी आने तक की सारी प्रक्रिया असाइन्मेंट के ज़रिए ही होती है। कुल मिलाकर वायर्स को छोड़ दें तो चैनल में चलने वाली हर ख़बर का स्रोत यही डेस्क होती है।

इसका काम यह होता है कि कौन सा रिपोर्टर कब क्या कर रहा है, कैसे कर रहा है, उसका काम कितनी देर में पूरा हो जाएगा और कितने बजे तक उसकी स्टोरी ऑन एयर होने लायक हो जाएगी, सारी बातों की पल–पल की जानकारी आउटपुट डेस्क को देते रहना।

चैनल की अगले दिन की प्लानिंग की ज़म्मेदारी भी इसी डेस्क के कंधे पर ही रहती है।

रिपोर्टर को ज़रूरी चीज़ें जैसे ओबी वैन, कैमरा यूनिट, लोकेशन का एड्रेस भी यही डेस्क बताती है। अगर चैनल किसी बड़े नेटवर्क का हिस्सा है तो नेटवर्क के दूसरे चैनलों से किसी की बाइट मंगाना हो या फुटेज, सारी चीज़ों की सप्लाई यही डेस्क करती है।

किस आदमी की बाइट कब कहां से आ रही है, आने के बाद ठीक से रिकॉर्ड हुई है या नहीं, यह सारा काम भी असाइन्मेंट डेस्क को ही संभालना होता है।

वहीं समाचार एजेंसियों पर आ रही ख़बरों पर पैनी नज़र बनाए रखना भी एसाइन्मेंट की ही ज़िम्मेदारी का हिस्सा है।

कुल मिलाकर चैनल में एक छोटी सी स्टोरी से लेकर किसी भी बड़ी ब्रेकिंग न्यूज़ के दौरान प्लानिंग से लेकर उसे सही तरीक़े से अंजाम तक पहुंचाने का ज़िम्मा इस डेस्क का होता है।

2. ब्यूरो और स्ट्रिंगर नेटवर्क

चैनल के हेड ऑफिस के अलावा देश के बड़े शहरों में भी उसके दफ़्तर होते हैं। इन्हें ब्यूरो कहा जाता है। एक ब्यूरो ऑफिस में चीफ़ रिपोर्टर आमतौर पर ब्यूरोचीफ़ होता है। ब्यूरो छोटा है तो 2–3 रिपोर्टर और अगर ज़्यादा शहरों को वहीं से कवर किया जाता है तो रिपोर्टर भी उसी हिसाब से रखे जाते है।

इसके अलावा एक ब्यूरो दफ़्तर में 1–2 ओबी वैन होती हैं, 2–3 कैमरा और कैमरामैन होते हैं। साथ ही छोटी–मोटी एडिटिंग करने के लिए एडिटिंग मशीन और वीडियो एडिटर रखा जाता है। यहां डेस्क पर भी कुछ लोग रखे जाते हैं जो स्क्रिप्ट लिखने और उसे इंटरनेट के जरिए चैनल के हेड ऑफ़िस में पहुंचाने का काम करते हैं।

अगर ब्यूरो बड़ा है तो असाइन्मेंट का भी कम से कम एक आदमी रखा जाता है जो मूलतः को–आर्डिनेशन का काम करता है। अगर एक राज्य में चैनल का एक ही ब्यूरो है तो उसके रिपोर्टरों को पूरे राज्य से जुड़ी छोटी–बड़ी स्टोरीज़ फ़ाइल करनी होती है।

कई बार चैनल में यह तय हो जाता है कि आज किसी ख़ास थीम पर काम होना है। ऐसे में ब्यूरो के रिपोर्टरों को बता दिया जाता है कि आज उसी ख़ास थीम पर ही स्टोरी चाहिए। ब्यूरो की सारी ज़िम्मेदारी ब्यूरो चीफ़ की होती है। और यह ब्यूरो चीफ़ एसाइन्मेंट डेस्क को रिपोर्ट करते हैं।

ब्यूरो के अलावा चैनल के लिए ख़बर का ज़रिया स्ट्रिंगर भी होते हैं। यह उन छोटे शहरों में रहकर काम करते हैं जहां ब्यूरो नहीं होता है। अब हर शहर में ब्यूरो तो खोला नहीं जा सकता है लेकिन ख़बर तो कभी भी कहीं से भी टपक सकती है। ऐसे में जहां ब्यूरो नहीं होता है वहां से स्टोरी असाइन्मेंट डेस्क स्ट्रिंगर के ज़रिए करवाती है।

स्ट्रिंगर को ब्यूरो के रिपोर्टर की तरह महीने के आख़िर में तन्ख़्वाह नहीं मिलती है न ही उसे चैनल की तरफ़ से कैमरा वगैरह मिलता है। उसे अपने ही कैमरे से स्टोरी शूट करके चैनल में भेजनी होती है। अपने पुराने स्ट्रिंगर को चैनल माइक आईडी भले ही दे देता है। स्ट्रिंगर्स को स्टोरी के हिसाब से पैसे मिलते हैं। आज कल बड़े नेशनल चैनल में स्ट्रिंगर को एक स्टोरी के लिए 2–5 हज़ार रुपए तक मिल जाते हैं।

3. फॉर्वर्ड प्लानिंग डेस्क

इस डेस्क का काम आगे की योजनाओं की तैयारी करना है। यहां मामला ब्रेकिंग न्यूज़ से ज़रा हटकर रहता है। यह डेस्क हमेशा देश दुनिया में आने वाले दिनों में क्या

होने वाला होता है उस पर नज़र बनाए रखती है। ताकि तय दिन पर हम उस घटना के लिए पहले से ही तैयार रहें। फॉर्वर्ड प्लानिंग के तहत ज़्यादातर अहम दिनों जैसे 15 अगस्त, 26 जनवरी, 2 अक्टूबर वगैरह के साथ–साथ किसी बड़े सितारे के जन्मदिन जैसी चीज़ों की प्लानिंग होती है।

4. रिसर्च डेस्क

किसी भी ख़बर पर ताज़ा जानकारी के अलावा बाक़ी का बैकग्राउंडर तैयार करना रिसर्च डेस्क का काम होता है। अगर कहीं से कोई क्राइम, पॉलिटिकल, स्पोर्ट्स या दूसरे मुद्दों की कोई भी ख़बर आती है तो इस मामले से जुड़ी बाक़ी सामग्री मुहैया करना इसी डेस्क की ज़िम्मेदारी होती है।

यह डेस्क बड़े मामलों की टाइमलाइन भी तैयार करती रहती है ताकि ज़रूरत पड़ने पर घटना की सिलसिलेवार जानकारी दी जा सके। जैसे भारत पाकिस्तान के संबंधों की ही बात ले लें। इस मामले में रिसर्च डेस्क के पास कब–कब, क्या–क्या, कहां–कहां और कैसे हुआ है जैसी सारी जानकारी होती है। जब कभी भी दोनों देश के नेता आपस में बैठकर बातचीत करने का ऐलान करते हैं तो यह रिसर्च डेस्क ख़बर का बैकग्राउंडर तैयार करने में बड़ी भूमिका अदा करती है।

बैकग्राउंडर के अलावा जब किसी का इंटरव्यू करना होता है तब एंकर को सारा मटेरियल यही डेस्क देती है। इस मटेरियल में जिसका इंटरव्यू लिया जाना होता है उसका प्रोफाइल होता है। और इंटरव्यू जिस बारे में लिया जाना होता है उस मामले की पूरी जानकारी के साथ–साथ कुछ सम्भावित प्रश्न होते हैं।

वहीं अगर चैनल में कोई शो बनना होता है तो उसके कंटेट से जुड़ी सारी रिसर्च यही डेस्क उपलब्ध करती है। रिपोर्टर जब कोई पैकेज लिखता है तो वो भी रिसर्च डेस्क की मदद लेता है। क्योंकि रिपोर्टर को केवल ख़बर पता लगती है और कई बार उस जैसी दूसरी ख़बरों के बारे में जानकारी नहीं होती है। तो यह रिसर्च डेस्क उसे सारी ज़रूरी जानकारियां मुहैया कराती है।

इस रिसर्च डेस्क के लिए स्रोत इंटरनेट और अपना डाटा बेस होता है। आजकल तो लगभग सारी चीज़ें इंटरनेट पर मौजूद हैं। लेकिन अगर कभी किसी मामले से जुड़ी रिसर्च की जा चुकी होती है तो उसे यह डेस्क अपने डाटाबेस में सुरक्षित रखती है। ताकि जब ऐसे ही किसी मामले में रिसर्च की ज़रूरत हो तो फिर नए सिरे से न जूझना पड़े। बस मामले से जुड़े ताज़ा अपडेट लिखकर नई रिपोर्ट तैयार कर दी जाती है और समय भी बचता है।

5. इंजेस्ट या फीड रूम

चैनल में जगह–जगह से बाइट, विज़ुअल्स आते रहते हैं। यह सारी चीजें जिस एक जगह पर इकट्ठा की जाती हैं उसे ही इंजेस्ट या फीड रूम कहा जाता है। जब किसी

की बाइट रिपोर्टर भेजता है तो वो सबसे पहले यहीं आती है। यहां उसे या तो टेप में या फिर इंटरनल सर्वर या आसान भाषा में कहें बड़ी सी हार्ड डिस्क में रिकॉर्ड कर लिया जाता है। और ज़रूरत के मुताबिक उतना हिस्सा चुनकर प्ले कर लिया जाता है।

चैनल के ब्यूरो ऑफ़िस से पैकेज हों या फिर किसी स्टोरी से जुड़े फुटेज सभी पहले फीड रूम में ही आते हैं। एडिटिंग के लिए यहीं से विज़ुअल उठाए जाते हैं। फिर उसे एडिट कर ऑन एयर होने लायक तैयार किया जाता है।

कई बार किसी ब्यूरो में ही कोई शो रिकॉर्ड किया जाता है। अब वो वहां से ऑन एयर तो हो नहीं सकता है क्योंकि चीज़ों को ऑन एयर करने की व्यवस्था हेडऑफ़िस में ही होती है तो वहां से ओबी वैन की मदद से चीज़ें चैनल के फ़ीड रूम में भेजी जाती हैं। यहां फिर इसका प्रीव्यू होता है। सारी चीज़ें दुरुस्त पाए जाने पर शो MCR में भेज कर ऑनएयर करा दिया जाता है। और कई बार ब्रेकिंग न्यूज़ की भागमभाग में और पहले चलाने की जल्दी में बाइट या फुटेज बिना चेक किए पहले सीधे लाइव कर दिया जाता है। बाद में उसे ज़रूरत हुई तो एडिट किया जाता है।

6. गेस्ट को–आर्डिनेशन

किसी भी चैनल में वहां काम करने वाले लोगों के अलावा जितने भी बाहर से लोग आते हैं उनकी व्यवस्था का ज़िम्मा गेस्स को–आर्डिनेशन टीम का होता है। यह टीम असाइन्मेंट डेस्क के साथ कंधे से कंधा मिलाकर चलती है।

जब कभी भी कोई ब्रेकिंग न्यूज़ आती है और चैनल में हर तरफ ख़बर को लेकर चिल्लाहट मची रहती है तो गेस्ट को–आर्डिनेशन टीम के लोग ख़बर पर रिएक्शन जानने के लिए जानकारों को फ़ोन मिलाते हैं या उन्हें स्टूडियो में बुलाते हैं।

किसी इंटरव्यू शो के गेस्ट हों या फिर किसी डिस्कशन बेस्ड शो के लिए ऑडियंस की ज़रूरत होती है, उन लोगों को जुटाने का काम भी गेस्ट को–आर्डिनेशन डेस्क ही करती है।

कुल मिलाकर चैनल में लोगों को बुलाना उनकी मेहमाननवाज़ी करना और उन्हें विदा करना। यह सारे काम बिना गेस्ट को–आर्डिनेशन टीम के मुमकिन ही नहीं है।

7. मॉनिटरिंग डिपार्टमेंट

टीवी चैनल में सभी अपने काम में मशगूल होते हैं। किसी के पास सिर उठाने की फुरसत नहीं होती है। ऐसे में दूसरे चैनल में क्या चल रहा है, हम से कोई ख़बर छूट तो नहीं रही यह भी पता चलता रहना ज़रूरी है।

इसके लिए एक मॉनिटरिंग डिपार्टमेंट होता है जिसका काम दूसरे न्यूज़ चैनल में चल रही चीज़ों को देखना और अगर वो ख़बर हमारे चैनल में नहीं चल रही है तो लोगों को एलर्ट करना होता है।

8. टेक्निकल डिपार्टमेंट

चैनल में ख़बरें चलाने के लिए पत्रकार होते हैं लेकिन पत्रकारों का किया गया काम गंतव्य तक सही सलामत पहुंचे इसकी ज़िम्मेदारी टेक्निकल डिपार्टमेंट की होती है। इस डिपार्टमेंट का दखल पूरे चैनल के कामकाज में ही होता है। कम्प्यूटर, कैमरे, स्टूडियो, लाइटिंग, एडिटिंग मशीन, सैटेलाइट, फीड रूम, प्रोडक्शन कंट्रोल रूम, मास्टर कंट्रोल रूम, ओबी वैन, माइक, शूटिंग, प्रेस कॉन्फ्रेंस हर जगह काम सुचारु रुप से इन्हीं लोगों की बदौलत होता है।

वैसे तो एक बार सारा सेटअप लग जाने के बाद इनका काम काफ़ी हद तक हल्का हो जाता है। लेकिन आख़िर यह सारी हैं तो मशीनें ही। इन्हें कभी भी कुछ भी हो सकता है। ऐसे में जब भी किसी मशीन में किसी तरह की ख़राबी आती है तो इस डिपार्टमेंट के लोग अपने पैने हथियारों के ज़रिए उन्हें झट से दुरुस्त कर देते हैं।

9. ट्रैवेल डेस्क

चैनल की ट्रैवेल डेस्क का काम चैनल से जुड़े लोगों को आने जाने की सुविधा मुहैया कराना होता है। इसका काम भी चौबीसों घंटे वाला होता है। सुबह–सुबह कर्मचारियों को दफ़्तर पहुंचाना और रात में उन्हें घर छोड़ना इसका रूटीन वर्क है। इसके अलावा दिन में कभी भी रिपोर्टर को शूट पर जाना हो या फिर किसी गेस्ट को चैनल में लाना हो, यह टीम गाड़ी लिए मुस्तैद रहती है।

इस डेस्क में काम करने वाले को शहर का पूरा नक्शा ज़बानी याद रहता है। क्योंकि क्या पता कब कहां कितनी जल्दी में गाड़ी भेजनी हो।

आउटपुट

आउटपुट डेस्क का काम होता है चैनल में अलग–अलग जगह से आई चीज़ों को समेट कर चलने लायक बनाना। मसलन अगर कहीं से बाइट आई है तो उसमें से कितना हिस्सा चलाना है यह सुनिष्चित करके उतना हिस्सा ही काटना होता है। फिर स्लग बनाकर बाइट के साथ ज़रूरी एस्टन, यानि बाइट में बोलने वाले का नाम पद, ग्राफिक्स यानि बाइट में उस शख़्स ने क्या कहा है या मुद्दा क्या है वगैरह लिखकर उसे पब्लिश कराना या कहें ऑन एयर होने लायक बनाना होता है.

अगर कोई पैकेज ब्यूरो से आ रहा है तो उसके साथ चलने वाले ज़रूरी ग्राफिक्स, टॉपिक्स वगैरह लिखना। वहीं अगर कहीं से कोई फुटेज आ रहा हो ते उसे भी बाक़ायदा चलने लायक बनाना चैनल के आउटपुट डेस्क की ज़िम्मेदारी होती है।

1. कॉपी राइटिंग डेस्क

कॉपी राइटिंग डेस्क का काम एजेंसीज या न्यूज़ वायर सर्विस से आने वाली ख़बरों

को लिखना होता है। यह डेस्क भी लगातार वायर्स पर नज़र बनाए रखती है। और वहां पल–पल आने वाली ख़बरों में से जो चैनल के लिए उपयोगी होती है उसे झट से लिख डालती है।

2. प्रोडक्शन डिपार्टमेंट

प्रोडक्शन डिपार्टमेंट का काम होता है कि जगह–जगह से आने वाले फुटेज, बाइट, पैकेज को चलने लायक बनाना। कई बार ब्यूरो से केवल फुटेज ही आती है तो उसे पैकेज में बदलवाना भी इन्हीं का काम होता है।

इस डिपार्टमेंट के लोग रनडाउन (किसी भी शो में चलने वाली चीज़ों का क्रम) में लगी चीज़ों को एक वीडियो आईडी पर पब्लिश भी करते हैं। जिसके बाद यह वीडियो आईडी ही पीसीआर से प्ले की जाती है और वो चीज़ ऑन एयर होती है।

हेडलाइन में कौन से विज़ुअल लगेंगे, प्रोड्यूसर के अवाला यह तय करने की ज़िम्मेदारी प्रोडक्शन डिपार्टमेंट के लोगों की होती है। यही लोग एडिटर के साथ मिलकर विज़ुअल लगाते हैं।

कभी भी किसी शो के दौरान अगर कोई ब्रेकिंग न्यूज़ आ जाती है तो उसके लिए ज़रूरी फुटेज तलाशने का काम भी इसी डिपार्टमेंट के लोग करते हैं।

साथ ही प्रोडक्शन के लोगों का काम स्टूडियो में किसी शो की रिकॉर्डिंग के दौरान टेलीप्रॉम्पटर चलाना, शो टेप पर रिकॉर्ड करना वगैरह भी होता है। अगर शो की रिकॉर्डिंग के दौरान कोई गड़बड़ी हो जाती है या शो की रिकॉर्डिंग ज़रूरत से ज़्यादा हो जाती है तो उसे मानक समय का कराना भी इनकी ही ज़िम्मेदारी होती है। इस काम में शो प्रोड्यूसर भी इनकी मदद करते हैं।

3. रनडाउन प्रोड्यूसर

रनडाउन प्रोड्यूसर का काम होता है अपने बुलेटिन की सारी चीज़ें एक ऑर्डर से लगाना। बुलेटिन में क्या चीज़ किस हिस्से में जानी है, कितने समय तक चलनी है और उसका ट्रीटमेंट कैसा होगा यह सब सुनिष्चित करना रनडाउन प्रोड्यूसर की ज़िम्मेदारी होती है।

यहां हेडलाइन, बाइट, रीड, पैकेज और टीज़र, इन सारी चीज़ों को क्रम से लगाने के आलावा रनडाउन प्रोड्यूसर यह भी देखता है कि जो भी चीज़ें लिखी गई हैं उनमें कोई टाइपिंग की ग़लती तो नहीं है।

किसी भी बुलेटिन का कप्तान रनडाउन प्रोड्यूसर ही होता है। चाहे एंकर को कमांड देने की बात हो या फिर स्टूडियो डायरेक्टर को निर्देश देना हो यह सारी ज़िम्मेदारी प्रोड्यूसर की ही होती है। कहीं भी कोई भी चीज़ चलनी हो, किसी को भी चलानी हो, सब उसी के निर्देश पर चलेंगी।

4. ग्राफिक्स डिपार्टमेंट

वैसे तो चैनल विजुअल मीडियम है लेकिन हर चीज़ के विजुअल तुरंत मिलने संभव नहीं होते हैं। और कई बार आपकी सोच विजुअल के दायरे से बाहर होती है। ऐसे में ग्राफिक्स डिपार्टमेंट काम आता है। यह लोग पुराने विजुअल्स या तस्वीरों के सहारे वीडियो क्रिएट कर देते हैं। इस डिपार्टमेंट के लोग अपनी क्रिएटिविटी से डेस्क पर प्लान किए गए किसी भी शो में चार चांद लगा देते हैं।

चाहे शो का मोंटाज बनना हो या फिर स्टिंग, सारे काम ग्राफिक्स के लोग ही करते हैं। कुल मिलाकर चैनल पर विजुअल्स के अलावा जितनी भी चीज़ें दिखाई देती हैं वो ग्राफिक्स का ही हिस्सा होती हैं।

वैसे 24 घंटे चलने वाले चैनल में कई चीज़ें फ़िक्स होती हैं। मसलन एस्टन बैंड, लोकेशन बैंड, नॉर्मल ग्राफिक्स प्लेट जिनमें अमूमन किसी तरह का फ़ेरबदल नहीं होना होता है, वो चीज़ें एक सेट टेम्प्लेट में बना दी जाती हैं। इन टेम्प्लेट्स में ज़रूरत के हिसाब से टेक्स्ट भरना होता है और यह चलाने लायक हो जाती हैं। लेकिन जब कोई विशेष आयोजन या कवरेज होती है तो उसके लिए स्पेशल ग्राफिक्स भी बनते हैं।

आज कल हर चैनल में ग्राफिक्स का इस्तेमाल ज़्यादा होता है। इसकी वजह यह है कि सब पर जल्दी ख़बर को पेश करने का दबाव रहता है और विजुअल के इंतजार में कोई दूसरा चैनल ख़बर को पहले ब्रेक ना कर दे इसलिए ग्राफिक्स पर ही ख़बर को चलाकर खेलना शुरू कर दिया जाता है।

साथ ही एक दूसरी चीज़ यह भी है कि पूरे स्क्रीन पर अक्षरों को दिखाकर लोगों का ध्यान भी ख़बर की तरफ आकर्षित करना आसान होता है और वो ख़बर से जुड़ जाते हैं।

ग्राफिक्स प्लेट के लिए सबसे ज़रूरी है कि बात एकदम साफ और कम से कम शब्दों में कही जाए। टीवी चैनलों में आमतौर पर किसी ख़बर से जुड़ा एक हेडर होता है और उसी बात को समझाते हुए कुछ 4–6 प्वाइंटर्स होते हैं।

ब्रेकिंग न्यूज़ के दौरान एक बार में एक ही प्वाइंटर स्क्रीन पर चल रहा होता है। ऐसे में यहां ध्यान देने की बात यह है कि हर वाक्य अपने आप में पूरी जानकारी लिए हो।

साथ ही ग्राफिक्स, म्यूज़िक या वाइस ओवर (वीओ) साथ चलते रहते हैं और दर्शक को बातें समझने में किसी तरह की परेशानी न आए इसलिए भाषा एकदम आसान, वाक्य छोटे और पूरी बात समेटे हुए होने चाहिए।

5. टिकर डेस्क

किसी भी चैनल की सबसे ज़्यादा एक्शन वाली जगह टिकर डेस्क होती है। क्योंकि चैनल पर ख़बर सबसे पहले फ़्लैश के ज़रिए ही ब्रेक की जाती है। ऐसे में यहां की भाषा

का ख़ास महत्व होता है। फ़्लैश का सबसे सही तरीका यह होता है कि **5W 1H** के आधार पर ख़बर को दिखाया जाए और कोशिश की जाए कि ख़बर एक लाइन में ही पूरी समा जाए।

वैसे तो अलग–अलग चैनल इसमें तरह–तरह के प्रयोग करते रहते हैं। इससे कई बार दर्शकों को झल्लाहट भी होती है। कुछ चैनलों पर ख़बर को फ़्लैश पर तोड़–तोड़ कर दिखाया जाता है और जो बात सबसे ज़रूरी होती है वो सबसे बाद में आती है या कम से कम 10 फ़्लैश के बाद। लेकिन वो चैनल ऐसा इसलिए करते हैं कि दर्शकों को चैनल पर ज़्यादा से ज़्यादा देर तक बांध के रखा जा सके।

फ़्लैश लिखते समय भाषा ऐसी होनी चाहिए की कम से कम शब्दों का इस्तेमाल हो और वाक्य रोचक हों।

एक बार फ़्लैश होने के बाद ख़बर को स्क्रॉल टिकर में जगह दी जाती है। चूंकि यहां ख़बर घूमती हुई चलती है और कैरेक्टर स्पेस ज़्यादा होता है तो ऐसे में बड़ी सी लाइन में ख़बर को लिख सकते हैं। यानि ख़बर विस्तार से लिखने की जगह मिल जाती है।

6. स्टूडियो

स्टूडियो चैनल की सबसे शांत जगह होती है लेकिन बाहर से देखने पर वहीं सबसे ज़्यादा हलचल दिखाई देती है। स्टूडियो में एंकर के और अगर ज़रूरी हुआ तो गेस्ट के बैठने की जगह होती है। साथ ही कैमरे लगे होते हैं। चूंकि यहां रिकॉर्ड करने वाली चीज़ें टीवी पर दिखनी होती हैं इसलिए बैकग्राउंड और लाइटिंग का भी ख़ास ख़्याल रखा जाता है।

स्टूडियो में एंकर के अलावा कैमरामैन भी रहते हैं। जो ज़रूरत के मुताबिक स्टूडियो डायरेक्टर से सलाह लेकर कैमरे का फ्रेम सेट करते रहते हैं। इसके अलावा एंकर के पढ़ने के लिए टेलिप्रॉम्प्टर भी होता है।

7. प्रोडक्शन कंट्रोल रूम

प्रोडक्शन कंट्रोल रूम यानि PCR- यह वो जगह होती है जहां से प्रोग्राम बनाया जाता है। इस कमरे में छोटे बड़े कई टीवी सेट्स लगे होते हैं जिसमें कैमरा, या ओबी वैन से फुटेज के डायरेक्ट आउटपुट दिखा करते हैं। एक साउंड मिक्सर रहता है जहां जगह–जगह से आ रही माइक की आवाज़ का कंट्रोल होता है। साथ ही साथ अलग–अलग म्यूज़िक के कंट्रोल का फीडर भी रहता है। इसके अलावा कई सारे VTR यानि वीडियो टेप रिकॉर्डर रहते हैं। इस कमरे का संचालन मुख्यतः 5 लोगों के हाथों में रहता है – स्विचर, स्टूडियो डायरेक्टर, ऑडियो एग्जेक्यूटिव, प्रोडक्शन असिस्टेंट, प्रोड्यूसर।

स्विचर : शो के दौरान कई कैमरों और ओबी वैन के ज़रिए कई जगह से एक साथ फुटेज आ रहे होते हैं। PCR में एक बोर्ड होता है जिसपर एक स्विच मशीन लगी होती है। इस मशीन में ढेरों बटन होते हैं जिनकी सहायता से यह तय किया जाता है किस फुटेज का इस्तेमाल कब और कैसे करना है। यही काम PCR में स्विचर को संभालना होता है।

मान लीजिए कि एक स्क्रीन पर एक वक़्त में एंकर है और उसके साथ फुटेज चलने हैं तो स्विचर दो विंडो शॉट बनाएगा और जिसमें एक में वो एंकर को रखेगा और दूसरे में फुटेज यानि विज़ुअल्स चलते रहेंगे। वहीं अगर इसी ख़बर पर रिपोर्टर का लाइव लिंक होना है तो उसके लिए एक तीसरी विंडो की ज़रूरत पड़ती है। और अगर इसी ख़बर पर 4 रिपोर्टरों का लिंक लेना है जो देश के कई कोनों से जानकारी दे रहे होते हैं तो स्विचिंग मशीन में 6 विंडो बनाने की सुविधा हुई तो स्विचर 6 विंडोज़ बनाता है नहीं तो बारी–बारी से जितने विंडो बन पाते हैं उन्हीं में अलग अलग एलिमेंट्स को जगह देता रहता है।

यूं तो हमेशा ही स्विचर का काम बड़ी मेहनत वाला होता है लेकिन लाइव शो में स्विचर को ज़्यादा सावधान रहना पड़ता है क्योंकि तब रीटेक का मौका नहीं होता है।

किसी भी प्रोग्राम को देखिए जहां हर 3–6 सेंकेंड में शॉट्स बदलते रहते हैं, वह इसी स्विचर और उसकी मशीन का ही कमाल होता है। अगर यह ना हों तो आपकी टीवी में बस एक ही चेहरा आता रहेगा। या फिर एडिटिंग के ज़रिए बड़ी मेहनत करके छोटे छोटे शॉट्स ढूढ़कर, काटकर, चिपकाकर प्रोग्राम बनाना होगा।

स्टूडियो डायरेक्टर : स्टूडियो डायरेक्टर चैनल पर चलने वाली सारी चीज़ों को फ़ायर यानी प्ले करता है। जिससे वो सीधे MCR में पहुंचती हैं जहां से चीज़ें ऑनएयर होती हैं। जैसे जैसे तकनीक का विकास होता गया टेलीविज़न प्रसारण के क्षेत्र में भी क्रांति आती जा रही है। साधारण न्यूज़ बुलेटिन की बात करें तो अब होने यह लगा है कि एक रनडाउन बनाया जाता है। रनडाउन में अगल–अलग कहानी के हिसाब से स्लग होते हैं और हर स्लग में क्या फुटेज चलने हैं इसकी वीडियो ID होती है।

साथ ही साथ ख़बर के हिसाब से चलने वाले एस्टन, ग्राफिक्स, लोकेशन बैंड, वगैरह होते हैं। इन सभी चीजों को PCR के एक कम्प्यूटर में लोड कर लिया जाता है। इसके बाद एक फ़ाइनल प्लेलिस्ट बनती है और फिर एक के बाद एक चीज़ें प्रोड्यूसर के कमांड पर ऑन एयर होती रहती हैं।

स्टूडियो डायरेक्टर को बुलेटिन के दौरान एकदम चौकन्ना रहना पड़ता है क्योंकि एक भी ग़लत चीज फ़ायर होने पर अर्थ का अनर्थ हो जाता है। अगर किसी ख़बर में दो लोगों की बाइट्स चलनी हैं, एक का नाम रामनाथ और दूसरे का श्यामनाथ और ग़लती से रामनाथ की जगह श्यामनाथ का एस्टन चल गया तो उनकी पहचान ही बदल जाएगी।

स्टूडियो डायरेक्टर को प्रोड्यूसर के कमांड के अलावा स्विचर से भी बराबर को–आर्डिनेट करते रहना होता है। वो बताता रहता है कि अब इस कैमरे या इस ओबी के आउटपुट को काटना है, मैं उसके ग्राफिक्स फायर करूंगा। तब तुम वो विंडो काटना वगैरह।

ऑडियो एक्जीक्यूटिव : इनका काम ये देखना होता है कि जितने भी मेहमान चैनल पर आते हैं सभी के माइक दुरुस्त हों। ओबी वैन से आ रही फीड के ऑडियो में किसी तरह की दिक्कत ना हो। इसके लिए इनके पास एक बड़ा सा ऑडियो मिक्सर होता है। इस मिक्सर में अगल–अलग ऑडियो आउटपुट के लिए फीडर्स दिए होते हैं। जब जिस वक़्त जो बोल रहा होता है उसका फीडर अप कर दिया जाता है और बाक़ी को डाउन रखा जाता है ताकि अनावश्यक आवाज़ें ऑन एयर न जाएं।

साथ ही कभी–कभी जब कोई गेस्ट बोलता ही चला जाता है और समय कम होता है तो भी फीडर नीचे कर दिया जाता है।ऐसे में उसकी आवाज़ ऑन एयर नहीं हो पाती है। वो बोलता रहता है और उसको शुक्रिया कर दिया जाता है।

ब्रॉडकास्ट माध्यम में जितना ज़रूरी विजुअल होता है उतना ही महत्व आवाज़ का होता है। बिना आवाज़ के चलते रहने वाले फुटेज बेकार है। ऐसे में इस काम को अंजाम देने वाले ऑडियो एग्जेक्यूटिव की भूमिका चैनल में महत्वपूर्ण होती है।

प्रोडक्शन असिस्टेंट : प्रोडक्शन असिस्टेंट कई छोटे–छोटे लेकिन मोटे काम करता है। जैसे किसी शो का गेस्ट स्टूडियो नहीं पहुंच पा रहा है और उसका फ़ोनर लिया जाएगा। तो गेस्ट को फ़ोन लगाने और उसे पैच करने का काम यह प्रोडक्शन असिस्टेंट ही करते हैं। साथ ही TP यानि टेलिप्रॉम्पटर चलाने का काम भी इन्हीं के ज़िम्मे होता है।

हर शो आजकल चैनल के सर्वर में तो रिकॉर्ड होता ही है साथ ही टेप पर भी रिकॉर्ड किया जाता है। तो यह रिकॉर्डिंग और टेप्स को लाइब्रेरी में पहुंचाने का काम भी यही लोग करते हैं। अगर यह न हों तो ना जाने कितनी दिक्कतों में शो बनेगा।

प्रोड्यूसर : प्रोड्यूसर को एक नाव का कप्तान कहा जाए तो कोई अतिशयोक्ति नहीं होगी। दरअसल इस पूरी टीम का कर्ताधर्ता यही शख़्स होता है। प्रोग्राम या बुलेटिन की परिकल्पना से लेकर वो ऑनएयर कैसे जाएगा सब प्रोड्यूसर ही तय करता है। कौन सी कहानी पहले चलनी है कौन सी बाद में यह फैसला तो एडिटोरियली हो जाता है लेकिन बुलेटिन के दौरान हर आख़िरी फ़ैसला लेने का अधिकार सिर्फ़ और सिर्फ़ प्रोड्यूसर को ही होता है।

प्रोड्यूसर का काम देखने में भले ही इतना लंबा चौड़ा लगता हो लेकिन PCR में इतने लोगों की अच्छी खासी टीम के साथ यह काम आसानी से निबट जाता है।

PCR में एक शो पूरी टीम की सामूहिक मेहनत में बनता है और अगर इस समूह की कोई भी कड़ी टूट गई तो शो तो बनेगा लेकिन बाक़ियों पर ज़्यादा भार पड़ेगा जिससे उतनी आसानी नहीं होगी।

8. मास्टर कंट्रोल रूम

मास्टर कंट्रोल रूम यानि MCR- यहां से फ़ाइनली चीज़ें ऑन एयर होती हैं। चैनल में जितना कुछ भी हम देख रहे होते हैं ये तस्वीरें अलग–अलग ट्रीटमेंट के ज़रिए MCR पहुंचती हैं। यहां उस पर टिकर चलता रहता है, चैनल का लोगो लगाया जाता है और टाइम यानि घड़ी लगाई जाती है।

फिर सारी चीजें यहां से सैटेलाइट पर अपलिंक कर दी जाती हैं और फिर वो हमें केबल या फिर डीटीएच जैसे दूसरे माध्यमों के ज़रिए टीवी पर दिखाई देती हैं। इस सारे काम में यानि प्रोग्राम को MCR से टीवी पर दिखने में महज 4 सेकेंड लगते हैं।

MCR का एक और भी काम होता है। ये डिपार्टमेंट प्रोग्राम में सेगमेंट के बीच में जो ब्रेक आते हैं यानि जिस दौरान एडवरटाइजमेंट चलते हैं वो चलाने का काम भी करता है।

इस टीम को मार्केटिंग वालों की तरफ से निर्देश रहते हैं कि भाई फलाने क्लाइंट के विज्ञापन इतनी देर चलने हैं और फिर उसे प्रोडक्शन या एडिटोरियल वालों की तरफ से जानकारी दे दी जाती है कि हमारा आधे घंटे का प्रोग्राम है और उसमें 3 सेगमेंट है। पहला 7 मिनट का, दूसरा 6 मिनट का और तीसरा सेगमेंट 5 मिनट का यानि कुल प्रोग्राम हुआ 18 मिनट का। आधे घंटे में बाक़ी बचे 12 मिनट–तो इन 12 मिनट की चीज़ें यहीं से चलनी होती है। इस दौरान कुछ विज्ञापन चल जाते हैं साथ ही चैनल आईडी और दूसरे प्रोग्राम्स के प्रोमो आदि चलाकर बाक़ी टाइम भरना होता है।

MCR में काम बाक़ी जगहों से ज़्यादा प्रेशर का होता है क्योंकि यहां आप एक मिनट के लिए भी ध्यान इधर से उधर करने का जोख़िम नहीं उठा सकते हैं। लेकिन इस काम को आसान बनाने के लिए अगल–अलग चैनलों में तमाम सॉफ्टवेयर हैं जो लोगों को थोड़ी राहत देते हैं।

MCR एग्जीक्यूटिव हर घंटे के हिसाब से या दिन भर के लिए एक प्लेलिस्ट बनाता है। जैसे आप कम्प्यूटर में गाना सुनने के लिए एक प्लेलिस्ट बनाते हैं और वो गाने आपकी पसंद के मुताबिक चलते रहते हैं ठीक उसी तरह यह प्लेलिस्ट भी प्रोग्राम्स के शेड्यूल के हिसाब से चलती रहती है।

लेकिन जैसा कि जग ज़ाहिर है मीडिया में कुछ भी परमानेंट नहीं है और वक़्त बे वक़्त आप की प्लानिंग चौपट होती रहती है। यहां भी बिल्कुल वैसा ही होता है–कभी भी कोई ब्रेकिंग न्यूज़ आ जाती है और MCR की प्लेलिस्ट धरी की धरी रह जाती है। ऐसे माहौल में MCR एग्जेक्यूटिव का वक़्त ब्रेक एडजेस्ट करते और ब्रेक किल करते ही बीतता है।

स्टूडियो–PCR

स्टूडियो और पीसीआर के बीच में अमूमन एक दीवार का फ़र्क होता है लेकिन इसके बीच का को–आर्डिनेशन ऐसा मानो दूर देश में बैठे लोगों के बीच बातचीत हो रही हो।

पीसीआर में बैठे सभी लोग अगर स्टूडियो में बैठी एंकर की आवाज़ सुनना चाहें तो उसके लिए यहां स्पीकर लगे होते हैं और एंकर के पास माइक। लेकिन अगर पीसीआर से किसी को कुछ एंकर को बताना हो तो वो टॉकबैक नाम की मशीन से बोलता है और एंकर कान में लगे ईयर प्लग से सुनते हैं।

प्रोड्यूसर अपना कोई भी निर्देश एंकर को इसी के ज़रिए देता है। जब स्टूडियो में कोई गेस्ट होते हैं तो उन्हें केवल माइक ही दिया जाता है कोई ईयर प्लग नहीं। क्योंकि उसे बस एंकर के सवालों के जवाब देने होते हैं। लेकिन जब यही गेस्ट कहीं बाहर से लाइव होता है तब उसे भी ईयर प्लग लगाया जाता है ताकि वो एंकर की आवाज़ को सुन सके।

डायरेक्टर भी वक़्त वक़्त पर एंकर को निर्देश देता रहता है। यह काम भी टॉकबैक के ज़रिए ही होता है। वहीं स्टूडियो के अंदर जो कैमरामैन होते हैं उन्हें भी एक माइक लगा हेडफ़ोन दिया जाता है जिससे वो कम्युनिकेट करते हैं। अक्सर स्विचर उन्हें निर्देश देते रहते हैं कि अब हम पहले कैमरे से मिलने वाला आउटपुट ऑन एयर ले रहे हैं। या हमें कैमरा 2 का आउटपुट चाहिए या मास्टर कैमरे का आउटपुट चाहिए वगैरह। जिस वक़्त कैमरे से आने वाले शॉट्स ऑन एयर होते हैं तब वो कैमरा कहीं हिल न जाए इसलिए कैमरामैन को यह निर्देश दिए जाते हैं।

PCR-MCR

पीसीआर का काम होता है प्रोग्राम बनाना और एमसीआर के ज़रिए वो चीज़ें सेटेलाइट पर और फिर वहां से डिश एंटेना या केबल के ज़रिए टीवी पर दिखाई देती हैं। इस बीच पीसीआर में जो प्रोग्राम बनता है वो क्लीन फ़ीड होती है। यानि उसमें चैनल का लोगो, टाइम, टिकर, फ़्लैश वगैरह नहीं होते हैं। यह सारी चीज़ें एमसीआर से चलती हैं।

साथ ही प्रोग्राम के साथ दिखाए जाने वाले विज्ञापन भी एमसीआर से ही चलते हैं। ऐसे में पीसीआर और एमसीआर के बीच लगातार बातचीत होती रहती है। अगर रात आठ बजे के शो की बात करें तो चैनल में इसकी शुरुआत एमसीआर के कमांड से होती है। एमसीआर, पीसीआर को शो शुरू करने का काउंटडाउन देता है। 10..9..8..7..6..5..4..3..2..1 ROLL यहां से कमान पीसीआर के हाथ में होती है। जब पीसीआर अपना पहला 7–8 मिनट का सेगमेंट ख़त्म कर रहा होता है तो वो एमसीआर को ब्रेक के लिए एलर्ट करता है और वैसे ही काउंटडाउन देकर लास्ट में ROLL की जगह BREAK बोलता है। फिर एमसीआर वहां से खाली समय में विज्ञापन लगाता है। जब पहले सेगमेंट के विज्ञापनों की मियाद ख़त्म हो जाती है तो वो फिर पीसीआर को निर्देश देता है।

यह क्रम तब तक चलता रहता है जब तक शो ख़त्म न हो जाए।

तो यह थी टीवी न्यूज चैनल में कामकाज की एक झलक।

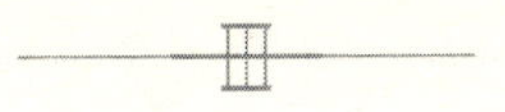

कवरेज प्लान

किसी भी कहानी की रिपोर्टिंग पर जाने से पहले उस कवरेज की प्लानिंग पूरी होनी चाहिए। बिना प्लानिंग के जाने से हड़बड़ी में गड़बड़ी की पूरी गुंजाइश होती है।

यह महज़ 10 मिनट का काम होता है। जब भी आप के दिमाग़ में कोई कहानी गूंज रही हो तो उसे एक सेट फॉरमेट में सोचें। उस फॉरमेट में कहानी के विज़ुअल्स, ग्राफिक्स, स्पेशल इफ़ेक्ट्स, लोकेशन, बाइट देने वाले लोग, रिसर्च और उसका ट्रीटमेंट जैसी बेसिक बातें शामिल होती हैं।

एक रिपोर्टर के लिए सबसे बड़ी चुनौती एडिटर से स्टोरी अप्रूव कराने की भी होती है। अगर एडिटर या बॉस को आप स्टोरी समझाने में कामयाब होते हैं तभी आपको कहानी करने की इजाज़त मिलती है। अपने एडिटर को कहानी इस तरह से समझाएं कि वो आपकी बातों को सुनकर आसानी से कहानी की कल्पना कर सके। इसके लिए आपके ज़हन में यह बात साफ़ होनी चाहिए कि असल में स्टोरी बनने के बाद दिखेगी कैसी।

एडिटर को कहानी के विज़ुअल, मनीशॉट*, बाइट, ग्राफ़िक्स वगैरह की पूरी जानकारी देनी चाहिए ताकि वो स्टोरी के बारे में अंदाज़ा लगा सके और अगर ज़रूरी हो तो कुछ सुझाव भी दे सके।

वैसे तो हर कहानी में एक से ज़्यादा खूबसूरत विज़ुअल्स हो सकते हैं लेकिन सबसे महत्वपूर्ण हिस्से को शुरू में इस्तेमाल करने से कहानी की वैल्यु बढ़ जाती है और साथ ही वो दर्शक को अपनी ओर खींचने में भी कामयाब रहती है।

जब आप अपने एडिटर को पूरी कहानी ट्रीटमेंट के साथ समझाएंगे तो एक तो उन्हें कहानी समझने में आसानी होगी और आपकी क्रिएटिविटी को परखकर उन्हें कहानी को अप्रूवल देने में ज़रा भी देर नहीं लगेगी। और एक बार कहानी की इजाज़त मिल गई तो फिर बात ही क्या। आपकी कल्पना को पंख लग जाते हैं और दुनिया जहान की उड़ान भरने के बाद आपकी सोची कहानी असल रूप लेने लगती है।

कवरेज प्लान में महज़ कल्पना शक्ति ही नहीं और भी कई चीज़ें होती हैं। मसलन आप जिस स्टोरी के लिए जा रहे हैं वो है किस पर, स्टोरी के लिए ज़रूरी विज़ुअल क्या चाहिए। अगर चैनल में पहले से वो विज़ुअल मौजूद हैं तो प्रोडक्शन के लोगों से वो विज़ुअल ढूढ़कर रखने को कह सकते हैं।

अगर विज़ुअल नहीं हैं तो अपनी स्टोरी के हिसाब से क्या–क्या विज़ुअल चाहिए उसकी एक लिस्ट बना लें। जिससे आपको स्टोरी शूट करने के दौरान आसानी हो।

साथ ही अगर आपकी स्टोरी में ग्राफिक्स की ज़रूरत है तो ग्राफिक्स बनाने वाले को शूट पर जाने से पहले यह ज़रूर बता के जाएं कि आपको किस तरह के ग्राफिक्स चाहिए। ताकि जब आप अपनी स्टोरी शूट करके वापस आएं, ग्राफिक्स डिज़ाइनर आपकी स्टोरी के हिसाब से ग्राफिक्स के लिए विकल्प तैयार रखे। उसे फ़ाइनल करके सिर्फ़ टेक्स्ट भरना बाक़ी रहे।

वहीं अगर कहानी के लिए किसी तरह की रिसर्च ज़रूरी हो तो रिसर्च डेस्क को अपनी ज़रूरत से अवगत करा दें। स्टोरी से जुड़ी बाइट यदि आप खुद लेने जा रहे हैं तो ठीक है नहीं तो अगर वो सिस्टम यानि पहले रिकॉर्ड हुए किसी शो से या पुराने पैकेज में से निकालनी है तो यह काम भी शूट पर जाने से पहले किसी ज़िम्मेदार व्यक्ति को थमाया जा सकता है।

इसके साथ साथ अगर आप अपनी स्टोरी के आने का सम्भावित समय और उसके ऑन एयर होने का समय भी तय कर लेंगे तो बुलेटिन प्रोड्यूसर को अपने बुलेटिन के लिए स्टोरी चुनने में आसानी होगी।

इस सब एक्सरसाइज़ से आपकी स्टोरी में सबसे बड़ा फ़र्क यह पड़ेगा कि आप जब फ़ील्ड से वापस आएंगे तो सारी चीज़ें तैयार पाएंगे और पूरे शूट के दौरान इन चीज़ों की चिंता से भी मुक्त रहेंगे।

वापस आने के बाद आपको बस स्क्रिप्ट लिखनी है, चेक करानी है और वाइस ओवर के बाद सारी चीज़ें वीडियो एडिटर के हवाले कर देनी है। जिसके बाद वो बस खटाखट स्टोरी के हिसाब से शॉट्स लगाकर आपकी स्टोरी को ऑन एयर होने लायक तैयार कर दे। यह काम खटाखट इसलिए हो रहा है क्योंकि आपने स्टोरी के विज़ुअल्स पहले से सोचे हुए हैं और एडिटिंग के वक़्त उसमें मामूली फेरबदल ही करना होता है।

इन सब बातों का एक छोटा सा मतलब यह है कि अगर आप कोई भी काम पूरी प्लानिंग के साथ करते हैं तो उसमें चूक होने की सम्भावना बहुत कम होती है और कन्फ़्यूज़न भी कम होता है। और टेलिविज़न में जहां एक ही ख़बर पर आइडिया से लेकर ऑन एयर होने तक दर्जनों हाथों से गुज़रना होता है कन्फ़्यूज़न जहर का काम करता है। ऐसे में अगर स्टोरी से पहले आपका कवरेज प्लान तैयार रहेगा तो आपकी कहानी जल्दी पूरी होगी और बड़े आराम से हिट हो जाएगी।

* मनीशॉट– कहानी का पहला सबसे खूबसूरत विज़ुअल या ग्राफिक जिसे देखकर दर्शक आपकी पूरी कहानी देखने के लिए ठहर जाए

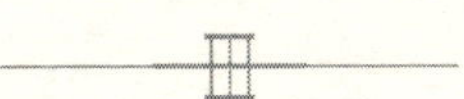

टीवी की भाषा

टीवी एक ऐसा माध्यम है जिसे लोग देखते, सुनते और पढ़ते हैं। ऐसे में यहां भाषा को लेकर सबसे ज़्यादा सावधान रहने की ज़रूरत है। यहां एक साथ कई तरह से ख़बर आती रहती है–जैसे सबसे पहले कोई ख़बर फ़्लैश होती है, फिर उसपर एंकर लिंक के साथ रिपोर्टर चैट, एंकर ग्राफिक्स और फिर पैकेज के रूप में चलाई जाती है। और अगर ख़बर बड़े इम्पैक्ट वाली हुई तो उस पर अलग–अलग ऐंगल्स से चर्चा होती रहती है।

ज़ाहिर है जब ख़बर को पेश करने के इतने तौर तरीक़े होते हैं तो सभी की भाषा एक जैसी नहीं हो सकती है।

फ़्लैश/टिकर की भाषा

चैनल पर ख़बर सबसे पहले फ़्लैश के ज़रिए ही ब्रेक की जाती है। ऐसे में यहां की भाषा का ख़ास महत्व होता है। फ़्लैश का सबसे सही तरीक़ा यह होता है कि 5w1h के आधार पर ख़बर को दिखाया जाए और कोशिश की जाए कि एक लाइन में ही पूरी समा जाए। अगर ख़बर बड़ी है तो उसे तोड़कर कई पट्टियों में भी चलाया जा सकता है।

फ़्लैश लिखते समय भाषा ऐसी होनी चाहिए कि शब्दों का इस्तेमाल तो कम हो लेकिन वाक्य रोचक बने रहें।

एक बार फ़्लैश होने के बाद ख़बर को स्क्रॉल टिकर में जगह दी जाती है। चूंकि यहां ख़बर घूमती हुई चलती है और कैरेक्टर स्पेस ज़्यादा होता है तो ऐसे में बड़ी सी लाइन में ख़बर को लिख सकते हैं। यानि ज़्यादा इनफॉरमेशन एक ही लाइन में लिखी जाती है।

ग्राफिक्स की भाषा

आज कल हर चैनल में ग्राफिक्स का इस्तेमाल होता है। इसकी वजह यह है कि जल्दी जल्दी ख़बर को पेश करने का दबाव रहता है और विजुअल के इंतजार में कोई दूसरा चैनल ख़बर को ब्रेक ना कर दे इसलिए ग्राफिक्स पर ही ख़बर को चला कर खेलना शुरू कर दिया जाता है।

साथ ही एक दूसरी चीज़ यह है कि पूरे स्क्रीन पर अक्षरों को दिखाकर लोगों का ध्यान भी ख़बर की तरफ आकर्षित करना आसान होता है और वो ख़बर से जुड़ जाते हैं।

ग्राफिक्स के लिए सबसे ज़रूरी है कि बात पूरी और एकदम कम से कम अक्षरों में कही जाए। टीवी चैनल में आमतौर पर किसी ख़बर से जुड़ा एक हेडर होता है और उसी बात को समझाते हुए कुछ 4–6 प्वाइंटर्स होते हैं।

बड़ी ख़बर के दौरान एक बार में एक ही प्वाइंट स्क्रीन पर चल रहा होता है ऐसे में हर वाक्य अपने आप में पूरा जानकारी लिए होना चाहिए।

साथ ही ग्राफिक्स म्यूज़िक या वीओ के साथ चलते रहते हैं और दर्शक को बातें समझने में किसी तरह की परेशानी ना आए इसलिए भाषा एकदम आसान, वाक्य छोटे और पूरी बात समेटे हुए होने चाहिए।

वीओ की भाषा

वीओ यानि वाइस ओवर की बात करें तो यह टीवी जर्नलिज़्म का वो हिस्सा है जिसमें सबसे ज़्यादा सावधान रहने की ज़रुरत है। पहले चैनलों में वाइसओवर आर्टिस्ट रखे जाते थे लेकिन उसके बाद चैनल में काम करने वाले लोगों ने ही इसमें हाथ आज़माना शुरू कर दिया है। अच्छे वीओ के लिए जिस बात पर सबसे ध्यान देने की ज़रूरत है वो है सही उच्चारण और बेहतरीन, धमाकेदार, मज़बूत आवाज़।

नुक़्ते के इस्तेमाल में सबसे ज़्यादा सावधान रहने की ज़रूरत है। जलील और ज़लील दो शब्दों को उदाहरण के तौर पर लेते हैं। इन दोनों शब्दों के अलग अलग मतलब हैं – जलील किसी का नाम है और ज़लील का मतलब किसी की बेइज़्ज़ती करना। तो अगर वाइस ओवर में जलील नाम के आदमी का नाम ज़लील रिकॉर्ड कर दिया गया तो अर्थ का अनर्थ तो होगा ही आप की क्रेडिबिलिटी भी ख़राब होगी।

वीओ करते समय इस बात का भी ध्यान रखना चाहिए कि हर शब्द का उच्चारण सही और शुद्ध हो। स्क्रिप्ट पढ़ते वक़्त जल्दबाज़ी न हो–इसका मतलब यह भी नहीं है कि इतना आराम से पढ़ा जाए कि सुनने वाला ऊब जाए और चैनल बदल दे। कहने का मतलब साफ़ है कि आपकी स्पीड और उच्चारण के बीच जितना अच्छा तालमेल रहेगा वीओ उतना ही पसंद किया जाएगा।

अब बात करते हैं आवाज़ की। वैसे तो भारी आवाज़ वाले शख़्स को ही वीओ का शहंशाह कहा जाता है। लेकिन हर तरह की आवाज़, जिसमें जोश हो, सही मॉड्युलेशन हो, साफ़ उच्चारण हो, वो समाचार चैनल में ख़बर के वाइस ओवर लायक होती है।

पैकेज की भाषा

पैकेज लिखते समय हमेशा यह ध्यान रखना चाहिए कि हम विजुअल्स के लिए लिख रहे हैं। स्क्रिप्ट में जो भी लिखा जाएगा वो सारी बातें विजुअल्स के पीछे वाइसओवर के तौर पर चल रही होंगी। ऐसे में जो भी लिखा जाए वो विजुअल को समझाता हुआ होना चाहिए। यह नहीं कि आप के शब्द कुछ बोलते हों और उस पर विजुअल कुछ और चलें। दोनों में समानता होनी चाहिए।

अब सवाल यह उठता है कि पैकेज लिखें कैसे? टीवी जर्नलिज़म में पैकेज लिखने का कोई फ़िक्स फॉर्मूला नहीं है लेकिन फिर भी सबसे ज़्यादा जो तरीक़ा चलन में है वो है एंकर रीड, वीओ, बाइट, वीओ, बाइट, वीओ, पीटीसी यानि 3 वीओ और 2 बाइट के साथ आख़िर में एक पीटीसी वाला तरीक़ा सबसे ज़्यादा इस्तेमाल में लाया जाता है।

यहां ख़बर को PPF फॉर्मूले के आधार पर लिखते हैं यानि प्रजेंट (वर्तमान), पास्ट (भूतकाल) और फ़्यूचर (भविष्य)। और यही तीन वीओ होते हैं – पहले वीओ में ख़बर क्या है वो लिखी जानी चाहिए और उसके साथ पहली बाइट जोड़नी चाहिए जो पहले वीओ को सपोर्ट करती हुई हो। उसके बाद दूसरा वीओ लिखते हैं जिसकी शुरूआत तो बाइट के सार से होगी लेकिन बाक़ी की बातें ख़बर के बैकग्राउंडर से जुड़ी होंगी। उसके बाद उसी से मिलती जुलती बाइट होनी चाहिए। आख़िरी वीओ में ख़बर को समेटने का काम होता है और इस ख़बर का भविष्य में क्या असर होने वाला है उसकी चर्चा होनी चाहिए।

पीटीसी

आख़िर में रिपोर्टर की पीटीसी यानि पीस टु कैमरा होती है। पीटीसी में रिपोर्टर को ख़बर पर टिप्पणी का पूरा अधिकार होता है। टिप्पणी का ये मतलब कतई नहीं है कि आप PTC की आंड़ में किसी को गालियां देने लगें या फिर अपने पूर्वाग्रह से लबरेज़ कोई भी बात बोल दें। वो ख़बर से जुड़ी कोई ऐसी बात बोल सकता है जो विषय से संबंधित हो। यह पूरी ख़बर पर रिपोर्टर का एडिटोरियल कमेंट होता है जिसे रिपोर्टर अपने अलग अंदाज़ में बोलता है।

एंकर रीड की भाषा

एंकर रीड लिखते समय यह ध्यान दिया जाना चाहिए कि पूरे पैकेज में सबसे ज़्यादा ज़रूरी या कहें कि वज़नदार बात क्या है, वहीं से इसकी शुरूआत होनी चाहिए।

और यह ख़त्म कुछ इस अंदाज़ में हो कि दर्शक के ज़हन में पूरा पैकेज देखने की जिज्ञासा छोड़ सके। यानि पूरी कहानी की एक बढ़िया सी झलक या कहें टीज़ होनी चाहिए एंकर इंट्रो में।

विजुअल की भाषा

पैकेज या रीड में विजुअल का इस्तेमाल करते समय उसकी प्रासंगिता का ध्यान रखते हुए यह भी देखना चाहिए कि दृश्य ठहरे हुए न हों। यानि मूविंग शाट्स का इस्तेमाल हो। इसका मतलब यह नहीं है वो विजुअल लिए जाए जहां कैमरा घूम रहा हो। हमेशा वही विजुअल प्रयोग में लाए जाने चाहिए जिनमें कैमरा स्थिर हो और शॉट्स या दृश्य चलते–फिरते हों।

साथ ही पैकेज बनाते समय कोई भी शॉट 5 सकेंड से ज़्यादा के नहीं होने चाहिए। जब किसी भी प्रोग्राम का प्रोमो बना रहे हों तो शॉट्स और छोटे–छोटे होने चाहिए। उस समय शॉट्स की अवधि 3 सेकेंड से ज़्यादा की कतई न हो।

लिंक की भाषा

लिंक में हमेशा ध्यान रखना चाहिए कि किसी भी बात का दोहराव न हो। एक ही बात बार–बार बोलने से ऑन एयर टाइम की बर्बादी तो होती ही है उस रिपोर्टर को सुनना भी बोरिंग लगता है।

साथ ही जब भी रिपोर्टर लिंक दे रहा होता है वो कई बार बायस्ड हो जाता है यानि वो किसी दूसरे की विचारधारा से प्रभावित होकर उसी की भाषा बोलने लगता है। एक पत्रकार को इस तरह की चीज़ों से हमेशा बचना चाहिए और लिंक के दौरान सही शब्दों का चुनाव करना चाहिए जो निष्पक्ष हों।

अगर वो किसी का बयान चैनल पर बता रहा है तो फलाने के मुताबिक या फिर फलाने का साफ़ कहना है जैसे वाक्यों से शुरुआत करना अच्छा माना जाता है।

बाइट की भाषा

अब बात करते हैं बाइट की भाषा की। हालांकि बाइट में परिवर्तन करने का मौक़ा कम ही रहता है क्योंकि यह किसी दूसरे के बोले हुए शब्द होते हैं। लेकिन यहां उनके उन्हीं

शब्दों का चुनाव करना चाहिए जो ख़बर की पुष्टि कर रहे हैं। इसका यह मतलब नहीं है आप विज़ुअल से छेड़छाड़ कर के अपनी ख़बर की पुष्टि करवा लें। यहां उन्हीं शब्दों का चुनाव करें जो असल में बोले गए हों।

कई बार इंटरव्यू के दौरान लोग काम की आधी बात पहले और बाक़ी आधी आख़िर में बोलते हैं। बीच में वो किसी मामले का उदाहरण देने लगते हैं। ऐसे में चैनल पर बाइट के तौर पर पूरी राम कहानी तो चला नहीं सकते हैं। तो शुरुआती का और आख़िर का वो हिस्सा जिसमें काम की बात होती है उसे ही जोड़ कर बाइट बनाकर चला लेनी चाहिए।

नोटः

ख़बर पेश करने की भाषा भले ही हर जगह अलग लगे लेकिन यहां सबमें एक चीज़ कॉमन होती है वो यह कि हर जगह ख़बर एक ही होती है। उसके मूल तत्व यानि **5 W** और **1H** ग़ायब न होने पाएं। **5W** और **1H** यानि कब, क्या, कहां, कौन, कैसे और कितना। यह वो 6 अहम तत्व हैं जिनके बिना हर ख़बर बेकार है, अधूरी है और किसी काम की नहीं है।

उच्चारण और आवाज़ साफ़ हो

किसी भी ख़बर के वाइस ओवर के लिए सबसे ज़रूरी शुद्ध उच्चारण और साफ़ आवाज़ है। क्योंकि अगर आवाज़ साफ़ नहीं होगी तो दर्शक ख़बर को सुनकर समझ नहीं पाएगा। वहीं अगर उच्चारण में ख़ामी रह गई तो ख़बर के मायने बदल जाया करते हैं।

इसे इस बात से साफ़ समझा जा सकता है कि ख़बर में किसी शख़्स का नाम 'जलील' है और अगर उसके उच्चारण को बोलने वाले ने 'ज़लील' कह दिया है तो यहां अर्थ का अनर्थ हो जाता है। जलील का मतलब नाम होता है और ज़लील का मतलब किसी को बेइज़्ज़त करना होता है।

इन दो चीज़ों के अलावा वाइस ओवर के लिए तीसरी सबसे अहम बात सही स्ट्रेस और पॉज़ेज़ हैं। यानि कौनसा शब्द कितना ज़ोर देकर बोला जाए और वाक्य बोलते समय किस जगह रुका जाए इसका भी ख़ास ख़्याल रखना होता है।

इसे समझने के लिए यह वाक्य सबसे उपयुक्त रहेगा... "रुक मत जा"

इसके आसानी से दो मायने निकाले जा सकते हैं, एक तो "रुक....मत जा" और दूसरा "रुक मत...जा"। इन बातों का ख़ास ख़्याल रखा जाना चाहिए। नहीं तो आप कहेंगे कुछ और उसका मतलब कुछ और निकलेगा।

वैसे वाइस ओवर कोई रॉकेट साइंस नहीं है और न ही इसके लिए किसी तरह डिग्री होने की ज़रूरत होती है। हर साफ़ आवाज़, शुद्ध उच्चारण वाइस ओवर के क़ाबिल है। साथ ही सही जगह पर स्ट्रेस और पॉज़ लेने की ज़रूरत होती है। और इसके लिए निरंतर अभ्यास करते रहना चाहिए।

सैय्यदैन ज़ैदी
नेशनल हेड, जन संदेश

न्यूज़ बुलेटिन

दुनियाभर से आ रही ख़बरों को दर्शकों के सामने न्यूज़ बुलेटिन के माध्यम से पेश किया जाता है। यह काम शो प्रोड्यूसर का होता है। शो प्रोड्यूसर की ज़िम्मेदारी होती है कि वो जगह–जगह से आई ख़बरों को वरीयता के क्रम से रनडाउन में लगाए। पूरे शो में चलने वाली हर चीज़ को बारीक़ी से देखना भी प्रोड्यूसर की ज़िम्मेदारी का अहम हिस्सा होता है। यही नहीं उससे अपेक्षा रहती है कि वो हमेशा कुछ नया करे और बुलेटिन में उसकी रचनात्मकता की छाप नज़र आए।

हेडलाइन

किसी भी बुलेटिन की शुरुआत हेडलाइन से होती है तो ज़ाहिर है इसकी ख़ूबसूरती का सबसे ज़्यादा ध्यान देना चाहिए। प्रोड्यूसर यह ध्यान रखे कि हेडलाइन ज़्यादा लंबी न हो ताकि एंकर उसे आसानी से पढ़ सके। और अगर ज़रूरत पड़ने पर लंबा ही लिखना है तो यह ज़रूरी है कि वो रोचक हो बोझिल नहीं।

हेडलाइन के साथ लिखा जाने वाला टेक्स्ट सार्थक और आसानी से समझ में आना वाला होना चाहिए। हेडलाइन में एम्बियंस अप करके या बाइट का इस्तेमाल करके उसे नया रूप दिया जा सकता है। साथ ही हेडलाइन में जो भी विज़ुअल इस्तेमाल किए जा रहे हों वो हेडलाइन में कहे जाने वाली या फिर लिखे हुए शब्दों से मेल खाते हों।

एंकर लिंक

ख़बरों से जुड़े एंकर लिंक हमेशा हर ख़बर का ताज़ा हाल टीज़ भर कर रहे हों। ताकि दर्शक को यह भी पता चल जाए की मामला क्या है। साथ ही उसके अंदर पूरी ख़बर जानने की दिलचस्पी भी बनी रहेगी। अगर आपने पैकेज की पूरी ख़बर एंकर लिंक में ही बता दी है तो पूरे पैकेज में दर्शक के लिए कुछ भी नया नहीं मिलेगा। वो केवल एंकर लिंक की व्याख्या भर रहेगा।

यही नहीं एक ख़बर से दूसरी ख़बर पर बढ़ने के पहले एंकर के पास बोलने के लिए दो लाइने ज़रूर होनी चाहिए। इससे एक तो एंकर दर्शक को दूसरी ख़बर के लिए भी रोकने का काम करता है। साथ ही यहां पर एक टू वे कम्युनिकेशन भी नजर आता है कि एंकर और दर्शक के बीच ख़बर को लेकर बातचीत हो रही है।

विज़ुअल का इस्तेमाल

ख़बरों के साथ चलने वाले विज़ुअल ख़बर से मेल ज़रूर खाने चाहिए। अगर आप किसी का फ़ोनर ले रहे हैं तो ख़बर से जुड़े विज़ुअल भी चला सकते हैं। स्क्रीन पर ज़्यादा देर तक एक ही चीज़ टिके रहने से दर्शक बोर होता है। और मुमकिन है कि वो चैनल बदल ले।

मनीशॉट

किसी भी ख़बर के विज़ुअल्स का सबसे पहला शॉट ज़रूर रोचक होना चाहिए। ताकि देखने वाला उसे देखकर आपके चैनल पर रुक जाए। वैसे तो यह रिपोर्टर का काम होता है कि वो जो स्टोरी दे रहा हो उसका पहला विज़ुअल आकर्षित हो लेकिन क्योंकि शो को हिट करने की ज़िम्मेदारी प्रोड्यूसर की ही होती है इसलिए वो भी देखे कि मनीशॉट क्या लगाया गया है और अगर वो उसके शो से मेल नहीं खाता है या फिर बदलाव की गुंजाइश है तो वक़्त रहते उसे बदल डाले।

बाइट

बुलेटिन में चलने वाली बाइट के साथ जो एंकर लिंक/रीड लिखे जाएं उनमें केवल ख़बर का ही ज़िक्र हो। चाहें तो यहां ख़बर का इंटरप्रिटेशन लिख सकते हैं लेकिन बाइट में बोली जाने वाली बातों को हूबहू बिल्कुल भी न लिखें। इससे एक तो आप दर्शक को एक ही बात दो बार बता रहे हैं और बुलेटिन में एक ख़बर की जगह बर्बाद कर रहे हैं।

फ़ेक का इस्तेमाल

अगर आपने किसी रिपोर्टर का लिंक लिया है या किसी गेस्ट से लाइव बातचीत की है और बाद में उसी लिंक या बातचीत का फिर से इस्तेमाल कर रहे हैं तो बैकग्राउंड का ध्यान ज़रूर रखें। टीवी की भाषा में इसे फ़ेक या जुगाड़ लाइव कहा जाता है। क्योंकि इस जुगाड़ लाइव के दौरान आपने ध्यान नहीं दिया तो हमेशा आपके पकड़े जाने का डर रहता है। यानि अगर आपने वो बातचीत दिन में की है तो रात के बुलेटिन में अगर वही चीज़ चलती हैं तो समझ में आ जाता है कि आप दर्शक को धोखा दे रहे हैं।

इसके लिए सबसे अच्छा उपाय है कि या तो रात में चलाने के लिए आपके पास रात में रिकॉर्ड की गई बातचीत हो। या फिर एंकर से यह ज़रूर कहलवा दें कि यह बातचीत हमने दिन में रिकॉर्ड की थी। या हमारे संवाददाता ने यह जानकारी हमें दिन में दी थी। साथ ही अगर वो लिंक न्यूज़ रूम से दिया गया है तो ध्यान रहे कि जो एंकर उस

वक़्त आप बुलेटिन पढ़ रहे हों वो लिंक के रिकॉर्ड होने के दौरान न्यूज़ रूम के कैमरे के फ्रेम में न हों।

नया रूप

अगर किसी ख़बर का पैकेज पहले से पड़ा है और कई बार चल चुका है तो उसे रीड बाइट फॉर्मेट में चलाया जा सकता है। इससे आपका समय भी बचेगा और बुलेटिन में नयापन भी दिखेगा। यह काम एक ही मामले से जुड़ी दो रीड का पैकेज बनाकर भी किया जा सकता है।

सावधानियां

- 24 घंटे के न्यूज़ चैनल में ख़बरें पल पल बदलती रहती हैं। ऐसे में ज़रूरी है कि आप अपने बुलेटिन के पहले पूरी तरह से बाख़बर रहें और सारी ख़बरें अपडेट करके ही ऑन एयर करें।
- प्रोड्यूसर को शो से पहले सारे ग्राफिक्स चेक कर लेने चाहिए। ताकि अगर कहीं मात्राओं की ग़लती है तो वो शो चलने से पहले ही सुधार ली जाए।
- यह भी ध्यान दें कि ग्राफिक्स ख़बर बयां भी कर रहे हों। केवल ग्राफिक्स स्पेस भरने से कोई फ़ायदा नहीं।
- ग्राफिक्स में चल रही बातें और चैनल पर रिपोर्टर/एंकर या गेस्ट जो बातें बोल रहा हो उसमें तालमेल ज़रूर हो।
- अगर कोई फुटेज लाइव चल रहा हो तो उसके साथ लोकेशन का नाम और लाइव ज़रूर लिखा होना चाहिए। ताकि दर्शक यह समझ सके कि चैनल पर बात आख़िर चल कहां की रही है। और यह बात लाइव दिखाई जा रही है या फिर रिकॉर्डेड है। अगर यह फुटेज रिकॉर्डेड है तो उसका भी ज़िक्र होना चाहिए।
- शो में कोई ऐसी ख़बर न चले जिस बात का ऐलान हो चुका हो। क्योंकि अक्सर ऐसा होता है कि कोई बैठक होनी होती है और जब प्रोड्यूसर शो के लिए जा रहा होता है तो ऐन उसी वक़्त पर उसका नतीजा भी आ चुका होता है। तो ऐसे वक़्त पर ध्यान रखने की ज़रूरत है कि आप उस ख़बर का अपडेट लें। अगर आपके पास अपडेट नहीं है तो ख़बर गिरा दें और कुछ देर में अपडेट कर लेने के बाद चलाएं। जल्दबाज़ी में ग़लत ख़बर न चलाएं।
- अगर आप लाइव शो करने जा रहे हैं और पहले से पता है कि आपके शो के दौरान कोई बड़ी ख़बर आनी है, या कोई प्रेस कॉन्फ्रेंस होनी है तो उससे जुड़े कुछ सम्भावित ग्राफिक्स हमेशा पहले से तैयार रखें।

कहने का मक़सद बस इतना है कि किसी भी बुलेटिन के लिए पूरी तरह से ज़िम्मेदार उसका प्रोड्यूसर होता है। और यह उसका काम है कि जो भी चीज़ ऑनएयर जाए वो परफ़ेक्ट हो। इसके लिए चाहे जो करना पड़े...ग्राफिक्स बदलने हो, एंकर लिंक दुरुस्त करने हों, एंकर समअप लिखना हो, बाइट काटनी हो, रीड लिखनी हो या फिर कुछ और। अगर आपको आसमान से तारे भी तोड़कर लाने पड़े तो वो भी लाइए। लेकिन शो में किसी तरह का समझौता नहीं होना चाहिए।

क्योंकि दर्शक को इस बात से कोई फ़र्क नहीं पड़ता कि आपने किस मजबूरी से कोई चीज़ नहीं लिखी है या नहीं चलाई है। उसे तो हर चीज़ परफ़ेक्ट चाहिए। और सिर्फ़ परफ़ेक्ट ही नहीं चीज़ ऐसी होनी चाहिए जो उसे रोके रखे। वो नहीं मिलेगी तो वो दूसरे चैनल में ढूढ़ेगा आपका चैनल क्यों देखेगा?

टेलीविज़नः कहानी के तत्व और ट्रीटमेंट

टेलीविज़न की कहानी के लिए सबसे ज़रूरी है कि उसमें नयापन हो। जो बात हम दर्शकों को बताने जा रहे हैं वो उसे पहले से न पता हो। हम उसे जो भी कहानी दिखा रहे हों वो उसके ज़हन में उठने वाले सारे सवालों के जवाब दे रही हो।

यह तो हुई बात कहानी के तत्वों की। अब कहानी के ट्रीटमेंट पर आते हैं। टीवी एक विजुअल माध्यम है इसलिए यहां आप जो भी सोचें वो विजुअली संभव भी होना चाहिए। यहां विजुअली से मतलब केवल फुटेज से नहीं है। आपको फुटेज की ग़ैरमौजूदगी में ग्राफिक्स या एनिमेशन का भी इस्तेमाल करने की पूरी आज़ादी होती है।

कहानी के तत्व तय हो गए, उसके ट्रीटमेंट की बातें हो गईं, अब सबसे बड़ा सवाल यह है कि शुरुआत कहां से करें ?

कहानी असाइन्मेंट डेस्क से अप्रूव होने के बाद उसके लिए ज़रूरी विजुअल लेने के लिए रिपोर्टर शूट पर जाता है। विजुअल आने के बाद उसपर असल काम शुरू होता है।

स्क्रिप्टिंग

न्यूज़रूम में सबसे पहला काम स्क्रिप्टिंग का होता है। स्क्रिप्ट लिखते वक़्त यह सावधानी रखनी चाहिए कि लिखा गया हर शब्द आसान और समझ में आने वाली बोलचाल की भाषा में लिखा गया हो।

सबसे पहले ख़बर का एंकर इंट्रो लिखा जाना चाहिए। इंट्रो में ख़बर के बारे में कौतूहल पैदा करने वाले अंदाज़ में उसकी सबसे ताज़ा जानकारी लिखी जानी चाहिए

मनीशॉट

उसके बाद शुरु होती है आपकी कहानी। यहां कहानी का सबसे पहला विजुअल सबसे शानदार और लोगों को आकर्षक लगने वाला होना चाहिए। इसे टीवी की भाषा में मनीशॉट कहते हैं। यही वो शॉट होता है जो आपकी कहानी को दाम दिलवाता है। यानि दर्शक को पूरी कहानी देखने के लिए रोके रखता है।

मनीशॉट ऐसा होना चाहिए जो कहानी की शुरुआत तो बताए ही साथ ही लोगों को पूरी कहानी देखने के लिए रोके रहे। इसलिए पहले वीओ की शुरुआत मनीशॉट के साथ बड़े ध्यान और मेहनत से की जानी चाहे। साथ ही यह भी ध्यान रहे कि पहला वीओ कहानी के सबसे ताज़े पहलू पर केंद्रित रहे।

उसके बाद कहानी आगे बढ़ती है। यहां अगर हमारे पास ख़बर से जुड़ी कोई बाइट है तो ठीक। अगर नहीं है तो उसकी जगह पर हम ख़बर से जुड़े किसी पक्ष के साथ हुई बातचीत के आधार पर उसके बयान की कोट प्लेट यानि उसकी कही बातों को लिखकर उसका ग्राफिक्स बनाकर भी चला सकते हैं।

अब दूसरे वीओ पर आते हैं। दूसरे वीओ में ख़बर का बैकग्राउंडर आना चाहिए। और उसके बाद चलने वाली बाइट उस बैकग्राउंडर को सिद्ध करने वाली हो।

तीसरे वीओ में ख़बर से जुड़ी बाक़ी जानकारियां जैसे उसका असर किन पर पड़ेगा या फिर उसके और क्या मायने हैं वगैरह बताए जा सकते हैं। अंत में रिपोर्टर की पीटीसी होनी चाहिए। पीटीसी में यह रिपोर्टर पर निर्भर करता है कि वो क्या बोले। वो ख़बर पर अपना कमेंट दे सकता है, किसी शायर की लिखी लाइनों के सहारे अपनी बात रख सकता है, चंद सेकेंड की कोई कहानी सुना सकता है, ऐसे ही किसी पुराने वाक़ये को भी बता सकता है। वो अपनी बात कहने के लिए पूरी तरह स्वतंत्र है शर्त सिर्फ़ एक ही है कि वो बात कहानी के संदर्भ में ही कही जा रही हो।

और पीटीसी करते वक़्त यह ज़रूर ध्यान रखें कि वो लोकेशन से ही की गई हो। अगर कहानी रेल विभाग से जुड़ी है तो पीटीसी रेलवे स्टेशन, चलती ट्रेन में से या स्टेशन के बाहर से की जा सकती है। वहीं अगर यह किसी खूबसूरत कार के बारे में है तो कार में बैठकर पीटीसी की जा सकती है।

यहां यह ज़रूरी नहीं है कि पीटीसी सबसे आख़िरी में हो। इसे बाइट न होने की स्थिति में ऊपर भी कहीं रखा जा सकता है। यानि मिड पीटीसी भी की जा सकती है। वहीं अगर पीटीसी उपल्ब्ध नहीं है तो उसकी जगह रिपोर्टर को जगह के नाम के साथ उसे ख़त्म भी किए जाने की आज़ादी होती है। लेकिन कोशिश यही करें कि पीटीसी ज़रूर रहे क्योंकि इससे लगता है कि कहानी पर मेहनत की गई है, रिपोर्टर कहानी की जगह पर गया है।

इसके बाद बारी आती है वाइस ओवर और एडिटिंग की। कहानी का वाइसओवर या वीओ अच्छी, दमदार और मॉड्युलेशन वाली आवाज़ में होना चाहिए। वीओ में बोले गए हर अल्फ़ाज़ का उच्चारण स्पष्ट, शुद्ध और एक लय में होना चाहिए।

एडिटिंग

वीओ के बाद बारी आती है एडिटिंग की। एडिटिंग के दौरान मनीशॉट तो सबसे पहले लगेगा ही ग्राफिक्स पर भी विशेष ध्यान दिया जाना चाहिए। स्टोरी से जुड़े ग्राफिक्स वगैरह भी उसी थीम पर आधारित होने चाहिए। अगर स्टोरी रेलवे की है तो ग्राफिक्स में लिखी जाने वाली बातें किसी ट्रेन के डिब्बे वाले बैकग्राउंड पर या प्लेटफॉर्म के बैकग्राउंड

पर लिखी हों या रेल की पटरी पर लिखी गईं हों। यहां कोई भी एक्सपेरिमेंट किया जा सकता है। बस यह याद रहे कुछ नया होने के साथ साथ रोचकता की शर्त ज़रूर पूरी हो रही हो।

जिस तरह भारत में पत्रकार अपनी बात कहने के लिए आज़ाद है उसी तरह स्टोरी को भी हर तरह का ट्रीटमेंट देना संभव है। ध्यान केवल इस बात का देना है कि वो दर्शक को उबाऊ न लगे। कहानी अच्छे ढ़ंग से पेश करने से दर्शक हमेशा आपकी स्टोरी के आने का इंतजार करेगा वरना चैनल पर बाक़ी स्टोरियां भी चलती हैं। चैनल भी बाज़ार में कई हैं और दर्शक के पास रिमोट भी।

न्यूज़ और फ़ीचर का फर्क़

मैं न्यूज़ और फ़ीचर लेखन को अलग करके नहीं देखता। कम से कम टेलीविजन में इस तरह के ख़ांचे नहीं होने चाहिए। टेलीविजन में पहले विजुअल महत्वपूर्ण है फिर शब्द। यह बात दो मिनट की न्यूज़ स्टोरी के लिए भी लागू होती है और बीस मिनट की डॉक्यूमेंट्री के लिए भी। दो मिनट की स्टोरी में भी हम अधिक सीक्वेंस का इस्तेमाल कर उसे जीवंत कर सकते हैं।

आमतौर पर न्यूज़ और फ़ीचर लेखन का बंटवारा रिपोर्टर के आलस्य का महिमामंडन करने के लिए किया जाता है। बात इसकी होनी चाहिए कि रिपोर्टर और कैमरापर्सन ने शूट करते वक्त अपनी न्यूज़ स्टोरी की विजुअल संकल्पना की थी या नहीं की थी। जब तीस सेकेंड का विज्ञापन फ़िल्म की तरह बन सकता है, उसमें एक पूरी कहानी समा सकती है तो दो मिनट की न्यूज़ स्टोरी में ऐसा क्यों नहीं किया जा सकता है।

हर न्यूज़ रूम में काम को ज़बरन बांटने के लिए खांचेवादी होते हैं। इससे नुकसान यह होता है कि न्यूज़ स्टोरी करने निकला रिपोर्टर आजीवन इसी भ्रम में रहता है कि वो न्यूज़ कर रहा है और उसे विज़ुअल, पृष्ठभूमि की आवाज़, एक्शन, संदर्भ आदि का ध्यान नहीं रखना है। यह सारा काम फ़ीचर वाले का है। जबकि यह दोनों का मूल काम है।

छुट्टी लेकर पहाड़ पर जायेंगे और तब किताब लिखेंगे, ऐसी सोच से टीवी में आप ख़बरें ही ब्रेक कर सकते हैं, माध्यम की ताकत का इस्तेमाल नहीं कर सकते। यही कारण है कि टीवी में राजनीतिक ख़बरें बेकार लगती हैं। अगर इन्हें ठीक से किया जाए तो यह भी फ़ीचर जैसी दिलचस्प हो सकती हैं।

कई लोग दिमाग़ ही नहीं लगाते कि अपनी स्टोरी को कैसे विज़ुअली पेश करेंगे। वो पीटूसी करते हैं तो मौके और संदर्भ का ध्यान कम, तुकबंदी, किसी पिटे हुए शायर की शायरी और गोलमोल कर बोली हुई बातों का ज़्यादा इस्तेमाल करते हैं। अगर उसी पीटूसी को कहानी और मौक़े से जोड़ दें तो उसके भीतर न्यूज़ की तत्परता बनी रहेगी। दर्शक उत्सुकता से देखेगा। लेकिन हम पीटूसी तब करते हैं जब मौके से शामियाना वाला अपना सारा सामान लेकर जा चुका होता है।

मेरी राय में टीवी के लिए अच्छा लेखन वो है जिसमें सुनाई कम दे और दिखाई ज़्यादा। जिससे दर्शक घर बैठे मौक़े या किरदार को महसूस कर सकें। विज़ुअल में

जारी रहना.....

निहित शोर शराबे की आवाज़ भी कई बार अच्छे शब्दों से ज़्यादा प्रासंगिक हो जाती है। लिखते समय यह ध्यान रखा जाना चाहिए कि टीवी में ललित निबंध नहीं लिख रहे हैं। यहां आपके की–बोर्ड से कैसे शब्द निकल रहे हैं इससे फ़र्क नहीं पड़ता वो विज़ुअली कितने संभव हैं इस बात से मतलब होता है। जब तक विज़ुअल का सिक्वेंस नहीं बनेगा, शब्दों का नहीं बन सकता। अगर विज़ुअल का सिक्वेंस बेहतर है तो स्क्रिप्ट की भूमिका अपने आप दूसरे नंबर की हो जाएगी।

जिन्हें सही मायने में इस माध्यम की कला सीखनी हैं उन्हें अपने दिमाग में पहले विज़ुअल सिक्वेंस बनाने चाहिए। बेहतर शाट वो नहीं है जिसे खूबसूरती से लिया गया है, बेहतर शाट वो है जो कहानी के संदर्भ में फिट बैठता है। डूबते सूरज की तस्वीर कई एंगल से बेहतर हो सकती है लेकिन अगर कहानी में फिट नहीं बैठती तो सिर्फ़ इसलिए नहीं लगा सकते क्योंकि यह बेहतरीन तरीके से ली गई है। जो रिपोर्टर लिखने से पहले विज़ुअल नहीं देखता वो अपने माध्यम का अनादर करता है। जो तस्वीर बोलना चाहे वही लिखा जाना चाहिए। यह नहीं होना चाहिए कि आप जो बोलना चाहते हैं वो लिखने की कोशिश कर रहे हैं। तस्वीर को अनाथ नहीं छोड़ सकते।

सिक्वेंस बेहतर होंगे तो टीवी को म्यूट करके देखने पर भी कहानी समझ आ सकती हैं। कई लोग फ़ीचर लेखन के नाम पर हिन्दी साहित्य के घिसे पिटे वाक्य विन्यासों को विज़ुअल सिक्वेंस पर ठोकते पीटते रहते हैं। चलने को यह भी चल जाता है मगर जमता नहीं है।

इसलिए सभी को यह बात ध्यान में रखनी चाहिए की टीवी में शब्द वर्ण से पैदा नहीं होता, विज़ुअल से होता है। यह फ़र्क जो समझ लेगा उसकी न्यूज़ स्टोरी भी फ़ीचर जैसी होगी और फ़ीचर स्टोरी भी न्यूज़ जैसी होगी। तभी वो न्यूज़ को भी फ़ीचर की तरह शूट करेगा और फ़ीचर को भी न्यूज़ की तरह। और उसे लोग चाव से देखेंगे।

रवीश कुमार
एंकर, एनडीटीवी इंडिया

टीवी न्यूज़ प्रोडयूसर

न्यूज़ प्रोड्यूसर चैनल का हर बड़ी से लेकर बारीक़ बात पर ध्यान देने वाला शख़्स होता है। एक न्यूज़ प्रोड्यूसर के लिए ख़बर को पहचान कर उसे ज़रूरी ट्रीटमेंट देना सबसे अहम होता है। ख़ास तौर पर दबाव भरे माहौल में बेहतरीन न्यूज़ जजमेंट करने की कला उसे हर हाल में आनी चाहिए।

प्रोड्यूसर को ख़बर लिखना भी आना चाहिए। अच्छा प्रोड्यूसर वही है जो बेहद शॉर्ट नोटिस में अपने कम्प्यूटर पर कम से कम समय में शानदार शब्दों में स्टोरी लिख सके। यह तो हुई बात एक प्रोड्यूसर की क्षमता की, अब बात करते हैं उन अहम ज़िम्मेदारियों की जो एक प्रोड्यूसर के रोज़ाना के काम काज का हिस्सा होती हैं।

प्रोड्यूसर की ज़िम्मेदारियां

- एक प्रोड्यूसर का काम एंकर के पढ़ने के लिए मेटेरियल लिखकर उपलब्ध कराना होता है। एंकर चैनल पर जो भी पढ़ते हुए दिखाई देती या देता है वो प्रोड्यूसर का ही लिखा होता है। हालांकि बड़े समाचार संस्थानों के कुछ एंकर अपने पढ़ने के लिए स्क्रिप्ट खुद ही लिखते हैं और कुछ लोग ऐसे भी हैं जिन्हें ऑन एयर बोलने के लिए किसी भी लिखी हुई चीज़ की ज़रूरत नहीं होती है। यानि वो टेलिप्रॉम्पटर का इस्तेमाल बिल्कुल भी नहीं करते हैं। लेकिन बड़े पैमाने पर लिखने का काम प्रोड्यूसर को ही करना होता है।
- प्रोड्यूसर का काम यह भी होता है कि किसी भी शो में चलने वाली सारी चीज़ें एक लय में चलें यानि जिस चीज़ का जब महत्व है वो तभी चले पहले या बाद में नहीं। स्क्रीन पर चलने वाली हर चीज़ का कुछ न कुछ मतलब हो। एक शो का कप्तान होने के नाते यह सुनिश्चित करना एक प्रोड्यूसर की ही ज़िम्मेदारी है कि उसके शो में जब एंकर कुछ भी बोले तो ग्राफिक्स उसी के हिसाब से चले। ऐसा न हो कि जो बात एंकर बाद में बोलने वाला हो उसके ग्राफिक्स पहले चल जाएं और जो बात वो बोल चुका हो उसके ग्राफिक्स का कुछ अता पता ही न हो।
- न्यूज़ प्रोड्यूसर का काम होता है अपने दर्शकों को हर अहम ख़बर सबसे पहले देना। इसके लिए ज़रूरी है कि वो अपने आप को हमेशा ख़बरों से अपडेट रखें। ख़बरों से

बाख़बर रहने के लिए उसे न्यूज़ एजेंसियों और नेटवर्क से आने वाली फ़ीड पर नज़र बनाए रखनी चाहिए ताकि वो अपने दर्शकों के लिए उसमें से अच्छी सी स्टोरी तुरंत लपक सके।

- प्रोड्यूसर को वीडियो एडिटिंग का ज्ञान भी ज़रूरी है। हालांकि पैकेज और विज़ुअल काटने के लिए चैनल में अलग से उस क्षेत्र के माहिर लोग होते हैं लेकिन बावजूद इसके एक प्रोड्यूसर को भी एडिटिंग की बारीकियां पता होनी चाहिए। क्योंकि अगर कभी ऐसा हुआ कि टाइम पर वीडियो एडिटर मौजूद नहीं है तो वो काम रुके न। या अगर किसी शख़्स की कोई बाइट काटनी है या कुछ विज़ुअल किसी ख़ास तरह के मूवमेंट में ही लगने हैं तो प्रोड्यूसर उसे उसी हिसाब से काट कर टाइमलाइन में लगा देगा और एडिटर झट से उसकी फाइन ट्यूनिंग करके चलने लायक कम समय में ही बना सकता है। कहने का मतलब यह है कि अगर प्रोड्यूसर हरफ़नमौला है तो उसका शो कभी भी छोटी–छोटी दिक्कतों की वजह से फंसेगा नहीं और ख़बर उसके चैनल पर सबसे पहले ऑन एयर होगी। एडिटिंग का पता इसलिए भी ज़रूरी है क्योंकि जब प्रोड्यूसर को सारी बारीकियां पता होंगी तो अपनी क्रिएटिविटी के इस्तेमाल से शो में चार चांद भी लगा सकता है अगर उसे ये पता ही नहीं होगा कि एडिटिंग होती क्या है तो जो भी एडिटर करेगा उसे वही चलाना पड़ेगा चाहे अच्छा हो या बुरा।

- टीवी न्यूज़ चैनल में टाइम मैनेजमेंट सबसे ज़रूरी है। क्योंकि यहां एक–एक सेकेंड अनमोल है। प्रोड्यूसर की ज़िम्मेदारी यहां सबसे अहम होती है। उसे अपना शो टाइम से शुरू और टाइम पर ख़त्म करना चाहिए। बुलेटिन के पैकेजों और बाइट में बस ज़रूरी बातें ही हों। ताकि ज़्यादा से ज़्यादा ख़बरें शामिल की जा सकें। इस बीच वो कमर्शियल ब्रेक भी ज़रूर ले। क्योंकि अगर ब्रेक से समझौता किया जाएगा तो चैनल की आमदनी ही ठप्प हो जाएगी।

- प्रोड्यूसर को स्टूडियो में बाक़ी लोगों और एंकर से भी बातचीत करके उन्हें शो से जुड़े ज़रूरी निर्देश भी देने होते हैं। इसके साथ ही अगर उसके शो में किसी रिपोर्टर का लाइव लिंक है या फिर किसी गेस्ट से चैट होनी है तो उसका फ़ॉलोअप भी प्रोड्यूसर की ज़िम्मेदारी में आता है। प्रोड्यूसर फ़ोन के ज़रिए रिपोर्टर के संपर्क में रहता है कि भई कब लाइव दे रहे हो। और गेस्ट को–आर्डिनेटर से गेस्ट की पल–पल की जानकारी लेता रहता है कि अब वो कहां पहुंचा है। कितनी देर में स्टूडियो पहुंचेगा, कहीं उसे आने में देर तो नहीं होगी, अगर इन रिपोर्टर और गेस्ट का इनपुट मिलने में देर होती है तो वो स्पेस भरना भी प्रोड्यूसर और एंकर के ज़िम्मे होता है।

- किसी भी आधे घंटे के न्यूज़ शो में अमूमन 3 सेगमेंट होते हैं। पहले सेगमेंट की शुरुआत

हेडलाइंस के साथ होती है। और जब एंकर ब्रेक पर जा रहा होता है तो अगले सेगमेंट में क्या चलने वाला है उसकी झलक भी दिखाता है। यह दोनों चीज़ें किसी भी शो के सबसे ज़रूरी हिस्से होते हैं। एक अच्छे प्रोड्यूसर का काम होता है कि हेडलाइन ऐसी हो कि उसमें पूरे बुलेटिन की सबसे बड़ी ख़बरें शामिल हों और उसके टीज़ इस तरह से लिखे जाएं कि ब्रेक के बाद के हिस्से की ख़बरों की झलक दर्शक के ज़हन में ब्रेक के बाद तक ताज़ा रहे और वो ब्रेक के बाद भी आपका बुलेटिन देखे। अगर टीज़ कमज़ोर और बेमतलब की होती है तो ऐसे में ज़्यादा सम्भावना होती है कि दर्शक चैनल बदल लेगा।

- प्रोड्यूसर को अपने शो के दौरान दूसरे स्पेशल शो के या फिर किसी स्पेशल कवरेज के प्रोमो ज़रूर चलाने चाहिए। इससे आपके शो के ज़रिए दर्शक को दूसरे शो की जानकारी भी मिलेगी और वो आपके चौनल को ज़्यादा से ज़्यादा देर तक देखेगा। साथ ही अगर आपके शो के दौरान कोई स्पेशल कवरेज हुई है या फिर कोई ऐसी ख़बर ब्रेक हुई हो जो टीवी पत्रकारिता के लिहाज़ से मील का पत्थर रही हो तो उस ख़बर या उस हलचल को चैनल की कवरेज से जोड़कर शो की ब्रांडिंग करें। जैसे अगर चैनल पर क्राइम शो चलता है और इस शो पर किसी ऐसे क्राइम का पर्दाफ़ाश किया गया हो जिसे लोगों ने खूब सराहा हो या फिर उस शो को बेस्ट शो का अवॉर्ड दिया गया हो तो वो ईनाम या वो ख़बर शो की पहचान बन जाते हैं। तो ऐसे शो के प्रोमो बनाकर उस शो के साथ–साथ चैनल के बाकी कार्यक्रमों में भी चलाना चाहिए।

तो यह थे न्यूज़ प्रोड्यूसर की ज़िम्मेदारियों के कुछ अहम हिस्से। प्रोड्यूसर इन सारी ज़िम्मेदारियों पर खरा उतरे इसके लिए उसके अंदर पत्रकारिता की ख़ूबियों के साथ–साथ अपने माध्यम की भी बारीक़ से बारीक़ जानकारी होनी ज़रूरी है। ताकि वो न सिर्फ़ ख़बर सूंघ ले बल्कि उस पर कैसे खेला जाना है और कितनी देर खेलना है यह भी तय करने में सक्षम हो।

आज रियल टाइम न्यूज़ के ज़माने में चारों तरफ से ख़बरों की बौछार होती रहती है। ऐसे में प्रोड्यूसर अगर हर चीज़ से वाक़िफ़ है तो वो तुरंत उसकी एंकर रीड लिख सकेगा, एंकर को यह बता सकेगा कि उसे क्या और किस अंदाज़ में बोलना है। एंकर को रिपोर्टर से क्या सवाल करना है। साथ ही वो रिपोर्टर को ब्रीफ़ भी कर सकेगा कि उससे कितने सवाल पूछे जाने हैं और उसे किस सवाल का जबाव कितनी देर तक देना है। प्रोड्यूसर जब मामले से बाख़बर रहेगा तभी वो यह तय कर पाएगा कि ख़बर के साथ कौन कौन से विज़ुअल्स चलने हैं ।

आज की तारीख़ में जहां एक ख़बर पर उसी वक़्त चार अलग चैनल भी कवरेज

कर रहे हैं, आपका चैनल ज़रा भी देर और ग़लती बर्दाश्त करने की हालत में नहीं रहता है। ऐसे में प्रोड्यूसर को चौकन्ना और सटीक फ़ैसले लेने वाला होना चाहिए। अगर ऐसा नहीं होता है तो चैनल की मर्यादा तो ख़राब होगी ही आप अपने दर्शकों से भी हाथ धो बैठेंगे।

लाइव टीवी

यूं तो आपने क्रिकेट, फुटबॉल, हॉकी, टेनिस, बैडमिंटन और दूसरे खेलों का ही सीधा या कहें लाइव प्रसारण देखा होगा। लेकिन आपको बता दूं कि आजकल टीवी न्यूज़ चैनलों में कार्यक्रमों का प्रसारण भी ज़्यादातर लाइव ही होता है।

ज़्यादातर इसलिए क्योंकि देर रात के कुछ बुलेटिन ताजा ख़बरों के आभाव में रिपीट कर दिए जाते हैं। इसके अलावा चैनल के स्पेशल शो भी महत्व के हिसाब से कई बार चलाए जाते हैं। लेकिन कुल मिलाकर सुबह 7 बजे से लेकर रात के 11 बजे तक के तकरीबन सारे न्यूज़ बुलेटिन ताज़े ही होते हैं।

इसके पीछे सबसे बड़ी वजह टीवी न्यूज़ का बढ़ता दायरा और 'सबसे पहले' ख़बर देने का जज़्बा है। आज ख़बर कोई भी हो हर चैनल उसे सबसे पहले दिखाना चाहता है। ऐसे में चैनल का सेटअप हमेशा लाइव मोड में चलता रहता है। और जैसे ही कोई नई ख़बर आती है उसपर खेलना शुरू कर दिया जाता है।

लाइव न्यूज़ के दौर में चूंकि हमेशा कोई बड़ी ख़बर नहीं हो सकती है ऐसे में चुनिंदा चीज़ें ताज़ा रहती हैं बाक़ी पिछले बुलेटिन में चली या फिर उससे भी पहले की ख़बरें होती हैं।

यहां फ़र्क़ इतना होता है कि एंकर ख़बर को लाइव पढ़ रहा होता है और साथ में चलने वाली बाक़ी आइटम्स मसलन पैकेज, बाइट, लिंक पहले से रिकॉर्ड किए हुए होते हैं।

लेकिन जब बात ब्रेकिंग न्यूज़ की होती है तो यहां सब कुछ असल मायने में लाइव ही होता है। चाहे एंकर ख़बर को पढ़ रहा हो, रिपोर्टर उस पर जानकारी दे रहा हो या फिर ख़बर से जुड़ी ताज़ा तस्वीरें चल रही हों। उदाहरण के लिए पिछले दिनों बनारस में हुए बम धमाकों की बात करते हैं। इस ख़बर के साथ स्क्रीन पर चलने वाली सारी चीज़ें काफी हद तक ताज़ा थीं।

काफ़ी हद तक इसलिए क्योंकि यह वहां से सीधा प्रसारण नहीं था। कैमरा मैन ने पहले रिकॉर्डिंग की और बाद में वो तस्वीरें चैनल को भेजीं। जिसे हम टीवी पर प्रसारित होते देख रहे थे। इसके अलावा चैनल पर पुलिस का बयान, विश्लेषकों की बातें और पीड़ितों का दर्द जो बार बार दिखाया जाता है वो हर बार लाइव नहीं होता है।

यहां तस्वीरें लाइव तभी हो सकती हैं जब मौके पर ओबी वैन पहुंची हो और सारी तस्वीरें उसके ज़रिए लाइव दिखाई जा रही हों। नहीं तो सारी चीज़ें कुछ मिनटों की देर से चलती रहती हैं। हां स्टूडियो में ख़बर पर चर्चा ज़रूर लाइव हो रही होती है।

ख़बर के एक बार ब्रेक होने के बाद मामला जैसे–जैसे आगे बढ़ता जाता है उसकी उसी हिसाब से कवरेज होती जाती है। उसपर स्पेशल डिस्कशन शो बनते हैं, लोगों के इंटरव्यू लिए जाते हैं। यह सारी चीज़ें पहली बार लाइव होती हैं और अगर इन्हें बार बार चलाया जा रहा होता है तो वो ज़्यादातर रिकॉर्डेड ही होती हैं।

फिर धीरे–धीरे जब मामला शांत होता है तब उस पर फ़ॉलोअप स्टोरीज़ के पैकेज चलने लगते हैं।

लेकिन वहीं अगर बात करें लोकसभा या राज्य सभा के प्रसारण की तो वो हमें शत प्रतिशत लाइव ही दिखाई देता है। लोकसभा के भीतर जगह–जगह पर कैमरे लगे हैं। वहीं पर एक पीसीआर यानि प्रोडक्शन कंट्रोल रूम है जहां इन कैमरों का आउटपुट दिखाई देता रहता हैं। वहां की प्रोडक्शन टीम जिस वक़्त जो बोल रहा होता है या ज़रूरी बिल सदन के पटल पर रखे जाते हैं, उस वक़्त की सीधी तस्वीरें चैनल पर दिखाती रहती है।

ठीक ऐसा ही क्रिकेट मैच के दौरान भी होता है। वहां भी मैदान के चारो तरफ़ बड़े–बड़े कैमरे लगे होते हैं। वहीं पर एक पीसीआर भी होता है। प्रोडक्शन टीम बल्लेबाज, गेंदबाज, गेंद और अम्पायर पर फोकस करते हुए आउटपुट देती रहती है। बीच–बीच में हमें स्क्रीन पर जो मैदान के अंदर और दर्शकों के शानदार दृश्य दिखते रहते हैं वो भी इसी टीम का काम होता है।

यही नहीं जब किसी ज़रूरी मसले पर संवाददाता सम्मेलन होता है तब भी चैनल पर दिखने वाली सारी चीज़ें लाइव होती हैं। इसे बराक ओबामा की भारत यात्रा से जोड़कर देखा जाए तो जब दोनों देशों के नेता यानि ओबामा और मनमोहन प्रेस कॉन्फ्रेंस कर रहे थे तो चैनल पर चल रही हर बात काफ़ी हद तक लाइव थी। फिर चाहे ओबामा ने नमस्ते कहा हो या फिर भारत की तारीफ़ में कसीदे पढ़े हों या आतंकवाद को इस धरती के लिए शर्मनाक बताया हो, सब कुछ लाइव था।

जुगाड़ लाइव

भारत को जुगाड़ का देश कहा जाता है और टीवी प्रोग्रामिंग में भी इस 'जुगाड़' का अच्छा ख़ासा इस्तेमाल होता है। ख़ासकर इस 24 घंटे लाइव टीवी के मामले में और भी ज़्यादा।

जब किसी भी मामले पर एक बार किसी रिपोर्टर का लिंक ले लिया जाता है तो जब दूसरे बुलेटिन में दोबारा वही ख़बर चलती है तब भी उसी लिंक का इस्तेमाल कर लिया जाता है। यही रिकॉर्डेड लिंक ही जुगाड़ लाइव कहा जाता है।

कई बार तो किसी बड़ी शख़्सियत के इंटरव्यू के दौरान भी जुगाड़ लाइव का इस्तेमाल किया जाता है। इसके पीछे बड़ी वजह यह होती है कि जैसे किसी राज्य के मुख्यमंत्री का इंटरव्यू रात 8 बजे के शो में चलना है तो ज़रूरी नहीं है कि वो उस वक़्त

खाली ही हों। ऐसे में उससे सवाल पूछ कर उसके जवाब पहले से रिकॉर्ड करा दिए जाते हैं। और जब शो अपने टाइम पर ऑन एयर हो रहा होता है तब टीवी पर एंकर सवाल पूछता है और उसके जवाब में प्री–रिकॉर्डेड छोटी–छोटी क्लिप्स चला दी जाती हैं।

इस कसरत की एक वजह यह भी होती है कि अगर लाइव शो के दौरान मुख्यमंत्री साहब हालात को देखते हुए कुछ ऐसा बोल गए जो उन्हें नहीं बोलना चाहिए तो उसे हटाया भी जा सकता है। अब यह चैनल के विवेक पर होता है कि सेंसर होने वाली बात कितनी बड़ी है। उसी के आधार पर उसे प्रसारित या सेंसर करने का फ़ैसला होता है।

लाइव कमेंट्री

टेलिविज़न की ख़बरें अब उस पुराने दौर से मीलों आगे निकल आई हैं जब दिन में ख़बरों का एक बुलेटिन हुआ करता था। टीवी में एक चैनल हुआ करता था। आज ज़माना है लाइव टीवी का यानि ख़बरों की ताज़ा कमेंट्री का। ख़बरें पेश करने की इस विधा का इस्तेमाल ख़ास तौर पर ब्रेकिंग न्यूज़ जैसे हालात में होता है।

लाइव माहौल में ही चैनल की असली ताक़त का पता चलता है कि वाकई चैनल की औकात क्या है।

ख़बर के ब्रेक होते ही सबसे पहले चैनल में ब्रेकिंग न्यूज़ के फ़्लैश चलते हैं। और साथ में एंकर स्टूडियो में ख़बर की लाइव कमेंट्री देना शुरू कर देता है। तब तक प्रोड्यूसर स्क्रीन पर चलाने के लिए ग्राफिक्स तैयार कर लेता है। और एक के बाद एक ग्राफिक्स चलने शुरू हो जाते हैं।

ब्रेकिंग न्यूज़ के माहौल में यह तो था स्टूडियो और पीसीआर का हाल। न्यूज़ रूम में भी हलचल कम नहीं रहती है। ख़बर के आते ही रिसर्च डेस्क को उसका बैकग्राउंडर ढूढ़ने के लिए एलर्ट कर दिया जाता है और साथ ही प्रोडक्शन के लोगों को फुटेज तलाशने के काम में लगा दिया जाता है ताकि स्क्रीन पर तुरंत चलने के लिए कुछ न कुछ रहे। उसके बाद जब लाइव फुटेज आने लगते हैं तब उनका इस्तेमाल भी शुरू हो जाता है।

इस बीच अगर ख़बर से जुड़े फुटेज चैनल के पास नहीं हैं तो उसे ग्राफिक्स या एनीमेशन के सहारे समझाने का भी विकल्प होता है।

इस दौरान ख़बर ब्रेक करने वाला रिपोर्टर या तो लाइव कैमरे के ज़रिए या फिर फ़ोन के ज़रिए ख़बर बताना शुरू कर देता है। वहीं रिसर्च से जो इनपुट आता है वो भी ग्राफिक्स के ज़रिए चलना शुरू हो जाता है। रिसर्च की रिपोर्ट के सहारे एंकर के पास भी बोलने के लिए मसाला बढ़ जाता है।

ख़बर के ब्रेक होते ही गेस्ट को–आर्डिनेशन की टीम भी मामले से जुड़े या उसकी समझ रखने वाले लोगों को चैनल से बातचीत करने के लिए राज़ी करने के काम में जुट जाती है। ताकि जैसे ही रिपोर्टर लाइव या फ़ोन के ज़रिए अपनी बात ख़त्म कर चुका होता है, एंकर गेस्ट से बात करना शुरू कर दे। मामले पर एक के बाद एक एंकर उन लोगों की प्रतिक्रिया लेता है या साथ ही अगर कुछ विशेषज्ञों से बातचीत हो रही है तो उनसे मसले की गहराई पूछता है। तब तक घटना की जगह से लाइव तस्वीरें आनी भी शुरू हो जाती हैं और चैनल पर उस वक़्त सिर्फ़ ताज़ा तस्वीरें और एंकर की कमेंट्री चलती रहती है।

प्री–प्लान्ड लाइव

लाइव टीवी को दो तरह से समझा जा सकता है। एक तो किसी वैसी ख़बर पर लाइव होना जो हमें पहले से पता हो मसलन अयोध्या के बाबरी मस्जिद और राम मंदिर मामले पर आया फ़ैसला। यहां सारी बातें पहले से पता हैं कि फ़ैसला किस तारीख़ को आना है, कितने बजे आना है। यहां तो मोटे तौर पर यह भी तय था कि फैसला या तो हिंदुओं के पक्ष में होगा या मुसलमानों के। यानि दो में से कोई एक चीज़ ही होनी थी।

ऐसे मामलों की लाइव कवरेज के लिए चैनल के पास तैयारी का पूरा मौक़ा होता है। जिस दिन अदालत में फ़ैसला सुनाया जाना था वहां पर हर चैनल ने पहले से अपने रिपोर्टरों की टीम भेज रखी थी। इलाहाबाद हाई कोर्ट की लखनऊ बेंच के आस–पास एक से ज़्यादा ओबी वैन भी तैनात थीं। यही नहीं क्योंकि मामला बेहद संवेदनशील था इसलिए पूरे लखनऊ में तो रिपोर्टर तैनात थे ही, देश की बाक़ी संवेदनशील जगहों पर भी रिपोर्टरों को फ़ैसले के बारे में एलर्ट कर दिया गया था।

ब्रेकिंग न्यूज

जैसे ही अदालत ने फ़ैसला सुनाया दोनों पक्षों के वकील फ़ैसले की कॉपी लेकर बाहर आए। उनके आते ही पूरी मीडिया सबसे पहले ख़बर दिखाने के चक्कर में उन पर मानो टूट पड़ी। जहां से जो कोई भी बोल रहा था चैनलों पर उसे दिखाया जा रहा था।

कुछ मिनटों के बाद जैसे ही फ़ैसले की कॉपी रिपोर्टर के हाथ में आई उसने अपने चैनल को ख़बर बतानी शुरू कर दी। चैनलों पर सम्भावित फ़्लैश और ग्राफिक्स पहले से ही बने रखे थे। फ़ैसला आने के बाद उन्हीं में ज़रूरी फेरबदल करके चला दिया गया।

यहां चूंकि ओबी वैन मौके पर ही खड़ी थी इसलिए लाइव फुटेज की तो कोई समस्या थी ही नहीं।

न्यूजरूम का माहौल

चैनल में ब्रेकिंग न्यूज़ के दौरान न्यूज़ रूम का माहौल बिल्कुल गर्म रहता है। जिस आदमी का जो भी काम रहता है वो उसे सबसे पहले करने में लगा रहता है कि कहीं कोई दूसरा चैनल वो ख़बर उनसे पहले न चला दे।

इस मामले में क्योंकि सारी चीज़ें काफ़ी हद तक पहले से तैयार कर ली गईं थी माहौल उतना गर्म नहीं रहा।

चैनल में ख़बर फ़्लैश होने के बाद काम शुरू होता है रिपोर्टर का। लखनऊ में मौजूद सारे रिपोर्टर उस वक़्त फ़ैसले के बाद हाईकोर्ट का माहौल बता रहे थे।

स्टूडियो में एंकर गेस्ट के साथ पहले से ही मौजूद थे। बल्कि फैसला सुनाए जाने के कुछ घंटे पहले से ही चैनलों में चर्चाओं का दौर शुरू हो चुका था। यह कयास लगाए जाने लगे थे कि फ़ैसला क्या आ सकता है? अब जब फ़ैसला आ गया तो सबसे पहला सवाल यही बनता था कि गेस्ट जिनसे मुद्दे पर चर्चा चल रही है उनकी उस पर प्रतिक्रिया क्या है?

गेस्ट से बातचीत शुरू हुई ही थी कि उधर लखनऊ से दोनों पक्षों के वकील भी फैसला बताने लगे। उनकी बातें टीवी पर लाइव चलने लगी। उनकी बातें सुनने के बाद फ़ैसले पर हालात और ज़्यादा साफ़ हुए। फुटेज के एक बार लाइव चल जाने के बाद डेस्क ने उससे काम के हिस्से वाली बाइट निकाल ली। ताकि उसे फिर इस्तेमाल किया जा सके।

यहां एंकर मामले पर स्टूडियो में बैठे जानकारों से चर्चा कर रहे थे उधर रिपोर्टर या तो मामले से जुड़े वकीलों से सीधे बातचीत करने के जुगाड़ में लग गए या फिर उन्हें फ़ोनर देने के लिए मनाने लगे ताकि प्रतिक्रिया सबसे पहले उनके चैनल पर ही पहुंचे।

यह सारा काम अफ़रातफ़री में ही होता है। किसी को यहां पहले क़ामयाबी मिलती है और बाक़ी को थोड़ी देर से।

अफ़रातफ़री के थमने के बाद इधर स्टूडियो में पहले से लाइनअप किए गए दूसरे गेस्ट से चर्चा चलने लगती है। और उधर रिपोर्टरों की एक टीम याचिकाकर्ताओं की बाइट लेने के जुगाड़ में लग जाती है। रिपोर्टरों की दूसरी टीम आम लोगों की प्रतिक्रिया जुटाने का काम करने लगती है।

इसके बाद राजनीतिक दलों की प्रतिक्रियाएं आने लगती हैं। राजनीतिक दलों की प्रेस कॉन्फ्रेंस के बाद हर चैनल उनके किसी प्रवक्ता या बड़े नेता के साथ इंटरव्यू करने के जुगाड़ में लग जाता है। देर सवेर वो मिल भी जाता है। इस तरह चर्चाओं का दौर जारी रहता है।

वक़्त और बीता। शाम के आठ बज गए लेकिन ब्रेकिंग न्यूज़ का असर 4 घंटे बाद भी अभी ख़त्म नहीं होता है। अब स्टूडियो में मामले से जुड़े जितने भी पक्ष हो सकते हैं उन सब के प्रतिनिधि मौजूद हैं और ओबी वैन पर राजनीतिक दलों के नुमाइंदे। यहां एंकर केवल एक सवाल पूछता है और हर आदमी उस पर अपना जवाब देता है।

मामला संवेदनशील होने की वजह से बहस भी तीख़ी होती है। कई बार तो तू–तू मैं–मैं तक की भी नौबत आ जाती है लेकिन एंकर जो है सम्भालने के लिए। इसलिए मामला क़ाबू में ही रहता है।

इसके बाद फ़ैसले की हज़ारों पन्ने की कॉपी में से कुछ पन्ने पढ़े जा चुके थे और अगले शो के लिए नया मसाला भी तैयार हो जाता है। इस शो के बाद अगर कुछ नया मसाला जुड़ा तो ठीक वरना पुराने शोज़ को ही नए ट्रीटमेंट के साथ चला दिया जाता है। इस बीच बुलेटिन में किसी और ख़बर को तरज़ीह नहीं दी गई। उस दिन के आख़िरी बुलेटिन के बाद कुछ और ख़बरों पर भी फ़ोकस शुरू कर दिया गया। और ये ख़बर उसी मामले पर बने पैकेजों के ज़रिए दूसरी ख़बरों के साथ चलने लगी।

यहां से यह ब्रेकिंग न्यूज़ नॉर्मल न्यूज़ की तरह ट्रीट होने लगती है। इसके बाद जो भी अपडेट आते हैं उन्हें उसी हिसाब से जोड़ लिया जाता है।

यह तो हुई बात पहले से तय ब्रेकिंग न्यूज़ की। लेकिन ख़बरों के कारोबार करने वालों को ऐसा मौक़ा कम ही मिल पाता है। यहां तो ब्रेकिंग न्यूज़ अक्सर बिना बताए ही आती है।

ब्रेकिंग न्यूज़ जो बिन बताए आए

हादसा कभी आवाज़ देकर नहीं आता है। लेकिन जब यह आता है तब शोर ज़रूर मचता है। ऐसा ही कुछ माहौल किसी हादसे के बाद न्यूज़ रूम में भी होता है। कहीं भी हुए किसी भी हादसे की ख़बर हर रिपोर्टर अपने चैनल पर सबसे पहले देने के लिए जी तोड़ कोशिश करता है।

मान लिया कि अमृतसर से हावड़ा जाने वाली ट्रेन जौनपुर के पास दुर्घटना ग्रस्त हो जाती है। तो यह ख़बर आम आदमी से सबसे ज़्यादा सरोकार रखने वाली होगी। जैसे ही रिपोर्टर को इस हादसे की भनक लगती है वो तुरंत अपने चैनल के असाइन्मेंट को ख़बरदार करता है। हादसे की जितनी भी शुरुआती जानकारी उसके पास होती है वो सब बताता है। इस जानकारी के आधार पर चैनल चाहे जिस भी शो में लगा हो मामले की गंभीरता को आंकते हुए वो तुरंत ब्रेकिंग न्यूज़ चलाने लगता है।

ट्रीटमेंट

सबसे पहले ख़बर फ़्लैश होती है। इस दौरान जो भी प्रोड्यूसर PCR में और एंकर स्टूडियो में होते हैं उन्हें ख़बर की जानकारी दी जाती है।

प्रोड्यूसर ख़बर के ब्रेकिंग न्यूज़ ग्राफिक्स प्लेट बनाता है। और एंकर उस ख़बर पर

लाइव कमेंट्री करता है। शुरुआती ख़बर केवल इतनी होती है कि अमृतसर से हावड़ा जाने वाली पंजाब मेल दुर्घटना ग्रस्त हो गई है। और उसके कुछ डिब्बे पटरी से उतर गए हैं। संभावित मरने वालों और घायलों की संख्या भी चलनी शुरू हो जाती है लेकिन इस ताक़ीद के साथ कि यह पुख़्ता जानकारी नहीं है महज़ अनुमान है।

साथ ही इस पर जिस रिपोर्टर की ख़बर होती है उससे फ़ोन पर बातचीत भी की जाती है। रिपोर्टर से बातचीत में हादसे की गंभीरता का अंदाज़ा लगाने की कोशिश होती है। और दर्शकों को यही सारी जानकारियां एक बार फिर से दी जाती हैं।

यह तो हुआ हाल चैनल के पीसीआर और स्टूडियो का। इधर न्यूज़रूम में रेलवे अधिकारियों और हादसे की जगह के प्रशासनिक अधिकारियों से बातचीत की कोशिश शुरू हो जाती है। जैसे ही कोई ऑनएयर बात करने को तैयार हो जाता है उसके साथ लाइव चैट की जाती है। उससे हादसे की और गहराई जानने की कोशिश शुरू होती है।

जैसे–जैसे वक़्त बीतता जाता है घटना में नए और ज़्यादा पुख़्ता तथ्य जुड़ने शुरू हो जाते हैं। घटना स्थल पर ओबी वैन पहुंच चुकी होती है। ताज़ा तस्वीरें और हादसे के वक़्त ट्रेन में सवार लोगों से बातचीत करने का और उनके अनुभव जानने का सिलसिला शुरू हो जाता है। रिपोर्टर घायलों की बाइट लेने की भी कोशिश करते हैं।

साथ ही मरने वालों की सही संख्या और घायलों के इलाज के इंतज़ाम का काम शुरू रहता है। घटना स्थल पर मौजूद रिपोर्टरों और स्ट्रिंगरों की टीम में से एक अस्पताल में घायलों का जायज़ा ले रही होती हैं साथ ही बाकी रिपोर्टर हादसे की वजह तलाशने में लगाए जाते हैं।

हादसे की जानकारी जैसे ही रेल मंत्रालय को मिलती है वहां से रेलमंत्री का बयान आना शुरू हो जाता है। इस बयान में हादसे से जुड़ी वजह, घायलों और मरने वालों के मुआवज़े और घटना स्थल के दौरे का ऐलान होता है।

अब चैनल में इस ख़बर के सभी पहलू आ चुके होते हैं। सभी जगहों पर रिपोर्टर तैनात हो चुके होते हैं। ख़बर बड़ी है तो ज़ाहिर है सभी रिपोर्टरों का एक साथ लाइव लिंक लिया जाता है। एक रिपोर्टर घटनास्थल पर, दूसरा अस्पताल में और तीसरा रेलभवन के सामने या जो बाक़ी संभावित जगहें होती हैं वहां से लाइव रहता है। एंकर बारी–बारी से सभी से सवाल पूछता है।

रिपोर्टरों के साथ–साथ रेल विभाग के आला अधिकारियों से भी बातचीत की जाती है कि कब तक रेल ट्रैक साफ़ हो जाएगा ताकि इस रूट पर दुर्घटना की वजह से बाधित रेलमार्ग पर दूसरी गाड़ियों का अवागमन शुरू हो जाए।

इसके अवाला देश में हो रही इस तरह की दुर्घटनाओं की वजह पर चर्चा के लिए स्टूडियो में कुछ गेस्ट भी बुला लिए जाते हैं। इन लोगों से ऐसी दुर्घटनाओं की वजह समझने और उनके उपायों पर चर्चा की जाती है। साथ ही उन उपायों पर काम करने में

आ रही मुश्किलों पर भी नज़र डाली जाती है। एंकर–रिपोर्टर की चैट के साथ इन लोगों से भी बातचीत जारी रहती है।

इस दौरान चैनल पर ग्राफिक्स चलते रहते हैं। साथ ही हादसे की तस्वीरें भी चलती रहती हैं। वक़्त–वक़्त पर घायलों की बाइटें भी चलती हैं।

ब्रेकिंग न्यूज़ के दौरान लिए गए लाइव लिंक क्योंकि रिकॉर्ड हो चुके होते हैं इसलिए उन्हें दोबारा भी चलाया जाता है ताकि ख़बर ज़िंदा रहे। इधर रिपोर्टर हादसे की जगह पर साइड स्टोरीज़ ढूढ़ने में लग जाते हैं। मरने वालों के परिवार वालों के आने का सिलसिला शुरू हो जाता है घायलों के रिश्तेदार भी अस्पताल पहुंचने शुरू हो जाते हैं। तो ऐसे में उनसे बातचीत कर उनका दर्द बांटने वाली स्टोरीज़ शुरू होती हैं।

हादसे के 2–3 घंटे बाद अगर उसमें कुछ नई बात नहीं जुड़ती है तो धीरे–धीरे दिन की दूसरी ख़बरों को भी शामिल करने का काम किया जाने लगता है। इन ख़बरों को बहुत हुआ तो आधे घंटे के बुलेटिन में एक सेगमेंट में रखा जाता है। अगर कोई नई सूचना हादसे से जुड़ी होती है तो उस पर लाइव चैट करते हैं नहीं तो पुराने 'जुगाड़ लाइव' से ही काम चलाते हैं।

जब रेलमंत्री हादसे की जगह पर जाते हैं तब वहां की तस्वीरों को लाइव दिखाते हैं और उसके बाद अगर उन्होंने वहां कुछ बोला है तो उनकी बाइट भी चलती है। धीरे–धीरे हादसे की ख़बर ठंड़ी हो जाती हैं और इसे महज़ कुछ पैकेजों में बांधकर चलाने का सिलसिला चल पड़ता है।

तो यह था हाल लाइव ब्रेकिंग न्यूज़ का जो किसी भी वक़्त कहीं से भी टपक पड़ती है।

न्यूज़ एंकरिंग - यह आग का दरिया है...

मान लीजिये की आप रात 9 बजे की ख़बरें देख रहे हैं और कई न्यूज़ चैनल बदल भी रहे हैं। फिर किसी एक चैनल पर आ कर आप रुक जाते हैं और रिमोट नीचे रख देते हैं। दो बातें हो सकती हैं। या तो वो चैनल ऐसा कुछ दिखा रहा हो जिसने आपको वहीं रुकने पर मजबूर कर दिया या फिर ख़बरें वही हों लेकिन उस चैनल के एंकर ने आपको वहीं रुकने पर मजबूर कर दिया हो। अच्छे एंकर की यही पहचान है।

एक अच्छे एंकर के लिए जरूरी बातें

अच्छी आवाज़ और आकर्षक व्यक्तित्वः यहाँ आकर्षक व्यक्तित्व का मतलब बहुत खूबसूरत होना तो नहीं है लेकिन क्योंकि यह ऑडियो विजुअल मीडियम है इसलिए अपेक्षा की जाती है कि एंकर का व्यक्तित्व ऐसा हो जिसे देखकर अच्छा सा महसूस हो। एंकर की आवाज़ में दम हो। उसकी आवाज़ से लगे की वो आत्मविश्वास से भरा है और पूरी तरह परिस्तिथियों को कंट्रोल में रखने का दम रखता है।

साफ़ उच्चारण : यूं तो टीवी रिपोर्टर के लिए भी बेहतर है की उसका उच्चारण सही हो लेकिन अच्छा एंकर बनने के लिए तो साफ़ और सही उच्चारण का होना बहुत ज़रूरी है।

अच्छा पब्लिक स्पीकर और कैमरे का डर नहीं: एक अच्छा पब्लिक स्पीकर ही एक अच्छा एंकर बन पाता है। इसके अलावा उसे कैमरे से डर नहीं लगना चाहिए बल्कि उसे कैमरे से दोस्ती कर लेनी चाहिए। यह दोस्ती बहुत काम आती है।

बॉडी लैंग्वेज़ और हाव भावः एक एंकर की बॉडी लैंग्वेज ऐसी होनी चाहिए कि वो पूरी तरह आत्मविश्वास से भरा हुआ लगे। यह तभी हो सकता है जब वो उन ख़बरों को महसूस भी करे जिन्हें वो पढ़ रहा है या बता रहा है। अगर ऐसा नहीं होता तो एंकर महज़ एक रोबोट जैसा ही लगता है।

उसके हाव भाव ऐसे होने चाहिए की वो दर्शकों से सीधा नाता जोड़ ले। उन्हें लगे की वो उन्हीं से बात कर रहा है।

साख और विश्वसनीयताः दर्शकों में अपनी साख और विश्वसनीयता कायम करना किसी भी एंकर के लिए एक बड़ी चुनौती होती है लेकिन यह सबसे बड़ी कसौटी भी होती है।

जानकारी और समझः ज़माना अब सिर्फ ख़बरें पढ़ लेने भर का नहीं है, बल्कि आज ज़माना ब्रेकिंग न्यूज़ का है। इसलिए ज़रूरी है कि एंकर को हर दिन, देश दुनिया में जो हो रहा है उसकी जानकारी हो। हर एंकर को रोज़ कम से कम

जारी रहना.....

पांच अख़बार तो पढ़ने ही चाहिए। समसामयिक मुद्दों पर उसकी पकड़ मज़बूत होनी चाहिए। याद रखिए बिना अच्छा पत्रकार बने कोई अच्छा एंकर नहीं बन सकता।

प्रेज़ेन्स ऑफ़ माइंड : एक अच्छे एंकर को प्रतिकूल परिस्थितियों को संभालने के लिए हमेशा तैयार रहना चाहिए। आपका टॉक बैक फेल हो सकता है, टेलीप्रॉम्पर फेल हो सकता है, आपकी कुर्सी गिर सकती है, स्टूडियो की बत्ती गुल हो सकती है, आपका गेस्ट आपको बुरा–भला कह सकता है और माइक फेंक कर जा सकता है वगैरह वगैरह।

ऐसी सारी परिस्थितियां न किसी किताब में लिखी मिलेंगी और न कोई पहले से बता सकता है। ऐसी किसी भी परिस्थिति को संभालने का पूरा दारोमदार एंकर पर ही होता है और यहीं एक बेहतरीन एंकर की परीक्षा भी होती है, वो भी बिना तैयारी का मौक़ा दिए।

कुल मिलाकर अच्छी एंकरिंग महज़ ग्लैमरस लगना नहीं है... यह एक आग का दरिया है और डूब के जाना है।

अल्का सक्सेना
कंसल्टिंग एडिटर, ज़ी न्यूज़

न्यूज़ एंकरिंग

टीवी के सामने दिखने वाला चेहरा एंकर का होता है। यह पेशा अपने आप में सबसे ज़्यादा ग्लैमर लिए होता है। टीवी पर सब एंकर को ही देखते हैं इसलिए आज ज़्यादातर पत्रकारों की पहली पसंद न्यूज़ एंकरिंग ही है। एंकर को समाचार पढ़ने की कला आती है। वो ख़बर पढ़ता है। किसी घटना पर रिपोर्टर से सवाल पूछता है और ब्रेकिंग न्यूज़ के दौरान फुटेज पर लाइव कमेंट्री करता है। इसके अलावा एंकर इंटरव्यू शो भी करता है।

एंकरिंग की सबसे बड़ी ज़रूरत है हर चीज़ से बाख़बर रहना। आज जहां न्यूज़ चैनल चौबीसों घंटे लाइव रहते हैं वहां एंकर के चेहरे से झलकता कॉन्फ़िडेंस ही उसके चैनल की सफलता को दर्शाता है। और यह कॉन्फ़िडेंस तभी आएगा जब एंकर ख़बर को समझता होगा। उसे पता है कि अगर उत्तर कोरिया और दक्षिण कोरिया की सीमा पर गोलाबारी हो रही है तो दोनों देशों के बीच की लड़ाई क्या है। साथ ही उसे दोनों देशों की भौगोलिक, राजनीतिक और आर्थिक मामलों का भी ज्ञान होना चाहिए।

न्यूज़ एंकरिंग इतनी आसान नहीं है जितनी चैनल पर नज़र आती है। यहां केवल चेहरे पर मेकअप लगाकर सूट, टाई बांध कर टशन में बैठ जाने भर से आप दर्शकों के चहेते नहीं बन जाते हैं। आपकी पहचान इस बात से बनती है कि ब्रेकिंग न्यूज़ के माहौल में ख़बर के बारे में आपको कितना पता है।

आप कितनी जल्दी कितने सही शब्द बोल पाते हैं कि दर्शक जानकारी की भूख शांत करने के लिए दूसरे चैनल का रुख़ न करे। एंकर के लिए ख़बर बताने के साथ–साथ उसके क्या मायने हो सकते हैं यह भी समझाना ज़रूरी होता है। ख़बर की समझ के साथ–साथ एंकर के पास अच्छी रौबदार आवाज़ का होना भी ज़रूरी है और जिन शब्दों का वो उच्चारण करे वो भी सौ फ़ीसदी सही होने चाहिए।

आज टीवी पर दिखाई जाने वाली हर ख़बर एंकर के मुंह से ही सुनाई देती है। ऐसे में एंकर की भूमिका बड़ी ज़िम्मेदारी वाली होती है। इस ज़िम्मेदारी को एंकर बख़ूबी निभा सके इसके लिए उसके सामने पढ़ने के लिए आने से पहले ख़बर कई हाथों से और कई लोगों की जी तोड़ मेहनत से निकलती है।

जिस तरह एक पायलेट की ज़िम्मेदारी जहाज़ के टेक ऑफ़ से लैंडिंग के बीच हवा में उसे संभाले रहने की होती है, उसी तरह न्यूज़ एंकर की ज़िम्मेदारी पूरा शो इस अंदाज़ से पेश करने की होती है कि लोग उस वक़्त सिर्फ़ वही देखें जो उन्हें एंकर देखने के लिए कह रहा है। उसके सिवा किसी और की आवाज़ दर्शक के कानों में न जाए।

अब ज़िम्मेदारी इतनी बड़ी है तो तैयारी भी उसी हिसाब से होनी चाहिए। एक अच्छे एंकर से बहुत उम्मीदें होती हैं। क्योंकि वो अकेला पूरे न्यूज़रूम की मेहनत को लोगों के सामने प्रदर्शित कर रहा होता है ऐसे में उससे किसी भी तरह की ग़लती अपेक्षित नहीं है। क्योंकि उसकी एक मामूली सी चूक से या ज़रा से ख़राब प्रदर्शन से पर्दे के पीछे काम करने वाले सारे लोगों की मेहनत पर पानी फिर जाता है। दर्शक यह जानने में ज़रा भी दिलचस्पी नहीं लेगा कि उस ग़लती की वजह क्या है वो तो सिर्फ़ यही कहेगा कि यह चैनल तो बक़वास है।

अच्छे एंकर की पहचान

न्यूज़ एंकरिंग, न्यूज़ रिपोर्टिंग से बिल्कुल अलग होती है। एंकरिंग के लिए ख़ास तरह की स्किल्स का होना ज़रूरी है। केवल ख़बर को पढ़ना और अच्छा दिखना ही एंकरिंग नहीं होती है। एक एंकर को न सिर्फ़ अपनी बात सही ढंग से कहनी आनी चाहिए बल्कि उसकी कही बात हर तरह के शख़्स को समझ में भी आनी चाहिए। ख़ास तौर पर एंकर को एक से ज़्यादा विषय का महारथी होना चाहिए। क्योंकि न्यूज़रूम में जहां चारों तरफ़ से ख़बरों की बौछार होती है ऐसे में पता नहीं कब किसी बारे में कैसी ख़बर आ जाए। अच्छा एंकर वही होता है जो हर विषय की समझ रखता है। ताकि जब कोई भी ख़बर आए तो वो आसानी से उसके बारे में अपने दर्शकों को बता सके।

एंकरिंग करने के दौरान कभी भी आवाज़ बदल कर बोलना या किसी से मिलते जुलते अंदाज़ में ख़बर पढ़ने से परहेज़ करना चाहिए। क्योंकि इससे आपकी ख़ुद की पहचान कभी भी नहीं बन पाएगी। अच्छा एंकर वही होता है जो हमेशा अपने स्वाभाविक अंदाज़ में ख़बर पढ़ता है।

ख़बर पढ़ने के दौरान स्टोरी से आपका जुड़ाव स्क्रीन पर भी दिखना चाहिए। क्योंकि एंकर का काम केवल ख़बर पढ़ना नहीं है बल्कि उसकी पढ़ी ख़बर लोगों को समझ में भी आनी चाहिए। इसके लिए यह पता होना चाहिए आप जो ख़बर पढ़ रहे हैं वो किस बारे में है। अगर वो क्रिकेट मैच में भारत की जीत की ख़बर है तो उसे जोशीले अंदाज़ में पढ़ा जाना चाहिए न कि सपाट अंदाज़ में। वहीं अगर कहीं किसी हादसे की ख़बर है तो उसे कुछ शांत, गंभीर अंदाज़ में पढ़ना चाहिए।

ख़बर को समझ कर पढ़ने का एक फ़ायदा यह भी होता है कि अगर बीच में कहीं किसी तकनीकी ख़ामी की वजह से आपका टेलीप्रॉम्प्टर ख़राब हो गया तो भी आप अपनी बात बिना किसी हिचक के पूरी कर पाएंगे। यानि जब तक आपको ख़बर की समझ नहीं होगी आप महज टेलीप्रॉम्प्टर रीडर की तरह बातें बोलते जाएंगे और सामने वाला कभी

सुनेगा कभी नहीं सुनेगा। एक अच्छे एंकर को ख़बर के हर पहलू की जानकारी होनी चाहिए तभी वो अपने चेहरे पर वैसे हावभाव ला पाएगा। नहीं तो वो कभी भी किसी मातम की ख़बर को 'क्लोज़अप स्माइल' देते हुए पढ़ जाएगा।

एक एंकर के तौर पर अपनी बात को लोगों के सामने कॉन्फ़िडेंट और जोशीली आवाज़ में रखें। क्योंकि आज का दर्शक रिमोट वाला दर्शक हो गया है वो अमूमन टीवी के चैनल बदल रहा होता है। इसी बीच उसे अगर आप बेहतरीन, जोशीले अंदाज़ में ख़बर बताते दिख जाएंगे तो वो कुछ देर रुक कर आपको देखेगा ज़रूर। और एक बार आपकी प्रस्तुति उसे पसंद आ गई तो वो जब कभी भी आपको देखेगा चैनल पर कुछ देर टिकेगा ज़रूर। लेकिन अगर आप उसे इम्प्रेस करने में नाकाम रहे तो फिर आप चाहे कितनी भी अच्छी ख़बर पेश कर रहे हों उसके लिए बेकार ही रहेगी। दर्शक आपसे इम्प्रेस तभी होगा जब आप पूरे आत्मविश्वास के साथ उसे ख़बर बताएंगे और इसके लिए ख़बर को जानना, समझना सबसे ज़रूरी है।

इसका यह मतलब नहीं है कि एंकरिंग कोई रॉकेट साइंस है और इसके पहले उतनी ही तैयारी करनी पड़ती है जितनी अंतरिक्ष यात्रियों की टीम को करनी होती है। आपका स्क्रीन पर ज्ञानी दिखने के साथ उतना ही ज़रूरी शांत और स्वाभाविक दिखना भी है। जब आप कैमरे के सामने हों तो ज़हन में केवल दो ही बातें होनी चाहिए—एक तो आप क्या बताने जा रहे हैं और दूसरी किसे बताने जा रहे हैं। इसके अलावा कुछ भी नहीं होना चाहिए। तभी आप अपनी बात सहज ढंग से कह पाएंगे। ऐसा नहीं है कि एंकर ग़लती नहीं करता या ग़लती करने पर उसे फांसी की सज़ा दे दी जाती है। लेकिन अच्छा एंकर वही होता है जो कभी भी ग़लती की छाप अपनी शक्ल और प्रस्तुति पर नहीं पड़ने देता है।

एक और ज़रूरी बात यह कि एंकर हमेशा कैमरे की नज़रों के सामने रहता है। ऐसे में उसे बेहद सतर्क रहने की ज़रूरत होती है। पूरे शो के दौरान एंकर कभी भी कैमरे के सामने आ सकता है तो ऐसे में उसे ऐसा कुछ भी न तो करना चाहिए और न बोलना चाहिए जिसका शो से कोई लेना देना नहीं है। कई बार ऐसा देखने को मिला है कि ब्रेक अनाउंस करने के तुरंत बाद कुछ एंकर अपने बाल संवारने लगते हैं या फिर कोई ग़ैर ज़रूरी बात करने लगते हैं। और उनकी यह गतिविधि ऑन एयर हो जाती है। जिसकी खूब खिल्ली उड़ाई जाती है। इन सब बातों से हमेशा सावधान रहना चाहिए।

दूसरे एंकर के साथ एंकरिंग

इस पेशे में सबसे बड़ी चुनौती सह एंकर के साथ एंकरिंग करने में होती है। क्योंकि यहां दोनों लोग कैमरे के सामने होते हैं और किसी को यह नहीं पता होता है कि दूसरे

के दिमाग़ में क्या चल रहा है। यह बिल्कुल दो नावों की सवारी जैसा है। आप अपनी नाव तो चला ही रहे हैं दूसरी नाव की रफ़्तार और दिशा का भी आप पर फ़र्क पड़ता है। और इन दोनों के बीच में सफ़र करने वाला होता है शो।

ऐसे में अगर आपका साथी एंकर कम प्रतिभाशाली है, उसे ख़बर का इल्म नहीं है तो आपकी इमेज खटाई में पड़ सकती है। लेकिन वहीं अगर आप शानदार एंकर के साथ ऑन एयर हैं तो ज़रूर फ़ायदा पहुंचेगा। अब चूंकि आप दोनों से ही शो की शान जुड़ी है, दोनों का एक ही स्तर पर होना ज़रूरी है। इसके लिए अपने साथी एंकर को जानना, समझना बेहद ज़रूरी है। अपने साथी एंकर के बारे में जानने का यह मतलब बिल्कुल नहीं है कि आप दोनों एक ही थाली में खाना खाएं या एक ही गिलास से पानी पिएं। जानने का मक़सद सिर्फ़ इतना है कि चैनल पर आप दोनों के चेहरे खिले हुए दिखें। जब किसी ख़बर के दौरान आप दोनों आपस में बातचीत करें तो दर्शक को यह लगना चाहिए कि आप दोनों को इस बारे में पूरी जानकारी है और यह बातचीत बिल्कुल दो दोस्तों के जैसी ही होनी चाहिए। लेकिन अगर आप एक दूसरे से ऑफ एयर बात करना पसंद नहीं करते तो कहीं न कहीं यह ऑन एयर भी झलकता है और यह शो के लिए अच्छी बात नहीं है।

जब आप दोनों स्टूडियो में हों तो एक दूसरे के बराबर में बैठें। अपनी कुर्सियों की उंचाई कुछ इस तरह से रखें कि दोनों के कंधे एक ही स्तर पर हों। हालांकि दोनों एंकर एक दूसरे के आमने सामने न देखें लेकिन एक दूसरे की तरफ मुख़ातिब लगने चाहिए।

दोनों एंकर को एक दूसरे की बात सुननी चाहिए। जब साथी एंकर ख़बर पढ़ रहा है तो दूसरे को उसकी बात पर ग़ौर करना चाहिए और जब आपको अपनी बात शुरू करनी हो तो वहां तालमेल में कोई कमी न दिखे। अगर आप सिर्फ़ अपनी लाइनें ही पढ़ेंगे तो ऐसा लगेगा कि एक पूरब जा रहा है और दूसरा पश्चिम। और कई बार अगर आप ध्यान नहीं देंगे तो पता ही नहीं चलेगा कि वो कब चुप होने जा रहा है और कहां से आपको अपनी बात शुरू करनी है। इसलिए साथी एंकर क्या पढ़ रहा है, क्या बोल रहा है उस पर हमेशा ध्यान रखना चाहिए।

अच्छे एंकर की पहचान होती है कि अपनी बात ख़त्म करके वो साथी एंकर की तरफ़ देखता है। यह एक तरह से इस बात का संकेत होता है कि अब मैंने अपनी बात पूरी कर ली है अब आपकी बारी है। इस तरह एक नज़र साथी एंकर को देखते हुए आप फिर कैमरे की तरफ़ मुड़ जाएं। इससे आपका शो नेचुरल लगेगा। लेकिन अगर दोनों एंकर अपने अपने कैमरे की तरफ ही देखते रहेंगे तो शो पुराने ज़माने के दूरदर्शन के समाचारों जैसा ही दिखेगा।

शो में कोई दिक्कत न आए इसके लिए आप दोनों को अपनी स्क्रिप्ट्स का पता होना बहुत ज़रूरी है। जब आपको स्क्रिप्ट्स के बारे में पता है तभी आप दोनों आपस में बातचीत भी कर सकते हैं। और अपनी बातचीत को ख़बर से जोड़ सकते हैं।

टीवी पर दो एंकरों को अलग–अलग बोलते देखना बड़ा बोरिंग होता है। इसके लिए दोनों एंकरों में तालमेल बेहद ज़रूरी है। लेकिन यह तालमेल सामान्य होना चाहिए ज़बर्दस्ती वाला नहीं। बातचीत के दौरान अपने साथी एंकर की बात सुनें और उसका जवाब दें।

आप अपने साथी एंकर को जितना समझेंगे शो उतना ही हिट होगा। दोनों को यह साफ़ तौर पर पता होना चाहिए कि किसे कब और क्या बोलना है। जैसे पहला एंकर ख़बर पढ़ रहा और सिंगल शॉट से वो टूशॉट में आता है तभी उसके ख़बर पढ़ने के साथ ही आपको उस पर कमेंट करना चाहिए और धीरे से दूसरी ख़बर की ओर बढ़ लेना चाहिए।

आपको अपने साथी एंकर के दिमाग़ को पढ़ना आना चाहिए। आप अपने साथी एंकर को अपनी आवाज़ की टोन से इशारा कर सकते हैं या उसकी तरफ़ देखकर इशारे से बता दें कि अब आपकी बारी है। लेकिन यह ध्यान रहे कि यह इशारेबाज़ी केवल आप दोनों को ही समझ में आने वाली होनी चाहिए, स्क्रीन पर नज़र न आए। वहीं ब्रेकिंग न्यूज़ के दौरान बुलेटिन से पहले या फिर ब्रेक के दौरान या जब कभी मौक़ा मिले दोनों यह ज़रूर तय कर लें कि कौन सी जानकारी कौन देगा। इससे ऑन एयर फ़ंबलिंग और रिपीट इनफॉर्मेशन वाली दिक्कत से बचा जा सकता है।

कभी–कभी कोई स्वार्थी एंकर सारी ख़बर खुद ही बता देता है और दूसरा एंकर केवल उसका मुंह देखता रहता है। ऐसा नहीं करना चाहिए क्योंकि ऐसे में दूसरा एंकर भी ऑन एयर आपको मज़ा चख़ाने का मौक़ा ढूढ़ता रहता है। यह न तो शो के हित में है न ही चैनल के लिए अच्छे संकेत हैं। इसलिए ज़रूरी है कि ऐसे मौक़ों पर जहां बुलेटिन स्क्रिप्टेड नहीं है केवल एक लाइन की ख़बर है और उसी पर कमेंट्री करनी है तो दोनों लोग ख़बर बांट लें।

यह इतना मुश्किल भी नहीं है। लंबे समय तक साथ काम करने के बाद दोनों एंकर एक दूसरे के बारे में अच्छी समझ रखने लगते हैं और यह जान जाते हैं कि दूसरा एंकर किस ख़बर पर कैसी प्रतिक्रिया देगा या कितनी देर तक बोलेगा। यह बातें ज़रूरी इसलिए हैं क्योंकि ब्रेकिंग न्यूज़ जैसे माहौल में आपके पास रीटेक का मौक़ा नहीं होता है। जो भी करना है लाइव करना है। और यहां ग़लती की गुंजाइश बिल्कुल नहीं है। अगर आप ग़लती कर रहे हैं तो हज़ारों लोग उसे चैनल पर साफ़ देख रहे होंगे।

हर एंकर के जीवन में ऐसा वक़्त आता है कि उसे ऐसे शख़्स के साथ काम करना पड़े जिससे वो सबसे ज़्यादा नफ़रत करता है। या वो उसके मुक़ाबले कहीं नहीं ठहरता हो..उसे ख़बर की समझ न हो वग़ैरह। लेकिन ऐसे में बजाए उसकी शिकायत करने के या उससे पीछा छुड़ाने की कोशिशों में लगने के खुद ही मौक़ा देखकर बातचीत के ज़रिए मामला सुलझा लें। बाक़ी चैनल का एडिटर भी जानता है कि कौन कितना क़ाबिल है। उसे आगे उसी हिसाब से मौक़े दिए जाते रहेंगे। लेकिन आपकी किसी निजी खुन्नस का असर शो पर नहीं पड़ना चाहिए।

टेलीप्रॉम्पटर कैसे पढ़ें

टेलीप्रॉम्पटर पर ख़बर पढ़ना उतना आसान नहीं है जितना कि लगता है। यहां एक स्क्रीन होती है जिसमें 3–4 शब्दों की एक–एक लाइनें नीचे से ऊपर की ओर जाती रहती हैं। इन लाइनों को ही एंकर को पढ़ना होता है। जिन लोगों को स्पीड के साथ पढ़ने की आदत नहीं है वो यहां फिसल जाते हैं क्योंकि बाहर जो बात वो पूरी लाइनों में पढ़ रहे होते हैं यहां वो लाइनें चंद शब्दों की लाइनें बन गई हैं। और यह शब्द भी उन्हें स्टूडियो की चकाचौंध वाली लाइट्स के बीच में देखकर पढ़ने होते हैं।

इन शब्दों को देखकर एंकर उनपर झपट्टा मार कर उन्हें पढ़ने की कोशिश करता है। कहीं कोई शब्द जल्दी से ऊपर न खिसक जाए इस चक्कर में वो पलक तक नहीं झपकाता है। और ज़्यादा देर तक पलक न झपकाने के चक्कर में बीच में कहीं भी उसकी आंख बंद हो जाती है और वो ग़लती कर बैठता है। अगर आंख बंद नहीं भी हुई तो जैसे ही टेलीप्रॉम्पटर के शब्द ख़त्म होंगे आप अचानक से चुप हो जाएंगे। ऐसे में आपकी ऑन एयर यह ग़लती दर्शक आसानी से पकड़ लेगा।

इस मुसीबत से बचने का तरीका यह है कि आप अपने पढ़ने की रफ़्तार खुद तय करें। यह नहीं कि आप टेलीप्रॉम्पटर की रफ़्तार से पढ़ें। हमेशा ध्यान रहे कि जो भी टेलीप्रॉम्पटर चला रहा है उसे आपकी रफ़्तार का पता हो। अगर वो इससे वाक़िफ़ नहीं है तो शो से पहले उससे एक बार इस बारे में बात ज़रूर कर लें।

इसके अलावा आपको यह पता होना चाहिए कि आप क्या पढ़ने जा रहे हैं। ऐसे में टीपी पर चलने वाली चीज़ के बारे में आप पहले से वाक़िफ रहेंगे तो उसे पढ़ने में परेशानी कम होगी। एक अच्छा टेलीप्रॉम्पटर रीडर वही है जिसे देखकर यह कतई न लगे कि वो कोई लिखी चीज़ पढ़ रहा है। उसके चेहरे के हावभाव से ऐसा लगना चाहिए कि वो महज़ ख़बर बता रहा है। लेकिन आप ऐसा तभी कर पाएंगे जब टेलीप्रॉम्प्टर को आप महज़ सहारे के लिए देखेंगे। उसका एक–एक शब्द पढेंगे नहीं। क्योंकि टेलीप्रॉम्प्टर की

अपनी सीमाएं होती हैं। अगर आप उसे हूबहू कॉपी करने की कोशिश करेंगे तो कई बार कोई बड़ा शब्द उस लाइन में पूरा नहीं आता है उसका आधा हिस्सा ऊपर और बाक़ी नीचे की लाइन में खिसक जाएगा और ऐसे मौक़ों पर ऑन एयर ग़लती की गुंजाइश बढ़ जाती है।

ख़बर पढ़ने के लिहाज़ से टेलीप्रॉम्प्टर बेहतरीन साथी है लेकिन इसकी भी अपनी सीमाएं हैं। यह भी महज़ एक मशीन है। ऐसे में आपको बिना इसके सहारे के भी ख़बर बताना आना चाहिए। आपको ख़बर पता होनी इसलिए भी ज़रूरी है क्योंकि अगर टेलीप्रॉम्प्टर कभी ऑन एयर बंद हो गया या ग़लत स्क्रिप्ट के शब्द चल गए तो ऐसे में आपका शो बर्बाद नहीं होने पाएगा।

यह सारी प्रैक्टिस इतनी मुश्किल भी नहीं है जितनी लग रही है। आप आराम से अपने दर्शकों से बात करिए। आप टेलीप्रॉम्पटर पर शब्द देख रहे हैं लेकिन बाहर दुनिया तो आपका चेहरा देख रही है ना। उन्हें इस बात से फ़र्क नही पड़ता कि आप लिखे हुए शब्द पढ़ रहे हैं और किस तकनीकी वजह से आपको कोई दिक्कत हो रही है। उन्हें तो आप से ही सारी बातें सही सही जाननी हैं। इसके लिए ज़रूरी है कि आप जानदार अंदाज़ में ज़रूरी पॉज़ और मॉड्युलेशन के साथ अपनी बात कहें। लेकिन ऐसा तभी संभव होगा जब आप पूरे कॉन्फ़िडेंस और आराम के साथ कैमरे पर ख़बर पेश करेंगे और अपनी स्क्रिप्ट के बारे में पहले से पूरी जानकारी रखेंगे। इस चीज़ की आप जितनी प्रैक्टिस करेंगे उतना ही निख़ार आता जाएगा।

लाइटिंग

न्यूज़ एंकर के लिए जितना ज़रूरी अच्छा बोलना है उतना ही ज़रूरी उसे कैमरा और लाइट्स के बारे में पता होना भी है। इसकी वजह यह है कि कैमरा और लाइट्स ही वो चीज़ें हैं जो आपको स्क्रीन पर सुंदर दिखाती हैं। टीवी में एक तरह से 'थ्री डी' तस्वीर 'टू डी' में दिखाई देती है। इन चीज़ों की वजह से कई सामान्य से दिखने वाला लोग भी टीवी पर बेहद ख़ूबसूरत नज़र आते हैं। उसी तरह कई ख़ूबसूरत लोग भी ऑन स्क्रीन उतने अच्छे नहीं दिखते हैं। आपने लोगों को अक्सर कहते सुना होगा कि उसका चेहरा बड़ा 'फोटोजेनिक' है। यह कमाल लाइट्स और कैमरे का ही होता है। तो अगर आप टीवी के इन दो अस्त्रों के साथ खेलना सीख गए तो ऑन स्क्रीन प्रज़ेंस में बाज़ी हमेशा आपके ही हाथ लगनी है।

सबसे पहले आपको लाइट्स को समझना होगा। क्योंकि अगर आपके चेहरे पर पड़ने वाली लाइट अच्छी और सही है तभी आपका चेहरा स्क्रीन पर खिलकर दिखेगा। शो

के दौरान वैसे तो इन सारी चीज़ों का ख़्याल रखने वाले दूसरे लोग होते हैं लेकिन आपको इसकी फ़िक्र इसलिए करनी चाहिए क्योंकि ऑन एयर तो आप जा रहे हैं। ऐसे में अगर आपको लगे कि चेहरे पर आने वाली लाइट पूरी नहीं है या ज़रूरत से ज़्यादा है तो ज़िम्मेदार लोगों से इस बारे में बात ज़रूर करिए।

यहां सबसे पहले **'की लाइट'** यानि सामने से पड़ने वाली लाइट पर ध्यान देना चाहिए। क्योंकि यही वो लाइट होती है जिसके ज़रिए कैमरे पर एंकर की शानदार तस्वीर उभरकर आती है। एंकर को हमेशा की–लाइट की तरफ देखते हुए बैठना चाहिए नहीं तो कैमरे में वो तस्वीर का केंद्र नहीं बन पाएगा। अगर की–लाइट की जगह सही नहीं है तो उसे अपने हिसाब से एडजेस्ट कराएं। ऐसा भी होता है कि जब लगातार चेहरे पर लाइट्स पड़ती हैं तो वो चुभने लगती हैं लेकिन इससे बचने के बजाए उसकी आदत डालें क्योंकि स्क्रीन पर आपकी प्रेज़ेंस अच्छी होनी सबसे ज़रूरी है और लाइट इसमें महत्वपूर्ण भूमिका अदा करती है।

यह तो हुई बात स्टूडियो की लेकिन अगर आप कहीं आउटडोर शूट में जा रहे हैं तो याद रहे कि वहां की–लाइट सूरज की रौशनी होती है। आपका मुंह सूरज की तरफ रहेगा तभी कैमरा आपकी बेहतरीन तस्वीर ले पाएगा। अगर की–लाइट ज़्यादा चमकदार है तो उसके असर को कम करने के लिए फिल–लाइट का इस्तेमाल किया जाता है। यह लाइट की–लाइट की विपरीत दिशा में होती है और इसकी चमक की–लाइट से कम होती है। लेकिन इतनी लाइट्स के बाद अगर आपको अपने चेहरे के आसपास कहीं कोई छाया दिखाई दे तो उसी हिसाब से लाइट्स सही करने को कहें। आपको यह ध्यान भी रखना है कि लाइट्स की वजह से आपके चेहरे पर चमक न दिखे। हालांकि ऐसा कम ही होता है। स्टूडियो में जब तक ज़रूरत न हो लाइट्स सॉफ़्ट ही इस्तेमाल की जाती हैं और लाइटिंग के दौरान फ़िल्टर का इस्तेमाल भी किया जाता है जो लाइट्स की चमक को कम करती है।

अब बात बैक–लाइट की। यह लाइट एंकर के सिर के पीछे जलती है। इसका मक़सद यह होता है कि एंकर स्टूडियो के बैकग्राउंड से अलग दिखे। और यह लाइट ख़ास तौर पर उन एंकरों के लिए ज़रूरी होती है जिनके बाल गहरे काले हैं और साथ ही उन्हें गहरे रंग के बैकग्राउंड से एंकरिंग करनी होती है।

कैमरा

लाइटिंग के बाद बात करते हैं कैमरे की। एक एंकर को यह पता होना चाहिए वो कैमरे से कितनी दूरी पर बैठे। कैमरे से अगर कोई तस्वीर नज़दीक से ली जाती है तो वो

सामान्य से भारी भरकम प्रतीत होती है। वहीं अगर तस्वीर दूर से ली जाती है तो वो असलियत के ज़्यादा क़रीब होती है। स्टूडियो में न्यूज़ कैमरों के लिए यह दूरी 10 फीट की होती है। एंकर को कैमरे से कम से कम 10 फीट की दूरी पर बैठना चाहिए। क्योंकि 10 फीट से ज़्यादा दूर होने पर ही कैमरे के ज़रिए आप पतले दिखेंगे।

इसके साथ ही अब बात करते हैं आपके बेस्ट शॉट की। कोई भी आदमी हर एंगल से अच्छा तो दिख सकता है लेकिन कोई एक एंगल ही होगा जिसमें वो सबसे ज़्यादा खूबसूरत दिखता है। आपको अपने उस एंगल की पहचान करनी होगी। ज़्यादातर लोग सिर और कंधों के शॉट में अच्छे लगते हैं। वहीं पतले लोग फुल, वाइड शॉट में अच्छे दिखते हैं। इसके लिए ज़रूरी है कि आप अपने बेस्ट शॉट को पहचाने और उसी एंगल से एंकरिंग करें। शो के पहले प्रिव्यू मॉनिटर पर ज़रूर देखें कि आप असल में दिख कैसे रहे हैं। उससे आपको यह अंदाज़ा हो जाएगा कि यह कौन सा शॉट किस एंगल से दिया जाए।

आपको कैमरे के साथ खेलना होगा। कैमरा तो आपको शूट करने के लिए लगा है लेकिन कौन सा शॉट किस तरह से उसे बेहतर दिया जाए यह आप ही अच्छा समझ सकते हैं। इसके लिए आप कुछ भी कर सकते हैं। मसलन अपने कंधों को थोड़ा ऊंचा नीचे करके आप कैमरे को एक बेहतरीन लुक दे सकते हैं।

कई न्यूज़ शो में एक से ज़्यादा कैमरे होते हैं। ऐसे में आपको यह ज़रूर पता होना चाहिए कि कब आप पर कौन सा कैमरा है। और उस वक़्त आप उसी कैमरे की ओर देख भी रहे हों। क्योंकि अलग–अलग कैमरे आपकी तस्वीर नए एंगल से देते हैं। तो उसी कैमरे के हिसाब से आपको अपने आपको प्रेजेंट करना होगा। इससे इतना घबराने की ज़रूरत नहीं है। अगर आप सारी चीज़ों को अच्छे से देखेंगे, समझेंगे और प्रैक्टिस करेंगे तो ग़लती की गुंजाइश भी ख़त्म हो जाएगी।

मेकअप

वैसे तो यह धारणा है कि मेकअप महिलाएं ही करती हैं लेकिन टीवी में चाहे महिला हो या पुरुष दोनों को उसी हिसाब से मेकअप करना होता है। तो अगर आपको मेकअप से झिझक है तो इससे तुरंत आज़ाद हो जाएं। क्योंकि यह टीवी की ज़रूरत है। टीवी कैमरे और तेज़ लाइटों के बीच आप बिल्कुल अलग दिखते हैं। इसमें आपके चेहरे के हर निशान, दाग़, धब्बे, झुर्रियां सब साफ़ नज़र आती हैं और मेकअप के ज़रिए इन सारी चीज़ों को छुपाया जा सकता है और आपका चेहरा बिना मेकअप के मुक़ाबले शानदार दिखने लगता है।

लेकिन मेकअप के लिए यह ध्यान रखें कि वही सामान इस्तेमाल करें जो ख़ासतौर पर कैमरे के सामने आने वाले लोगों के लिए बनाया गया है। इसके लिए मेकअप का सामान अच्छे ब्रांड का होना चाहिए। अगर आप को किसी चीज़ से एलर्जी है तो इसके लिए स्किन स्पेश्लिस्ट आपकी मदद करेगा। वो आपको बताएगा कि किस ब्रांड के या किस तरह के मेकअप से आपकी त्वचा को नुकसान नहीं होगा। वो यह भी बताएगा कि मेकअप कितनी मात्रा में और कितनी देर के लिए इस्तेमाल करना चाहिए और आपकी स्किन के हिसाब से कौन से रंग का मेकअप कैसे लगाना चाहिए। क्योंकि हर आदमी की त्वचा का रंग अलग होता है और एक से मेकअप में हर कोई ख़ूबसूरत नहीं लग सकता है।

मेकअप में एक ध्यान देने वाली बात यह भी है कि आप वक़्त और ज़रूरत के हिसाब से मेकअप करें। जिस शो की जैसी डिमांड है, जैसी लाइटिंग है, मेकअप वैसा ही होना चाहिए।

मेकअप के वक़्त अपने कॉलर में टिशू पेपर लगाना ना भूलें। क्योंकि कई बार मेकअप का रंग आपकी शर्ट में भी लग जाता है और यह जल्दी छूटता नहीं है। और एंकरिंग के टाइम जब आप मेकअप के लिए सबसे बाद में पहुंचते हैं तब इससे जूझने के लिए ज़रा भी वक़्त नहीं रहता है। इसलिए सावधान रहना ही ऐसी दुर्घटना से बचने का आसान तरीका है।

एंकर के कपड़े

आख़िर में बात करते हैं एंकर के कपड़ों की। एंकर के कपड़े ज़्यादातर गहरे रंगों के ही होने चाहिए। और सबसे ज़्यादा ध्यान कॉलर पर रखना चाहिए। क्योंकि कैमरे पर 'हेड एंड शोल्डर' सबसे ज़्यादा दिखाई देता है। अगर आपका कॉलर फैला हुआ है तो आपकी शक्ल भी कैमरे पर अच्छी दिखेगी। वहीं अगर कॉलर ज़रूरत से ज़्यादा लंबा है तो इमेज उसी तरह दिखेगी। अपने कपड़ों के रंग में फ़र्क टाई से या स्कार्फ़ से भी लाया जा सकता है।

अगर आपने गहरे रंग की शर्ट या जैकेट पहनी है तो उसके साथ हल्की रंगीन टाई अच्छी लगेगी। यानि कपड़े चुनते वक़्त यह ख़्याल रखें कि जिस रंग का सूट या शर्ट है टाई उससे उल्टे रंग की हो। यहां लड़कियों के पास ज्वेलरी जैसे विकल्प भी होते हैं। इससे उनके पहनावे में वेरायटी दिखती है। कैमरे के सामने लाइनिंग वाले या चेक शर्ट

या बिंदियों वाले कपड़े पहनने से बचें। क्योंकि कैमरे को इस तरह की लाइनें बिल्कुल समझ में नहीं आती। अगर आप ऐसे कपड़े पहनेंगे तो वो ऑन एयर चमकने लगेंगे।

टीवी एंकरिंग के बारे में एक बात समझनी सबसे ज़रूरी है। यहां कैमरे पर आपकी कमर के ऊपर का हिस्सा ही ज़्यादा दिखता है। इसलिए आपको उसपर ही पूरा फ़ोकस रखना चाहिए। जूते कैसे हैं, बेल्ट कैसी है या पैंट किस रंग की है यहां इन बातों से ज़्यादा फ़र्क नहीं पड़ता है। यह तभी ज़रूरी है जब शो की डिमांड हो। कई न्यूज़ एंकर तो हाफ़ पैंट के ऊपर ही शर्ट टाई और सूट पहनकर एंकरिंग कर लेते हैं।

कपड़ों के रंग की बात करें तो कुछ पुराने कैमरे हैं जिनमें सफ़ेद रंग ज़्यादा निखरकर नहीं दिखाई देता है तो ऐसे में नीले और चॉकलेटी रंग की शर्ट सबसे अच्छी नज़र आती है। वैसे नए कैमरों में सफ़ेद रंग बेहतरीन दिखता है। सफेद शर्ट पर रंगीन टाई के इस्तेमाल से एंकर का फ्रेम बेहद शानदार दिखता है। और अच्छा दिखना भी यहां ज़रूरी है क्योंकि यह टीवी है – यहां जैसा दिखता है वैसा ही बिकता है। अब हर कोई अच्छे दाम चाहता है तो माल भी वैसा ही होना चाहिए। इसलिए आज से इन सब बातों को ध्यान में रखकर एक नए अंदाज़ में एंकरिंग करें।

आसान नहीं है डगर एंकरिंग की

न्यूज़ एंकर बनने का सपना देख रहे हैं तो सबसे पहले बता दूं कि मैं जिस न्यूज़ एंकर की बात कर रहा हूं वो अरसे पहले डीडी पर आने वाले शम्मी नारंग और सलमा सुल्तान जैसे न्यूज़ रीडर्स से बिल्कुल अलग है। वो ज़माना लद चुका है जब ख़बरें ऊपर से लेकर नीचे तक टेलीप्रॉम्पटर यानि टीपी के ज़रिए पढ़ी जाती थीं। अब टीपी का इस्तेमाल सिर्फ़ ख़बरों के रिफ़्रेंस के लिए होता है।

मतलब यह कि यह ब्रेकिंग न्यूज़ का ज़माना है। हर दो मिनट पर एक ब्रेकिंग न्यूज़, कभी सच में बड़ी न्यूज़ तो कभी सिर्फ़ बज़ क्रिएट कर दर्शकों का ध्यान अपनी तरफ खींचने के लिए ब्रेकिंग न्यूज़। कभी हंगामा, कभी घोटाला, कभी लाठी चार्ज, कभी आतंकी हमला, कभी टीम इंडिया का सेलेक्शन, कभी हार कभी जीत, तो कभी किसी एक्टर का पब्लिसिटी स्टंट। तमाम ऐसी ख़बरें जिनमें डेस्क के सहयोग से आपको गिनी चुनी 2–4 लाइनें लिखी मिल गईं तो गनीमत समझिए।

अब तक शायद आप समझ गए होंगे कि मैं कहना क्या चाह रहा हूं। जी हां जानकारी। अगर आप न्यूज़ एंकर हैं और मेकअप लगाकर कैमरे के सामने खड़े हैं तो वो दौर तो रहा नहीं जब लोग आपके ख़ूबसूरत चेहरे की तारीफ़ करेंगे। आज का दर्शक बहुत स्मार्ट है और हां जानकार भी। उसे सही ग़लत का फ़र्क बख़ूबी पता है। अब ऐसे में आपको हर एक विषय की इतनी जानकारी तो होनी ही चाहिए कि आप 10–20 मिनट तक एक दो लाइनों की ख़बर को बिना किसी ग़लती के घसीटने का बूता अपने अंदर पैदा करें। यानि आपका बॉस और आपके दर्शक यही उम्मीद करते हैं कि आपको किसी भी ख़बर का इतिहास और भूगोल पता होगा और तमाम न्यूज़ पेपर्स का घुट्टा भी आपने लगाया होगा।

ख़बरों की यह वो दुनिया है जहां शॉर्टकट आपको कभी भी मुश्किल में डाल सकता है वो भी ऑन एअर करोड़ों लोगों की नजरों के सामने और खुदा न ख़ास्ता जानकारी के अभाव में अगर आप एक बार बेवकूफ़ साबित हो गए तो यक़ीन जानिए इस दाग़ से उबरने में बहुत वक्त लग जाएगा। लास्ट बट नॉट द लीस्ट– हिंदी न्यूज़ एंकर बनना है तो भी हिंदी के साथ–साथ अंग्रेजी शब्दों का सही प्रोननसिएशन जानना बेहद ज़रूरी है। कहने का मतलब यह कि इस फ़ील्ड में आना है तो पूरी तैयारी के साथ आईए और हो सके तो कम से कम 2–3 सालों के रिपोर्टिंग अनुभव के बाद आईए। क्योंकि अब ज़माना बदल चुका है।

एक ज़माने में सेलेब्रिटी समझे जाने वाले ख़बरनवीसों का वो दर्जा तो अब नहीं रहा लेकिन उनसे उम्मीदें काफ़ी बढ़ चुकी हैं और एक न्यूज़ रीडर अब न्यूज़ एंकर का रूप धारण कर चुका है जिसका काम सिर्फ़ ख़बरें पढ़ना नहीं हर ख़बर की तह तक जाकर, जानकारी इकठ्ठा कर कैमरे के सामने अपनी क़ाबिलियत से घंटों तक लोगों को बांधे रखना है। अगर आप में अपनी क़ाबिलियत को लगन और मेहनत से इन ख़ूबियों में बदलने का जज़्बा है तो आपको फेस ऑफ द चैनल बनने से कोई रोक नहीं सकता।

समीर अब्बास

प्राइम टाइम एंकर IBN7

TRP कुछ कहती है

टीआरपी मूलतः किसी टीवी पर दिखाए जाने वाले कार्यक्रम के मूल्यांकन का नतीजा है। इसका पूरा नाम 'टेलिविज़न रेटिंग प्वाइंट' है। यह मूल्यांकन इस आधार पर किया जाता है कि किस चैनल का कौन सा प्रोग्राम कितनी देर तक कितने लोगों ने देखा है। इसके लिए महानगरों के चुनिंदा घरों में टैम (टीएएम यानि टेलिविज़न आडियंस मिज़रमेंट) मशीनें लगाई गई हैं।

जब घर में बैठा दर्शक टीवी देख रहा होता है उस समय यह यंत्र सक्रिय रहता है। दर्शक ने कौन सा चैनल किस समय और कितनी देर तक देखा है, इसका ब्योरा टैम मशीन में दर्ज़ हो जाता है। और टैम रिसर्च के इसी ब्योरे के आधार पर टीआरपी की लिस्ट बनती है। यह लिस्ट सभी चैनलों के दफ़्तरों में हर हफ़्ते पहुंचा दी जाती है। इसी के आधार पर चैनल अपने टाइम स्लॉट के लिए विज्ञापनों की बुकिंग करते हैं।

बहस

पत्रकारिता ने जब से प्रसारण के क्षेत्र में क़दम रखा है या कहें जब से समाचार चैनल की जमात में निजी चैनलों का दख़ल बढ़ा है तब से यह बहस तेज़ हो गई है कि समाचार चैनल टीआरपी के हिसाब से ही प्रोग्राम बनाने लगे हैं। आज ऐसे प्रोग्राम समाचार चैनलों पर नज़र आते हैं जिनमें ख़बर कम और मनोरंजन ज़्यादा रहने लगा है। कई बार तो मनोरंजन चैनल के लगभग पूरे–पूरे कार्यक्रम तक दिखा डाले जाते हैं। कभी–कभी तो यह चैनल हंसी के नाम पर मनोरंजन चैनलों के भी कान काट लेते हैं। हद तो तब हो जाती है जब चैनल समाचार की जगह चुम्मा–चाटी और जानकारी के बहाने सेक्स–शोज़ तक दिखाने लगते हैं।

कुछ समय पहले तक मीडिया के जानकार समाचार चैनलों के बारे में यही कहा करते थे कि आज–कल केवल क्राइम, क्रिकेट और सिनेमा ही ख़बर हैं। लेकिन आज मीडया ने एक अलंकार 'सेक्स' उसके साथ जोड़ लिया है।

तर्क

यही नहीं इसके पीछे इनका तर्क तो देखिए। जनाब कहते हैं कि एक थाली में सभी चीज़े होनी चाहिए दाल, चावल, रोटी, सब्ज़ी, रायता, पापड़, सलाद, चटनी और साथ में अचार भी। यहां अचार से मतलब उन शोज़ से है जिन्हे ख़बर के पैरोकार घटिया बताते हैं और कहते हैं कि न्यूज़ चैनल जानबूझ कर ऐसे कार्यक्रम दिखाते हैं ताकि इनकी टीआरपी बढ़े। लेकिन इनका समाज पर बुरा असर पड़ता है।

जानकारों के उलट मीडिया से जुड़े लोगों के अलग ही तर्क हैं। वो कहते हैं कि ऐसा बिल्कुल नहीं है हम वही दिखाते हैं जो दर्शक देखना चाहता है। और इसका सबूत

है टीआरपी रेटिंग। जिस तरह के शोज़ का ज़िक्र उपर किया गया है उनकी टीआरपी सबसे ज़्यादा रहती है जिससे साफ़ हो जाता है कि दर्शक इन प्रोग्राम्स को देख रहा है और आगे भी देखना चाहता है।

मजबूरी

अगर विवाद की गहराई तक जायें तो कई और बातें भी सामने आती हैं जिनसे कहीं न कहीं टीआरपी चैनल की ज़रूरत भी लगती है। सभी चैनलों की तरह समाचार चैनल भी पूरी तरह विज्ञापनों पर ही निर्भर रहते हैं। इसके अलावा कोई और ज़रिया इनके अस्तित्व को बनाये रखने का नहीं होता है।

इनकी कई ज़रुरतें भी होती हैं – रिपोर्टर को कवरेज पर भेजने का खर्चा, ब्यूरो बनाने, ओबी वैन, स्टूडियो, ट्रांसमिशन, केबल आपरेटर को पटाना ताकि वो उनके चैनल के प्रसारण को सुचारु बनाए रखे। इतना सब करने के लिए रखे गये लोगों को हर महीने तन्ख़्वाह भी देनी होती है। यह सब एक समाचार चैनल की शुरुआती ज़रूरतें होती है जो केवल विज्ञापन के भरोसे ही पूरी होती हैं।

विज्ञापनों के लिए जब चैनल कम्पनियों से बात करता है तो कम्पनियां पूछती हैं कि आप का चैनल कितना देखा जाता है? जवाब दिया जाता है सारे देश में बहुत ही लोकप्रय चैनल है हमारा। पूछा जाता है कोई प्रमाण ? तब ज़रूरत पड़ती है टीआरपी रेटिंग की।

हाँ यह देखिए पिछले हफ़्ते की टीआरपी रेटिंग में हमारा चैनल फ़लां जगह पर था। इस बार हम कई ऐसे प्रोग्राम्स बना रहें हैं जिनसे प्राइम टाइम की टीआरपी और ऊपर जाएगी।

अगर कम्पनी को चैनल की टीआरपी यानि दर्शकों की चैनल देखने की संख्या उपयुक्त लगती है तो वह विज्ञापन देता है।

यह बात कहीं न कहीं मायने रखती है कि जिस चैनल के पास जितने ज़्यादा पैसे होते हैं वह उतनी अच्छी ख़बरें दिखाएगा और साथ ही तेज़ भी। इसीलिए समाचार दिखाने वाले चैनल अपने आप को आर्थिक रूप से मजबूत बनाने की ख़ातिर कुछ टीआरपी वाले कार्यक्रम भी बनाते हैं।

सच्चाई

टीआरपी मापने के लिए सारा दारोमदार घरों में लगाये गये जिन मीटरों पर होता है उनकी संख्या न के बराबर होती है। यह मीटर सिर्फ़ बड़े शहरों में कुछ घरों में लगाये जाते हैं। उन्हीं के देखे गये चैनलों के आधार पर टीआरपी बनाई जाती है। मतलब साफ़ है कुछ मुट्ठी भर लोग सारे टीवी देखने वालों के प्रतिनिधि बन जाते हैं। जो असल में एक

दूसरे का नाम तक नहीं जानते हैं वो उनकी पसंद नापसंद के पैमाने तय कर रहे हैं। टीआरपी के पीछे की तो यही कहानी है।

समाधान

हर समस्या का समाधान होता है सो इसका भी है। सन 2002 में तत्कालीन सूचना एवं प्रसारण मंत्री सुषमा स्वराज ने संसद में एक बिल पेश किया जिसमें इस समस्या का समाधान था। बिल जल्द ही पास भी हो गया। उसके मुताबिक सभी घरों में सेट टॉप बॉक्स लगाये जाएं जिससे दर्शक जो चैनल देखना चाहते हैं केवल उन्हीं चैनलों का प्रसारण उनके टीवी स्क्रीन पर किया जाएगा बाकि़यों का नहीं। इससे केबल के ज़रिए कितने घरों में प्रसारण हो रहा है इसकी सही संख्या का पता चल जाएगा। और सेट टॉप बॉक्स के ज़रिए इस बात का सही सही पता भी चल जाएगा कि कितने लोगों ने कौन सा चैनल कितनी देर तक देखा है।

कैस नाम की वो व्यवस्था केबल आपरेटरों की काफ़ी ना नुकुर के बाद लागू हो पाई है। इसका विरोध इसलिए हो रहा था क्योंकि केबल ऑपरेटरों को यह डर था कि इसके बाद उनके ग्राहकों की सही संख्या का अंदाज़ा भी लग जाएगा और वो अबतक जो टैक्स चुरा रहे थे वो सरकार को देना पड़ेगा। फ़िलहाल यह देश की राजधानी सहित चार महानगरों में लागू है। धीरे–धीरे इसे पूरे देश में लागू करने की योजना है।

इसके अलावा आज लोगों के पास डीटीएच सर्विस का भी विकल्प है। यह डिश एंटेना के साथ आने वाला सेट टॉप बॉक्स होता है जिसके ज़रिए आप चैनलों के सिग्नल सीधे सैटेलाइट से पाते हैं। इसके ज़रिए भी आसानी से दर्शकों को मॉनिटर किया जा सकता है।

फ़िलहाल यही कुछ समाधान आज की परिस्थितयों के मुताबिक नज़र आ रहे हैं जिससे आने वाले समय में टीआरपी की कम से कम सही जानकारी जुटाई जा सकेगी। तब यह पता चल सकेगा कि न्यूज़ चैनल पर दर्शक ख़बर देखना चाहता है या भूत–प्रेत, नाग–नागिन, या सिनेमा–क्रिकेट।

टीवी शो की यात्रा

किसी भी टीवी शो में एक पूरी टीम का काम होता है। शो में आपको जो चेहरे दिखाई देते हैं उससे कहीं ज़्यादा हाथ उसे बनाने संवारने में लगते हैं। और इन्ही हाथों का कमाल है कि आप अपने सोफ़े या बेड पर आराम से बैठकर रिमोट लेकर शो का मज़ा उठाते हैं।

न्यूज़ या करेंट अफ़ेयर्स शो के उदाहरण के तौर पर एनडीटीवी इंडिया पर आने वाले शो मुक़ाबला की बात करते हैं। इस शो में दिखने वालों में एक एंकर होता है, 4 गेस्ट होते हैं और करीब 25–30 गेस्ट ऑडियंस। शो की थीम हमेशा किसी ज्वलंत मुद्दे पर चर्चा होती है। इस दौरान एंकर मामले से जुड़े सवाल पूछता है और जो 4 गेस्ट होते हैं वो उसका जवाब देते हैं। वो चार गेस्ट नेता पक्ष, नेता विपक्ष, पत्रकार, मामले के जानकार वगैरह कौन होंगे यह शो के विषय पर निर्भर करता है।

इसके बाद शो के आख़िरी सेगमेंट में गेस्ट ऑडियंस के तौर पर आए हुए लोग भी उन 4 गेस्ट से सवाल पूछते हैं।

अब बात करते हैं इस पूरे शो की प्लानिंग की। यह शो क्योंकि शनिवार को आता है इसलिए इसमें शामिल होने वाला मुद्दा हफ़्ते का सबसे ज़्यादा चर्चा में रहने वाला विषय होता है।

विषय पर अंतिम फ़ैसला शो के एक दिन पहले एडिटर, प्रोड्यूसर और एंकर की मीटिंग में कर लिया जाता है। इसी के साथ यह भी तय हो जाता है कि शो में गेस्ट के तौर पर कौन–कौन आएगा।

प्री प्रोडक्शन

शो का फ़ोकस तय होने के बाद हर टीम को अपना–अपना काम सौंप दिया जाता है।

रिसर्च

सबसे पहले जिस विषय पर चर्चा होनी है उस पर रिसर्च चाहिए होती है। तो रिसर्च डेस्क को एलर्ट कर दिया जाता है। रिसर्च डेस्क मामले से जुड़ी सारी जानकारी एंकर को उपलब्ध कराती है। साथ ही शो की ज़रूरत के हिसाब से एंकर को उन चारों मेन गेस्ट के बायोडाटा भी दिए जाते हैं। इन लोगों ने कभी कोई कॉन्ट्रोवर्शियल बयान दिया है या कोई अच्छा काम किया यह बातें भी रिसर्च डेस्क तलाशती है। कुल मिलाकर इन लोगों से जुड़ी वो सारी जानकारी एंकर को मुहैया कराई जाती है जिसका शो से ताल्लुक है। साथ ही रिसर्च डेस्क कुछ सम्भावित प्रश्न भी देती है जो एंकर शो के दौरान पूछता है।

प्रोड्यूसर

इसी रिसर्च और शो की थीम के आधार पर प्रोड्यूसर अपने ग्राफिक्स तैयार कराता है। अगर शो के दौरान किसी तरह के आंकड़ों का ज़िक्र होना है तो उनकी ग्राफिक्स प्लेट पहले से ही बन जाती है। क्योंकि यह रेग्युलर शो है इसलिए इसके दौरान कई बातें जब रिकॉर्डिंग के दौरान बोली जाती हैं तब उस वक़्त भी तुरंत ग्राफिक्स तैयार करने की सुविधा रहती है।

इसके अलावा शो में आने वाले लोगों के एस्टन्स यानि वो पट्टी जिसमें मेहमान का नाम और पद लिखा होता है, शो की स्टिंग यानि ग्राफिक्स, म्यूज़िक और शो के नाम के तौर पर चलने वाला एलिमेंट भी तैयार कराना प्रोड्यूसर की ही ज़िम्मेदारी होती है।

साथ ही प्रोड्यूसर का काम रहता है कि वो यह सुनिश्चित कर ले कि उनके गेस्ट रिकॉर्डिंग के समय तक स्टूडियो पहुंच जाएं। इसके बाद प्रोड्यूसर की दूसरी अहम ज़िम्मेदारी यह होती है कि वो शो को समय पर ख़त्म करे। शो का फ़्लो भी बना रहना ज़रूरी है। ऐसा न हो कि केवल एक ही आदमी से ज़्यादा सवाल पूछे जाएं या बाक़ी लोगों को जवाब देने का मौक़ा ही न मिले। यह सारी बातें एंकर और प्रोड्यूसर के को–आर्डिनेशन पर ही निर्भर करती हैं।

ग्राफिक्स

शो में जो कुछ भी विजुअली दिखाना पॉसिबल नहीं होता है उसे ग्राफिक्स और एनीमेशन के ज़रिए दिखाने की कोशिश की जाती है। इसके लिए ग्राफिक्स टीम को शो की थीम बताई जाती है साथ ही टेक्स्ट भी दे दिए जाते हैं। यह टीम उस थीम पर आधारित ग्राफिक्स तैयार करती है, जिसे प्रोड्यूसर अपने शो में चलाता है।

इसके अलावा अगर शो में रेग्युलर थीम से अलग मोंटाज या स्टिंग बनना है तो वो भी समय पर तैयार करना इसी टीम की ज़िम्मेदारी है।

मोंटाज या स्टिंग यानि 5–10 सेकेंड के वो एलिमेंट जिसमें शो से जुड़ी तस्वीर, कुछ ग्राफिक्स और शो का नाम म्यूज़िक के सहारे चलता है। ये एलिमेंट शो की शुरुआत में, आख़िर में और ब्रेक पर जाने से पहले और वापस लौटने के बाद चलाए जाते हैं।

टेप लाइब्रेरी

वैसे तो यह गर्मा गरम चर्चा वाला शो होता है लेकिन अगर कहीं ज़रूरी हुआ कि मुद्दे से जुड़े कुछ फुटेज चलाने हों तो इसके लिए पहले से ही टेप लाइब्रेरी को बता दिया जाता है। टेप लाइब्रेरी टीम के लोग वो फुटेज तलाश कर इंजेस्ट या कहें एडिटिंग वाले कम्प्यूटर में ट्रांसफ़र करने के लिए तैयार रखते हैं। बाद में प्रोडक्शन टीम के लोग इन फुटेज को इंजेस्ट कर एक वीडियो ID में पब्लिश कर लेते हैं।

पब्लिश होने के बाद यह फुटेज शो में चलने के लिए तैयार हो जाते हैं।

गेस्ट कोआर्डिनेटर

मुक़ाबला जैसे शो में गेस्ट कोआर्डिनेटर की भूमिका सबसे अहम होती है। उन्हें चर्चा के लिए तो गेस्ट जुटाने ही होते हैं साथ ही शो के लिए गेस्ट ऑडियंस भी जुटानी होती है।

इसके लिए यह टीम शो की थीम साफ़ होते ही सम्भावित लोगों से फ़ोन पर बातचीत करके टाइम फ़िक्स कर लेती है। उसके बाद रिकॉर्डिंग के समय पर उन्हें स्टूडियो लाने के काम में जुट जाती है।

फ़्लीट

गेस्ट कोआर्डिनेशन टीम के लाइनअप के बाद फ़्लीट टीम की ज़िम्मेदारी होती है कि गेस्ट को चैनल के स्टूडियो तक लाया जाए। इसके लिए चैनल से गेस्ट के लिए लग्ज़री गाड़ी भेजी जाती है। और यह गाड़ी भेजने वाले डिपार्टमेंट यानि फ़्लीट की ज़िम्मेदारी होती है कि गेस्ट शो की रिकॉर्डिंग के समय से पहले स्टूडियो पहुंच जाए।

उसी तरह फ़्लीट शो की गेस्ट ऑडियंस के लिए भी गाड़ी भेजती है। साथ ही यह भी सुनिश्चित करती है कि यह लोग शो के समय से पहले स्टूडियो पहुंच जाएं।

रिफ्रेशमेंट

जब सारे लोग चैनल में आ जाते हैं तो सबसे पहले उनके खाने–पीने का इंतजाम किया जाता है। यह काम भी गेस्ट को–आर्डिनेशन टीम के ही ज़िम्मे रहता है।

प्रोडक्शन

प्री–प्रोडक्शन की सारी चीज़ें तैयार होने के बाद बारी आती है शो के प्रोडक्शन की। इस तरह के शो में सारी थीम पहले से सेट होती है। गेस्ट को कहां खड़ा होना है, कहां और कितने स्टैटिक यानि एक जगह खड़े रहने वाले और कितने मूविंग यानी घूमने वाले कैमरे लगने हैं, यह सारा काम स्टूडियो डायरेक्टर, प्रोड्यूसर और कैमरा मैन आपस में बातचीत के ज़रिए तय करते हैं।

एंकर

सारी तैयारियों के बाद शो की पूरी ज़िम्मेदारी एंकर के कंधों पर होती है। एंकर ही गेस्ट से सवाल पूछता है और शो का संचालन करता है।

एंकर एक आदमी से सवाल पूछने के बाद दूसरे से उस पर रिएक्शन लेता है। रिएक्शन के बाद तीसरे और चौथे गेस्ट से भी बातचीत होती है।

इसके बाद शो के आख़िरी सेगमेंट में ऑडियंस भी गेस्ट से सवाल करती है।

पीसीआर

पीसीआर में सभी कैमरों का आउटपुट मिलता रहता है और जब जो शख़्स बोल रहा होता है स्विचर उसे रिकॉर्ड करता रहता है। बीचबीच में विज़ुअल रिलीफ़ के तौर पर ऑडियंस का आउटपुट या एंकर या उसकी बात सुनने वाले दूसरे गेस्ट के रिएक्शन भी रिकॉर्ड करते रहते हैं।

पोस्ट प्रोडक्शन

वैसे तो यह चैनल का रेग्युलर शो है और इसकी रिकॉर्डिंग हमेशा लाइव जैसे ही की जाती है। लेकिन कभी–कभी प्रोडक्शन के दौरान कुछ तकनीकी गलतियां हो जाती हैं जैसे ग़लत जगह पर विज़ुअल चल जाना वगैरह। ऐसे में पोस्ट प्रोडक्शन के दौरान वहां पर सही विज़ुअल लगाकर शो के टेप को MCR पहुंचा दिया जाता है। जहां से यह तय समय पर ऑन एयर हो जाता है। और हम इसे घर बैठे देखते हैं।

चुनौती

ऐसे शो करेंट अफ़ेयर्स यानि ताज़ा तरीन मुद्दों पर होते हैं। इसलिए इनके प्रोडक्शन के दौरन इनकी ताज़गी का ख़ास ख़्याल रखा जाता है। यह शो शनिवार को प्रसारित होता है और इसका मुद्दा हमेशा पूरे हफ़्ते की सबसे बड़ी घटना होती है। ऐसे में अगर शो शुक्रवार को प्लान कर लिया जाता है और शनिवार को सुबह कोई ऐसी बड़ी घटना हो गई जो हफ़्ते की सबसे बड़ी सुर्ख़ी होने जा रही होगी तो ऐसे वक़्त पर उसी बड़ी ख़बर को **मुक़ाबला** जैसे शो में शामिल किया जाता है। इसके लिए पुराने शो की प्लानिंग धरी की धरी रह जाती है और नए शो का सारा काम युद्ध स्तर पर होने लगता है। पुराने गेस्ट से माफ़ी मांग ली जाती है और नई थीम के साथ शो के लिए नए गेस्ट बुलाए जाते हैं।

इन मौक़ों पर चैनल के गेस्ट को–आर्डिनेटर के लिए काम सबसे मुश्किल हो जाता है। क्योंकि उन्हें बड़े कम समय में शो के लिए अच्छे से अच्छा गेस्ट जुगाड़ना पड़ता है।

न्यूज़ चैनल में एक दिन

दिन तो हर जगह एक जैसा ही होता है लेकिन घटनाएं घटने का जिस तर्ज़ पर पता न्यूज़ चैनल में चलता रहता है वैसा कहीं नहीं होता। और उन घटनाओं में से सही घटना का चुनाव दिन की सबसे बड़ी घटना होती है।

दिन की शुरुआत

आम तौर पर न्यूज़ चैनल में सुबह की पहली शिफ़्ट चार बजे से शुरू होती है। चार बजे आने वाले लोगों के ज़िम्मे सुबह का पहला बुलेटिन होता है। इसमें सभी लोग अपना अपना ज़रूरी सहयोग देते हैं चाहे वो रिपोर्टर हो, एंकर हो या फिर प्रोड्यूसर हो।

सुबह 7 बजे का बुलेटिन निकालना इन्हीं लोगों की ज़िम्मेदारी होती है। चैनल में अमूमन यही पहला ताज़ा बुलेटिन होता है। वैसे तो चैनल में ख़बरें चौबीसो घंटे चलती रहती हैं लेकिन अक्सर रात के वक़्त रिकॉर्डेड टेलीकास्ट होता है। अगर कोई बड़ी घटना होती है तभी सारे बुलेटिन लाइव जाते हैं।

सात बजे के बुलेटिन में अधिकतर ख़बरें कल यानि बीते हुए दिन की वो चुनिंदा ख़बरें होती हैं जो सबसे ज़्यादा छाई रहती हैं। साथ ही आज क्या कुछ नया होने वाला है इसका ज़िक्र ज़रूर होता है। यानि एक ऐसी पूरी तस्वीर जिसमें बीते कल की छाप के साथ आने वाले पूरे दिन का ज़िक्र रहता है। कुछ ऐसा ही होता है सुबह 7 बजे का बुलेटिन।

पहले यह चलन भी हुआ करता था कि इस बुलेटिन में अख़बारों की चर्चा की जाए लेकिन अब जब से ख़बरिया चैनल अपने आप को 'समझदार' समझने लगे हैं प्रेस समीक्षा उन्हें एयरटाइम की बरबादी लगने लगी है। हालांकि डीडी न्यूज़ में अभी भी इसके लिए टाइम निकाला जाता है और कुछ चुनिंदा कम अच्छे कहे जाने वाले चैनलों ने भी इस रस्म को छोड़ा नहीं है।

दिन की रफ़्तार

सात बजे के बुलेटिन के बाद दिन आगे बढ़ता है। आगे के बुलेटिन्स में धीरे-धीरे करके पिछले दिन की चीज़ों को महत्व के आधार पर गिराना शुरू कर दिया जाता है और नई ख़बरें जुड़नी शुरू हो जाती हैं। अगर बिज़नेस चैनल की बात करें तो यह चैनल सात

बजे के बुलेटिन के बाद पूरे दिन की नई तस्वीर पेश करना शुरू कर देता है। चूंकि शेयर बाज़ार सुबह नौ बजे खुलता है और यह वक़्त उन सारी कंपनियों के शेयरों की चर्चा का होता है जो पिछले दिन सुर्ख़ियों में रहे इस वक़्त यह बातें की जाती हैं कि आज बाज़ार में कौन सा शेयर किसी ख़बर पर किस तरह रिएक्ट करेगा। शेयर गिरेगा या चढ़ेगा।

वहीं क्योंकि भारतीय बाजार अमेरिकी और एशियाई बाज़ारों से मिले संकेतों के आधार पर कारोबार करते हैं ऐसे में उनकी पूरी तस्वीर भी इसी सुबह 7 बजे के बुलेटिन में दिखती है। अमेरिका के बाज़ारों में कारोबार देर रात बंद होता है वहीं एशियाई बाज़ारों में कारोबार की शुरुआत भारतीय बाज़ार खुलने के 3–4 घंटे पहले ही शुरू हो चुका होता है।

ऐसे में मुनाफ़ा कमाने के लिए कहां निवेश करें और अगर घाटा नहीं खाना चाहते तो कहां से निवेश निकाल लें इस पर फ़ोकस रखा जाता है। और बाज़ार खुलने के बाद चैनल पर धीरे–धीरे शेयरों में होने वाले रिएक्शन की ताज़ा तस्वीरें दिखनी शुरू हो जाती हैं और चर्चा 'अब यहां से कहां' की तर्ज़ पर शुरू हो जाती है। यानि शेयर में ख़बर का रिएक्शन दिख जाने के बाद उसमें क्या किया जाए? साथ ही अगर कोई बड़ी ख़बर है तो ठीक नहीं तो कंपनियों के मालिकों और बाज़ार के जानकारों के साथ चर्चा में ही बिजनेस चैनलों का दिन बीतता है।

हां बीच–बीच में सरकारी लोग यानि मंत्री और सचिव कुछ न कुछ बोलते रहते हैं और अगर बाज़ार उनके बोलने पर रिएक्ट करता है तो यह बड़ी ख़बर बनती है नहीं तो यह बयान बाक़ी बयानों के साथ ठंडे बस्ते में डाल दिए जाते हैं।

जनरल न्यूज़ चैनलों में सुबह के पहले बुलेटिन के बाद अलग–अलग तरह से लोगों के दिन का भविष्य बताने का भी चलन शुरू हो गया है। यहां ख़बरों के बीच में टैरो कार्ड रीडर, ज्योतिष या न्यूमेरोलॉजिस्ट के साथ दिन का हाल बताने वाले शो भी चलते रहते हैं।

बयानबाज़ी

भविष्य बताने के बाद चैनलों का दिन आगे बढ़ता है। नेताओं की चकल्लस, कहीं कोई बड़ा एक्सीडेंट होने या फिर किसी बड़े मुकदमे की कार्यवाही बताने और किसी सेलिब्रेटी की निजी ज़िंदगी से जुड़े फ़लसफ़े बयां करने की शुरुआत हो जाती है।

फिर सुबह 11 बजे एडिटोरियल मीटिंग होती है। इसके बाद आगे के दिन की दिशा तय की जाती है। दिन के पहले से निर्धारित किसी बड़े घटनाक्रम की तैयारी भी पहले ही पूरी कर ली जाती है। उसी हिसाब से गेस्ट लाइनअप होने या ख़बरों को आयाम

देने का काम शुरू हो जाता है। और अगर ख़बर का नतीजा इससे अलग हुआ तो यही पूरे दिन की ब्रेकिंग न्यूज़ बन जाती है।

जैसे कि किसी अपराधी को कम से कम 6–7 साल की सज़ा होने का फ़ैसला आना है और अदालत उसे चंद महीनों की सज़ा लायक समझती है, बस यहीं खेल हो जाता है। चैनलों को ब्रेकिंग न्यूज़ मिल जाती है और यह ख़बर सिर्फ़ उस दिन नहीं आने वाले हफ़्तो महीनों तक मामला छाया रहता है।

आम तौर पर चैनल में रिपोर्टरों को एक दिन पहले ही असाइन्मेंट दे दिया जाता है और 1–2 रिपोर्टर जो किसी स्टोरी पर काम नहीं कर रहे होते हैं वो न्यूज़ रूम में होते हैं। अगर किसी जगह पर कोई बड़ी घटना होती है तो यही रिपोर्टर उस ख़बर की कवरेज पर जाते हैं। वहीं अगर कोई बड़ा हादसा होता है तो चूंकि चैनल के लिए उस वक़्त उससे बड़ी कोई ख़बर ही नहीं होती है ऐसे में एक से ज़्यादा रिपोर्टर उस ख़बर पर लगा दिए जाते हैं। ताकि अलग–अलग ऐंगल से स्टोरी हो सके और अलग–अलग लोगों की प्रतिक्रिया मिल सके और लोगों को हादसे की पूरी तस्वीर समझ में आ जाए।

इसके अलावा दिन भर देश–दुनिया की बड़ी ख़बरों को महत्व के हिसाब से बीच–बीच में चलाया जाता रहता है। इसके अलावा चैनल के ब्यूरो से भी ख़बरों के आने का सिलसिला 10–11 बजे के बाद से शुरू हो जाता है।

धीरे–धीरे दोपहर 1 बजे का बुलेटिन क़रीब–क़रीब नया ही हो जाता है और उस वक़्त तक यह भी तय होना शुरू हो जाता है कि आज की बड़ी ख़बरें क्या रहने वाली हैं।

इसके बाद धीरे–धीरे मॉर्निंग टीम की छुट्टी और ईवनिंग टीम आगे के दिन की कमान संभालती है। इस टीम के ज़िम्मे सारे मसाले को संभालते हुए उसमें से बड़ी ख़बरों को रनडाउन में लगाना और उसे वक़्त वक़्त पर आते रिएक्शंस से सजाना रहता है।

लीड मिल गई

शाम 5 बजे तक दिन का सबसे बड़ा घटनाक्रम तय हो चुका होता है और साथ ही न्यूज़ चैनल के अंदर यह भी तय हो जाता है कि प्राइम टाइम यानि 8–10 के बीच में क्या और कैसे दिखाना है। साथ ही महत्व के हिसाब से दिन की बाक़ी ख़बरों को भी तरजीह दी जाती है।

प्राइम टाइम की टीम अपने औज़ारों को लेकर बाक़ी चैनलों से मुकाबले के लिए जद्दोज़हद में जुट जाती है। सबसे बड़ी ख़बर को चैनल के सबसे बड़े चेहरे अपने अलग और ख़ास अंदाज़ में पेश करना शुरू कर देते हैं।

दिन के सबसे बड़े मामले पर लोगों से चर्चा किए बिना आजकल चैनलों का दिन पूरा नहीं होता है। लिहाज़ा चाहे मामला राजनीति का हो या फिर क्राइम, सिनेमा, क्रिकेट, आम लोगों से जुड़ा या किसी ख़ास से जुड़ा। ज़्यादा से ज़्यादा लोगों से सरोकार रखने वाले मामले पर उससे जुड़े जानकारों के साथ बहस का सिलसिला प्राइम टाइम का सबसे ज़रूरी हिस्सा होता है।

इसके अलावा चैनलों पर स्पोर्ट्स, एंटरटेन्मेंट के रेग्युलर बुलेटिन भी तय समय पर चलते रहते हैं। अगर कोई बड़ी ब्रेकिंग न्यूज़ आ जाती है तभी उसके महत्व को भांपते हुए इन्हें गिराया जाता है नहीं तो ये अपने तय समय से टस से मस नहीं होते हैं।

फिर 11 बजे रात के बाद अगर कुछ बड़ी और नई ख़बर आ रही होती है तो ठीक नहीं तो बुलेटिन्स रिपीट होने शुरू हो जाते हैं।

यह दिन कुछ अलग था

यह तो था एक आम दिन लेकिन अगर बात करें किसी अहम दिन की जैसे मुंबई बम धमाकों की। उस दौरान चैनलों पर पूरे 60–70 घंटों तक सिर्फ़ यही ख़बर छाई रही। कई जगहों पर उससे भी ज़्यादा सिर्फ़ और सिर्फ़ वही दिखाया गया था कि किस तरह से आतंकवादी इस सपनों के शहर मायानगरी मुंबई में घुसकर मौत का तांडव कर रहे हैं। उनके साथ आए उस मौत के तूफ़ान ने क्या तबाही की और इस तबाही के बाद वो ताज होटल में जा कर छिप गए। ताज से लगातार तीन दिनों की जद्दोज़हद के बाद सेना ने आतंकवादियों को मार गिराया और तब तक टीवी न्यूज़ चैनल लाइव रहे। हर पल की ख़बर दर्शकों तक पहुंचाते रहे।

मीडियाः सपने और हकीक़त में फ़र्क

मीडिया के ग्लैमर की वजह से इस पेशे के पीछे भागने वालों की तादाद दिन पर दिन बढ़ती जा रही है लेकिन ये लोग इस पेशे की असलियत से वाक़िफ़ नहीं हैं। अब असलियत न पता होने के पीछे सबसे बड़ी वजह है कच्चा ज्ञान।

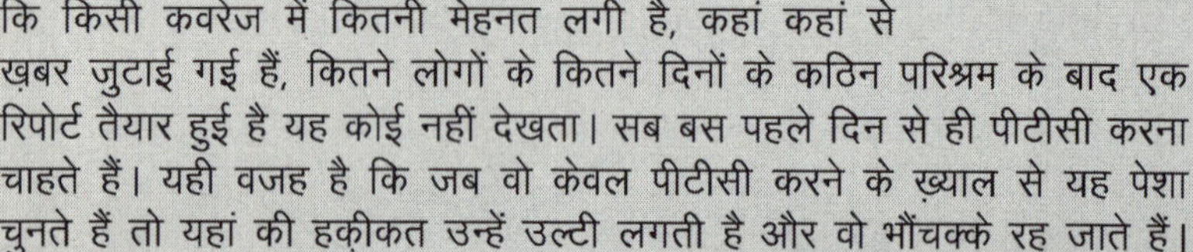

टीवी में हम वही दिखाते हैं जो दिखाना चाहते हैं। यानि पर्दे के पीछे की कई बातें सामने नहीं आ पाती हैं। जैसे कि किसी कवरेज में कितनी मेहनत लगी है, कहां कहां से ख़बर जुटाई गई हैं, कितने लोगों के कितने दिनों के कठिन परिश्रम के बाद एक रिपोर्ट तैयार हुई है यह कोई नहीं देखता। सब बस पहले दिन से ही पीटीसी करना चाहते हैं। यही वजह है कि जब वो केवल पीटीसी करने के ख़्याल से यह पेशा चुनते हैं तो यहां की हक़ीकत उन्हें उल्टी लगती है और वो भौंचक्के रह जाते हैं।

ऐसा नहीं है कि मीडिया में लोगों को मौक़े नहीं दिए जाते। फ़र्क़ सिर्फ़ इतना है कि लैमलाइट में मेहनत करने वाला ही आता है। हां बीच में कुछ ऐसे लोगों को किसी जुगाड़ से मौके मिल जाते हैं लेकिन वो ज़्यादा दिन चलता नहीं है। वो कुछ दिन भीड़ का हिस्सा बन सकते हैं लेकिन जल्दी ही छांट दिए जाते हैं।

तो मैं यही कहुंगा कि सपने देखना बड़ी अच्छी बात है लेकिन उस सपने को आप तभी साकार कर सकते हैं जब मेहनत करेंगे, घटनाओं से जुड़ेंगे, आम लोगों के बीच में जाएंगे। बिना ज़मीन से जुड़े पत्रकारिता नहीं हो सकती।

आज कल लाइव टीवी पत्रकारिता होती है। यहां जितनी ज़्यादा आपको चीज़ों की समझ होगी उतनी देर तक आप टिक पाएंगे। छोटा सा उदाहरण मुंबई के धारावी इलाके का लेते हैं। मान लिया कि वहां की झुग्गियों में आग लग गई। सबको पता है कि धारावी की झुग्गियां एशिया की सबसे बड़ी झुग्गियों में शुमार होती हैं। तो अगर आपको वहां की ज़मीनी हकीक़त नहीं पता है तो सिवाए इस एक रटी रटाई लाइन के आप कुछ भी नहीं बोल पाएंगे। आप तभी वहां के बारे में बता पाएंगे जब आप वहां या उस जैसी किसी भी जगह पर गए होंगे।

यानि यह स्किल्स तभी आएंगी जब आप धारावी जैसी जगहों पर आते जाते रहेंगे। समाज से आपका सरोकार रहेगा। अब मॉल में घूमने वाले, पित्ज़ा बर्गर खाने वाले लोगों को वड़ा पाव खाने वालों की परेशानियां और खुशियां ऐसे ही थोड़े समझ में आती हैं। तो जब तक आप के भीतर अच्छी स्किलस नहीं आएंगी आप से थोड़ी सी भी ज़्यादा समझ वाला आदमी आगे निकल जाएगा और आप वहीं खड़े रह जाएंगे। मीडिया के काम काज को दोष देते रह जाएंगे।

पुण्य प्रसून बाजपेयी
कंसल्टिंग एडिटर
जी न्यूज़

अख़बार की पत्रकारिता

प्रेस का इतिहास

भारत में प्रेस का इतिहास 450 साल से भी ज़्यादा पुराना है। सन 1550 में गोवा में पहली बार प्रेस की स्थापना हुई। उसके बाद देश के बाक़ी बड़े शहरों में भी प्रेस ने पैर पसारने शुरू कर दिए। हालांकि यह काम इतनी जल्दी–जल्दी नहीं हुआ। सरकारी नीतियां और तकनीकी विकास इतना सुस्त था कि इसमें एक शताब्दी से भी ज़्यादा का वक़्त लग गया।

गोवा के बाद तब के बंबई या कहें आज के मुंबई में सन 1662 में प्रेस की शुरुआत हुई। वहीं मद्रास (चेन्नई) में सन 1772 और कलकत्ता (कोलकाता) में सन 1779 में प्रेस लगाए गए।

भारतीय पत्रकारिता में मील का पत्थर 29 जनवरी 1780 का वो दिन था जब एक ग़ैर भारतीय ने अख़बार निकाला। इसका नाम 'बंगाल गजट एंड कैलकटा एडवर्टाइज़र' था। इसके संस्थापक जेम्स अगस्टस हिकी थे। यह अख़बार 'हिकीज़ गजट' के नाम से जाना जाने लगा।

इस अख़बार के बारे में कहा जाता था कि यह एक ऐसा राजनीतिक और व्यापारिक अख़बार था जो खुला तो सबके लिए लेकिन प्रभावित किसी से नहीं था।

अब अख़बार की शुरुआत हो गई तो इसने रफ़्तार भी तेज़ पकड़ी। देखते ही देखते इसी साल इंडियन गजट नाम का भी अख़बार निकला। उसके बाद बंगाल जरनल 1784 में और इंडियन वर्ल्ड 1791 में निकले। यह सभी कलकत्ता से ही प्रकाशित होते थे।

फिर भारतीयों ने भी अख़बार की ताक़त को समझते हुए इस ओर रुख़ किया। समाज के हित की अपनी नीतियों के लिए प्रसिद्ध राजा राममोहन राय ने सन 1818 में 'बंगाल गजट', 1821 में 'संवाद कौमुदी' और 'मिरातुल अख़बार' निकाले। अख़बार निकालने के अपने उद्देश्य पर उनका कहना था कि वो इस माध्यम से जनता को ऐसी बातें बताना चाहते हैं जो उनके अनुभवों को बढ़ाने के साथ–साथ समाज की प्रगति में भी सहायक सिद्ध हों।

इसके बाद भारत में अंग्रेज़ों से मुक्त होने का आंदोलन ज़ोर पकड़ने लगा। देश में स्वतंत्रता से पहले महर्षि अरविंद, भूपेंद्रनाथ दत्त, डॉ एनी बेसेन्ट, गोपाल कृष्ण गोखले, बाल गंगाधर तिलक, लाला लाजपतराय, विपिनचंद्र पाल, चितरंजन दास, सुरेन्द्रनाथ बनर्जी, महात्मा गांधी, जवाहरलाल नेहरू, डॉ राजेन्द्र प्रसाद जैसे स्वतंत्रता सेनानियों ने किसी न किसी रूप से समाचार पत्रों से संबंध बनाए रखा।

किसी ने खुद अख़बार निकाल कर अपनी बात लोगों तक पहुंचाने का बीड़ा उठाया। तो किसी ने अख़बारों के लिए लेख लिखकर। सभी का मक़सद सिर्फ़ एक था, देश में हो रही घटनाओं से लोगों को अवगत कराना। फिर वो चाहे अंग्रेज़ सरकार के विरोध में ही क्यों न हों।

इस प्रथा को भारतेन्दु हरिश्चन्द्र, लाल खड्ग बहादुर मल्ल, अंबिकादास व्यास, गणेशशंकर विद्यार्थी, बाबूराव विष्णु पराड़कर, माखनलाल चतुर्वेदी, लक्ष्मीनारायण गर्दे, बालकृष्ण शर्मा और कृष्णदत्त पालीवाल ने अपनी कलम की स्याही से सींचा है। इन महानुभावों ने पत्रकारिता को एक मिशन का रूप दिया।

15 अगस्त सन 1947 को भारत आज़ाद हो गया। तब तक पत्रकारिता ने भी अच्छी ख़ासी प्रगति कर ली थी। आंकड़ों के मुताबिक सन 1950 में भारत में 214 अख़बार निकाले जाते थे। इनमें से 44 अंग्रेज़ी भाषा के और बाक़ी दूसरी भारतीय भाषाओं में होते थे।

यह हाल तब था जब तकनीकि का विकास अपने शैशव काल में था। धीरे–धीरे विज्ञान में प्रगति होती गई और तकनीक के इस्तेमाल से अख़बार निकालना भी आसान होता गया। इसी का परिणाम रहा कि लोगों में इसकी पहुंच भी बढ़ती गई। 1990 तक भारत में 2,856 अख़बार निकाले जाने लगे। सन 1993 के आंकड़ों पर नज़र डालें तो यह और भी आश्चर्यचकित करते हैं। इस वक़्त तक भारत से 35,595 पत्र निकलने लगे। जिनमें से तीन हज़ार से ज़्यादा अख़बार रोज़ निकलते थे और बाक़ी साप्ताहिक या पाक्षिक हुआ करते थे।

इस ज़बर्दस्त तरक्की और उद्योगपतियों के अख़बारों के प्रति बढ़ते रुझान के बाद आज यह हर उस आदमी की पहुंच में है जो पढ़ना लिखना जानता है और अख़बार पढ़ना चाहता है।

आज देश में इंडियन एक्सप्रेस, टाइम्स ऑफ इंडिया, हिंदुस्तान टाइम्स, द हिंदू, डेक्कन हेराल्ड जैसे अख़बार हर तरह की ख़बर की भूख अंग्रेज़ी भाषा के ज़रिए शांत करते हैं। वहीं दैनिक जागरण, दैनिक भास्कर, हिंदुस्तान, अमर उजाला, नवभारत टाइम्स, पंजाब केसरी और राजस्थान पत्रिका जैसे प्रमुख हिंदी भाषी अख़बार भी हैं। यह चुनिंदा वो राष्ट्रीय अख़बार हैं जो देश भर में जहां–जहां उनकी भाषा को समझने वाले लोग मौजूद हैं वहां से प्रकाशन करते हैं।

देश भर में आज इन दो प्रमुख भाषाओं के अलावा करीब 90 क्षेत्रीय भाषा के अख़बार भी क्षेत्र विशेष में मौजूद हैं। यह सभी हर आम और ख़ास आदमी की ख़बर जानने की ज़रूरत को समझते हुए उसे पूरा करने की जद्दोज़हद में लगे रहते हैं।

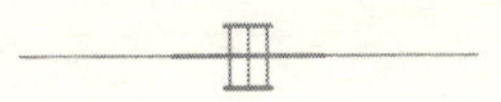

अख़बार का टार्गेट रीडर

आज की तारीख़ में जो 2 रुपए खर्च करके अख़बार ख़रीद सकता है वो अख़बार का टार्गेट रीडर नहीं है। अख़बार का टार्गेट रीडर वो है जो उसमें छप रहे विज्ञापन से सीधे तौर पर जुड़ा है।

अब जिस तरह ख़बर प्रोडक्ट बन चुकी है उसी तरह अख़बार भी उन प्रोडक्ट्स को बेचने का ज़रिया बने हुए हैं।

आज अख़बार का टार्गेट रीडर विज्ञापन के माध्यम से ही तय होता है। जिस अख़बार को जैसे विज्ञापन मिलते हैं उसका रीडर वैसा ही होता है। या कहें कि अख़बार का रीडर जैसा होता है उसे विज्ञापन उसी तरह के मिलते हैं।

उदाहरण के तौर पर टाइम्स ऑफ़ इंडिया को देखते हैं। उसका रीडर वो है जो मर्सिडीज़, बीएमडब्ल्यू पर चलता है, पल्सर डीटीएसआई पर घूमता है और वोल्टास के एसी की हवा खाता है। शाम को उसे ब्लैक लेबल शराब भी चाहिए। वो महंगे ब्रांड के कपड़े पहनता है। साफ़ है कि टाइम्स ऑफ इंडिया का पाठक पैसे वाला है। वो कितनी भी महंगी चीज़ के लिए पैसे खर्च करने को तैयार है। ऐसे में मर्सिडीज़ कार कंपनी अपने विज्ञापन उन्हीं लोगों के लिए देना चाहती है जिनके पास उसकी कार ख़रीदने की क्षमता है।

वहीं दैनिक जागरण और अमर उजाला जैसे अख़बारों में चैनी खैनी, मज़दूर बीड़ी या हीरो होंडा सीडी डॉन जैसी गाड़ियों के विज्ञापन निकलते हैं। दैनिक जागरण या अमर उजाला के रीडर की चीज़ों को खरीदने का दृष्टिकोण अलग होता है। वो सस्ती चीज़ें खरीदता है क्योंकि उसकी जेब ज़्यादा ख़र्च करने की इजाज़त नहीं देती है। वो रोज़ कमाकर खाने वालों में से है। ऐसे में इन अख़बारों में आने वाले विज्ञापन सस्ती चीज़ों के होंगे। उन चीज़ों के ही होंगे जिन्हें इस अख़बार को पढ़ने वाले खरीदते हैं।

लेकिन जब बात अख़बार में ख़बर की होती है तो वहां मामला एडिटोलियल जजमेंट पर ही निर्भर करता है। यहां लोगों को सिर्फ़ एक ही पैमाने पर तौला जाता है और वो है सूचना देने का। टार्गेट रीडर की कैटेगरी वाले फ़ॉर्मूले का असल असर यहां केवल 20 प्रतिशत ही रहता है।

अगर हम बुगाती कार की बात करें जो भारत में हाल ही में लॉन्च हुई। इसकी क़ीमत 16 करोड़ रुपए के आस पास है। यह एक कार का एक ऐसा महंगा ब्रांड है जो पहले भारत में कभी नहीं आया है। ऐसे में इस कार की जो खूबियां, क़ीमत हैं वो भारतीय

बाज़ार के ग्राहकों को आपनी ओर आकर्षित करेंगी। वो अलग बात है कि इसकी कीमत इसे केवल चंद लोगों के घरों की शोभा बना सकती है।

ऐसे में टाइम्स ऑफ़ इंडिया के भी भले ही 8–10 प्रतिशत लोगों के लिए यह ख़बर काम की हो लेकिन यहां इसके 90 प्रतिशत लोग इस कार के बारे में जानना ज़रूर चाहेंगे। वो उसकी ख़ूबियों से वाक़िफ़ होना चाहेंगे। अगर वो सड़क पर चलेगी तो दूसरी कारों के मुक़ाबले उसमें कितना दम रहेगा, कार दिखती कैसे है वगैरह। ताकि वो इसे अपने गैरेज में नहीं तो कम से कम इसे अपने सपनों में तो जगह दे ही सकें।

इसलिए टाइम्स ऑफ़ इंडिया में इसकी कवरेज अच्छे से की जाएगी। इस स्टोरी में कार के फ़ीचर्स, दाम, दूसरी कारों से तुलना और संभव हुआ तो 4–6 तस्वीरों के साथ छापा जाएगा।

वहीं इस ख़बर पर अमर उजाला और दैनिक जागरण जैसे अख़बार के पाठकों के लिए उतना ज़्यादा महत्व नहीं है। क्योंकि यह 16 करोड़ की कार एक तो उनके जेब पर भारी है, दूसरे वो ऐसा सपना देखना भी ग़ैर ज़रूरी मानते हैं जो वो पूरा नहीं कर सकते हैं। उन्हें तो बस दिन भर कमाने और शाम को खाने के बाद बचे चंद पैसे ख़र्चने के ही आइडियाज़ चाहिए होते हैं। इस कार के बारे में सोचकर वो अपना वक़्त ज़ाया नहीं करना चाहेंगे।

बावजूद इसके भी यह ख़बर इन अख़बारों में छपेगी क्योंकि अख़बार अपने पाठक को इस सूचना से महरूम तो नहीं रख सकता है कि भारत में इतनी महंगी कार लॉन्च हो रही है। यह सूचना ज़रूर उसके लिए चर्चा का विषय हो सकती है, एक जानकारी हो सकती है, किसी क्विज़ कम्पिटिशन के सवाल का जवाब हो सकती है। इसलिए उसे इस बारे में जानना ज़रूर चाहिए।

ऐसे में यह ख़बर यहां भी बताई जाएगी लेकिन अख़बार इस पर ज़्यादा स्पेस खर्च नहीं करेगा। वो 3–4 कॉलम की जगह में कार के बारे में लिखेगा। कुछ प्वाइंटर्स के ज़रिए उसकी ख़ूबियों का बख़ान करेगा और कार कैसी दिखती है वो बताने के लिए एक तस्वीर लगा देगा बस।

इस तरह से हर अख़बार के लिए अलग–अलग टार्गेट रीडर होता है और अख़बार अपने–अपने रीडर के हिसाब से ख़बरें परोसते रहते हैं।

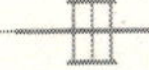

अख़बारः कहानी के तत्व और ट्रीटमेंट

अख़बार की कहानी के लिए सबसे ज़रूरी है कि वो ख़बर हो। उसमें कोई ऐसी बात ज़रूर होनी चाहिए जो पढ़ने वाले को न पता हो या उसके लिए जाननी ज़रूरी हो।

यह तो थी ख़बर की पहली प्राथमिकता। उसके बाद उस ख़बर के 5W 1H तलाशने का काम किया जाता है। यानि ख़बर हर सवाल का जवाब दे रही हो कि मामला क्या है, कब हुआ, कैसे हुआ, कहां हुआ, किसने किया, क्यों किया वगैरह।

जब यह सारे जवाब मिल जाते हैं तो तय किया जाता है कि उसका ट्रीटमेंट कैसा हो। अख़बार टीवी से इस मामले में थोड़ा अलग है। यहां अगर कोई राष्ट्रीय स्तर की ख़बर है तो उसका ट्रीटमेंट अलग होगा और अगर वही ख़बर स्थानीय स्तर की है तो उसे पेश करने का नज़रिया जुदा होगा।

मान लेते हैं कि दिल्ली में कल चार जगहों से मेट्रो रेल की शुरूआत होनी है। तो दिल्ली से छपने वाले अख़बार के लिए वो ख़बर ज़्यादा महत्व की होगी बजाए लखनऊ या बनारस से निकलने वाले अख़बार की।

दिल्ली से निकलने वाले अख़बार में इस ख़बर से जुड़े हर पहलू को कवर किया जाएगा। लोगों की रायशुमारी होगी कि मेट्रो आने के बाद उनके लिए कहीं आना जाना आसान होगा या मुश्किलें पहले क़ी तरह बनी रहेंगी।

जिन चार जगहों पर मेट्रो शुरू होनी है वहां की तस्वीरें लगाई जाएंगी। कुछ बातें ग्राफिक्स के ज़रिए भी समझाने की कोशिश होगी कि यह चार मेट्रो दिल्ली के किन हिस्सों से गुज़रेंगी।

सरकार और मेट्रो प्रबंधन से जुड़े लोगों के बयान भी ज़रूर होंगे। और पिछले दिनों जहां कहीं से भी मेट्रो की शुरुआत हुई है उन जगहों का जायज़ा भी लिया जाएगा कि लोगों की दिनचर्या में मेट्रो के शामिल होने के बाद उनकी ज़िंदगी में कितना फ़र्क आया है और वो कितना सुकून महसूस कर रहे हैं। या फिर अभी भी मुश्किलें हैं।

लेकिन यही ख़बर लखनऊ से निकलने वाले अख़बार में इतने विस्तार से नहीं छपेगी। वजह यह कि यह ख़बर जितनी दिल्ली के पाठक के काम की है उतनी लखनऊ के पाठक की नहीं। क्योंकि वो रोज़ मेट्रो में सफ़र करने दिल्ली नहीं जाएंगे।

फिर भी ऐसा नहीं है कि उन्हें इस जानकारी से महरूम रखा जाएगा। उन्हें भी बताया जाएगा कि मेट्रो दिल्ली में 4 जगहों से शुरू हो रही है। यह इन–इन स्टेशनों पर

रुकेगी और एक दो सरकार और मेट्रो के प्रबंधन के लोगों के बयान के साथ मेट्रो के आने के माहौल का टच देते हुए ख़बर छाप देंगे।

ऐसा ही किसी लखनऊ की ख़बर पर होगा। अगर लखनऊ में बस स्टेशन शहर के बीचो बीच से एकदम किनारे किसी दूसरी जगह बनाया जाएगा तो वो ख़बर लखनऊ के लोगों के लिए सबसे ज़्यादा ज़रूरी होगी।

इस ख़बर पर सबसे पहले बस स्टेशन शिफ़्ट होने की वजह तलाशी जाएगी। उसके बाद उससे पड़ने वाले असर का जायज़ा लिया जाएगा कि क्या बस स्टेशन के शहर से बाहर होने पर शहर का ट्रैफ़िक कम होगा या नहीं। और लोगों को ट्रैफ़िक आसान होने की कीमत पर बस स्टेशन का जाना मंजूर है? या बस स्टेशन शहर के किनारे करने के पीछे जो भी दलील दी जा रही है उसमें कितना दम हैं?

यहां उस ख़बर पर लोगों के बीच मुद्दे पर रायशुमारी की जाएगी। उसके पक्ष और विपक्ष के बयान छापे जाएंगे वगैरह।

लेकिन यह ख़बर दिल्ली या मुंबई से छपने वाले अख़बारों के लिए लखनऊ के मुकाबले किसी काम की नहीं होगी। फिर भी अगर छापी भी जाएगी तो महज़ 1 या 2 कॉलम में। क्योंकि दिल्ली, मुंबई जैसे बड़े शहरों में लखनऊ जैसे शहरों के लोग रहते हैं और बस स्टेशन का दूसरी जगह शिफ़्ट होना उनके लिए भी ख़बर है।

लेकिन ध्यान रखें कि अगर देश के किसी छोटे से गांव में कोई ऐसी बात हो गई जो पूरी दुनिया के लिए ख़बर है तो ऐसे में ऊपर बताए गए तरीक़े में फेरबदल हो जाएगा। जैसे बनारस में पिछले दिनों हुए धमाकों की ख़बरें बनारस के अख़बार में भी छपी और दिल्ली के अख़बार में भी। यहां दोनों एडिशनों में ख़बर को महत्व दिया गया। वो अलग बात है कि स्पेस के मामले में स्थानीय अख़बार होने के नाते बनारस का अख़बार ऊपर रहा। लेकिन दिल्ली, लखनऊ और बाक़ी जगहों पर भी ख़बर को पहले पन्ने में प्राथमिकता और पूरे विस्तार से से छापा गया था।

कुल मिलाकर अख़बार के लिए किसी भी कहानी का ख़बर होना प्राथमिकता है। क्योंकि अख़बार लोग अपने आसपास की घटनाओं को जानने के लिए पढ़ते हैं। उसके बाद ख़बर किस जेब वर्ग और कितने लोगों को इम्पैक्ट कर रही है उस आधार पर उसे छापा जाता है। उसे अलग–अलग ट्रीटमेंट दिया जाता है।

अख़बारः यात्रा एक कहानी की

किसी भी अख़बार के दफ़्तर में स्टोरी वैसी ही होती है जैसा बाक़ी समाचार माध्यमों में होती है। हां यहां माध्यम अलग होने से ट्रीटमेंट का तरीक़ा ज़रूर थोड़ा बदल जाता है। अब टीवी में किसी ख़बर के आने के 1 सेकेन्ड के भीतर चलाने की चुनौती होती है लेकिन अख़बार में मामला उसके मुकाबले शांत रहता है। यहां एक ही डेडलाइन है– रात को 12 बजे तक पन्ना तैयार हो जाना चाहिए।

यह डेडलाइन पूरे अख़बार में छपी हर ख़बर के लिए होती है। चाहे वो छोटी हो या बड़ी, चाहे वो कलर पेज पर लगनी हो या ब्लैक एंड व्हाइट पन्ने पर, चाहे वो न्यूज़ फ़ीचर हो या फ़ोटो फ़ीचर, या फिर क्यों न ब्रेकिंग न्यूज़ हो और तुरंत आई हो। अगर वो इस डेडलाइन तक आ जाती है तो उसे जगह दे दी जाती है नहीं तो ख़बर अगले दिन ही पन्ने पर लगेगी।

कुछ बड़े अख़बार लेट नाइट एडिशन भी निकालते हैं लेकिन यह केवल मेट्रो शहरों में ही पहुंच पाता है पूरे देश में एक साथ नहीं। लेट नाइट एडिशन में डेडलाइन और एडिशन छपने के बीच की चुनिंदा बड़ी ख़बरें होती हैं। मुख्यतः अख़बार में वो सारी ख़बरें ही होती हैं, लेकिन कई बार कुछ ख़बरें अख़बार छपने के बाद ही आती हैं। मसलन विदेशों में खेले जा रहे क्रिकेट मैच का फ़ैसला। अगर मूल एडिशन में यह ख़बर छप नहीं पाती है तो इसे लेट नाइट एडिशन में छापा जाता है क्योंकि जबतक अगले दिन का अख़बार निकलेगा यह ख़बर ठंडी हो चुकी होती है।

स्टोरी का ट्रीटमेंट

एक छोटा सा उदाहरण लेते हैं क्राइम की ख़बर का। देश की राजधानी दिल्ली में किसी कंपनी के जनरल मैनेजर को कंपनी के मज़दूरों ने पीट–पीट कर मार डाला। यह मामला रात के 8 बजे का है। ऐसे में उस दिन निकलने वाले अख़बार में यह एक हार्ड न्यूज़ के तौर पर जाएगी। उसमें पूरा मामला क्या है, पुलिस मौत की सम्भावित वजह क्या मान रही है, और मामले में आगे क्या कार्रवाई हो रही है वगैरह।

लेकिन अगले दिन इस ख़बर को बड़ा करने की पूरी तैयारी रहती है। अब चूंकि यह देश की राजधानी दिल्ली से जुड़ा बड़ा मामला है और ज़्यादातर अख़बारों के हेड ऑफ़िस भी चैनलों की तरह दिल्ली में ही होते हैं। इसलिए इस ख़बर में पूरी की पूरी टीम झोंक दी जाती है। सुबह 11 बजे होने वाली एडिटोरियल मीटिंग में यह तय कर लिया जाता है कि इसे कितना बड़ा करना है। उसके बाद सभी को उसके हिसाब के काम बांट दिए जाते हैं। एक

रिपोर्टर को फ़ॉलोअप स्टोरी पर भेज दिया जाता है और 2–3 रिपोर्टरों को उससे जुड़ी साइड स्टोरी पर भेज दिया जाता है।

साइड स्टोरीज़ के तौर पर मज़दूरों पर भी कहानी की जा सकती है और किसी एक मज़दूर परिवार की भी कहानी की जा सकती है कि आख़िर क्या वजह रही कि मज़दूरों को ऐसा क़दम उठाना पड़ा जिसकी वजह से उनके मालिक की जान चली गई।

तो एक तरफ़ रिपोर्टरों की टीम ख़बरें तलाशने में लग जाती है वहीं दूसरी तरफ यहां दफ़्तर में ख़बर से जुड़ी रिसर्च पर काम शुरू होता है। रिसर्च इस चीज़ की कि पिछले कुछ सालों में देश में कहां–कहां ऐसे कितने मामले हुए हैं। उन सभी मामलों की वजह क्या रही है और उनमें पुलिस की कार्रवाई कहां तक पहुंची है। इसकी ख़बरें भी लिखी जानी शुरू हो जाती हैं।

अब इस ख़बर पर स्पेशल पन्ना तैयार होना है तो ज़ाहिर है इसे नया रंग रूप भी देना होगा। रोज़ाना वाले हिसाब किताब से काम नहीं चलेगा। ऐसे में नए लुक के लिए नए तरह के ग्राफिक्स तैयार किये जाते हैं। यह भी एडिटोरियल मीटिंग में ही तय हो जाता है कि ग्राफिक्स कैसे बनने हैं और ग्राफिक्स की टीम को इस पर लगा दिया जाता है।

इस तरह के स्पेशल कवरेज में पन्ने में ज़्यादा से ज़्यादा तरह की चीज़ें लगाने पर ज़ोर दिया जाता है। रिपोर्टर की टीम वारदात की जगह से कुछ मज़दूरों से बातचीत कर उसकी भी एक अलग रिपोर्ट देती है।

शाम तक ख़बर से जुड़ी सारी चीज़ें दफ़्तर के कम्प्यूटर पर उपलब्ध होती हैं। यहां से शाम की एडिटोरियल टीम का काम शुरू हो जाता है। इस टीम में सब एडिटर, चीफ़ सब एडिटर और एडिटर मौजूद रहते हैं। ख़बर का हर एक शब्द जो रिपोर्टर ने लिखा होता है, सब एडिटर अपने हिसाब से उसे सुधारकर ज़्यादा बेहतरीन बनाने की कोशिश करता है।

सारी तस्वीरों को ज़रूरी लुक दिया जाता है। उसके बाद सारी चीज़ें चीफ़ सब इडिटर की पैनी नज़रों से गुज़रती हैं। जो भी ग़लती होती है वो वहीं दुरुस्त कर दी जाती हैं। फिर सारी ख़बरें पन्ने पर लगाने का काम शुरू किया जाता है। यह काम एक सॉफ़्टवेयर पर होता है। ज़्यादातर अख़बारों में क्वार्क एक्सप्रेस नाम का सॉफ़्टवेयर इस्तेमाल होता है। यह बिल्कुल अख़बार के पन्ने की तरह का होता है और यहां आप जो भी बदलाव करते हैं वैसा ही पन्ने पर दिखता है। इस सॉफ़्टवेयर के पेज पर आप जहां तस्वीर लगाएंगे पन्ने पर वो वैसी ही दिखेगी। कुल मिलाकर यह एक डमी पेज होता है।

यहां अलग–अलग जगह पर चीज़ों को प्राथमिकता के क्रम से लगाने का काम शुरू हो जाता है। हार्ड ख़बर को सबसे ऊपर, उसके बाद उससे जुड़ी फॉलो अप स्टोरीज़ लगाई जाती हैं। अगर कोई स्पेशल प्रोफ़ाइल स्टोरी की गई है, किसी मज़दूर पर अलग से स्टोरी हुई है तो उसे अगल रंग और ट्रीटमेंट के साथ लगाया जाता है। अगर कई लोगों के वॉक्स पॉप्स हैं या कहें राय शुमारी है तो उन्हें छोटे बॉक्स में लगाया जा सकता है। ये एक तरह

से मामले पर आम लोगों के विचार होते हैं। इसके अलावा पिछले मामलों की क्रोनोलॉजी भी अलग बॉक्स में लगाई जा सकती है।

साथ ही एक अलग कॉलम में इस ताज़े मामले से जुड़ी पल–पल की अपडेट दी जा सकती है कि हादसा किस तारीख़ को कितने बजे हुआ है और अब उस पर जांच किस हिसाब से चल रही है।

सारी चीज़ें तैयार होने के बाद यह पन्ना एडिटर साहब के पास चेक होने के लिए पहुंचता है। वहां से चेक होने के बाद इस पन्ने को छापने की तैयारी शुरू हो जाती है। पहले तो उस डमी की कम्प्यूटर से प्लेट्स बनती हैं। इन प्लेटों के बनने के बाद एक बार फिर उसे चेक किया जाता है। ताकि अगर कोई ग़लती रह गई हो, कहीं ग़लत मात्रा लग गई हो तो उसे सुधारा जा सके।

प्लेट बनने के बाद अगर मामूली बिंदियों जैसी ग़लती है तो उसे प्लेट पर ही सुधारा जा सकता है लेकिन अगर पूरा का पूरा शब्द ही ग़लत लिखा हुआ है तो उसे सुधारने की कोई गुंजाइश नहीं होती है। यहां बस प्लेट को तोड़कर नई प्लेट बनाना ही अकेला उपाय बचता है।

प्लेट फ़ाइनल होने के बाद उसे मशीन पर चढ़ाकर पन्ने छापने का काम शुरू कर दिया जाता है।

छपने के बाद प्रेस से इसे गाड़ियां लेकर पूर्व निर्धारित जगह पर जाती हैं और वहां से हॉकर इसे आपके घर पर पहुंचाता है। फिर आप इसे गुनगुनी धूप में या सोफे पर बैठ कर चाय पीते हुए पढ़ते हैं।

सप्लीमेंट का महत्व

आजकल अख़बार में सप्लीमेंट का चलन बढ़ गया है। इसका मक़सद किसी ख़ास मसले से जुड़ी चीज़ें अलग से पेश करना है। और अख़बारों को इसमें अपार सफलता भी मिल रही है।

अंग्रेज़ी दैनिक टाइम्स ऑफ़ इंडिया तो रोज़ाना सिटी टाइम्स नाम का (दिल्ली टाइम्स, बॉम्बे टाइम्स, लखनऊ टाइम्स, कोलकाता टाइम्स वगैरह) एक सप्लीमेंट निकालता है। इसके अलावा रोज़ दूसरे ख़ास विषयों के सप्लीमेंट होते हैं वो अलग।

इन सप्लीमेंट्स में मुख्य अख़बार के अलावा हर दिन किसी एक क्षेत्र पर फ़ोकस रहता है। मसलन किसी दिन प्रॉपर्टी, किसी दिन स्वास्थ्य, किसी दिन करियर वगैरह। वहीं सिटी टाइम्स का फ़ोकस हमेशा एंटरटेन्मेंट से जुड़ी हलचल पर होता है। इसमें शुरुआती पन्नों पर मायानगरी में हो रही फ़िल्मी हलचल की कवरेज होती है और अंदर के पन्नों में जिस शहर का अख़बार होता है वहां की कवरेज होती है।

इन सप्लीमेंट्स से अख़बार चलाने वालों की ज़बर्दस्त कमाई भी होती है। अगर किसी दिन करियर से जुड़ा सप्लीमेंट निकलना है तो उसके लिए थीम पर आधारित नौकरियों और उससे जुड़े कोर्सेज़ कराने वाले इंस्टीट्यूट्स के अच्छे ख़ासे विज्ञापन मिल जाते हैं।

वहीं जिस दिन प्रॉपर्टी पर सप्लीमेंट निकलना होता है तो उस दिन बिल्डरों के नए प्रोजेक्ट और रीसेल प्रॉपर्टी के विज्ञापनों की भरमार होती है।

अख़बारों के सप्लीमेंट की थीम सभी एडिशन के लिए एक हो सकती है लेकिन उनमें छपने वाली बातें शहर के हिसाब से होती हैं। क्योंकि अगर कोई अख़बार मुंबई और अहमदाबाद से निकलता है तो दोनों में अहमदाबाद या मुंबई प्रॉपर्टी बाज़ार का हाल नहीं भेजा जा सकता है। दोनों सप्लीमेंटों में प्रॉपर्टी की ही जानकारी रहेगी लेकिन अहमदाबाद के पाठकों को वहां के बाज़ार के हिसाब से जानकारी दी जाएगी, वहां के अख़बार में अहमदाबाद के बिल्डरों के विज्ञापन होंगे और मुंबई के पाठकों को मुंबई के हिसाब से। हां अगर कोई बिल्डर मुंबई और अहमदाबाद दोनों जगह बिल्डिंग बना रहा है तो उसके विज्ञापन ज़रूर एक से हो सकते हैं।

सप्लीमेंट का मक़सद किसी ख़ास क्षेत्र की कवरेज अलग से पेश करना होता है इससे उसे उस क्षेत्र के विज्ञापन ज़्यादा दामों पर भी मिलते हैं।

क्योंकि पाठक सप्लीमेंट के हिसाब से भी अख़बार खरीदते हैं। अगर किसी को

टाइम्स ऑफ इंडिया अख़बार नहीं पसंद है लेकिन फिर भी उसे उसका सप्लीमेंट एस्सेंट ज़रूरी लगता है तो वो उस दिन टाइम्स ऑफ इंडिया ज़रूर खरीदता है।

यानि इस सप्लीमेंट की ख़पत एक ख़ास तरह के वर्ग के बीच होती है। अब ज़ाहिर है जब अख़बार के पास सप्लीमेंट के हिसाब से अलग से टार्गेट ऑडियंस है तो वो उसके लिए विज्ञापन का स्पेस भी ख़ास दाम पर ही बेचेगा।

रेडियो की दुनिया

रेडियो का इतिहास और महत्व

भारत में रेडियो के आगाज़ की बात करें तो वो 23 जुलाई 1927 का दिन था जब बंबई में इंडियन ब्रॉडकास्टिंग कंपनी के रूप में इसकी दस्तक सुनने को मिली थी। इसका उद्घाटन तब भारत के वायसराय रहे लॉर्ड इरविन ने किया था। इसके एक महीने बाद 26 अगस्त को इंडियन ब्रॉडकास्टिंग के कलकत्ता केंद्र का भी शुभारंभ हुआ।

वहीं इंडियन स्टेट ब्रॉडकास्टिंग सेवा के दिल्ली केंद्र से प्रसारण जनवरी 1936 से शुरू हुआ था। इसी साल इंडियन स्टेट ब्रॉडकास्टिंग सेवा का नाम बदल कर ऑल इंडिया रेडियो कर दिया गया था। और इसी दिन से ऑल इंडिया रेडियो के लाहौर, लखनऊ और मद्रास केंद्रों ने ऑल इंडिया रेडियो पर कार्यक्रम प्रसारित करने शुरू कर दिए थे।

भारत में रेडियो की शुरुआत से आज़ादी तक कुल 9 रेडियो प्रसारण केंद्र थे। भारत विभाजन के बाद लाहौर, पेशावर और ढाका केंद्र पाकिस्तान में चले गए और यहां दिल्ली, कलकत्ता, बंबई, मद्रास, लखनऊ और तिरुचि केंद्र ही बचे रह गए।

अब तक रेडियो अपनी पहुंच से लोगों के बीच में कौतूहल के साथ–साथ ज़रूरत का केंद्र भी बन चुका था। आज़ादी के पहले 3 जून को भारत के विभाजन के प्रस्ताव पर लार्ड माउंटबेटन, मुहम्मद अली जिन्ना और जवाहर लाल नेहरू के भाषण को पूरे देश ने रेडियो पर ही सुना कि उनका वो देश जो अब तक एक हुआ करता था हिंदुस्तान और पाकिस्तान नाम के दो टुकड़ों में बंट गया है। अगर रेडियो न होता तो एक साथ पूरे देश में इस बात को पहुंचाना आसान नहीं होता। इसके बाद रेडियो में दूसरे मील के पत्थर के तौर पर राष्ट्रपिता महात्मा गांधी का राष्ट्र के नाम संदेश मिलता है। आज़ादी के बाद गांधी का यह संदेश 12 नवंबर को प्रसारित किया गया था। आज भी संग्रहालय में यह रिकॉर्डिंग सुनी जा सकती है।

धीरे–धीरे रेडियो ने आम लोगों के बीच अपनी पहुंच बनानी शुरू कर दी। आज़ादी के बाद हरित क्रांति, सामाजिक और आर्थिक बदलाव लाने में रेडियो की अच्छी ख़ासी भूमिका रही है। इसका सबसे ज़्यादा फ़ायदा अनपढ़ किसानों को मिला जो रेडियो में आने वाले खेती से जुड़े प्रसारणों को मनोयोग के साथ सुनते थे और उन बातों में अमल करके उसी हिसाब से फ़सल बोते थे।

किसानों के लिए कार्यक्रमों के अलावा रेडियो ने परिवार कल्याण, मौसम के बदलाव से होने वाली बीमारियों के इलाज और उनसे बचने के उपाय भी बताने शुरू किए। कुल मिलाकर संचार के इस माध्यम ने एक तरह से दूर दराज़ के गांवों में रहने वाले उन लोगों को मुख्याधारा से जोड़ने का काम किया जिन तक उनके हितों की बातें या तो पहुंचती ही नहीं थी और जब पहुंचती थी तब तक उनका कोई मतलब नहीं बचता था।

रेडियो के फ़ेमस होने की एक वजह यह भी थी कि इसका इस्तेमाल बड़ा आसान है। एक रेडियो सेट बैटरी से चलता है। इसलिए बिजली होने–न होने या आने–जाने से बेफ़िक्र यह माध्यम कहीं भी आसानी से ले जाकर सुना जा सकने वाला है और तो और इसे सुनने के लिए एक जगह बैठने की भी ज़रूरत नहीं है।

अगर आज़ादी के बाद की बात करें तो देश के सामने सबसे बड़ी चुनौती थी सरकारी नीतियों और विकास की योजनाओं को हर आम और ख़ास तक पहुंचाने की। विकल्प तलाशे जाने लगे कि ऐसा क्या किया जाए कि सरकार की हर बात सीधे आम जनता तक पहुंचने लगे। और यह तलाश रेडियो के सामने आकर थमी।

नतीजा यह हुआ कि भारत के पहले सूचना प्रसारण मंत्री सरदार वल्लभ भाई पटेल ने ऑल इंडिया रेडियो की पहुंच को और व्यापक बनाने के उद्देश्य से रेडियो के प्रसारण केंद्रों की संख्या बढ़ाने का फैसला किया। इसके पीछे एक वजह यह भी थी कि विभाजन के बाद जो तीन केंद्र भारत से कट गए थे वहां की जनता तक भी प्रसारण पहुंच पाए। अब तक इसका एक और नाम आकाशवाणी भी रखा जा चुका था।

सरकार की इसी योजना को अमल में लाने के क्रम में आकाशवाणी के जालंधर, श्रीनगर, पटना, कटक, शिलांग, नागपुर, अमृतसर, विजयवाड़ा जैसी जगहों पर रेडियो का प्रसारण शुरू किया गया। आकाशवाणी के लेह और तवांग अब भी देश में सबसे ऊंचाई पर स्थित केंद्र हैं।

भारत के सीमावर्ती इलाक़ों में इन केंद्रों की ज़रूरत चीन के साथ हुए युद्ध के दौरान और भी बढ़ गई क्योंकि चीन के रेडियो ने युद्ध के दौरान अफ़वाहें फैलानी शुरू कर दी थीं। सैनिकों का मनोबल ऊंचा रहे और उन्हें हर पल यह अहसास रहे कि देश की जनता तन–मन–धन से उनके साथ है, प्रसारण क्षमता बढ़ाना और भी ज़रूरी हो गया।

इस दिशा में तुरंत फ़ैसला लेते हुए ट्रांसमीटर के साथ–साथ कुर्सियांग (पश्चिम बंगाल), कोहिमा (नागालैंड), इम्फ़ाल (मिज़ोरम), ऐजल (मिज़ोरम) जैसी जगहों पर प्रसारण की शुरुआत की गई। यही नहीं सभी प्रसारण केंद्रों की क्षमता बढ़ाई गई और उनके कार्यक्रमों में परिवर्तन भी किए गए ताकि मौक़े की नज़ाकत को देखते हुए आम लोगों तक सही सूचनाएं पहुंचें।

आज भी रेडियो का मुख्य उद्देश्य लोगों का मनोरंजन करना, काम की बातें बताना और ज़रूरी सूचनाएं पहुंचाना बना हुआ है। अपनी इस भूमिका को बखूबी निभाने के लिए रेडियो संगीत, नाटकों और बातचीत जैसे कार्यक्रमों के ज़रिए लोगों से जुड़ा हुआ है ताकि देश की हर गतिविधि चाहे वो आर्थिक हो, राजनीतिक हो, या फिर सामाजिक हो लोगों तक पहुंचती रहे। और इसी लकीर को पकड़े हुए रेडियो 1927 से आज तक बिना रुके–थके चलता जा रहा है।

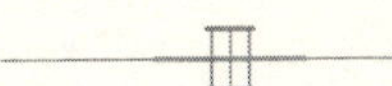

रेडियो की टार्गेट ऑडियंस

वो हर आदमी जो सुनने की क्षमता रखता है रेडियो की टार्गेट ऑडियंस है। इस माध्यम की सबसे बड़ी ख़ासियत यह है कि इसे कहीं भी किसी भी हालत में सुना जा सकता है। और यही इसके पॉपुलर होने की सबसे बड़ी वजह है।

अगर आप कुछ कर रहे हैं तो टीवी देखने के लिए आपको वो काम छोड़ना होगा और आंखें टीवी स्क्रीन पर गड़ानी पड़ेंगी। तभी आप टीवी का मज़ा ले सकते हैं। या अख़बार पढ़ना है तो उसके लिए आपको पूरा ध्यान लगाकर एक–एक अक्षर पढ़ना होगा लेकिन रेडियो आप अपना काम करते हुए भी सुन सकते हैं।

रेडियो की एक और ख़ास बात यह है कि उसे सुनने के लिए आपका पढ़ा लिखा होना बिल्कुल भी ज़रूरी नहीं है। समाचार के दूसरे माध्यमों में चाहे वो टीवी हो, अख़बार हो या फिर वेबसाइट, आपको पढ़ना ज़रूर आना चाहिए तभी आप उसका पूरा मज़ा ले पाएंगे। लेकिन रेडियो इस मामले में आज़ाद है। यानि अनपढ़ आदमी भी रेडियो का टार्गेट ऑडियंस है।

रेडियो सुनना सबसे कम ख़र्चीला साधन है। आप आराम से 100–200 रुपए के रेडियो में 30 रुपए की बैटरी डालकर महीने भर तक उसे सुन सकते हैं। और तो और जहां बिजली नहीं है वहां भी रेडियो आपको बाख़बर रखने में सक्षम है।

साथ ही आप इसे कहीं भी ले जाने के लिए भी आज़ाद हैं। टीवी आप कहीं ले नहीं जा सकते। वो अलग बात है कि आजकल चुनिंदा ऐसे सिस्टम बन गए हैं कि आप कार में भी टीवी देखने का मज़ा ले सकते हैं लेकिन वो खर्चीला होने की वजह से चुनिंदा लोगों के ही इस्तेमाल में आ रहा है।

दूसरी बड़ी वजह यह है कि जब आप कार चला रहे हैं तो सड़क पर देखेंगे या टीवी स्क्रीन की तरफ़। लेकिन इस मामले में रेडियो बाज़ी मार ले जाता है। इसे आप सुनते हुए भी बिना किसी व्यवधान के गाड़ी चला सकते हैं। और जब किसी भयानक ट्रैफ़िक जाम में फंसे हैं तब तो यह और भी सुहाना हमसफ़र लगता है।

इसकी जितनी ख़ूबियां है उतना ही यह लोकप्रिय है। और यही आसान और खूबसूरत बातें रेडियो के इतने बड़े टार्गेट ऑडियंस का राज़ हैं।

"रेडियो दोस्त" अमीन सयानी के सुझाव

सफल संचार के 7 'स'

रेडियो में वो शक्ति है, कि आप अपनी आवाज़ और अंदाज़ के ज़रिए ही लोगों को वो सब कुछ 'दिखा' और 'महका' भी सकते हैं, जो आप कहना चाहते हैं। इस माध्यम के ज़रिए आपकी प्रस्तुति का अंदाज़ ऐसा होना चाहिए कि लोग कल्पना के सहारे आपकी बताई हुई हर बात को अपने दिल में उतार लें।

अब आपका अंदाज़ कैसा हो जिससे आपकी प्रस्तुति को लोग सुनें और पसंद करें? इसके लिए आपको ज़ोर देना होगा सात ऐसे शब्दों पर जो 'स' से शुरू होते हैं। इन सात 'स' के ज़रिए आपको अपने सुनने वालों (या टीवी देखने वालों) का प्यार ज़रूर मिलेगा।

1. सही : संचार सही तो होना ही चाहिए। हर प्रसारण के पहले अपना होमवर्क अच्छी तरह कीजिए। बिना पूरी तैयारी के बोलेंगे तो संचार में ग़लतियां आ सकती हैं।

2. सत्य : आपकी कही हुई हर बात हमेशा सच होनी चाहिए। अपनी बात में झूठ न मिलाइए। झूठ हमेशा पकड़ा जाएगा। और झूठ बोलने वाले पर श्रोता फिर कभी विश्वास नहीं करेंगे।

3. सरल : आपका कथन सरल होना चाहिए, समझने में आसान होना चाहिए– क्योंकि रेडियो में आवाज़ ही सब कुछ है। आपकी भाषा में अगर कठिन शब्दों का इस्तेमाल होगा, तो श्रोता उसके मतलब का ख़्याल करने लगेंगे– और आपको भूल जाएंगे।

4. स्पष्ट : सरल होने के साथ–साथ भाषा का स्पष्ट होना भी बहुत ज़रूरी है। कई बार रेडियो पर कुछ विज्ञापन ऐसे होते हैं जो सुनने में तो बड़े धड़ाके दार लगते हैं, लेकिन जब वो ख़त्म हो जाते हैं तो लोग यह सोचते रह जाते हैं, कि आख़िर यह विज्ञापन था क्या? इसलिए बात हमेशा स्पष्ट कहिए, साफ़ कहिए– वर्ना श्रोता हमेशा उलझते चले जाएंगे।

5. सभ्य : संचार सभ्य होना चाहिए उसमें किसी तरह का ओछापन नहीं होना चाहिए। हो सकता है पूरे परिवार के लोग साथ बैठकर संचार देख या सुन रहे हों– उन्हें कभी शर्म से मुंह छिपाने पर मजबूर न करें।

6. सुंदर : संचार सुंदर और आकर्षक होना चाहिए। उसमें ज़रूरत के अनुसार नींबू, नमक, शक्कर या मिर्च मसाले भले ही मिलाइए– और जब गंभीर बात कहनी

जारी रहना.....

हो, तो उसमें गहराई और कशिश भी पैदा कीजिए। कथन अगर फीका और नीरस होगा तो कौन सुनेगा?

7. स्वाभाविक : बनावट से बचिए। हां धूम मचानी हो तो मचाइये, छेड़–छाड़ भी चाहें तो कीजिए– मगर स्वभाविकता की हद में रहकर। ज़रूरत से ज़्यादा हू हा करेंगे, स्टाइलबाज़ी की हरकतें करेंगे– तो लोग कहीं आपको पागल समझकर मुंह न फेर लें! (शुरू शुरू में मैंने भी खूब पागलपन किया, हुड़बौंग मचाई। लेकिन उन दिनों चारों ओर ऐसी नीरसता छा रही थी कि लोगों ने मुझे कॉमेडियन समझकर बर्दाश्त कर लिया। मगर शुक्र है, जल्द ही मैंने अपने आपको सुधार लिया वर्ना आज कहीं का न होता!)

बस, इन सात 'स' से शुरू होने वाले शब्दों को ध्यान में रखिए– और सदा सफलता के साथ अपने दिल की बात, सुननेवालों के दिलों तक पहुंचाते रहिए। और हां, सुन बोल कर, लिख पढ़ कर, "बोलचाल" की भाषा पर पूरा कमाल हासिल करने की उम्र भर कोशिश करते चले जाइए । किताबी भाषा को कर दीजिए "गुडबाय" !

अमीन सयानी

(रेडियो की राहों पर आपका हमसफ़र)

रेडियो की भाषा

रेडियो की ख़ास बात यह होती है कि इस माध्यम के ज़रिए किसी बात को जानने के लिए पढ़े लिखे होने की ज़रूरत बिल्कुल भी नहीं। रेडियो एक निरक्षर शख़्स को भी उतनी ही बातें बताने में कामयाब रहता है जितना कि एक पीएचडी पास को। वजह साफ़ है यह माध्यम सुना जाता है।

वहीं अगर अख़बार, टीवी, वेबसाइट, मैगज़ीन की बात करें तो यहां काम की बातें अक्षरों के ज़रिए लिखी जाती हैं और समझाई जाती हैं जो एक निरक्षर के लिए बेकार हैं।

रेडियो सुना जाता है इसलिए यहां के लिए जो भी लिखा जाए वो आसान हो ताकि सुनते ही श्रोता को समझ आ जाए कि आख़िर बात चल क्या रही है? ऐसा इसलिए भी ज़रूरी है कि यह न तो अख़बार या वेबसाइट है जहां दोबारा देखकर पढ़ लेने की सहूलियत होगी। न ही यह टीवी है कि ख़बर जानने की चाहत रखने वाला दूसरे चैनल पर वो चीज़ें ढूढ़ ले। या फिर टीवी पर दिखाई जाने वाली चीज़ अगर वीओ से समझ न आई तो ग्राफ़िक या विज़ुअल के सहारे समझ लेगा ।

ऐसे में रेडियो के लिए लिखी गई भाषा इतनी सहज, आसान और सुस्पष्ट हो कि सुनने वाले को उसे समझने के लिए दिमाग़ पर ज़ोर बिल्कुल भी न डालना पड़े।

अब रेडियो के प्रसारण में किसी ख़बर को दोबारा सुन पाने का विकल्प तो होता नहीं है। इसलिए उस कार्यक्रम को प्रस्तुत करने वाले और उसके प्रसारण से जुड़े सभी लोगों को इस बात का ख़ास ख़्याल रखना चाहिए कि प्रसारित करने के लिए जो भी स्क्रिप्ट लिखी जाए वो सुनने वाले के लिए बोझिल न हो। भाषा आसानी से समझ में आने वाली होनी चाहिए। वाक्य छोटे–छोटे और अपने आप में पूरे होने चाहिए।

कठिन शब्दों के इस्तेमाल से हमेशा बचना चाहिए। स्क्रिप्ट में भारी भरकम, अलंकारिक शब्दावली का इस्तेमाल तो बहुत आसान है। लेकिन अगर वो सुनने वाले की समझ में ही न आए तो वैसा लिखने का क्या फ़ायदा।

एक अच्छी रेडियो स्क्रिप्ट का मक़सद तभी पूरा होता है जब श्रोता सुनते ही ज़हन में उस चीज़ की कल्पना कर ले जो आप बताना चाहते हैं। कठिन शब्दों से लिखने वाले का बैद्धिक ज्ञान तो झलकता है लेकिन सुनने वाले के लिए वो उबाऊ हो जाता है।

अगर कुछ पुरानी किताबों में लिखे भारी–भरकम और लंबे–चौड़े शब्दों को देखा जाए जैसे द्वंदद्वंद्वात्मक, गवेषणात्मक, आनुषांगिक, अन्योन्याश्रित, प्रत्युत्पन्नमति, जाज्वल्यमान, अध्यवसायी, यथोचित, कतिपय, पुरातन, अधुनातन आदि तो पता चलेगा कि आज की पीढ़ी

को इन शब्दों के मतलब समझने के लिए न जाने कितनी डिक्शनरियां खंगालनी पड़ेंगी।

रेडियो के लिए आसान शब्दों के साथ–साथ कम समय में अपनी पूरी बात कहने की भी चुनौती है। ऐसे में ख़ास तौर पर ख़बर लिखते वक़्त हम बड़ी संस्थाओं जैसे वर्ल्ड हेल्थ ऑर्गनाइज़ेशन, यूनाइटेड नेशंस, सेंट्रल ब्यूरो ऑफ इन्वेस्टिगेशन जैसे शब्दों की जगह WHO, UN, CBI लिखकर काम चला सकते हैं। वैसे भी आज पूरे नाम से ज़्यादा इनके छोटे रूप प्रचिलित हैं।

लेकिन ऐसा नहीं है कि हम हर जगह शब्दों के छोटे रूपों का इस्तेमाल करने लगें जैसे ह्यूमन राइट्स वॉच या एमनेस्टी इंटरनेशनल जैसी विश्व स्तरीय संस्था के पूरे नाम ही प्रचलन में हैं। तो इन्हें वैसा ही लिखा जाना चाहिए।

कई बार डेडलाइन के दबाव में आकर जल्दबाज़ी में मुहावरों जैसे शब्दों का इस्तेमाल कर लेते हैं। जैसे ध्यातव्य है, ज्ञातव्य है, मद्देनज़र, ग़ौरतलब है वगैरह। इनका प्रयोग आसान तो लगता है लेकिन इन्हें सुनने से ख़बर बोझिल और बासी लगने लगती है।

साथ ही एक शब्द है 'द्वारा' जिसका इस्तेमाल आज रेडियो में धड़ल्ले से हो रहा है। जैसे सरकार द्वारा किसानों का कर्ज माफ़ किए जाने की घोषणा की गई है। ज़रा सोचिए क्या असल ज़िंदगी में घर पर हम बातचीत के दौरान कभी द्वारा जैसे शब्दों का इस्तेमाल करते हैं। क्या हम कभी कहते हैं कि आलू, मटर, टमाटर पापा द्वारा, भइया द्वारा, दीदी द्वारा या मम्मी द्वारा लाए गए हैं??

इस लाइन को सीधे शब्दों में, "सरकार ने किसानों का कर्ज़ माफ किया"– कहा जा सकता है। यह बात कहने में कम वक़्त लेगा और सुनने वाले को इसे समझने के लिए अपने दिमाग को झकझोरने की ज़रा भी ज़रूरत नही होगी।

एक बात हमेशा याद रखें कि रेडियो की भाषा मंज़िल तो नहीं है लेकिन रास्ता ज़रूर है। मंजिल तो आपकी बात को श्रोताओं तक पहुंचाना है। ऐसे में रास्ता जितना सरल होगा मंज़िल तक पहुंचना भी उतना ही आसान होगा। क्योंकि यहां दोबारा आपकी बात सुनने का विकल्प नहीं है इसलिए आप जो भी कहें एक ही बार में कहें। और जो भी कहें वो साफ़–साफ़ समझ में आए।

रेडियो जॉकींग

पैशन से प्रोफेशन को चरितार्थ करता एक ऐसा पेशा जो आज के युवाओं के दिलों की धड़कन तो बना ही है, मेट्रो शहरों में हज़ारों के बीच रहने वाले अकेले दिलों का साथी भी है रेडियो जॉकी। अगर आपके अंदर घंटों बोलने की क्षमता और लोगों को अपनी आवाज़ की जादूगरी से बांधे रखने का जज़्बा है तो आप बेहतरीन रेडियो जॉकी बनने की क़ाबिलियत रखते हैं।

रेडियो जॉकी को अपने आपको लोगों से जोड़ना आना चाहिए। जब भी कोई सुनने वाला रेडियो सुन रहा हो तो उसे RJ की बात सुनकर यह ज़रूर लगे के अरे यार यह तो मेरे बारे में ही बात कर रहा है। जिसके भीतर इस तरह के गुण हैं उसे एक बेहतरीन रेडियो जॉकी बनने से कोई नहीं रोक सकता।

आज यह उन चंद पेशों में से एक है जिसे हर युवा अपनाना चाहता है। इस पेशे के ज़रिए वो अपने आप में एक ऐसा ज़िंदादिल इंसान पाता है जो अपनी बातों, चुटकुलों और प्यारी खनकती हंसी से सभी का मन मोह लेता है।

रेडियो जॉकींग कहीं किसी स्कूल में सीखी, लिखी, पढ़ी कला नहीं होती है। यह वो चुनिंदा गुण होते हैं जो होते तो सभी में कुछ न कुछ हैं लेकिन जो इन्हें निखार लेता है वो RJ बन जाता है।

एक अच्छा रेडियो जॉकी वही होता है जो बेहद बातूनी किस्म का इंसान हो। उसका पैशन संगीत हो। वो न सिर्फ़ हर तरह के संगीत को जानता, समझता हो और अपने सुनने वालों की पंसद पर खरा भी उतरता हो, उसे यह पता होना चाहिए कि उसका श्रोता किस तरह का संगीत पसंद करता है।

उसके श्रोता का मूड दिन के किस पहर ख़राब है और कौन सा गाना सुनने के बाद उसका मूड अच्छा हो जाएगा और अगर पहले से ही मूड अच्छा है तो वो कौन सा गाना होगा जिसे सुनने के बाद मूड और भी अच्छा हो जाए।

यह कुछ वो बातें हैं जो एक रेडियो जॉकी यानि RJ के भीतर कूट–कूट कर भरी होनी चाहिए।

लेकिन रेडियो जॉकी का काम यहीं ख़त्म नहीं हो जाता है। चूंकि लोग दिन भर

अपने जॉकी से जुड़े रहते हैं ऐसे में उसका भी फ़र्ज होता है कि वो अपने सुनने वालों को आस–पास, देश–दुनिया में होने वाली घटनाओं की जानकारियां देता रहे।

इसके अलावा हज़ारों खुशियों के मौक़े भी होते हैं बातचीत के लिए। मसलन गणपति उत्सव, होली, दीवाली, ईद या फिर 15 अगस्त, 26 जनवरी जैसे तमाम अवसरों पर रोडियो जॉकी अपने श्रोताओं से कुछ अलग अंदाज़ में ही बात करते सुनाई देते हैं।

अब संगीत सुनने के दौरान आप शहर की हलचल से बेख़बर न हो जाएं इसके लिए आपका RJ ट्रैफ़िक अपडेट भी देता रहता है। यही नहीं आज शहर में किस जगह कौन सा बड़ा आयोजन हो रहा है, कहां सेल लगी है और आज शहर में कौन सा बड़ा फ़िल्मी सितारा आ रहा है, RJ का इस सब पर पूरा फ़ोकस रहता है।

कुल मिलाकर दिन भर के संगीत भरे सफ़र में श्रोता को यह भी पता चलता रहे कि उसके शहर के साथ–साथ दुनिया भर में क्या ख़ास चल रहा है। आस पास की हलचल या कहें ख़बरों के अलावा रेडियो जॉकी सेलिब्रेटीज यानि फ़िल्मी हस्तियों से जुड़ी चटपटी बातें भी बताता है। रेडियो जॉकी का यही मक़सद होता है।

आज शहरों मे हज़ारों लोगों के बीच रहते हुए भी अगर कोई तन्हा महसूस करता है तो ऐसे में FM रेडियो उसका सबसे बड़ा साथी बन गया है। सुबह सुबह FM पर चल रहे भजनों के साथ उसकी नींद खुलती है, जैसे जैसे दिन चढ़ता है संगीत का सुर बदलता है, दोपहर में उस वक़्त के हिसाब से गाने होते हैं। और जैसे जैसे शाम ढलती है फिर रात होती है तो संगीत भी करवट बदलता रहता है।

कैसे बने रेडियो जॉकी

अब चूंकि यह एक ऐसा पेशा जिससे आज का युवा जुड़ने की ख़्वाहिश रखता है तो यह जान लेना भी ज़रूरी होता है कि इस किरदार को बख़ूबी निभाने के लिए क्या ख़ूबियां होनी ज़रूरी हैं।

बातूनी होना चाहिए

अगर आपके अंदर लगातार बोलते रहने और अपने बोली से लोगों का दिल बहलाने की खूबी है तो यह पेशा आपके लिए ही है।

एक रेडियो जॉकी के लिए सबसे ज़रूरी है कि वो बातूनी हो क्योंकि यह एक ऐसा पेशा है जहां गानों के अलावा अगर कुछ चलता है तो वो है रेडियो जॉकी की जुबान। अक्सर आपने लोगों को कहते हुए सुना होगा कि उसकी जुबान तो कैंची की तरह चलती है। यानि वो बहुत बातूनी हैं। बातूनी होना वैसे तो कभी ख़राब माना जाता था लेकिन यही इस पेशे के लिए सबसे बड़ा वरदान बना हुआ है।

लेकिन बातूनी होने का यह मतलब नहीं है कि आप कुछ भी ऊट पटांग बोलते जाएं। आपको करना यह है कि जो श्रोता आपको सुन रहे हैं उन्हें वैसी बातें आप बताएं। आपकी बातें सुनकर दुखी लोग भी खुश हो जाएं। अगर उन्हें कोई चिंता सता रही है तो वो झट से दूर हो जाए। कुल मिलाकर आपको तन्हा दिल में उल्लास भरने वाला काम करना होता है। और अगर कोई पहले से ही हंसी खुशी है तो उसकी खुशी को दोगुना कर देना है।

आपका पेशा आपको बातें करते–करते थकने की इजाज़त कतई नहीं देता है। वैसे तो हर किसी के भीतर बेइंतहा बातें करने की ताक़त होती है लेकिन एक अच्छा रेडियो जॉकी बनने के लिए घंटों जोशीले अंदाज़ मे बात करने की प्रैक्टिस करते रहना चाहिए।

चुटीला अंदाज़

रेडियो जॉकी जिस दुनिया में मस्त होता है उसका साथ देने के लिए यहां होते हैं अच्छे–अच्छे, नए–पुराने गाने और उसका हंसमुख अंदाज़ जो लोगों से उसे जोड़े रखता है। गाने सुनते–सुनते लोग बोर न हो जाएं इसके लिए जॉकी का काम होता है कि वो उन्हे कुछ चुटकुले, किसी ज्वलंत मुद्दे पर व्यंग सुनाए ताकि श्रोता संगीत के साथ चुटकुलों का मज़ा भी ले सकें।

चुटकुलों के अलावा फ़िल्मी सितारों की मिमिकरी भी लोग पसंद करते हैं इसलिए

यह भी आज़माया जा सकता है। और इन सब के लिए आपकी कम्युनिकेशन स्किल्स और बातों को पेश करने का बेहतरीन ढंग ही काम आता है। और अगर आपमें लोगों को इस तरह से इम्प्रेस करने की क़ाबिलियत है तो आप सबके चहेते रेडियो जॉकी बन जाएंगे।

संगीत

संगीत और रेडियो जॉकी का चोली दामन का साथ होता है। क्योंकि FM रेडियो में उसकी बातों के अलावा संगीत ही सबसे ज़रूरी चीज़ होती है। संगीत की अच्छी जानकारी ही एक आम रेडियो जॉकी को पॉपुलर बनाने बनाने में मददगार होती है।

किस माहौल के हिसाब से कौन से गाने बजाए जाएं, और किसी नाजुक वक़्त के लिए बनाए गए हज़ारों गानों में से वही गाना रेडियो पर सुनाई दे जो लोगों के दिल को छू ले। एक अच्छे रेडियो जॉकी से सभी को यही उम्मीद रहती है।

पर्सनालिटी

RJ को ज़िंदादिल तो होना ही चाहिए साथ ही अपने भीतर वर्साटाइल पर्सनालिटी का ख़जाना भी रखना चाहिए। यानि वो खुश भी हो, सीरियस बातें भी कर ले और हंसाने गुदगुदाने के लिए चुटीले चुटकुले भी सुना दे। वो हमारी परेशानियों का अपने अंदाज़ में हल सुझा सके और देश में कहीं कुछ भी ग़लत हो रहा हो तो उस पर वार भी कर सके। यानि ऑल इन वन होना चाहिए हमारा रेडियो जॉकी।

वो शर्म संकोच के पर्दे से दूर एक खुले दिल का इंसान होना चाहिए। और सारी खूबियों के होते हुए भी वो एक आम आदमी की ही तरह अपने सुनने वालों से रूबरू हो। ताकि उन्हें लगे कि उनसे जो बात कर रहा है वो उनके ही बीच का है कोई आसमान से आया अजूबा नहीं।

आवाज़

FM रेडियो क्योंकि सुनने के लिए है इसलिए इसके कप्तान या कहें RJ का हथियार उसकी आवाज़ का शानदार होना बेहद ज़रूरी है। शानदार आवाज़ होने के साथ–साथ सुनने वाले को बांधे रखने की क्षमता भी उसकी आवाज़ में होनी चाहिए। इसके लिए ज़रूरी है आपकी आवाज़ में मॉड्युलेशन हो। जब भी आप कोई बात कह रहे हों वो सीधे सपाट लहज़े में न हो। ऐसा करके आप अपने श्रोताओं को खोने का ही काम करेंगे।

अपनी बात को शानदार ढंग से कहने का सबसे अच्छा तरीक़ा है कि रेडियो जॉकी अपनी स्क्रिप्ट की रिसर्च खुद करे और उसे अपने अंदाज़ में ही लिखे। क्योंकि जो बात आप जिस ढंग से कहना चाहते हैं उसके लिए शब्द आपसे अच्छा कोई और नहीं तलाश सकता है।

चूंकि रेडियो जॉकी का काम एक दोस्त की तरह सुनने वालों को हर बात से बाख़बर भी रखना है। इसलिए उसे देश दुनिया के हालात से भी हमेशा वाक़िफ़ रहना चाहिए। सबसे ज़रूरी है कि उसे न्यूज़ वेबसाइट्स और ख़बरों के दूसरे स्रोतों पर भी नज़र बनाए रखनी चाहिए। ताकि अगर कहीं कुछ अच्छा या बुरा हो तो उसके सुनने वालों को वो बात तुरंत पता चल जाए।

रेडियो जॉकींग के टिप्स

- RJ को किसी की कॉपी नहीं करनी चाहिए
- जिस शहर में आप काम कर रहे हों वहां की संस्कृति और माहौल से पूरी तरह जान पहचान बना लें।
- आपकी आवाज़ और बोलने का अंदाज़ ख़ास होना चाहिए।
- आपको हमेशा चौकन्ना और डिप्लोमैटिक अंदाज़ वाला होना चाहिए ताकि अगर कभी कोई ग़लती हो जाए तो उसे चुपके से एक ख़ास और चुटीले अंदाज़ में सुधारा जा सके।
- हमेशा अपने आदर्श लोगों को सुनते रहें।
- जितनी प्रैक्टिस करेंगे उतने ही पर्फ़ेक्ट बनेंगे।

"रेडियो जॉकींग एक पेशा नहीं आदत है"

अगर आपके दिलो दिमाग़ में यह बात है कि रेडियो जॉकी एक अनाउंसर है जो रेडियो पर आकर कुछ–कुछ बोलता रहता है तो यह ख़्याल तुरंत अपने ज़हन से निकाल फेंकिए। मेरे हिसाब से रेडियो जॉकींग महज़ एक पेशा नहीं है यह एक आदत है और आपने इसे लोगों के दिलो दिमाग़ तक अपनी बात पहुंचाने के लिए चुना है। फिर चाहे आपको सुनने वाला सुबह–सुबह घर के किचन में हो, बेडरूम में हो, लिविंग रूम हो या फिर वो लॉन्ग ड्राइव पर जा रहा है, रेडियो जॉकी हर जगह साथ होता है।

दूसरी बात, अगर आपको लगता है कि मैं बहुत बातूनी हूं तो क्यों न रेडियो जॉकी बना जाए...यह भी भूल जाएं। यहां केवल बोलना ही सब कुछ नहीं होता है ज़रूरी यह है कि आप जो भी बोलें, जितना भी बोलें तोल मोल कर बोलें। रेडियो जॉकी बनने के लिए आपमें अपने आस–पास की चीज़ों की गहरी समझ होनी चाहिए, उनके बारे में एक राय क़ायम करनी चाहिए।

अगर आप एक रोमांटिक रेडियो जॉकी बनना चाहते हैं तो रोमांस आपकी बातों से झलकना चाहिए। अगर आप अपनी बातों से लोगों को गुदगुदाना चाहते हैं तो आपकी प्रस्तुति ऐसी होनी चाहिए, आपके चुटकुले ऐसे होने चाहिए कि आपकी कही हर बात पर लोग अपने आप को हंसने से रोक न पाएं।

तीसरी सबसे ज़रूरी बात, आपको दुनियाभर की हलचल से भी बाख़बर रहना चाहिए। आपको पता होना चाहिए कि पाकिस्तान में क्या हुआ, अमेरिका में क्या हुआ या फिर क्रिकेट के मैदान की सुर्ख़ियां क्या हैं, बॉलिवुड में क्या चल रहा है और शहर में मौसम का मिजाज़ कैसा है। इसके साथ ही इन सभी मुद्दों पर आपकी एक राय भी होनी चाहिए और इस राय के साथ साथ आपको इसमें कोई ऐसा मसाला भी ढूंढ़ना चाहिए जो आपके सुनने वालों को हंसा सके। क्योंकि आपका काम महज़ ख़बर देना नहीं लोगों का मनोरंजन करना भी है। ख़बर देने का काम न्यूज़ चैनलों का है।

अगर आपके इलाके में पानी नहीं आ रहा है तो रेडियो जॉकी उसके लिए अपने शो में प्रशासन से लड़ता भी है और कॉमनवेल्थ, 2जी स्पेक्ट्रम घोटाला करने वालों को मर्यादा के भीतर रहकर गालियां भी सुनाता है। इन सब के बीच एक बात का ख़्याल रखें कि यह बातें एक समय में कई लोगों के सुनने के लिए की जाती हैं ऐसे में इनमें कुछ मसाला होना भी ज़रूरी है। आप इनमें चुटकुले शामिल कर सकते हैं या जो बातें आप अपने सुनने वालों से कर रहे हैं वो चुटीले अंदाज़ में कहिए ताकि लोगों को मज़ा आए। और कहीं न कहीं वो उस परेशानी को कम से कम कुछ पलों

जारी रहना.....

के लिए तो भूल सकें। क्योंकि किसी भी समस्या का हल उसे लेकर मुंह फुलाए बैठे रहने में नहीं है।

इसके अलावा आपके ज़हन में अपने शो से जुड़ी सारी बातें साफ़ होनी चाहिए मसलन आपके शो की थीम क्या है। उसमें आप किस तरह की बातें करने जा रहे हैं और उन बातों से मेल खाते गाने कौन से होंगे। और यह सारी चीज़ें एक दूसरे से जुड़ी होनी चाहिए। यह नहीं कि आपने होली के दिन दीवाली का गाना चला दिया या 15 अगस्त के दिन चैनल पर आप गणेश चतुर्थी की बातें कर रहे हों।

लेकिन अगर आप महज़ इस पेशे से जुड़े ग्लैमर का हिस्सा बनने के मकसद से आना चाहते हैं तो अपने फ़ैसले पर फिर से सोचिए क्योंकि यह राह इतनी आसान नहीं है जितनी बाहर से नज़र आती है। यहां हर दिन आपको लोगों की उम्मीदों पर ख़रा उतरना होता है और यहां आपकी अच्छी बातें लोगों की पलकों पर बैठा सकती हैं तो दूसरे ही पल ज़मीन पर पटक भी देती हैं।

कुल मिलाकर रेडियो जॉकी एक ऐसा शख़्स होता है जिससे लोग अपने रिश्ते बना सकें। वो उन्हें अपना लग सके। और लोगों की भाषा बोलने वाला हो। सही मायने में रेडियो जॉकींग का मकसद तभी पूरा होता है जब उसकी बातें सुनकर उसके श्रोता को यह लगे कि अरे यह तो मेरी ज़ुबान बोल रहा है!

अपने 10 साल के करियर में मेरा हमेशा यही फ़ंडा रहा है कि कैसे भी हो लोगों को हंसाना है। मुद्दा चाहे कोई भी हो अगर मेरा शो आप सुन रहे हैं तो हंसी आपके चेहरे से दूर नहीं रहनी चाहिए।

अर्चना जानी
RJ- Oye FM

रेडियो प्रोड्यूसर के काम

किसी भी शो की प्लानिंग, कम्युनिकेशन, डेडीकेशन, अकाउंटेबिलिटी, फ़ीडबैक रेडियो प्रोड्यूसर की अहम ज़िम्मेदारियां होती हैं। टीवी प्रोड्यूसर की ही तरह रेडियो प्रोड्यूसर को भी पूरे शो को बेहतरीन बनाने के लिए हर छोटी–बड़ी चीज़ का ख़्याल रखना पड़ता है।

एक रेडियो प्रोड्यूसर रेडियो के ज़रिए प्रसारित होने वाले ऑडियो कंटेंट की पूरी प्रक्रिया में शामिल होता है। फिर चाहे वो एक आइडिया सुझाना हो या फिर उसे अमलीजामा पहनाकर लोगों तक पहुंचाना हो। उसके बाद उस आइडिया से मिले फ़ीडबैक से रेडियो चैनल को वाकिफ़ कराना, यह सारी चीज़ें उसके काम का हिस्सा होती हैं।

ज़िम्मेदारियां

रेडियो प्रोड्यूसर की ज़िम्मेदारियां चैनल और शो के हिसाब से बदलती रहती हैं। कहीं वो रिपोर्टर की भूमिका में होता है तो कहीं प्रेज़ेंटर का काम संभाल रहा होता है। लेकिन उसकी चुनिंदा अहम ज़िम्मेदारियां होती हैं जो किसी शो को ख़ास बनाती हैं।

- किसी विचार पर रिसर्च करके उसपर शो बनाना और ऑन एयर करना
- बुलेटिन के और लिंक के लिए स्क्रिप्ट लिखना, स्क्रिप्ट के लिए विषय तलाशना
- किसी ख़ास मुद्दे पर बातचीत के लिए उपयुक्त गेस्ट जुगाड़ना
- शो और ऑडियंस के हिसाब से गाने तैयार करना
- शो से जुड़े सभी लोगों मसलन रेडियो जॉकी, रिपोर्टर, टेक्निकल स्टाफ़ को शो क्या है, कैसे होगा जैसी सारी बातें बताना
- शो में शामिल होने के लिए आने वाले लोगों को गाड़ी सही वक़्त पर पहुंचे और वो स्टूडियो में टाइम पर आ जाएं जैसी बातों का ख़्याल भी प्रोड्यूसर को ही रखना होता है
- इंटरव्यू करना, रिपोर्टिंग और एडिटिंग जैसी ज़िम्मेदारियों के लिए भी प्रोड्यूसर को तैयार रहना चाहिए, ताकि वक़्त पड़ने पर वो यह काम भी कर सके
- शो प्रस्तुत करना हो या फिर रेडियो जॉकी की रफ़्तार या बोलचाल पर लगाम लगानी हो ताकि शो समय पर ख़त्म हो, रेडियो प्रोड्यूसर को इसके क़ाबिल भी होना चाहिए

- किसी शो की आर्काइविंग भी प्रोड्यूसर की अहम ज़िम्मेदारियों में से एक है। जैसे अगर आज किसी शो में अमिताभ बच्चन शिरकत करने पहुंचे हैं तो उनसे हुई बातें आर्काइव करके रख ली जाती हैं ताकि ज़रूरत पर उन्हें फिर से चलाया जा सके
- सुनने वालों के फ़ीडबैक पर प्रतिक्रिया देना और उन्हें ज़रूरी डिपार्टमेंट तक पहुंचाना भी प्रोड्यूसर का काम होता है
- रेडियो में इस्तेमाल होने वाली तकनीक से भी प्रोड्यूसर को वाक़िफ़ होना चाहिए। जैसे कूल एडिट, प्रोटूल्स, एडोब ऑडिशन सॉफ़्टवेयर्स जिन पर एडिटिंग और पोस्ट प्रोडक्शन के काम होते हैं।
- एक प्रोड्यूसर को सुरक्षा और स्वास्थ्य से जुड़े मानकों पर भी पैनी नज़र बनाए रखनी चाहिए और उन पर ख़रा उतरना चाहिए
- अपने शो के अलावा दूसरे शो के प्रमोशन वाली चीज़ें भी ज़रूर चलनी चाहिए
- शो टाइम पर शुरू हो और टाइम पर ख़त्म हो

इसके अलावा शो में जितने विज्ञापन चलने हैं वो पूरे के पूरे चलें इसकी ज़िम्मेदारी भी एक रेडियो प्रोड्यूसर की ही होती है। अगर शो में कोई कॉन्टेस्ट हो रहा है तो उसके सवाल क्या होंगे, जवाब देने वालों के **SMS** या कॉल की डीटेल रखना, इसकी ज़िम्मेदारी भी एक रेडियो प्रोड्यूसर की ही होती है। प्रोड्यूसर को जीतने वालों के नाम मार्केटिंग टीम को पहुंचाने होते हैं साथ ही यह भी पक्का करना होता है कि विजेताओं को उनके ईनाम मिल गए हैं।

रेडियो जॉकी के साथ मिलकर किस वक़्त कौन से गाने चलने हैं इसकी भी प्लानिंग रेडियो प्रोड्यूसर को करनी होती है। लेकिन इस प्लानिंग का यह मतलब नहीं है कि कोई प्लेलिस्ट तैयार करके लोगों को सुना देनी है। वो काम तो कोई भी आदमी अपने मोबाइल या फिर कम्प्यूटर के ज़रिए कर सकता है। वो रेडियो इसलिए सुनता है कि यहां टू वे कम्युनिकेशन होता है। और सुनने वाला गाने के साथ–साथ आपको भी सुनता है। इसलिए ध्यान रहे कि शो इंटरैक्टिव हो।

रेडियो की ख़ासियत यह होती है कि यहां चंद खूबसूरत शब्दों से आप अपने सुनने वालों को चांद पर भी पहुंचा सकते हैं। इसलिए इस विधा की ख़ासियत को समझते हुए प्रोड्यूसर्स ऐसी ही प्लानिंग करें, ऐसी ही स्क्रिप्ट लिखें, ऐसे ही गाने बजाएं जिनसे सुनने वालों का दिल खुश हो जाए।

FM रेडियोः एक दिन का सफ़र

जिस तरह आम आदमी का दिन अलग–अलग पहर में बंटा होता है उसी तरह रेडियो ने भी अपने आप को ढाल लिया है। रेडियो की शुरुआत सुबह–सुबह भक्ति के गानों के साथ होती है। यह प्रोग्राम अक्सर रिकॉर्डेड होते हैं। वजह यह कि यहां कभी भी किसी तरह का फ़ेरबदल नहीं करना होता है। लोगों को कोई ताज़ी जानकारी नहीं देनी होती है। यहां हमेशा कुछ ऐसी बातें होती हैं जो लोगों में स्फूर्ति भर दे और उनके दिल और दिमाग़ को शांति पहुंचाए ताकि उनका पूरा दिन शानदार गुज़रे।

सुबह के कार्यक्रम

कुछ FM चैनल मुंबई के सिद्धि विनायक या किसी प्रसिद्ध मंदिर की आरती का सीधा प्रसारण भी करते हैं। इस भक्तिमय सुबह के बाद रेडियो के कार्यक्रमों की असली शुरुआत 7 बजे से हो जाती है। इस शो के प्रोड्यूसर प्रोग्राम के लिए 2 घंटे पहले रेडियो के दफ़्तर आ जाते हैं और आज का दिन कैसा रहने वाला है, शहर में क्या हलचल रहेगी, कहां–कहां, क्या–क्या ख़ास होने की उम्मीद है जैसी बातों और गानों के साथ कार्यक्रम की शुरुआत होने लगती है। इस तरह के कार्यक्रमों की टार्गेट ऑडियंस 16–39 साल की उम्र के लोग होते हैं।

इस दिन अगर किसी बड़े फ़िल्मी सितारे का जन्मदिन है तो उसी हिसाब से बाइट इकट्ठा करने का काम भी होता है। साथ ही उस फ़िल्मी सितारे को सिनेमा जगत के दूसरे हस्तियों से जन्मदिन की बधाई दिलाने के लिए फ़ोन पर बातचीत भी होती है। अगर मौक़ा मिल सके तो खुद उस स्टार से भी इस दिन बातचीत की जाती है।

इस ख़ास दिन के अलावा रेडियो में बाक़ी रूटीन की बातें भी चलती रहती हैं। मसलन कल के दिन की ख़ास बातें क्या रहीं और आज का दिन कैसा रहने वाला है। यहां रेडियो, टीवी और ख़बरों के बाक़ी माध्यमों से इसलिए अलग है क्योंकि यहां ख़बरें दिखाने पर ज़ोर बिल्कुल भी नहीं रहता है। लेकिन आज की तारीख़ में रेडियो लोगों का ऐसा बेहतरीन साथी है जो हरपल उनके साथ रहता है। ऐसे में उसकी ज़िम्मेदारी होती है कि अपने दोस्त को किसी भी बड़ी घटना से महरूम न रखे। वो घटना की पल–पल की जानकारी देने का काम नहीं करता है लेकिन अपने श्रोताओं को उनके काम की सारी

जानकारियों से रूबरू ज़रूर कराता है। फिर बात चाहे बिग बॉस या इंडियन आयडल के विनर की हो या फिर बराक ओबामा या निकोला सारकोज़ी की भारत यात्रा की।

वो उन्हें शहर के अख़बार की चुनिंदा उन बड़ी ख़बरों से भी रूबरू कराता है जिनसे सभी का सरोकार होता है। शहरों में लोग सुबह 7 बजे के बाद काम पर निकलने शुरू हो जाते हैं। ऐसे में रास्ते में कहीं कोई रोड़ा न हो इसके लिए रेडियो प्रोड्यूसर अपने ट्रैफ़िक के सूत्रों से शहर भर का अपडेट लेते रहते हैं। और अपने सुनने वालों को बताते रहते हैं।

आज के दिन आपका भविष्य कैसा रहने वाला है यह भी रेडियो चैनल बताते हैं।

इसके बाद करीब 9–10 बजे जब शेयर बाज़ार, बुलियन बाज़ार, कमोडिटी बाज़ार खुलने को होते हैं उस वक़्त भी रेडियो पूरी एनालिसिस तो नहीं करते हैं लेकिन बाज़ार कैसा खुला है इसके बारे में ज़रूर बताते हैं। इसके साथ–साथ अगर सरकार कोई ख़ास ऐलान करने जा रही है तो उसकी भी एक झलक सुनाई जाती है।

दिन की शुरुआत केवल ख़बरों से भरी बोरिंग न हो इसके भी पूरे इंतज़ाम रहते हैं। और बेहतरीन गानों के अलावा ऐसी चीज़ों को भी शो में शामिल किया जाता रहता है जो लोगों को हंसाएं और उनका मनोरंजन कर सकें। उन्हें पेज थ्री की हलचल से भी वाकिफ़ रखा जाता है कि किसका टांका किसके साथ भिड़ा और किसने किसका दिल तोड़ा, साथ छोड़ा, जैसी ज़रूरी बातें भी अलग चटख़ारे वाले अंदाज़ में बताई जाती रहती हैं।

इन सबका मक़सद कभी भी किसी का दिल दुखाना नहीं होता है। यह जानकारी स्टार्स के चाहने वालों को उनकी गतिविधियों से बाख़बर रखने के मक़सद से दी जाती है।

अगर कोई ख़ास दिन है तो इस दिन किसी ख़ास तरह के क्विज़ शो भी रखे जा सकते हैं जो अमूमन पूरे दिन या फिर शो के हिसाब से चलते रहते हैं।

दोपहर के शो

दोपहर या कहें देर सुबह के कार्यक्रमों का केंद्र महिलाएं ही होती हैं। ऐसा नहीं है कि सारे कार्यक्रम केवल महिलाओं के लिए ही बनाए जाते हैं लेकिन क्योंकि हाउस वाइफ़ घर पर ही होती हैं इसलिए माना जाता है कि वो ही इन्हें ज़्यादा सुन पाती हैं।

इन कार्यक्रमों में ज़्यादातर जानकारी सीरियल से जुड़ी होती हैं और अगर उस दिन कुछ ख़ास है तो उस आयोजन की भी थीम बनी रहती है। अगर उस दिन किसी फ़िल्म या हीरो ने कोई कीर्तिमान रच डाला है तो उस फ़िल्म या उन पर फ़िल्माए गए गाने बजाए जाते हैं।

वहीं अगर एड्स दिवस जैसा कोई दिन है तो इसके प्रति लोगों को जागरुक करने का काम किया जाता रहता है। ऐसे मौक़ों पर रेडियो चैनलों में ख़ास आयोजन भी होते हैं। एड्स एक लाइलाज बीमारी है और लोग जानकारी के अभाव में इसका शिकार बन जाते हैं। इस दिन रेडियो चैनल एड्स पीड़ितों से भी मुलाक़ात कर उनकी आपबीती सुनाने और इस क्षेत्र में काम कर रहे NGO और बाक़ी लोगों से उठाए जा रहे क़दमों पर चर्चा करते हैं। इस दौरान ज़िंदगी जीने की प्रेरणा देने वाले गाने बजाए जाते हैं।

2–5 बजे के शो

इन शो के टार्गेट यूथ होते हैं। ख़ास तौर पर शुक्रवार के दिन आने वाले शो में ताज़ा रिलीज़ हुई फ़िल्म पर चर्चा होती है। फ़िल्म देख चुके लोगों से रेडियो जॉकी ऑन द स्पॉट बातचीत के ज़रिए यह जानने की कोशिश करते हैं कि असल में यह फ़िल्म कैसी रही। क्या एक्टर, डायरेक्टर उनका मनोरंजन करने में कामयाब रहे या फिर दर्शक अपने आप को ठगा महसूस कर रहा है।

फ़िल्म में अच्छी बातें क्या रही हैं और किन चीज़ों की वजह से फ़िल्म बुरी बनी है इन सारी बातों को समेटे हुए ऐसे शो बनते हैं।

इस दौरान गाने इसी फ़िल्म के या फिर इन्हीं अदाकारों के सुनाए जाते हैं।

अब तक शेयर बाज़ार भी बंद हो चुका होता है। तो वहां दिन कैसा रहा, क्या बाज़ार चढ़ा या फिर गिरा, किस सेक्टर में कितना धमाल देखने को मिला है और कौन से शेयर आज बिल्कुल भी कमाल नहीं दिखा पाए हैं, सोमवार से शुक्रवार को चुनिंदा FM चैनलों पर इन सब की भी एक झलक सुनाई जाती है।

5–7 शाम के शो

दिन धीरे धीरे ढलने लगता है। अब तक रेडियो में यह भी तय किया जा चुका होता है कि आज की सबसे बड़ी वो कौन सी बात रही जिसे जानना लोगों के लिए सबसे ज़रूरी है। फ़ोकस उसी पर रहता है। ट्रैफ़िक अपडेट इस वक़्त भी होता रहता है। क्योंकि यह वो समय होता है जब लोग दफ़्तर से अपने घरों की ओर रवाना हो रहे होते हैं और फिर चाहे वो अपनी कार से चल रहे हों या टैक्सी, ऑटो या बस से, ट्रैफ़िक का हाल जानना सबके लिए ज़रूरी है।

सड़क पर कहां जाम लगा है और कहां किसी दुर्घटना की वजह से रूट डाइवर्ट कर दिया गया है यह सारी बातें बताई जाती हैं। इसके अलावा अगर उस शहर में मेट्रो शुरू होने वाली है या फिर किसी रूट पर नई लोकल ट्रेन शुरू हो रही है या फिर महंगे

होते प्याज़ की चिंता हो, इस तरह के मुद्दों के हर पहलू को समझने की कोशिश वाले शो भी रेडियो में होते हैं।

इन शो में रेडियो सुनने वालों को टीवी पर आने वाली गूढ़ चर्चा नहीं बताई जाती है। इन्हें बस मामला, उसका प्रभाव, उससे जुड़ी लोगों की राय सुनाई जाती है। फिर वो चाहे महंगे प्याज़ से त्रस्त आम आदमी की पीड़ा हो या फिर महंगाई काबू करने की जद्दोजहद में लगी सरकार का बयान हो, सभी की बातों को रखने की कोशिश होती है। इसके साथ साथ माहौल के हिसाब से लेटेस्ट गाने भी बजाए जाते हैं ताकि लोगों के मनोरंजन में कमी न हो।

देर शाम के शो (7–9)

वैसे तो मेट्रो शहर रात भर जागते रहते हैं लेकिन इस वक़्त तक दिन भर की बड़ी घटनाएं हो चुकी होती हैं। इस बीच चलने वाले शो दिन भर की सारी घटनाओं को समेटे हुए होते हैं साथ ही लोगों के मनोरंजन करने वाले चैट शो भी रखे जाते हैं। इसमें पर्सनालिटी ऑफ द डे यानि सैलिब्रेटीज़ के साथ बातचीत होती है। या अगर शहर में कोई ख़ास सैलिब्रेटी आया होता है तो उससे की गई बातचीत सुनाते हैं।

वहीं अगर कोई फ़िल्म रिलीज़ होने वाली है तो जिन कलाकारों ने उस फ़िल्म में काम किया है, फ़िल्म के निर्देशक और संगीतकारों के साथ बातचीत की भी गुंजाइश रहती है।

यहां कुछ चैनल किसी विशेष मुद्दे पर क्विज़ का आयोजन करते हैं और उनका सही जवाव देने वालों को ईनाम भी दिया जाता है।

9–11 बजे के शो

यह चैनल पर आख़िरी लाइव शो होता है। जिसमें अलग–अलग चैनल अलग–अलग थीम पर काम करते हैं। लेकिन सभी का मक़सद सुनने वालों का मनोरंजन करना होता है। कोई इस वक़्त में प्यार से जुड़ी परेशानियां सुलझा रहा होता है तो कोई प्यार करने के नुस्खे बता रहा होता है।

कुल मिलाकर इस दौरान दिन भर की भाग दौड़ भरी ज़िंदगी के बाद कुछ ऐसी बातें भी की जाती हैं जो आपको सुकून पहुंचाने वाली हों।

दिन भर के कार्यक्रमों और बातचीत में सबसे कॉमन चीज़ उस दौरान बजाए रहे गाने होते हैं। कौन सा गाना कितने बजे बजना है यह चैनल की प्लानिंग का हिस्सा होता है। बस कोशिश यह रहती है कि दिन के जिस पहर जो गाना बज रहा हो वो उस वक़्त के लिए प्रासंगिक हो।

FM रेडियो का मक़सद

आज के दौर में FM रेडियो का मक़सद लोगों का मनोरंजन करना, उन्हें गाने संगीत के साथ–साथ उनके आसपास होने वाली हलचल से भी बाख़बर रखना है। क्योंकि मोबाइल के ज़रिए FM रेडियो आज लोगों के साथ हर पल रहने वाला साथी बन गया है।

अब एक अच्छे दोस्त के नाते इसकी ज़िम्मेदारी बनती है कि अपने सुननेवालों के साथ जो ख़ास रिश्ता है उसे निभाया भी जाए। जो भी बातें यहां बताई जाएं उन्हें लगे कि कोई उनका अपना ही उनसे कर रहा है। इस काम में लिए रेडियो जॉकी अहम भूमिका निभाता है। उसकी स्क्रिप्ट इस तरह से तैयार की जाती है कि वो अपने आप को लिसनर से कनेक्ट कर ले।

ऐसे में उनकी हर चीज़ को जानने की भूख को भी शांत करना रेडियो की ज़िम्मेदारियों का अहम हिस्सा हो जाता है। आज FM बड़े शहरों के साथ साथ छोटे शहरों में सुना जाता है। ऐसे में लोकल लेवल पर लोगों को उनके आस–पास होने वाली घटनाओं के बारे में बताना कि आज शहर में कौन सा बड़ा एक्टर या एक्ट्रेस आने वाले हैं, कहां सेल लगी है जहां से शॉपिंग करके उन्हें सस्ते में सामान मिल जाए, कहां क्रिकेट मैच चल रहा है, उसके टिकट कैसे मिल सकते हैं और कब किसने कितने रन बनाए, इसके साथ ही देश–दुनिया की दूसरी ख़बरें भी देने का काम रेडियो को करना होता है।

शहर में ट्राफिक का क्या हाल है, किस रास्ते से निकलकर जल्दी घर जाया जा सकता है और किस रास्ते पर आज नहीं जाना है यह भी रेडियो बताता रहता है। इसके लिए शो प्रोड्यूसर और रेडियो जॉकी आपस में बैठकर दिन भर होने वाले इवेंट्स के या फिर आने वाले दिनों में होने वाली प्रमुख घटनाओं के हिसाब से तैयारी करते हैं और उन्हें अपने शो में दिन के हिसाब से शामिल करते रहते हैं।

रेडियो का मक़सद लोगों को उनकी संस्कृति से भी रूबरू कराते रहना होता है। जब कभी भी कोई त्योहार या फिर 15 अगस्त, 26 जनवरी जैसा विशेष दिन आता है तो उस दिन के हिसाब से गाने बजाए जाते हैं। पूरी दुनिया में जब वैलेंटाइन डे मनाया जाता है तो FM सुनने वाले उससे बेख़बर न रहें इसके लिए भी ख़ास तैयारी रहती है।

इतना सब कुछ करने के लिए ज़ाहिर है अच्छे ख़ासे पैसों की ज़रूरत होती है। पैसों की यह ज़रूरत रेडियो के लिए विज्ञापन पूरा करता है। बिना विज्ञापन के रेडियो अपनी दोस्ती कतई नहीं निभा सकता है। अब ज़ाहिर हैं विज्ञापन कंपनियां ही देती हैं लेकिन उनके लिए यह विज्ञापन सुनने वालों को ध्यान में रखकर बनाए जाते हैं। यहां रेडियो के कार्यक्रमों में टार्गेट ऑडियंस 16–39 साल के लोग होते हैं। और रेडियो में चलने वाले विज्ञापन ऐसी चीज़ों के ही होते हैं जो इस वर्ग के लोग इस्तेमाल करते हैं।

तो आज का रेडियो हर पल अपने सुनने वालों के साथ रहता है। उनकी ख़ुशी को दोगुना करने और तन्हाई को ग़ायब करने के लिए संगीत की पटरी पर मनोरंजन के इंजन के साथ सूचनाओं की गाड़ी दौड़ती रहती है।

समीर कंवर

नेशनल प्रोग्रामिंग हेड,

रेडियो मंत्रा 91.9 FM

वेब का कमाल

इंटरनेट पत्रकारिता का इतिहास

भारत में वेब पत्रकारिता के इतिहास की बात करें तो यह ज़्यादा पुराना नहीं है। देश में इसने अभी दो दशक भी पूरे नहीं किए हैं। भारत में सबसे पहले 1995 में द हिंदू अख़बार ने अपना इंटरनेट संस्करण लॉन्च करके देश में इंटरनेट पत्रकारिता का आग़ाज़ किया। द हिंदू की इस पहल के बाद उसके साथी अख़बारों टाइम्स ऑफ़ इंडिया और हिंदुस्तान टाइम्स ने भी वेब की राह पकड़ी और अगले ही साल अपने वेबसाइट्स लॉन्च कर दिए।

उसके बाद देखते ही देखते तीन साल के ही भीतर 50 के करीब अख़बारों ने प्रिंट के साथ–साथ वेब की दुनिया में भी क़दम रख दिया। फिर धीरे–धीरे वेब पत्रकारिता का दायरा और बढ़ा साथ ही उसी अनुपात में वेबसाइट्स भी बढ़ने लगीं।

यह सभी वेबसाइट्स अंग्रेज़ी भाषा में ही थीं। इसकी वजह यह रही कि तब तक कम्प्यूटर केवल अंग्रेज़ी भाषा ही समझता था। लेकिन फिर वक़्त बदला, दुनिया भर में तरक्की के नए पैमाने गढ़े जाने लगे। इसके असर से कम्प्यूटर भी अछूता नहीं रहा और इसने भी दुनिया की बाक़ी भाषाओं को अपने में समाहित करने का जुगाड़ कर लिया। इन भाषाओं में हिंदी भी थी।

जब कम्प्यूटर ने हिंदी भाषा में काम करना शुरू कर दिया तो हिंदी भाषी अख़बारों ने भी धड़ाधड़ अपने वेब संस्करण शुरू कर दिए। क्या जागरण क्या अमर उजाला और क्या हिंदुस्तान, इन सभी की सारी ख़बरें अब अख़बार के साथ साथ इंटरनेट पर भी पढ़ने को मिलने लगीं।

वेब पत्रकारिता के इस उदय में जो एक चीज़ कॉमन है वो यह कि यह सभी वो वेबसाइट्स ही रहीं जिनके पहले से अख़बार निकलते रहे। यानि यह महज़ उन अख़बारों को पढ़ने का एक और ज़रिया भर था। हालांकि आज भारत में ख़बरों का कारोबार करने वाली वेबसाइट्स की संख्या बेतहाशा बढ़ रही है। इनमें से तक़रीबन सभी प्रमुख न्यूज़ चैनलों, अख़बारों और मैगज़ीनों की वेबसाइट्स हैं। इस मैदान में हिंदी भाषा की बीबीसी, डॉएच वेले जैसी बड़ी और चुनिंदा इंडिपेंडेंट वेबसाइट्स ही ऐसी हैं जिनका किसी समाचार संस्थान से लेना देना नहीं है। ये अपने आप में संस्थान हैं। यह लोग या तो खुद या फ़िर समाचार एजेंसियों की ख़बरों को लिखते–छापते रहते हैं।

सफलता का राज़

ख़बर जानने की ललक रखने वालों के लिए वेब से पहले कई विकल्प मौजूद थे।

और यह सारे विकल्प सालों से चले आ रहे थे। ऐसे में वेब ने क्या जादू किया जो यह लोगों के दिलों पर छा गया है?

वेब पत्रकारिता आज भी देश में ही नहीं विदेशों में भी अख़बारों और चैनलों की समाग्री की लाइब्रेरी के रूप में ज़्यादा जानी जाती है। इसकी स्टोरेज कैपेसिटी अनंत है और यहां कितने भी दिन पुरानी चीज़ आसानी से ढूढ़ी जा सकती है। यही इसके इतने पॉपुलर होने की सबसे बड़ी वजह है।

आज आदमी के पास चैनलों और अख़बारों के कई विकल्प हैं। लेकिन वो न तो हर अख़बार खरीद सकता है न ही हर चैनल पर नज़रे गड़ा कर अपने पसंदीदा प्रोग्राम को देख सकता है। वो एक वक़्त में या तो एक अख़बार पढ़ सकता है या फिर एक चैनल का प्रोग्राम देख सकता है। लेकिन इंटरनेट पत्रकारिता ने इसे आसान बना दिया है। इंटरनेट के ज़रिए उसकी पसंद के हर अख़बार जब वो चाहे उसकी कम्प्यूटर स्क्रीन पर आ सकते हैं। ऐसे में वो सिर्फ़ वही ख़बर पढ़ सकता है या वही बातें जान सकता है जो वो जानना चाहता है। इसके लिए उसे तमाम अख़बारों को खरीदने की ज़रूरत नहीं है।

वहीं ज़्यादातर टीवी न्यूज़ चैनल अपने प्रोग्राम का वेब कास्ट भी करते हैं। साथ ही शो के वीडियो भी वेबसाइट पर अपलोड करते हैं। इससे इंटरनेट इस्तेमाल करनेवाले को उसकी पसंद का प्रोग्राम उसकी सहूलियत के हिसाब से देखने को मिलता है। क्योंकि आज का दर्शक या पाठक किसी चीज़ का इंतजार नहीं करना चाहता है। साथ ही वो किसी चीज़ को मिस भी नहीं करना चाहता है। वो हर चीज़ अपने वक़्त पर चाहता है यह नहीं कि जब कोई शो आ रहा हो तब वो उसे टीवी पर देखे। दर्शक यह चाहता है कि जब वो शो देखना चाह रहा हो तब शो उसके लिए उपलब्ध हो। इस काम में इंटरनेट ने बेमिसाल योगदान दिया है। और यही वजह है कि दर्शक अब जब चाहता है अपना पसंदीदा शो देखता है।

कितना अच्छा कितना बुरा

हर सिक्के के दो पहलू होते हैं। इंसान की अच्छी, बुरी फ़ितरत होती है। ऐसे में वेब की भी कुछ खूबियां और बुराइयां हैं।

खूबियां

वेब पत्रकारिता की सबसे बड़ी खूबी इसका अनंत दायरा है। इसकी पहुंच दुनिया के हर उस कोने में है जहां इंटरनेट और कम्प्यूटर का इस्तेमाल होता है। यही नहीं यह आपकी सहूलियत के हिसाब से हर वक़्त तैनात है। आप अगर अमेरिका में बैठकर हिंदी की वेबसाइट पढ़ना चाहते हैं तो यह उस देश में हिंदी का अख़बार या चैनल ढूढ़ने से ज़्यादा आसान है।

इंटरनेट के ज़रिए आप अपनी पंसद की चीज़ें चुन सकते हैं। बाक़ी समाचार माध्यमों

में आपके लिए एक थाली सजा कर दी जाती है। अगर आपको रोटी के बजाए चावल खाने का मन है तो वहां यह विकल्प मौजूद नहीं होगा। लेकिन वेबसाइट में अगर आपका मन आलू पराठा खाने का है तो वो भी मिलेगा और अगर आप फ्राइड राइस खाना चाहते हैं तो वो भी मौजूद है। यानि सारी ख़बरें आप अपने हिसाब से चुन सकते हैं, चैनल या अख़बार की तरह आपको ज़बर्दस्ती ख़बरें दिखाई या पढ़ाई नहीं जाएंगी।

वेब के ज़रिए आप अपनी ख़बर को कई तरह से पेश कर सकते हैं। यहां अख़बार की तरह लिख कर, वीडियो के ज़रिए आप अपने उपभोक्ता को टीवी का मज़ा भी दे सकते हैं और पॉडकास्ट के ज़रिए रेडियो का भी मज़ा मिलता है। वेब सर्वगुण संपन्न माध्यम है। जब कि टीवी केवल वीडियो दिखाने और सुनाने की ताक़त रखता है।

ख़ामियां

वेबसाइट कोई भी खोलकर इसमें कुछ भी लिख सकता है। यही इस माध्यम की सबसे बड़ी ख़ामी है और इसकी विश्वसनीयता पर सवालिया निशान भी लगाती है। यही वजह है कि लोग एक आम ब्लॉगर और वेब में काम करने वाले पत्रकार में फ़र्क कर पाने में असमर्थ हैं।

दूसरी सबसे बड़ी दिक्कत इस माध्यम के लिए ये है कि इसका इस्तेमाल करने के लिए पढ़ा लिखा होने के साथ–साथ कम्प्यूटर का ज्ञान भी ज़रूरी है।

वेब की शक्ति

सबसे पहले ख़बर देने के मामले में वेब का कोई सानी नहीं है। यहां ख़बर को छापने के लिए किसी तामझाम की ज़रूरत नहीं होती है। बस ख़बर आई, ज़रूरी भाषा में ट्रांसलेट की गई और झट से पब्लिश कर दी जाती है। और दूर बैठा कोई भी इंसान इसे तुरंत पढ़ भी सकता है।

ऐसे में पत्रकार के लिए चुनौती होती है कि वो कितने सटीक शब्दों को अपनी ख़बर में जगह दे जिससे उसकी स्टोरी पत्रकारिता के सभी पैमानों में खरी उतरे। क्योंकि आपने अगर सबसे पहले ख़बर पब्लिश करके हिट्स कमाने के चक्कर में ख़बर की कसौटी के साथ समझौता किया तो वो लोगों को गुमराह करने का काम ही करेगी। इससे आपकी वेबसाइट की बदनामी तो होगी ही पत्रकारिता पर भी सवालिया निशान लग जाएंगे।

एक पत्रकार का काम लाखों करोड़ों लोगों तक सच पहुंचाना होता है। आपके ऊपर कितना भी दबाव हो ग़लत ख़बर देने का अधिकार नहीं दिया जा सकता है। यह माध्यम आपको सबसे पहले और सबसे बड़े दायरे में ख़बर पहुंचाने की आज़ादी तो देता है लेकिन यह तभी सफल होता है जब आपकी ख़बर पुख़्ता है। नहीं तो जितनी तेज़ी से आपने सच पहुंचाने का बीड़ा उठाया है उतनी तेज़ी से आपकी ग़लत ख़बर भी पहुंच सकती है।

RSS फ़ीड

इसे 'रियली सिंपल सिंडीकेशन' या 'रिच साइट समरी' के नाम से जाना जाता है। RSS इंटरनेट के महाजाल से आपकी पसंदीदा चीज़ें चुनकर आप तक पहुंचाने का काम करता है। इसके ज़रिए आप किसी भी वेबसाइट पर जो भी चीज़े चाहिए होती हैं उन्हें सब्सक्राइब करते हैं और फिर वेबसाइट पर जैसे ही कोई नया अपडेट आता है वो तुरंत आपके पास ई–मेल के ज़रिए पहुंच जाता है।

यह ई–मेल या तो केवल ख़बर के संक्षेप और तस्वीर के साथ होता है या फिर पूरी ख़बर के तौर पर। RSS फ़ीड कैसी आएगी यह वेबसाइट के ऊपर निर्भर करता है।

इसका सबसे बड़ा फ़ायदा यह होता है कि आपको वेबसाइट पर जाकर हमेशा अपनी पसंदीदा चीज़ें ढूंढ़ने की ज़रूरत नहीं होती है। जब कभी भी आपकी पसंदीदा क्षेत्र की ख़बर वेबसाइट पर पब्लिश होती है आपके पास वो तुरंत ख़ुद चलकर आती है। यह आपका समय तो बचाता ही है साथ ही आप कई ग़ैरज़रूरी चीज़ों को छानने से भी बच जाते हैं।

गूगल न्यूज़ एलर्ट, याहू न्यूज़ एलर्ट, रेडिफ़ न्यूज़ एलर्ट और बीबीसी न्यूज़ एलर्ट ऐसे कुछ प्रचिलित उदाहरण हैं जिनकी RSS फ़ीड सबसे ज़्यादा चलन में है।

पॉडकास्ट

पॉडकास्ट RSS तकनीक का ही अगला दौर है। आजकल शब्दों के अलावा गीत, संगीत और वीडियो का भी चलन इंटरनेट पर बढ़ गया है। ऐसा उन वेबसाइट्स में होता है जो किसी ऐसे रेडियो या चैनल का हिस्सा हैं जो समाचार प्रसारित करते हैं।

पॉडकास्ट दो शब्दों से मिलकर बना है पॉड–POD यानि प्ले ऑन डिमांड और कास्ट का मतलब होता है ब्रॉडकास्ट यानि प्रसारित करना। कुल मिलाकर वो ऑडियो जो ज़रूरत या मांग के हिसाब से प्ले किया जाए।

इसके ज़रिए वेबसाइट पर अपलोड किया गया ऑडियो या वीडियो देख सुन सकते हैं। जिस तरह RSS के ज़रिए आपके पास ख़बरों के अलर्ट आते हैं उसी तरह पॉडकास्ट आपको वीडियो को देखने या ऑडियो सुनने की आज़ादी देता है।

आज के ज़माने में आदमी और कम्प्यूटर का ऐसा अनोखा नाता हो गया है जो किसी इंसान से भी बढ़कर है। कम्प्यूटर वो सारे काम चुटकी में कर देता है जिसके लिए हफ़्तों या महीनों का वक़्त लगा करता था। बैंकों, पोस्ट ऑफ़िसों में और सरकारी दफ़्तरों में इसने बड़ी–बड़ी फ़ाइलों की छुट्टी कर दी है। और जो भी डाटा चाहिए होता है पल भर में दिख जाता है।

जब कम्प्यूटर नहीं था तब बैंकों का माहौल कुछ यूं हुआ करता था। आप चेक या विड्रॉल फॉर्म लेकर जाइए, वहां एक क्लर्क बैठा होता था। वो आपके अकाउंट नंबर को देखकर वो फ़ाइल या रजिस्टर मंगाता था जिसमें आपके अकाउंड की डीटेल है। फिर उस में चेक लगाकर बड़े क्लर्क को देता। वो उसमें आपके दस्तख़त की जांच करता, यह देखता कि जितने पैसे आपको चाहिए वाकई आपके अकाउंट में उतने पैसे हैं भी या नहीं।

फिर वो आपके बैलेंस में से जितने पैसे आपने निकाले वो घटाकर कुल अमाउंट लिखता था। फिर वो फाइल मैनेजर के पास जाती थी। मैनेजर सारी चीज़ें एक बार फिर से देखकर उस चेक या विड्रॉल फॉर्म पर दस्तख़त करता था। फिर आप कैश काउंटर जाते और तब वहां से आपको पैसे मिलते थे। कुछ इस तरह का नज़ारा हुआ करता था बैंकों में। लेकिन आज कम्प्यूटर की मदद से आपका एक अकाउंट नंबर है। आपको बैंक ने एटीएम कार्ड दिया है। आप जब चाहें जहां चाहें अपने पैसे निकाल सकते हैं।

बैंक की ही तरह कम्प्यूटर ने आदमी की ज़िंदगी की कई मुश्किलें कम करने का काम किया है। जैसे जैसे आदमी इसकी क़ाबिलियत पहचानता गया उसका अच्छा साथी बनता गया है।

कम्प्यूटर के साथ इंटरनेट का जुड़ना एक अलग तरह की दुनिया में जाने का अहसास कराता है। इंटरनेट आपको एक ऐसी कमाल की दुनिया में पहुंचाता है जहां कम से कम बिना कम्प्यूटर के तो जाना संभव ही नहीं था।

इन दोनों के कमाल से आज हम मीलों बैठे लोगों से आमने सामने बैठकर वीडियो चैट कर सकते हैं। पलक झपकते ईमेल के ज़रिए उन्हें संदेश पहुंचा सकते हैं। यही नहीं दूसरे ही पल हमें उस संदेश का जवाब भी मिल जाता है।

इंटरनेट और कम्प्यूटर की इस जोड़ी की पहुंच और क़ाबिलियत को देखते हुए पत्रकारिता ने भी इसे अपना लिया। इंटरनेट पत्रकारिता एक ऐसी विधा है जिसके ज़रिए सबसे तेज कम्युनिकेशन होता है। यहां ख़बर लिखी और पढ़ी कम्प्यूटर पर जाती है और इसकी प्रतिक्रिया भी इंटरनेट पर मिलती है। दो तरफ़ा कम्युनिकेशन के लिहाज़ से भी यह आज की तारीख़ में बेहतरीन माध्यम है।

यहां पत्रकार कोई ख़बर लिखता है, पाठक उसे पढ़ता है और उस पर प्रतिक्रिया भी तुरंत देता है। और यह प्रतिक्रिया लिखने वाले को भी तुरंत मिलती है। यहां ख़बर देने और लेने वाले के बीच कोई बिचौलिया नहीं होता है। पत्रकारिता की इस विधा की यही ख़ासियत है।

आज तक़रीबन हर अख़बार और चैनल की अपनी वेबसाइट है जिसमें ख़बरें सबसे पहले पढ़ी जा सकती हैं। समाचार संस्थानों में बेवसाइट का प्रयोग करने के लिए भी किसी तरह के ताम–झाम की ज़रूरत नहीं होती है। बस एक इंटरनेट वाला कम्प्यूटर होना

चाहिए। कम्प्यूटर में इंटरनेट एक्सप्लोरर खोलिए और सर्चबार में ज़रूरत की वेबसाइट का URL टाइप कीजिए और एंटर का बटन दबाने के बाद महज़ 1–2 सेकेंड के भीतर आप उस वेबसाइट के पते पर आसानी से पहुंच जाएंगे।

वेबसाइट पर पहुंचने के बाद आपकी रुचि के हिसाब से वहां कई तरह के दूसरे ऑप्शन भी होते हैं। अगर आप देश की ख़बर पढ़ना चाहते हैं तो नेशनल, विदेश की ख़बर पढ़ना चाहते हैं तो इंटरनेशनल, कारोबार जगत की हलचल से बाख़बर होना चाहते हैं तो बिज़नेस के अलग अलग आइकॉन हैं। लेकिन अगर आप हल्के फुल्के मनोरंजन की ख़बरें और खेल की हलचल जानना चाहते हैं तो आपके पास एंटरटेन्मेंट और स्पोर्ट्स के भी आइकॉन मिलेंगे। इन्हें क्लिक करने से आप सीधे उसी दायरे की ख़बरों के सागर में गोते लगाने लगते हैं।

यही नहीं इंटरनेट पत्रकारिता में हर ख़बर पर पाठकों के विचार शामिल किए जाने का भी विकल्प मौजूद है। अगर आप बराक ओबामा की भारत यात्रा की ख़बर पढ़ रहे हैं या सलमान ख़ान की फ़िल्म दबंग का रिव्यू पढ़ रहे हैं और उस बारे में आपकी कोई राय है तो आप उसे भी कमेंट के रूप में लिख सकते हैं। इस तरह से पाठकों की प्रतिक्रिया ख़बर लिखने वाले तक सीधे पहुंच जाती है।

वेब : एक ख़बर का ट्रीटमेंट

वेबसाइट की दुनिया बाक़ी मीडियम से बिल्कुल अलग है। यहां ख़बरों के स्रोत भी बाक़ी जगहों जैसे ही हैं। मसलन खुद के रिपोर्टर, न्यूज़वायर्स, ब्यूरो रिपोर्टर, न्यूज़ एजेंसियां वगैरह। फ़र्क केवल यहां काम काज के तरीक़े में होता है।

यहां किसी भी ब्रेकिंग न्यूज़ को जैसे ही वो आती है उसी तरह परोसने का काम किया जाता है। जैसे बेनज़ीर भुट्टो की हत्या की ख़बर का उदाहरण लेते हैं। इस ख़बर के आते ही यहां सबसे पहले वेबसाइट पर छोटी सी ताजा ख़बर के तौर पर इसे पब्लिश कर दिया जाता है। जिसमें अब तक मौजूद सभी तथ्यों का ज़िक्र कर दिया जाता है।

उसके बाद काम शुरू होता है देश दुनिया से आने वाली प्रतिक्रियाओं का। यह सारी प्रतिक्रियाएं लेने के लिए वेब जर्नलिस्ट को कहीं जाने की ज़रूरत नहीं होती है। सब कुछ न्यूज़ एजेंसीज़ और वायर सर्विसेज़ के ज़रिए मिलता रहता है। इन प्रतिक्रियाओं के अलावा मामले की जांच में कितनी प्रगति हुई है यह बताने का काम भी उसी हिसाब से होता रहता है, चलता रहता है।

अब ख़बर तो बता दी गई। लेकिन असली काम इसके बाद से शुरू होता है। चूंकि यह हादसा अचानक हुआ था इसलिए इसकी वैसी तैयारी नहीं थी जैसी आम तौर पर किसी कवरेज की होती है। तो ऐसे में बाक़ी चीज़ें जैसे बेनज़ीर के प्रोफ़ाइल वगैरह तलाशने का काम ज़ोरों पर शुरू हो जाता है। वैसे न्यूज़ एजेंसियों में भी यह सारी चीज़ें तुरंत आ जाती हैं लेकिन अगर आप हिंदी मीडियम में काम कर रहे हैं तो वहां आपको इसे अपनी भाषा में ट्रांसलेट करना होता है।

प्रोफाइल के अलावा एक टाइमलाइन भी लगाई जाती है जिससे पढ़ने वाले को बेनज़ीर के अब तक के काम काज का सिलसिलेवार ढंग से ब्योरा मिल सके।

इन सारी चीज़ों के बीच मौक़ाए वारदात से तस्वीरें आने का सिलसिला भी शुरू हो जाता है। इन तस्वीरों से एक पिक्चर गैलरी बनाई जाती है। पिक्चर गैलरी में हादसे की जगह की तस्वीरों के साथ पूरे पाकिस्तान के माहौल को भी दिखाने की कोशिश होती है। उन्हें किस अस्पताल ले जाया गया, पुलिस किस तरह जांच कर रही है वगैरह।

इसके बाद जैसे जैसे वक़्त बीतता है दुनिया के बाक़ी देशों से भी मामले पर प्रतिक्रिया आनी शुरू हो जाती है। उनकी ख़बरें लगाने का काम भी शुरू हो जाता है। इन प्रतिक्रियाओं के बीच अगर आपकी वेबसाइट किसी ऐसे ऑर्गनाइजेशन का हिस्सा हैं जिसका न्यूज़ चैनल भी है जैसा कि आज कल ज़्यादातर वेबसाइट्स के साथ होता है, वहां आप अपने चैनल पर चलने वाले वीडियो को भी अपलोड कर सकते हैं। इस वीडियो के ज़रिए आपका पाठक हादसे का वीडियो भी देख सकेगा।

वक़्त के साथ साथ ख़बर में और नई बातें जुड़ती जाती हैं। मसलन पुलिस की शुरुआती तहक़ीकात में शक की सुई किसकी तरफ़ जाती है, उनका अंतिम संस्कार कहां होगा, बेनज़ीर के बाद उनका उत्तराधिकारी कौन होगा जो उनकी पार्टी चलाएगा वगैरह। तो इस सारी फ़ॉलोअप की ख़बरों को भी बाक़ायदा जगह दी जाती है।

धीरे–धीरे अब क्योंकि मामला ब्रेकिंग न्यूज़ का नहीं रह जाता है और साथ ही दूसरी कई ख़बरें भी आती रहती हैं, उन ख़बरों को भी वेबसाइट पर जगह दी जाती है। लेकिन इसका यह मतलब नहीं है कि बेनज़ीर भुट्टो की ख़बर को एकदम से हटा दिया जाता है। इस मामले की इतनी ख़बरें आ चुकी होती हैं कि इसका एक अलग स्पेशल पेज तैयार कर दिया जाता है। उसे साइट के होम पेज में कहीं अच्छी सी कैची तस्वीर और शब्दों के साथ लगा दिया जाता है।

इस स्पेशल पेज में मामले से जुड़ी सारी ख़बरों को एक ही जगह पर रखा जाता है। सारी पिक्चर गैलरियों को और साथ ही सभी वीडियोज़ को भी माकूल जगह दी जाती है। वेबसाइट की यह ख़ासियत होती है कि यहां सारी पुरानी चीज़ों को भी आसानी से सहेज के रखा जा सकता है और ज़रूरत पड़ने पर स्पेशल पेज पर या ख़बर के साथ ही लिंक के तौर पर जोड़ा जा सकता है। वेब माध्यम की यह ख़ासियत स्पेशल पेज बनाते वक़्त बड़ी काम आती है। स्पेशल पेज में बेनज़ीर से जुड़ी जितनी भी नई पुरानी ख़बरें होती हैं, वरीयता के हिसाब से लगा दी जाती हैं।

ख़बर के स्पेशल पेज पर केवल ख़बर से जुड़ी एक कैची लाइन लिखी होती है और उसपर क्लिक करके आसानी से उस ख़बर को पढ़ा जा सकता है। इससे सहूलियत यह होती है कि पहले पेज पर ही सारी चीज़ें सामने दिखती रहती हैं। जिससे आप एक पन्ने पर खूब सारी ख़बरें दिखा सकते हैं। फिर पढ़ने वाले को जो ख़बर अच्छी लगे वो उसे क्लिक करके पढ़ सकता है।

यह पन्ना जब तक मामले से जुड़े ताज़ा अपडेट आते रहते हैं, होम पेज पर लगा रहता है। फिर ख़बरों के महत्व के हिसाब से इसे हटा दिया जाता है। लेकिन फिर बाद में जब कभी भी कोई अपडेट आता है तो इस स्पेशल पेज का लिंक उस ख़बर के साथ जोड़ दिया जाता है, ताकि पढ़ने वाले को हादसे से जुड़ी दूसरी ख़बरों के लिए कहीं भटकना न पड़े।

वेबसाइट की यही ख़ासियत होती है कि इसकी चीज़ों की रीसाइकिल वैल्यू बहुत होती है। पुरानी ख़बरें भी कभी बर्बाद नहीं होती हैं। और पढ़ने वाले के लिए आसानी यह होती है कि जो बात उसे पता है या नहीं जानना चाहता तो वो उसे पढ़ने से बच भी जाता है।

जैसे अगर बेनजीर की ख़बर पढ़ने वाला पाकिस्तान का रहने वाला है। यहां इस ख़बर पर जिस जगह पाकिस्तान लिखा है उस पर हाइपरलिंक की सहायता से पाकिस्तान देश का प्रोफाइल जोड़ दिया जाता है। उसे क्लिक करने से पढ़ने वाला सीधे पाकिस्तान के प्रोफ़ाइल पर जाकर उस देश के बारे में जान सकता है। यहां अगर आप पाकिस्तान के बारे में नहीं जानना चाहते हैं तो उसे बिना क्लिक किए पूरी ख़बर पढ़ सकते हैं लेकिन अगर आप पाकिस्तान से बिल्कुल भी परिचित नहीं है तो उसे क्लिक करते ही पाकिस्तान नाम के देश से वाकिफ़ हो सकते हैं।

वेबसाइटः ख़बर कैसे लिखते हैं?

वेबसाइट की ख़बर की पहली शर्त वही है जो बाक़ी माध्यमों की ख़बर के साथ होती है। उसमें कुछ नई बात हो। वो लोगों के लिए जानना ज़रूरी हो और वो लोगों के क्या, कब, कहां, कैसे, क्यों और कौन जैसे सवालों के जवाब दे सके।

ट्रीटमेंट

दूसरी ज़रूरी चीज़ और सबसे अहम बात होती है ख़बर के ट्रीटमेंट की। यहां ख़बर ऐसे लोगों के लिए लिखी जाती है जो इंटरनेट का इस्तेमाल करते हैं और कम्प्यूटर पर ख़बर पढ़ते हैं। ऐसे में इनके पास आपकी ख़बर लोगों को आकर्षित करने वाली होनी चाहिए। भाषा ऐसी हो कि पढ़ने वाले को उसे समझने के लिए डिक्शनरी न ढूढ़नी पड़े।

अब क्योंकि यह ख़बर कम्प्यूटर स्क्रीन पर पढ़ी जाती है तो ऐसे में यह ध्यान रखा जाना चाहिए कि पैराग्राफ़ छोटे हों। ताकि पढ़ने वाले को आपकी ख़बर बोझिल न लगे।

ख़बर का इंट्रो इस अंदाज़ में लिखा जाना चाहिए कि पढ़ने वाले को पूरा मामला शुरुआत की दो लाइनों में ही समझ आ जाए। उसके बाद बाक़ी की लाइनों में उस ख़बर का वर्तमान भूत और भविष्य लिखा जाए।

तस्वीर

ख़बर के साथ एक तस्वीर लगाने से उसकी रोचकता और बढ़ जाती है। वैसे तो शब्द भी बोलते हैं लेकिन अगर आपने तस्वीर लगाई है तो मामले की हक़ीकत समझने में पढ़ने वाले को आसानी ज़्यादा होगी।

तस्वीर के नीचे उसका छोटा सा वर्णन मसलन तस्वीर किस जगह की है, अगर किसी आदमी की तस्वीर है तो उसका नाम क्या है वगैरह भी लिखना ज़रूरी है। क्योंकि ऐसी चीज़ें लिखने से पाठक को चीज़ों को ज़्यादा समय तक याद रखने में आसानी होगी।

टैग

टैग ख़बर से जुड़े छोटे छोटे शब्द होते हैं जिनसे इंटरनेट सर्च इंजन या कहें गूगल जैसी वेबसाइट्स पर सर्च करने के दौरान आपकी लिखी ख़बर फ़िल्टर होती है। यह शब्द किसी ख़बर से जुड़े नाम, जगह के नाम, ख़बर की प्रकृति वगैरह के आधार पर तय होते हैं।

वेब पेज

अलग अलग वेबसाइट्स में वेब पेज बनाने के लिए अलग अलग सॉफ़्टवेयर होते हैं। इन सॉफ़्टवेयर्स में एक पन्ना होता है जिसमें अलग अलग टेक्स्ट भरने होते हैं। यानि आपकी ख़बर से जुड़ी बातें आपके पाठक को किस रूप में नज़र आएंगी उन्हें लिखने की व्यवस्था होती है।

एक बार ख़बर तय होने के बाद उसे वेबसाइट पर लगाने का काम शुरू किया जता है। इसमें पहला पड़ाव आता है ख़बर को, अगर वो अंग्रेज़ी में है तो, हिंदी में ट्रांसलेट करने का। इसके बाद उसे पन्ने में लगाते हैं। यहां पर ख़बर को लिखकर उसमें तस्वीर और मामले से जुड़ी दूसरे ख़बरों के साथ पब्लिश कर दिया जाता है यानि अगर प्रिंट की भाषा में बात करें तो छाप दिया जाता है और ब्रॉडकास्ट की भाषा में कहें तो ऑन एयर कर दिया जाता है।

यह मानक कुछ इस तरह होते हैं। समाचार पहले पन्ने पर कुछ अलग रंग ढ़ंग में दिखे और जो इसे पढ़े उसे वह पहली ही नज़र में आकर्षित कर सके और वो पूरी ख़बर पढ़ने के लिए अंदर आए। इसके लिए उसे तीन चार लाइनों में और आकर्षक शब्दों में लिखा जाता है। साथ में हेडलाइन तस्वीर के साथ लगाई जाती है।

यहां तस्वीर पाठक को आकर्षित करने वाली होनी चाहिए साथ ही वो ख़बर भी बंया कर रही हो। अगर हेडलाइन की बात करें तो वो जितने कम शब्दों में लिखी जाए उतना ही अच्छा है। साथ ही उसका 'कैची' होना भी ज़रूरी है।

इसके अलावा एक दूसरा आयाम भी होता है ख़बर को छोटे रूप में लिखने का। इसमें एक छोटी हेडलाइन लिखी जाती है और होम पेज के लिए लिखी गई ख़बर के मुकाबले कम शब्दों में लिखी जाती है। यह इसलिए किया जाता है कि जब हम वेबसाइट में ख़बर को सर्च करें तो वहां कम से कम स्पेस में ख़बर दिख जाए। इसके साथ एक छोटी तस्वीर लगाने का भी चलन है।

यह तो हुई बात उन चीज़ों की जो आप होमपेज पर या सर्च करने के दौरान देखते हैं। लेकिन जब आप होमपेज पर लगी ख़बर को क्लिक करते हैं तो एक नई दुनिया में पहुंच जाते हैं। यह दुनिया होती है पूरी ख़बर की। इसके लिए उसी सॉफ़्टवेयर के उसी पन्ने पर स्पेस होता है जहां पहले पन्ने के लिए एलिमेंट्स लिखे जाते हैं।

इस स्पेस में कहानी से जुड़ी तस्वीर और लगाई जाती है। इसका आकार पहले पेज पर लगी तस्वीर से बड़ा रखा जाता है। तस्वीर के अलावा यहां पूरी ख़बर लिखी जाती है। उस ख़बर की अलग हेडलाइन लिखी जाती है। कुछ शब्दों पर हाइपरलिंक भी लगाए जाते हैं। यह शब्द किस शहर के नाम या फिर ख़बर से जुड़े व्यक्ति के नाम पर हो सकते

हैं। लिंक के ज़रिए सीधे उस आदमी या शहर के बारे में जाना जा सकता है और ख़बर में उसके बारे में बहुत ज़्यादा बताने की ज़रूरत से भी बचा जा सकता है।

इन हाइपरलिंक्स के अलावा ख़बर के साथ उससे जुड़ी तमाम दूसरी और पुरानी ख़बरों के लिंक भी लगाए जाते हैं जिससे पढ़ने वाला इस ख़बर के सभी पहलुओं से रूबरू हो सके। अगर वो इस मामले से जुड़ी सभी ख़बरें पढ़ना चाहता है तो यहां उन ख़बरों के लिंक क्लिक करके पढ़ सकता है।

यह सारी चीज़ें तैयार होने के बाद एक प्रिव्यू आइकॉन होता है जिसे क्लिक करने के बाद अलग अलग जगहों पर ख़बर कैसी दिखेगी उसका अंदाज़ा भी लग जाता है। अगर सब ठीक है तो ख़बर लिखने वाला रिपोर्टर या फिर सब एडिटर, शिफ़्ट इंचार्ज या एडिटर को दिखाता है और वो उसे पब्लिश कर देते हैं।

सावधानियां

- लिंक लगाते समय इस बात पर ख़ास ध्यान देना चाहिए कि बहुत ज़्यादा शब्दों पर लिंक का इस्तेमाल न करें साथ ही लिंक में ज़्यादा शब्द भी शामिल न करें। क्योंकि किसी भी चीज़ की अति अच्छी नहीं होती है। ज़्यादा लिंक लगाने से अक्षरों का वास्तविक स्वरूप ख़त्म हो जाता है।
- हमेशा शब्दों के रंग के साथ छेड़ छाड़ नहीं करनी चाहिए। जब आप कोई स्पेशल पेज बना रहे हों या फिर किसी विशेष ख़बर पर काम कर रहे हों तभी ऐसा करें, क्योंकि इससे वेबसाइट की एकरूपता ख़त्म होती है।
- ख़बर की हेडलाइन हमेशा बोल्ड और बड़े फ़ॉन्ट में होनी चाहिए। इससे हेडलाइन ख़बर में अलग दिखती है और सबसे पहले उसी पर नज़र पड़ती है।
- तस्वीर मानक के हिसाब से ही होनी चाहिए। उससे बड़ी या छोटी होने पर तस्वीर बेडौल दिखती है।
- तस्वीर लगाने से पहले उसका कलर करेक्शन ज़रूर कर दिया जाना चाहिए। क्योंकि जब आप कोई तस्वीर खींच रहे होते हैं तो वो वहां के वातावरण के हिसाब से होती है। लेकिन फ़ोटोशॉप नाम के सॉफ्टवेयर के ज़रिए आप तस्वीर के रंगों को कम या ज़्यादा कर सकते हैं। ऐसे में तस्वीर के हिसाब से कलर करेक्शन बेहद ज़रूरी है।
- ख़बर लिखने के बाद उसके हर आयाम में लिखे गए शब्दों को किसी और से ज़रूर पढ़वा लें। क्योंकि कई बार आपके दिमाग़ में सही शब्द होता है लेकिन कीबोर्ड पर उंगलियां ग़लत बटन दबा देती हैं। और जब आप उसे पढ़ भी रहे होते हैं तो क्योंकि आपने ही उसे लिखा है, वो सही ही लगता है।

भविष्य का माध्यम 'वेब' है

"वेब जर्नलिज़्म प्रिंट का ही विकसित रूप माना जाता है। यहां लिखने और छपने के स्टाइल में फ़र्क ज़रूर होता है। यहां वाक्य छोटे, सरल और आसानी से पढ़े जा सकने वाले शब्दों के इस्तेमाल के साथ लिखे जाते हैं। यहां पैराग्राफ़ छोटे होते हैं और ख़बर की भाषा ऐसी होती है जिसे लोग सहजता से समझ सकें।

वेब पत्रकारिता की सबसे बड़ी ख़ासियत होती है कि यह आपको अपनी ग़लती सुधारने का मौका तुरंत देती है, जबकि बाक़ी रेडियो, टीवी या अख़बार में जो लिख या बोल दिया जाता है तो वो कभी सुधारा नहीं जा सकता है। लेकिन वेब में आपके पास अपने लिखे को सुधारने के मौक़े हमेशा होते हैं। आप ख़बर को एडिट करके दोबारा से पब्लिश कर सकते हैं।

इसके अलावा दूसरी सबसे बड़ी ख़ासियत इसकी पहुंच होती है। आप दिल्ली से निकलने वाले अख़बार को तुरंत मुंबई में नहीं पढ़ सकते हैं। लेकिन आप दिल्ली से वेबसाइट पर पब्लिश हुए कंटेंट को इंटरनेट के जरिए दुनिया के किसी भी कोने में झट से पढ़ सकते हैं। यही खूबी इसे बाकी माध्यमों से निराला बनाती है।

यही नहीं इस माध्यम के ज़रिए आप किसी भी पुराने आर्टिकल को बार बार जब चाहें, जहां चाहें पढ़ सकते हैं। बस सर्च इंजन में आपको 'की वर्ड' टाइप करना होता है या महज़ URL टाइप करें और आपका मनचाहा कंटेंट आपके सामने है।

इन्हीं खूबियों की वजह से आने वाले दिनों में वेब पत्रकारिता का ही परचम लहराएगा। हालांकि बाक़ी माध्यमों के अपने मज़े हैं। आज भी लोगों की सुबह चाय की चुस्की के साथ अख़बार पढ़ने से होती है। लेकिन जो नई पीढ़ी है उसे सब कुछ उसके हिसाब से चाहिए। वो असीमित जानकारियां पार्क में बैठकर पढ़ना चाहता है। बस या ट्रेन में यात्रा करते हुए ख़बरें जानना चाहता है। और इस चाहत को पूरा करने में वेब बाकी माध्यमों की तुलना में इक्कीस बैठता है।

एक वेब जर्नलिस्ट या ऐसे लोग जो इस क्षेत्र में करियर बनाना चाहते हैं, उनके लिए मेरी सलाह यही है कि आपकी 'भाषा' पर पकड़ होनी चाहिए। साथ ही कम्प्यूटर की समझ और हिंदी टाइपिंग ज़रूर आनी चाहिए। इंटरनेट पर ख़बर के साथ साथ तस्वीरों का भी इस्तेमाल बख़ूबी होता है। ऐसे में वेब के पत्रकार को फोटोशॉप सॉफ़्टवेयर की भी जानकारी होनी चाहिए। ताकि वो अपनी ख़बर के साथ उपयुक्त तस्वीर लगा सके।

इसके अलावा उसे इंटरनेट पर ख़बर सर्च करना आना चाहिए क्योंकि ख़बरों का एक बड़ा स्रोत यही होता है। और इसी तरीक़े से वो अपने आप को बाख़बर रख सकता है और पत्रकारिता के इस माध्यम में वो अपना मनचाहा मुकाम हासिल कर सकता है।"

सलमा ज़ैदी

एडिटर, बीबीसी हिंदी (ऑनलाइन)

– ***(ये कॉलम सलमा जी से फ़ोन पर हुई बातचीत पर आधारित है।)*** –